心理学玩的小技巧大全

连山　编著

北京联合出版公司
Beijing United Publishing Co.,Ltd.

图书在版编目（CIP）数据

心理学玩的小技巧大全 / 连山编著 .—北京：北京联合出版公司，2015.12（2018.11 重印）

ISBN 978-7-5502-6697-1

Ⅰ.①心… Ⅱ.①连… Ⅲ.①心理学—通俗读物 Ⅳ.① B84-49

中国版本图书馆 CIP 数据核字（2015）第 280490 号

心理学玩的小技巧大全

编　　著：连　山
责任编辑：徐秀琴
封面设计：李艾红
责任校对：胡宝林
美术编辑：盛小云

北京联合出版公司出版
（北京市西城区德外大街83号楼9层　100088）
北京鑫海达印刷有限公司印刷　新华书店经销
字数650千字　720毫米×1020毫米　1/16　28印张
2018年11月第2版　2018年11月第3次印刷
ISBN 978-7-5502-6697-1
定价：68.00元

前言

心理学的技巧是指利用心理学的相关原理、效应和方法等影响和诱导对方，以在与人博弈的过程中获得胜利的方法和手段。心理学是一门揭示人的心理活动规律的科学，是一门让人变得更聪明的学问。人生中的各种问题，都与心理学有着千丝万缕的联系，一旦掌握了相关的心理学知识，许多工作和生活中的难题就能迎刃而解。心理学的目的在于运用巧妙的策略，而不是分析。若想在人生的较量中成为赢家，实现或保护自身的最大利益，就不能不懂一些心理学的方法与技巧。

从日常生活到人际交往，从营销策略到军事政治，凡是人类所及之处都能找到心理学技巧的影子。一个人可能不知道心理学的技巧为何物，但他一定在不知不觉中使用过它或被它所影响过。因为每个人每天都在与他人打交道，或竞争或合作，我们日常生活的方方面面都深受心理学的影响。曹操说了一句“前面有梅林”就能让原本口渴的将士口生津液，莫非他给将士施了什么魔法？为什么吃不到的葡萄就觉得它是酸的？为什么男女在一起干活的时候，你会觉得有很大的动力？为什么在情人的眼里再丑的人也如西施一般？为什么连续的阴天会让你闷闷不乐？为什么有人会见死不救？在法庭上作证的证人能够做到公正无私吗？“眼见为实”有心理学的依据吗……所有这些莫不与心理学的技巧息息相关。

生活中，你是否有过这样的困扰呢？也许你经常会为即将出现的预感不妙的事情焦躁不安、忧愁满怀；也许你经常为不顺心的事情和爱人、情人、父母、同事吵架；也许你时常把自己幻想的内容当成现实，并伴有幻想性谎言的表现；也许你做事特别认真，时常陷入反复思考的困惑之中，比如，花一上午时间去核对已经写好的账单，一整天都在担心自家的防盗门是不是没有锁好，或者反复思考诸如“房子为什么朝南而不朝北”之类的问题；也许你将轻微的不适看成严重疾病，特别是当亲友、邻居、同事因病英年早逝和意外死亡后，你会将自己身体上小小的不适当成严重的疾病，怀疑自己也许得了某种恶疾……所有这些其实都可以通过心理学的技巧得到解决。

商场中，很多营销活动玩的也是心理学技巧。一个产品还没有上生产线，大师们便聚在一起商量它的定位、卖点，考虑它的通路、终端，苦心酝酿着它的传播表现，怎样才能富有刺激，打动消费者。甚至在产生一次消费之后，使用怎样的手段使消费者能够重复消费，解决产品的认知度，提高产品的美誉度，将产品深植于消费者心中，逐步形成所谓的品牌影响力。商业技巧的设计者，就像悬念电影大师希区柯克一般，一步步在给人们设置陷阱，坑越挖越深，让你想跳都跳不出去，这就是高级技巧的魅力所在。我们明知垃圾食品的害处，却依然被其吸引。明知大部分的保健品是所谓的“精神食粮”，却依然一次一次地买回家献给父母和孩子。不得不承认，国际上的知名品牌是技巧的设计高手，它让你心甘情愿地掏空钱包，又让你获得极大的心理满足。

军事上，也有很多利用心理学的技巧获得成功的案例，空城计是其中比较著名的一个。三国时期，魏国派司马懿挂帅进攻蜀国街亭，诸葛亮派马谡驻守失败。司马懿率兵乘胜直逼西城，诸葛亮无兵迎敌，但沉着镇定，大开城门，自己在城楼上弹琴唱曲。司马懿怀疑设有埋伏，引兵退去。等他得知西城是空城回去再战时，赵云赶回解围，最终大胜司马懿。诸葛亮将心理学的技巧玩到极致，足可见其威力。

总之，心理学的技巧无处不在，它是一种神奇的智慧，自古至今，从战场到商场，从工作到生活，心理学的各种技巧充斥于我们生活的每一个角落。在日常生活中，如果你能够掌握心理学的智慧，你会发现每一件让你头痛的事情都能够借用心理学的力量将其解决，并达到自己的目的。而一旦在生活的各个方面能将心理学的技巧运用得游刃有余，成功也就离你不远了。古今中外，会使用心理学技巧的都是能者、赢家，不会使用的必然会被淘汰出局。

目录

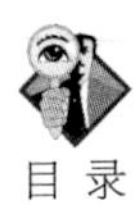

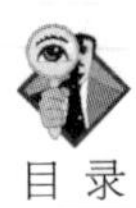

序章

什么是心理学

心理学是什么

说起“心理学”，很多人会感觉神秘莫测。人们甚至会想起许多所谓诡异的东西来试图勾勒心理学的大概模样：魔术？意念控制？乾坤大挪移？黑洞……

心理学对许多人来说，的确是一门神秘诡异的学问，觉得看不见、摸不着，离自己的生活很遥远。实际上，这些都是人们的误解。心理和心理现象是所有人每时每刻都在体验着的，是人类生活和生存固有的。可以说，复杂的心理活动正是人区别于动物的一个本质。

心理学“Psychology”一词源于古希腊语，意即“灵魂之科学”。心理学的历史虽然最早可以追溯到古希腊时代，但心理学作为一个专门的术语出现却是在1502年。有一个塞尔维亚人叫马如利克，在这一年首次用“Psychologia”一词发表了一篇讲述大众心理的文章。此后过了70年，一位名为歌克的德国人又用这个词出版了《人性的提高，这就是心理学》一书，这也是人类历史上最早记载的以“心理学”这一术语发表的书。

在希腊文中，“灵魂”也有呼吸的意思。古希腊人认为人的生命依靠呼吸，呼吸一旦停止，生命也就完结。随着心理探索的发展，心理学的研究对象由灵魂改为心灵，心理学也就变成了心灵哲学。在中国，人们习惯认为思想和感情来源于“心”，又把条理和规则叫做“理”，所以用“心理”来总称心思、思想、感情，等等，而心理学则是关于心思、思想、感情等规律的学问，是研究人的心理活动及其发生、发展规律的科学。心理学与我们的生活密切相关，这是因为，人的任何活动都伴随着心理现象。通常说的感觉、知觉、记忆、思维、想象、情感、意志以及个性等都是心理现象，也称心理活动。

心理学是一门既古老又年轻的学科。人类探索自己的心理现象，已有2000

多年的历史，所以说它古老。说它年轻，是因为心理学最初并不是一门独立的学科，而是包含在哲学中，直到19世纪70年代末，心理学才从哲学中分离出来，成为一门独立的专门研究心理现象的科学。尽管年轻，但科学的心理学有着巨大的生命力，它已越来越广泛地渗透于人们生活实践的各个方面。

可以说我们每一个人都是一个业余心理学家。当你才三四岁的时候，已经会揣摩别人的心思了，你懂得怎样把玩具藏起来让其他小朋友找不到，你甚至还会略施小计，提供错误的线索误导他们。妈妈生气的时候，你能从她的神情和语气上判断出来，而乖乖地停止胡闹；一旦发现妈妈雨过天晴，你就又提出你的小要求了。作为父母，则知道如何正确地实施奖惩以纠正你的不良行为，使你养成良好的习惯。所有上述这些现象都是基于对他人心理的观察和推论。也就是说，每个正常的人都能对他人在日常生活中的感情、思维和行为进行一定程度的推测。这就是心理学和心理学家所努力研究和解释的内容之一。

心理学是研究心理现象的科学。心理学研究心理现象，就是要揭示心理现象发生、发展的客观规律，用以指导人们的实践活动。

人们在工作、学习、生活中与周围事物相互作用，必然有这样那样的主观活动和行为表现，这就是人的心理活动，或简称为心理。具体地说，外界事物或体内的变化作用于人的机体或感官，经过神经系统和大脑的信息加工，人就产生了对事物的感觉和知觉、记忆和表象，进而进行分析和思考。人在实践中同客观事物打交道时，总会对它们产生某种态度，形成各种情绪。人在生活实践中还要通过行动去处理和变革周围的事物，这就表现为意志活动。以上所说的感觉、知觉、思维、情绪、意志等都是人的心理活动。心理活动是人们在生活实践中由客观事物引起、在头脑中产生的主观活动。心理活动是一种不断变化的动态过程，可称为心理过程。人在认识和改造客观世界的过程中，各自都具有不同于他人的特点，各人的心理过程都表现出或大或小的差异。这种差异既与各人的先天素质有关，也与他们的生活经验和学习有关。这就是所说的人格或个性。心理过程和人格都是心理学研究的重要对象。心理学还研究人的个体的和社会的、正常的和异常的行为表现。动物心理学研究动物的行为，这不仅是为了认识动物心理活动本身，也有助于对人类心理活动的了解。在高度发展的人类社会，人的心理获得了充分的发展，使人类攀登上动物进化阶梯的顶峰。心理学是人类为了认识自己而研究自己的一门基础科学。

自人类文明发展以来，就已经开始了对人的心理的探讨与研究。中国古代哲学、医学、教育和文艺理论等许多著作中，有着丰富的心理学思想。但心理学成为一门独立的科学还是19世纪的事。今天，心理学已是具有100多个分支学科的庞大科学体系了，诸如普通心理学、社会心理学、教育心理学、发展心理学、法律心理学、管理心理学、商业心理学、经济心理学、消费心理学、咨询心理学……都是心理学庞大科学体系中的成员，而且随着人类社会实践活动的发展，心理学的分支学科还会继续增加。

消除对心理学的误解

在日常生活中，当提到心理学时，一般人总觉得有些神秘。所谓“画龙画虎难画骨，知人知面不知心”，而心理学却能把大家认为不可知的“心”都知道了，这其中一定有特殊的门道，有奥妙诀窍。有的人因此会认为心理学是一门了不起的“测心术”，更多的人则可能是半信半疑。

在日常生活中，人们对心理学还存在着这样或那样的误解。

误解1：心理学家知道我在想什么

现代心理学是一门研究人类心理活动的科学，但一般人对它却常有很大的误解。“你是学心理学的，那你说说我现在在想什么？”当有人得知某人是心理学专业的时候，他们常常会好奇地提出这样的疑问。

其实心理活动并不仅仅是指人当下的所思所想，它包含更丰富的内容。而心理学家也无法一眼看穿你的内心。

大多数人都对心理学存有这样的误解，认为心理学家能够看透自己的心，知道自己的内心活动，认为“研究心理”就是揣摩别人的所思所想。

对心理学家的正确理解应该是：

心理活动并不只是人在某种情境下的所思所想，它具有广泛的含义，包括人的感觉、知觉、记忆、思维、情绪和意志等。心理学家的工作就是要探索这些心理活动的规律，即它们如何产生、发展、受哪些因素影响以及相互间有什么联系等。心理学家通常是根据人的外显行为和情绪表现等来研究人的心理，也许他们可以根据你的外在特征或测验结果来推测你的内心世界，但再高明的心理学家也不可能具有所谓的“知心术”——一眼就能看穿你的内心。

误解2：心理学家会催眠

很多人对催眠术有浓厚的兴趣，因为觉得它很玄妙。提起催眠术，人们又往往想起心理学家。原因之一可能是弗洛伊德的误导。弗洛伊德是著名的心理学家，既然他使用催眠术，那么心理学家应该都会催眠术。另外，这种误解可能是缘于几部颇有知名度的“心理电影”的误导，例如国内的电影《双雄》中的黎明，他能在不知不觉中将人催眠，并替他办事。因而人们就认为心理学家能催眠。其实，这些影片描述的和心理学家使用催眠术的实际情况相差甚远，纯粹是艺术虚构或商业炒作。

对上述观点的正确理解是：

催眠术只是心理治疗的一种方法。催眠术源自 18 世纪的麦斯麦术。19 世纪，英国医生布雷德研究得出，令患者凝视发光物体会诱导其进入催眠状态。他认为麦斯麦术所引起的昏睡是神经性睡眠，因此另创了“催眠术”一词。但催眠的内在机制至今尚未完全搞清楚。催眠术的方法多种多样，但最常用的方法是：要求人彻底放松，把注意力集中在诸如晃动的钟摆和闪烁的灯光等某个小东西上，引导人们将注意力集中在想象中的星空等，然后诱发出昏睡状态。催眠前要先测定被催眠者的暗示性，暗示性高的人容易被催眠，能进入深度睡眠状态，此类人的催眠治疗效果较好。在催眠状态下，人会按照治疗师的暗示行事，可能会有不良副作用，因此应该由经验丰富的催眠师来实施。

催眠术并非所有心理学家必然会的“招牌本领”。它只是精神分析心理学家在心理治疗中使用的方法之一。实际上，大多数心理学家的工作是不涉及催眠术的。他们更倾向于运用实验和行为观察等更为严谨的科学研究方法。

在国外，催眠术常用于帮助审讯嫌犯，以期使嫌犯在催眠状态下不由自主地坦白情况。现在，很多司法心理学家认为催眠状态下的问讯有诱导之嫌，很可能使嫌犯按着催眠师的暗示给出所希望的但并不公正的回答，所以对此持反对态度。

误解 3：心理学家的研究对象是非正常的人

很多人都说他们走进心理咨询室是需要很大勇气的，可能还有过思想斗争：“去还是不去？人家会不会认为我是精神病？朋友知道了会怎么看我……”这在一定程度上反映了很多人对心理学的看法：去心理咨询的人都是“心理有问题”的人，心理有问题就是变态，心理学家只研究变态的人，所以与心理学有干系的非专业人士都不正常。

之所以会有如此看法，一方面和我们的文化传统有关，中国人比较内敛，有了心理困扰倾向于自己调节，如果放在了台面上，就会被认为是很严重的精神问题；另一方面，为了满足人们猎奇的心理，媒体在表现与心理学有关的题材时喜欢选择变态心理，认为这样更具有炒作价值。很多人是从电视、电影、报纸和杂志上认识心理学的，这很容易形成片面的误解，认为心理学只关注变态的人。尤其是好莱坞和日本的所谓“心理电影”，对此要负很大责任，《精神变态者》《发条橙》《沉默的羔羊》《本能》《催眠》等，为观众展现了心理失常中最异常的画面，也为心理学打上了带有偏见的烙印。

对上述观点的正确理解应该是：

大多数心理学研究都是针对正常人的。有些人把心理学家和精神病学家混淆了。精神病学是医学的一个分支，精神病学家主要从事精神疾病和心理问题的治疗，他们的工作对象是所谓“变态”的人，即心理失常的人。精神科医生和其他医生一样，在治疗精神疾病时可以使用药物，他们还必须要接受心理学的专业培训。与精神病学家不同，虽然临床心理学家也关注病人，但他们不能使用药物，除此之外，大多数心理学研究都探讨正常人心理现象，如儿童情绪的发展、性别差异、智力、老年人心理、跨文化的比较、人机界面，等等。

误解 4：心理学 = 心理咨询

作为一个新兴的行业，心理咨询蓬勃发展，越来越火。各种各样的心理门诊、心理咨询中心、心理咨询热线等不断涌现，通过不同的渠道冲击着人们的视听。再加上心理咨询师资格考试制度的实施，使心理学的社会影响力得到了极大的提高。这些动向使很多人一听到心理学就想起心理咨询，以至于使它成了心理学的代名词。另外，对大多数人来说，倾向于从实际应用的角度去认识这门学科。而心理学最为广泛的应用就是心理咨询或心理治疗，较之其他心理学知识更为大家所熟知，所以很多人将心理咨询等同于心理学。这是一种误解，正确的观点是：

心理咨询只是心理学的一个应用分支。心理咨询的目的，是为了帮助人们认识和应对生活中的各种困扰，更幸福地生活下去。心理咨询的对象可能是一个人，也可能是一对夫妇、一个家庭或一个群体。通常，心理咨询是面向正常人的，咨询者虽然有各种心理困扰，但并不存在严重的心理障碍。如果是严重的精神疾病，那就要交给临床心理学家或精神病学家来处理了。

在发达国家，人们的工作、生活压力较大，因此心理咨询机构繁多。如日本的心理咨询机构，经常为人们所称道。当在工作、生活中面临巨大的压力时，就可以到自己的心理医生那里去宣泄，比如心理医生提供办公室和家庭设施，随便让顾客进行摔、砸等破坏性行为以充分发泄。当然顾客必须支付价格不等的咨询费用。

在国内，目前的心理咨询机构多分布在一些高校、医院等地方，也有一些专门的咨询中心。这是一个专业性很强、责任重大的职业。从事这项工作的人必须有专业知识背景，足够的实际技能培训，以及良好的职业道德。

误解 5：心理学知识 = 一般常识

有不少人对心理学家所做的事情不屑一顾，认为他们花很长时间而得到的研究结果只不过是一些人尽皆知的常识。我们认为这样的评价是不公平的。心理学知识不是一般常识，它所研究的范围远远超出了一般常识所能回答的问题。

下面是摘自《心理学与你》一书中的几个“常识性”问题，你不妨试着回答一下，看看心理学知识与一般常识是否有区别。

· 做梦用多长时间？

在莎士比亚的《仲夏夜之梦》里，莱桑德尔说真正的爱情是“简单”又“短暂”的，像做梦一样。梦真的是来去一瞬间吗？你认为做一个梦所用的时间是：

（1）一秒钟的几分之一；

（2）几秒钟；

（3）一两分钟；

（4）若干分钟；

（5）几个小时。

· 你隔多长时间做一次梦？

（1）难得或从不做梦；

（2）大约每隔几夜一次；

（3）大约每夜一次；

（4）每夜做好几次。

· “牛奶一样多吗？”

5 岁的瑶瑶看到妈妈在厨房里忙，便走了进去。在厨房的桌子上放着完全相同的两瓶牛奶。她看到妈妈打开其中一瓶，把里面的牛奶倒进一个大玻璃坛子里。她的眼睛滴溜溜地转，目光从那只仍装满牛奶的瓶子转回到坛子。这时妈妈突然记起她在一本心理学书上读到的情况，便问：“瑶瑶，是瓶子里的牛奶多呢，还是坛子里的牛奶多？”瑶瑶的回答可能是：

（1）瓶子里的多；

（2）坛子里的多；

（3）一样多。

·天生的盲人恢复视力以后会怎么样？

现在，运用外科手术使那些天生的盲人恢复视力已不是什么奇迹。在拆除绷带的头几天里，你认为这样的人：

（1）什么也看不见；

（2）看到的只是一片模糊；

（3）只看到一些模糊不清的影子在晃动；

（4）不用触摸就能认出熟悉的东西；

（5）只有在触摸一下并看一看后才能认清东西；

（6）看到的一切东西全都上下颠倒。

·哪一种决定风险大？

一群朋友准备把一些钱作为共同资金在赛马会上花掉。在每次比赛前他们都分别写出赌注的意见。然后集中商讨，做出全组决定。在每项比赛上，最慎重的决定是一点赌金也不押，较为冒险的决定是在最有可能获胜的马上押少量的赌金，而非常冒险的决定是在不大可能获胜的马上押大量的赌金。与个人意见的平均情况相比，全组的决定可能：

（1）更慎重；

（2）更冒险；

（3）既不更慎重也不更冒险。

下面是心理学的回答：

·做一个梦要用若干分钟，而且每个人每天夜里都会做 6 ～ 8 个梦。

你可能觉得自己没做什么梦或梦没那么多，这是因为你忘了或只记住了醒来之前的那个梦里的片段情景。研究梦的心理学家把微小的电极贴在正在睡觉的人的头上，记录下脑电波，可以揭示出睡梦期间脑电活动的特有模式。做梦与这种脑电波是同时发生的（睡觉的人在出现这种脑电活动时被叫醒，报告说他们正在做梦），并且眼球在眼皮下快速眼动，男性还会伴有阴茎勃起。在梦中发生的事情似乎和现实生活里发生的同样事情持续相等的时间。研究已经表明做梦具有普

遍性，这些答案只靠内省报告是得不到的。

·瑶瑶很可能会认为瓶子里的牛奶比坛子里的多。

一般来讲，7 岁左右的儿童才能明白同一瓶液体不管倒到什么地方体积都是不变的。瑶瑶只有 5 岁，如果她只是一般的小孩，当她看见瓶子里的牛奶比坛子里的牛奶液面高很多，她会认为是瓶子里的牛奶较多。

·先天失明的人治愈后不用触摸就能认清所熟悉的东西。

这个问题在 17 世纪就曾经讨论过，可是直到 20 世纪 60 ~ 70 年代心理学家做了仔细的研究后才令人满意地解决了。对许多先天失明而恢复了视力的人的研究也证实了这一结论。

·全组决定很可能比个人决定的平均情况更冒险一些。

这是一个集体极化现象的例子。虽然这种现象具有强烈的反直观性，但是它在课堂教学示范中很容易被展现出来。集体极化的一种特殊实例叫做冒险转移，对此有两种假设：一种是说在全组讨论中，大多数组员会发现其他人的决定比自己的决定更冒险。因为一般人赞赏冒险精神，这时比较慎重的人就会改变自己的决定。另一种假设是说比较冒险的意见在小组讨论当中更容易倾吐出来，其他的人此时容易被说服。

误解 6：心理学就是解梦

这种误解的产生同样和弗洛伊德分不开。对于多数了解心理学的人来说，解梦是弗洛伊德的理论中最吸引人的部分。这是因为人们总是喜欢挖掘自己和别人内心深处的秘密，而梦被当作是透视内心世界的一扇天窗。由于弗洛伊德的心理学家的“代表性”，许多人把弗洛伊德的理论等同于梦的分析，进而使解梦成为心理学的代名词。好莱坞的电影与此也是脱不了干系的，例如《最后分析》是很多人对心理学的最初了解的来源。《爱德华大夫》是好莱坞第一部涉及精神分析的作品，票房成绩斐然，使精神分析题材开始在电影中盛行。这部影片的一个中心内容就是解梦，其中有一句经典台词，也是许多人以为的心理学家的口头禅：“晚安。做个好梦，明天拿出来分析一下。”

纠正解梦只是精神分析心理学家所使用的心理治疗技术之一，仅仅是心理学热带雨林中的一株树木而已，怎么能等同于整个雨林呢？

心理学有哪些研究方法

心理学研究的方法主要有观察法、测验法、实验法、调查法和个案法等，这些方法都属于科学性方法，具有一致的基本过程，即：根据所要解决的问题提出假设，进行研究设计；采用恰当的方法技术搜集资料；按照一定程序进行结果的统计处理；最终进行理论分析，得出结论。

观察法

观察法是指在自然情境中对人的行为进行有目的、有计划的系统观察并记录，然后对所作记录进行分析，以期发现心理活动变化和发展的规律的方法。所谓自然情境指的是被观察者不知道自己的行为正在受到观察。观察法一般适用于下面的条件：对所研究的对象出于多种原因无法进行控制的情况，以及研究对象在控制条件下会发生质的改变，或由于道德伦理等因素不应该对之进行控制的那些行为。观察法的成功取决于观察的目的与任务、观察和记录的手段以及观察者的毅力和态度。观察法是对被观察者的行为进行直接的了解，因而能收集到第一手资料。由于观察法是在自然条件下进行的，不为被观察者所知，他们的行为和心理活动较少或没有受到“环境的干扰”。因此，应用这种方法有可能了解到现象的真实状况。

观察法的缺陷是：

1. 在自然条件下，事件很难按严格相同的方式重复出现，因此，对某种现象难以进行重复观察，而观察的结果也难以进行检验和证实。

2. 在自然条件下，影响某种心理活动的因素是多方面的，因此，用观察法得到的结果，往往难以进行精确的分析。

3. 由于对条件未加控制，观察时可能出现不需要研究的现象，而要研究的现象却没有出现。

4. 观察容易“各取所需”，即观察的结果容易受到观察者本人的兴趣、愿望、知识经验和观察技能的影响。

根据观察时情境的人为性，可以将观察分为自然观察和控制观察。前者是在自然情境中对被观察者的行为直接进行的观察，后者则是在预先设置的情境中进行观察。

根据观察时观察者与被观察者之间的关系，则可以将观察分为非参与观察和参与观察。前者是观察者不参加被观察者的活动，不以被观察者团体中的一个成员而出现；后者是观察者成为被观察者活动中一个正式的成员，但其双重身份一般不为其他参与者所知晓。

根据观察要求的不同，又可以将观察法分为非系统观察和系统观察。前者是日常生活中人们常用的一种方法，可以激发做进一步的系统研究；后者则是有目的、有计划地收集观察资料的过程。

为了避免观察的主观性和片面性，使观察时能够获得正确的资料，在使用观察法时应注意以下几点：

1. 观察必须要有明确的研究目的，对拟观察的行为特征要加以明确界定，做好计划，按计划进行观察。

2. 观察必须是系统的，而不是零星、偶然的。

3. 必须随时如实地做好记录。严格地把“传闻”与“事实”、“描述”与“解释”区分开来。如果能用录音机、录像机做记录，效果更好。

4. 应在被观察者处于自然状态的情况下进行观察。

测验法

测验法是指使用特定的量表为工具，对个体的心理特征进行间接了解，并做出量化结论的研究方法。使用测验法，第一，可以了解个体或团体的心理特征，如用智力量表测量儿童的智力水平，用人格量表了解人各不相同的心理特征；第二，可以探讨心理特征与外界因素的关系，如考察智力与学习成绩是否相关，性格内向是否影响社会交往；第三，可以比较不同个体或团体之间的心理差异。

测验的种类很多。按一次测量的人数，可把测验分为个别测验（一次测一人）和团体测验（一次同时测多人）。按测验的目的，又可把测验分为智力测验、特殊能力测验（性向测验）和人格测验等。

用标准化的量表来测量心理特征时应注意以下几点：

1. 选用的测量工具应适合于研究目的的需要。

2. 主持测验的人应具备使用测验的基本条件，如口齿清楚、态度平和，了解测验的实施程序和指导语，有严格控制时间的能力，并严格按测量手册上载明的实施程序进行测验等。

3. 应严格按测验手册上载明的方法记分和处理结果。

4. 测验分数的解释应有一定的依据，不能随意解释。

实施测验时要注意两个基本要求：即测验的信度和效度。信度是指一个测验的可靠程度。效度是指一个测验有效地测量了所需要的心理品质。它可以通过对行为的预测来表示。

为了保证心理测验的信度与效度，一方面要对某种心理品质进行深入的研究。如我们对智力或性格的了解越深入，那么相应的量表就会越完善。另一方面，在编制心理量表时要注意严谨性和科学性。只有按科学程序严谨地编制出来的心理量表，才可能有效而可靠地测量出人们的心理品质。

实验法

在控制条件下对某种行为或者心理现象进行观察的方法称为实验法。在实验法中，研究者可以积极地利用仪器设备干预被试者的心理活动，人为地创设出一些条件，使得被试者做出某些行为，并且这些行为是可以重复出现的。这是实验法与观察法的不同之处。

研究者在进行实验研究时，必须考虑到三类变量：

1. 自变量。即实验者控制的刺激条件或实验条件。

2. 因变量，即反应变量。

它是实验者所要测定和研究的行为和心理活动，是实验者要研究的真正对象。

3. 控制变量。

即实验中除自变量外其他可能影响实验结果的变量。为了避免这些变量对实验结果产生影响，需要设法予以控制。总之，采用实验法研究个体行为时，主要目的是在控制的情境下考察自变量和因变量之间的内在关系。因此，实验法不但能揭示问题“是什么”，而且还能进一步探求问题的根源“为什么”。

用实验法研究心理学问题必须设立实验组和控制组，并使这两个组在机体变量方面大致相同，控制实验条件大致相同，然后对实验组施加实验变量的影响，对控制则不施加影响，考察并比较这两组的反应是否不同，以确定实验变量的效应。

实验法可分为实验室实验和自然实验。实验室实验是借助专门的实验设备，在对实验条件严加控制的情况下进行的。例如，我们在实验室中安排三种不同的照明条件（由弱到强），让被试分别在不同照明条件下，对一个短暂出现的信号做出按键反应，通过仪器记录被试每次的反应时间。这样就可以了解照明对反应时的不同影响。由于对实验条件进行了严格控制，运用这种方法有助于发现事件的因果联系，并允许人们对实验的结果进行反复验证。实验室实验的缺点是由主试严格控制实验条件，使实验情境带有极大的人为性质。被试处在这样的情境中，又意识到自己正在接受实验，就有可能干扰实验结果的客观性质，并影响到将实验结果应用于日常生活中。

自然实验也叫现场实验，在某种程度上克服了实验室实验的缺点。自然实验虽然也对实验条件进行适当的控制，但它是在人们正常学习和工作的情境中进行的。例如，在教学条件下，由教师向两组学生传授相同的材料。其中甲组学生在学习以后完全休息，而乙组学生继续进行另外的工作。一小时后，再比较他们的回忆成绩。结果甲组学生比乙组学生成绩好。这说明学习后适当休息有助于知识的保持。由于实验是在正常的情境中进行的，因此，自然实验的结果比较合乎实际。但是，在自然实验中，由于条件的控制不够严格，因而难以得到精确的实验结果。

调查法

调查法是以提问题的方式，要求被调查者就某个或某些问题做出回答的方法。调查法可以用来探讨被调查者的机体变量（如性别、年龄、教育程度、职业、经济状况等）、反应变量（即他对问题的理解、态度、期望、信念、行为等）以及它们之间的相互关系。根据研究的需要，可以向被调查者本人做调查，也可以向熟悉被调查者的人做调查。

调查法可分为问卷法和谈话法两种方式。问卷法是指采用预先拟定好的问题表，由被试自行填写来搜集资料进行研究的方法。问卷法可以同时搜集许多人对同类问题的资料，比较节省人力和物力。问卷的发放可以通过邮寄的方式进行。这种方法的潜在问题是：问卷回收率可能会影响结果的准确性；被调查者有时可能不认真合作，而使问卷的真实性受到影响。谈话法是指研究者根据预先拟定好的问题向被调查者提出，在面对面的一问一答中搜集资料，然后对群体的心理特点及心理状态进行分析和推测。谈话法一般不需要特殊的条件和设备，比较容易掌握。但是由于访谈对象有限，加上被试可能受主观和客观因素的影响，有可能会影响到资料的真实性。

个案法

个案法是收集单个被试各方面的资料以分析其心理特征的方法。通常收集的资料包括个人的生活史、家庭关系、生活环境和人际关系等特点的资料。根据需要，也常对被试做智力和人格测验，从熟悉被试的亲近者那里了解情况，或从被试的书信、日记、自传或他人为被试写的资料（如传记、病历）等进行分析。

个案法要求对某个人进行深入而详尽的观察与研究，以便发现影响某种行为和心理现象的原因。例如，通过个案分析，可以了解电视台的不同节目对个体行为的影响，也可以了解家庭破裂对儿童心理发展的影响，等等。个案法有时和其他方法（如观察法、传记法、测验法等）配合使用，这样可以收集更丰富的个人资料。

用个案法研究儿童的心理发展，在现代心理学中曾起了重要的作用。

个案法的优点是，能加深对特定个人的了解，以便发现影响某种行为和心理现象的原因。个案法的缺点是，所收集到的资料往往缺乏可靠性，而研究的结果也可能只适合于个别情况。因此，一般说来，个案法常用于提出理论或假说，要进一步检验理论或假设，则有赖于其他方法。

心理学的研究方法远不止上述的几种，同时，上述几种研究方法都有各自的优点，但也有各自的不足之处。人的心理活动是非常复杂的，因此，研究人的心理现象不能只采用一种方法，应该根据研究的需要，灵活地选用几种方法，使之共同发挥作用，以便相互补充，使研究收到更好的效果。

心理学与生活密切相关

心理学是研究心理现象的科学，那么，心理学与生活到底有无关联，有什么样的关联呢？日常生活中，我们每做一件事，每说一句话，都受到一定的心理状态和心理活动的影响和制约，尽管有时候我们觉察不到。说一个人发脾气、闹情绪，这就是一种心理活动；说一个人洋洋得意、意气风发，这也是一种心理状态；说一个人品行不好、思想消极，这其实就是在作心理学研究了。心理学能够指导我们的生活，越是复杂的生活，越要懂得心理学的道理才行。懂得运用心理学管理自己，我们的生活才会幸福，才会有意义，我们的学习、工作才会有所成，我们和他人才会友好地相处。

人的心理和人的生活是相互影响的。人一降生，就是带着心理能量的，虽然这种能量是潜在的和不成形的。同时，一定的生活环境也会将这个刚出生的小家伙一下子包围起来。生活环境的差异对人的早期的心理发展有着深远的、导向性的影响。如果一个人出生在一个暴力家庭，他的心理上就会发展不健全，可能会成为一个性格古怪、情绪反常、十分叛逆的人，他可能早早辍学，不愿回家，讨厌家庭，讨厌社会，甚至走上犯罪的道路。同样是他，如果出生在一个和睦幸福的家庭，他的心理就会健康地发展，自小懂得关爱和帮助别人，懂得尊敬长者，懂得好好学习，珍惜家庭温暖，他将来会有一个幸福的人生。不同的生活环境造就人不同的心理，有不同心理特征的人会选择不同的生活道路。因而，我们可以说心理学与生活互相影响。

在生活中，心理学有着极其广阔的应用范围。例如，领导者和管理者学习和掌握劳动心理学和管理心理学知识，有助于企业管理的合理化，改善劳动者的心理状态和人际关系，加速掌握生产技术，促进生产技术革新，不断提高劳动生产率。教师掌握了有关的教育心理学知识，就能够根据人的认识活动过程的特点和规律，培养学生的观察力，指导学生有效地进行学习和牢记已学的知识、技能，帮助学生正确理解和掌握概念和教学内容，培养学生分析问题和解决问题的能力；还可以根据心理学的有关理论培养学生具有高尚的情操、坚强的意志、共产主义的信念、远大的理想以及优良的性格特征等。这对进行教育改革、提高教学质量、实现教育工作的科学化都具有极其重要的现实意义。医学心理学知识有助于医护人员正确了解心理因素在疾病中的作用，开展心理咨询和心理治疗工作，不断增进人们的心身健康。另外，心理学知识对个人自我教育也有重要作用，它有助于自己分析和了解自身的心理特点，从而使人做到自觉地、正确地组织和调整自己的学习和各项有益心身的活动，克服消极心理，发展积极的心理品质。

心理学在生活各领域中的应用

目前，心理学在人类生活中所起的作用越来越大，应用的范围也越来越广，心理学在工业、商业、教育、医疗、军事等领域得到广泛的应用，并且形成了许多分支学科。

工业与组织心理学

工业与组织心理学主要在工业、企业和组织机构里发挥作用，包括：在厂房设备安装、产品质量设计方面考虑到人的因素，可以更有利于促进生产，提高效率；在人事部门中知人善任是人才选拔、人员安置、人力资源合理利用等一切工作的基础；在企业中调动员工的积极性，协调关系，既提高生产力也提高职工的满意度，创造良好的企业形象等，都离不开心理学规律的应用。

教育与学校心理学

教育心理学是心理学的一个重要领域。作为教育科学的基础，其工作在于研究教与学过程中的心理规律，以提高教育、教学水平，改进师资培训和学业考试，并推动因材施教，培养学生健全人格和创造力，等等。学校心理学家通常在中小学工作，对在学校中学习困难、适应困难或某种问题行为的学生进行诊断和辅导，并协助家长和教师解决与学校有关的问题。

商业心理学

商业心理学主要研究商业活动中人的心理活动的特点和规律，并运用心理学的原理和方法解决商业中有关人的一些问题。商业心理学包括广告心理学、消费心理学等。

广告心理学研究如何把产品信息传达给群众，以更好地引起消费者的购买行为。消费心理学则以社会大众的消费行为为研究对象，考察消费动机、购买行为以及影响和促进消费行为的各种因素。

医学心理学

医学心理学是关于健康和疾病问题的心理学，主要研究心理因素在治病和维护健康方面的作用，以及医护人员和病人在医疗过程中的心理活动和行为特点。

医学心理学还研究精神药物的作用、心理治疗的方法、病人的康复过程等问题。医学心理学家也从事一些心理卫生和心理咨询工作，帮助人们促进身心健康。

法律心理学

法律心理学主要研究人们在司法活动中的心理活动和规律。根据研究内容的差异，法律心理学又可分为犯罪心理学、审判心理学、侦察心理学、司法鉴定心理学等。

犯罪心理学主要研究犯人作案的动机、对罪犯的有效教育改造等问题；审判心理学主要分析犯人供词和证人证词的可靠性问题；侦察心理学研究案件侦破过程中所应遵循的心理规律；司法鉴定心理学主要的目的是运用临床精神病学知识，对疑似精神病人的被告及其他诉讼当事人进行心理鉴定，为确定其法律责任提供科学的依据。

军事心理学

军事心理学主要研究在军事活动中人的心理问题，包括军事人员的选拔和分类、军事技能和武器的学习掌握过程、适合军事活动的个性心理特征、心理战术、宣传和反宣传等。军事心理学上，军事组织就是一个小社会，其中的社会过程和关系，比如军官和士兵的关系、战争时群体内部情绪、军队士气的作用等，都是需要研究的问题。根据兵种的特点，军事心理学可分为航海心理学、航天与航空心理学。航海心理学主要研究军事人员在长期离开陆地情况下的心理特点，舰艇操纵和海上战斗时的特殊心理学问题。世界各国的军事心理学研究成果都保密，除非已经失去了军事价值，否则不可能公开发表。

第一章

认知心理学：我们的眼睛和耳朵可信吗

感知是如何运作的

我们有五个感官：眼、耳、鼻、舌、身，通过这五个感官，我们可以获得外界信息。我们一生当中对所有事物的认知都是通过这五个感官获得的。我们的感官持续不断地受到外界信息的刺激，根据不同感官所受到的刺激，我们可以把感觉分为：视觉、听觉、触觉、嗅觉、味觉。其中触觉可以分为外在的身体能够感知的感觉和内在的内心深处的感觉。

视觉信息的获得通常是由物体所发出的光线刺激视网膜上细胞而获得的，这样我们就可以感受物体的形状、颜色、大小等等。视觉是所有的感觉中获得信息量最大的，在我们所获得的信息中，有大概 80% 是来自视觉的。但是，我们的视觉往往也是最不可靠的，比如视错觉等现象就说明这一点。

听觉给视觉所看到的五彩缤纷的世界配上了声音，这样我们眼前的世界就变得更加生动了。俗话说“眼观六路，耳听八方”，这说明我们耳朵的力量是十分强大的，它可以不受方向的限制，同时捕捉来自八方的信息。但是，和视觉一样，我们的听觉有时候也会出错。

触觉是通过皮肤来实现的，这种感觉不像视觉和听觉那样会骗人，它是很可靠的。在我们的身体各部位中，指尖的触觉是最为敏感的。

人类的嗅觉功能是通过空气中的粒子刺激我们鼻内的嗅觉细胞来实现的。嗅觉通常会伴随着内心的情感体验，例如，当我们闻到玫瑰花的芳香时，我们就会产生愉悦的情绪，心旷神怡；当闻到臭水沟的味道时，我们往往会掩鼻而过，免不了会抱怨几声。

舌头上的味蕾是专门负责味觉的，我们常说的酸甜苦辣咸说的就是味觉。人类的舌头是感受味觉的唯一器官，通常情况下舌尖对甜味比较敏感，舌的两侧对酸味敏感，舌根对苦、辣味比较敏感。

我们通过五种感觉来感知客观事物，并通过这五种感觉来表象，因此这五种感觉被称为“表象系统”，也称为“感元”。我们可以通过五种感元精确地描述身体和内心的感觉。比如，当我们观察一朵花的时候，首先感觉到花的形状和颜色，然后注意到花瓣的质感，接着凑过去闻闻花的芬芳。这朵花的信息就通过我们的眼睛、鼻子、皮肤等感官进入我们的大脑。

感元还可以用来描述思考过程的进展，比如当你想念一个你喜欢的人时，他（她）的样貌就会浮现在你的脑海中。如果有人问你最喜欢的动物是什么，你就开始搜索储存在大脑中的信息，你最喜欢的动物形象，以及它带给你的感觉就会浮现出来。

其实，在我们的日常生活中，纯粹的感觉是不存在的，感觉信息一经感觉器官传达到大脑，知觉便随之产生。这说明感知觉是一个连续的过程，它们共同对外界的信息进行加工，使得它们成为我们能够识别的、有意义的信息。举个例子来说，当我们看到一个圆圆的、红色的物体，同时又能闻到它香甜的味道，让人忍不住想吃，这些来自感觉器官的信息为我们提供了形状、颜色、味道等特性，然后将这些信息传入大脑之后，我们认出了“这是一个苹果”。在这里把感觉通道所传递的信息转化为有意义的、可命名的经验过程就是知觉。

即使是一件简单的事物，也会传达很多信息，所以，我们在了解一个人或一件事的时候，必须对信息进行筛选，否则就会被大量信息淹没。我们对信息的控制就像经过一系列的过滤器，只选择接受事物的一小部分信息，最终保留下来的信息形成我们对世界的看法，也就是意识对物质的反映。

每个人对同一件事的感觉和看法有所不同，因为我们以不同的方式处理信息。信息过滤器对我们的一生有重要影响，我们的任何感觉和看法都带有强烈的主观色彩，就像戴上了有色眼镜，没有人能够完全客观地反映外在的世界。两个人可以经历完全相同的事件，却产生截然不同的情感。比如，两个人同时登台表演，其中一个人感到风光无比，另一个人却感到惊恐不安。

知觉就是个体在以往经验的基础上，对来自感觉通道的信息进行有意义的加工和解释。在上述例子中，一个人在以前已经见过苹果长的是什么样子，并且吃过苹果知道它是什么味道，所以再次看到苹果时，个体根据以往的经验立刻判断出这是一个苹果。这就是感觉和知觉共同作用的结果。

人类学家特恩布尔曾调查过居住在刚果枝叶茂密热带森林中的俾格米人的生活方式，他描述了这样一个例子：居住在这里的俾格米人有些从来没有离开过森林，没有见过开阔的视野。当特恩布尔带着一位名叫肯克的俾格米人第一次离开他所居住的大森林来到一片高原时，他看见远处的一群水牛时惊奇地问："那些是什么虫子？"当告诉他是水牛时，他哈哈大笑，说不要说傻话。尽管他不相信，但还是仔细凝视着，说："这是些什么水牛会这样小。"当越走越近时，这些"虫子"变得越来越大，他感到困惑不解，说这些不是真正的水牛。这是一个十分有趣的故事，说明了以往的经验在我们感知觉中的重要性。

你偏好哪种表象系统

生活中我们都听说过有些人是视觉型的人，有些人是听觉型的人，有些人是感觉型的人。所谓"视觉型""听觉型"或"感觉型"就是说他的偏好系统是"视觉系统""听觉系统"或"感觉系统"，当然还有的人偏好"触觉系统""嗅觉系统"或者"味觉系统"。

偏好系统是内在表象系统的一种。我们知道内在表象系统使得我们能够把对世界的认知系统地储存，然后在需要的时候提取出来，这就是我们识别和记忆的能力。具有正常的识别能力和记忆力，我们才能正常地生活。除了偏好系统，还有一种内在表象系统，就是引导系统。两种系统具有不同的功能，在我们的生活中发挥着不同的作用：我们利用偏好系统来进行日常的生活；利用引导系统来进入某个记忆。

偏好系统其实就是自己喜欢的表象系统。人们在说话的时候使用描述哪类感觉的词语多，就说明他偏好哪种表象系统。如果一个人在说话的时候使用表示视觉的谓语明显多于其他词语，那么表明他偏好视觉系统，他是一个视觉型的人。

一个视觉型的人在谈话过程中容易说出："你怎样看待这个问题？""这个人城府很深，我看不透他。""前途虽然光明，但是道路比较曲折。""这个晚会搞得七彩缤纷，让人目不暇接！""她长得很秀气。"

一个听觉型的人会说出："说说你的看法，怎么样？""这个主意听起来不错！""就算有再多反对的声音，我还是坚持我看法。""演讲者慷慨陈词，内容都是掷地有声的真知灼见。""他的声音富有磁性，很有感染力。"

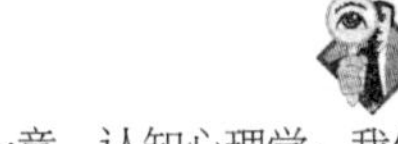

一个感觉型的人会这样说："关于这件事，你有什么感想？""对事情的安排，你感到满意吗？""这项工作很有挑战性。""我会尽心尽力地完成组织交给我的任务！""她很细心，而且很有耐心。"

人们总是使用自己偏好的表象系统，但是，这并不意味着他们不使用其他表象系统，只是更倾向于关注自己偏好的表象系统带给自己的感觉。

内在表象系统发展比较平衡的人说话会跨越一个以上的内感官的，比如，他们会说："这个计划缺少必要的信息（听觉），但是不用担心（感觉），我会争取设计出完美的蓝图（视觉）。""这个人虽然提了不少意见（听觉），但是意见的内容让人失望（感觉），显得他没有眼光和远见（视觉）。""我听着他的甜言蜜语（听觉），感到无比幸福（感觉），看到我们美好的未来（视觉）。"

描述视觉、听觉和感觉的词语可以让语言表达更丰富，更能激发起人们想象和联想的能力。同样一个故事讲两次，第一次刻意避免使用视觉、听觉、感觉的词语，第二次刻意添加三种类型的文字，你会发现第一次讲故事枯燥乏味，第二次比第一次吸引力大很多，因为视觉、听觉和感觉的词语更能调动人们的感情。这种说话的技巧对推销员、演讲家、老师、培训人员应该是很有帮助的。

明确偏好系统对于人际交往有重要意义。找到自己偏好的表象系统可以帮助自己学会利用其他的表象系统，提高自己的适应性，根据不同场合不同地点对不同的人使用不同的表象系统。同样，发现别人偏好的表象系统后，我们就可以投其所好，用相同的系统迎合他，使沟通更容易，很容易得到别人的理解和信任，可以获得一种更深层次的亲和力。

有些人的交际能力很好，能够与很多人融洽相处，有些人在与人交往中却常常碰到各种问题，原因可能就在于他们不能充分利用表象系统，或者他们的表象系统与别人的发生了冲突。比如，一个职员与上司沟通的时候总是有障碍，原来这个职员是视觉型的人，而他的上司是听觉型的人。他表达自己的想法时多使用视觉词语，力求以图像的形式展示给上司；而他的上司更愿意使用听觉词语，对图像不感兴趣。这种差别看似微不足道，却常常给交流造成障碍。

眼球解读线索

通过上文，我们已经知道人类的另一种表现系统就是引导系统——当人们使用某种表象系统的时候，眼球会转到特定的位置。这是人们进入某种记忆状态时所使用的系统。比如，当别人问到你喜欢的颜色时，你的眼球就会转向左上方；当别人问到你喜欢的音乐时，你的眼球就会转向左侧。因为与视觉有关的记忆位置在左上方，与听觉有关的记忆位置在左侧。

我们可以运用引导系统调动自己的内在表象，例如，当想念某人的时候，如果我们想到他的相貌，眼球就会转到与视觉相关的位置；如果想到他说话的声音，眼球就转到与听觉相关的位置。

心理学家发现，当人们回忆的时候，眼球会转向六个主要的位置：右上、左上、右中、左中、右下、左下，每个位置都有不同的意义。我们可以通过眼球的位置判断内感官的运作情况，因为我们的内感官神经在脑干部分汇聚，而牵动眼球的神经也与这一部位有联系。当某个内感官启动时，有关的眼球牵动神经也受到影响。

1. 内视觉的眼球转动模式是往上望。站在自己的角度，如果你往左上望，说明你是在回忆过去的景象，就像在档案里找一幅旧照片，称为“视觉记忆”。比如，当你回忆自己第一次见到大海的情景时，你的眼球会转向左上方。往右上望，是创作新的虚构的景象，就像绘制一幅新的图像，称为“视觉构造”。比如，当你想象一条会飞的鱼的时候，你的眼球就会转向右上方。我们在发呆的时候，双眼定定地往前望，也属于内视觉。

2. 内听觉占有三个位置：左中、右中和左下。左中是回忆过去的声音和语言，称为“听觉回忆”（Ac），例如回想昨天听到的一首歌。右中是创造新的声音，称为“听觉构造”（Ac），例如想象你明天做演讲时的声音。左下是自言自语，也叫内在的对话（Ad）。比如早上出门的时候你告诉自己：“今天天气不错！”这时你的眼球在左下方。很多人在独自思考时都会使用这个内感官，尤其是当心中烦闷的时候。当你重复别人说过的话时也需要使用这个内感官。

3. 表达内感觉信息时，人的眼球方位在右下方。每当搜查记忆中的味觉、嗅觉、触觉经验和情绪感觉时都会启动这个内感官，称为“感觉和触感”（K）。比如，当你陷入爱情时是什么感觉？当你摸到冰块的时候是什么感觉？当你经历这些感觉的时候，你的眼球在右下方。嗅觉和味觉感官与眼球转动也有联系，但是并不是广泛地存在。比如当你回忆某种香水的气味时，可能你的鼻子上翘，眼睛直视前方，目光稍微向前交叉；当你回味饭菜的味道时，你的头会稍微低下，眼睛向下看，目光稍微向前交叉。

以上揭示的是用右手的人的眼球转动模式，使用左手的人要把对应位置颠倒过来。

每个正常人的三个内感官都是健全的，只是某个内感官习惯于多用一点。很多人都有不只一个惯用的内感官，有些人没有明显偏向哪种感官，而是三个内感官都平均使用。所以，不要轻易给某个人“定型”。在不同的情况下，面对不同的问题时，我们倾向于使用某种特定的内感官。比如，一个人度假回来，兴高采烈地向朋友讲述旅行中看到的景色（视觉型），但是他发现没有人注意听他讲（听觉型），他感到很沮丧（感觉型）。

我们确实可以根据一个人的眼球转动来推测他的内感官状态。但是需要注意的是，我们必须不断进行判断，因为人的内在感官随着思考内容不断变化，用这种方法得出来的资料，只能保持三十秒有效。我们可以运用当时得出的资料去与这个人沟通和相处，若他的内感官状态改变了，我们当然也可以改变我们的配合方式。

人总是以自己为出发点来观照万物

英国文学家萨克雷曾经说过：“生活好比一面镜子，你对它哭，它就对你哭；你对它笑，它就对你笑！”这句话表明，外界事物在人们眼中的形象源于人自身的表现，人总是以自己为出发点来观照万事万物的。有三个心理学效应对人的这一心理现象的发生作了很好的解释。

第一个是知觉锐化效应，说的是价值观对人的知觉发生有一定的影响作用。心理学家波斯拖曼曾做了一个有趣的实验：他首先对人们所重视的价值作了调查，然后再找到与其价值有关的单词，并在荧幕上用瞬时显示器进行提示，测定人们的认知阈限。结果发现，那些人们自认为重视的单词，认知阈限较低。这就说明了人的价值观确实可以对知觉起到促进的作用，或者说人的价值观确实对知觉存在着锐化效应——在感知陌生事物的时候，每个人都有自己的方式，但总的来说都与个人的既有价值观有关。如果人们的价值观在知觉对象前已经形成，或者说已经被激活，那么这种价值观就会在知觉的过程中起到促进的作用，而且对知觉的促进作用是十分明显的。

为什么人的价值观会对其知觉过程产生锐化效应呢？这是因为在知觉的过程中，人们总是要依靠贫乏的已知信息去认识无穷的未知世界。显然，这点儿少得可怜的已知信息是不足以对未知事物进行阐述的。当人们无法通过已知信息来解释未知事物时，就会加入个人的主观判断，将已知信息和未知事物联系起来，形成一个为自己所接受的解释。而在主观知觉未知事物的时候，起决定性作用的即是人的价值观。

第二个效应是视网膜效应。有一个人决定买一部墨绿色的轿车，因为他觉得大多数人买的都是黑色和白色的车，而墨绿色的车会令自己显得与众不同。可是，当他将车买回来之后却发现，原来墨绿色的车并不罕见，自己原来的打算是落空了的。于是他在与同事聊天的时候就提到了这个问题：为什么现在墨绿色的车这么多呢？是大家忽然之间都开始买这种颜色的车了吗？然而同事们却都并没有这种感觉，认为墨绿色的车还是很少见的，哪里像他说的那样到处都是呢？有一个怀孕的女同事说："我倒没觉得墨绿色的车变多了，就是觉得最近孕妇多了起来，几乎是天天都能碰见几个孕妇，是不是现在人口出生率提高了呢？"而同事们对她的这种发现也表示了否定。

事实上，墨绿色的车并没有忽然增加，孕妇也没有一下子变得多起来，而是因为他们自己有了墨绿色的车，或者自己怀了孕，才对同样的事物变得敏感起来，走到哪里都会注意地看一看，有没有谁开的是墨绿色的车呢，有没有谁是怀孕的呢？这样一来，他们所见到的当然就比其他人所注意到的会更多了。

视网膜效应的本质就是，以自身状况为核心，而在感受中将事物某方面的情形加以夸大。有句俗语叫做"一朝被蛇咬，十年怕井绳"，平常的人看到一段绳子不会有什么特别的感觉，而被蛇咬过的人却会疑神疑鬼，对形状与蛇有些相似的井绳也会很恐惧，这就是因为自己有过受害的经验，所以对相关的事物特别敏感。再如，一些有过晕车经历的人可能会刚一上车，在车还没有启动的时候就会感到眩晕，这也是由这种视网膜效应而引起的心理恐慌。

第三个效应是虚假一致偏差。有这样一个笑话，讲有个樵夫，这天妻子外出不在家，他又需要到外面砍柴，可是把还在襁褓中的孩子留在家里很不放心，就一起带着出去了，然后找个合适的地方把孩子放下，他则开始砍柴。时值冬日，天气很冷，他出来的时候穿得很多，一砍起柴来就觉着热了，于是把厚重的棉衣给脱了。这时，他见到孩子在哭啼，忽然想到：对呀，自己怎么这么笨呢，自己热，孩子不也热嘛！就过去把包裹孩子的被子给打开了，然后继续砍柴。砍了几下，还是觉得热，就把里面的衣服也脱了，他又注意到孩子不但没有停止啼哭，反而哭得更厉害了，他就想：孩子一定也和自己一样，还是觉得热。这样，他就把孩子穿的棉衣也给脱了，再接着去砍柴。过了一会儿，孩子果然不哭了，他就安心地砍柴，直到准备满载而归的时候，却发现孩子原来早已经被冻死了。这虽然是一个很不现实的笑话，但是其中所体现的这种以己度人的心理却是普遍存在的。

这个事例讲的就是人的心理中所具有的虚假一致偏差，即人们在考虑事情的时候，常常以自身的体验为衡量的标准，认为他人的情形与自己的感受是相同的，自己的情况是有着普遍性的，而在很多时候，这种设想只是一种主观的臆断，是违背真实的，所以称之为虚假一致偏差。

人为什么会有这种心理偏差呢？因为人们总是习惯以自我为中心，在考虑事情的时候，自我的感受就想当然地成为看待问题的标准，在这样的情况下，也就不会更多地从他人的视角来看待事情的了。固然，这种思考方式有着一定的道理，正所谓“人同此心，心同此理”，但这强调的只是人的经历和心理相同的一面，却忽略了另一面所存在的巨大差异。如果无视这种现实存在的区别，看待问题和处理事情的时候就难免会产生偏谬和错误，而克服这种偏差的基本方式就是要学会换位思考，能够设身处地地为他人着想。

人的眼睛为什么能适应黑暗

日常生活中，我们都有过这样的体验。当我们刚进入不开灯的房间时，眼前一片漆黑，看不到屋内的东西，但是，过一段时间我们就能分辨房间内的物体了。当我们刚进入电影院时也会有这样的感觉，眼前黑乎乎的一片。这种现象就是我们的眼睛对黑暗的一种适应，在心理学中被称为“暗适应”，即从明亮的地方进入黑暗中眼睛对这种变化的适应。与这种“暗适应”相反的一种适应过程被称为“明适应”，即当我们从黑暗的环境到明亮的环境时，会觉得光很耀眼，看不清什么东西。比如，我们刚从电影院里走出来时，在明媚的阳光下，我们会觉得阳光很刺眼，睁不开眼睛，眼睛还会眯成一条缝，但渐渐地就能适应这种明亮的环境了，看清楚周围的物体了。我们眼睛的“明适应”和“暗适应”的过程就是我们通过改变自身的感觉机能来应对外部的刺激，这是对环境的一种适应性变化。

暗适应是由视网膜内杆状感光细胞中的一种叫做视紫红质的物质所决定的，它对弱光比较敏感，在暗处可以逐渐合成，据眼科专家统计，在暗处五分钟内我们的眼睛就可以生成 60% 的视紫红质，大约三十分钟即可全部生成。明适应则是与暗适应相反的过程，当我们从黑暗的环境到明亮的环境时，在暗适应过程中合成的视紫红质迅速分解，待到分解完毕之后，视锥细胞中对光较不敏感的色素才能在明亮的环境中感光。可见，暗适应和明适应是一个可逆的过程。与暗适应相比，明适应的时间比较短，大约在一分钟内即可完成。相信在生活中我们深有体会，从电影院出来时虽然刚开始很不适应外面的亮光，但是过一会就完全没事了。但是在进入电影院时，我们可能要花相对长的时间来适应。

由于各方面生理条件的老化，老年人对光的敏感度比较低，因此，老年人的暗适应要花更长的时间。所以，如果家中有老人的话，在布置房间时最好不要让房间的照明一下子完全变暗，以防老人发生意外事故，而且在夜里，房间里最好不要漆黑一片，可以适当地给老人留一盏灯，让老人慢慢适应黑暗的过程。

在现实生活中，许多研究领域都考虑到了我们眼睛暗适应和明适应的规律。国外研制出一种专门对付犯罪分子的闪光弹，这种闪光弹的亮度要远远强于闪光灯的亮度，在这种短暂的极强的光线刺激下，犯罪分子眼前一片漆黑，只能束手就擒。

在汶川大地震中，相信很多救援的场面已深深地刻在了我们心中。当救援人员抬出被困在废墟中几十个小时，甚至更长时间的人时，都是将他们的眼睛蒙上。这是因为，视网膜受到阳光的强烈刺激，这种刺激紧接着传入脑内，会使人感到不舒服，同时会有眩晕的感觉，甚至眼睛还可能受到伤害。

此外，我们还注意到在隧道中也考虑到了这一因素。如果我们留心观察的话会发现，通常情况下，为了能够使驾驶员更好地适应光线的变化，隧道的出口和入口的照明相对要多一些。这样驾驶员的眼睛就会在不同的阶段接收不同强度的光，不会出现进入隧道后眼前一片黑暗的情况。

为了避免使眼睛受到伤害，在日常生活中我们也应该利用这一规律，对我们的眼睛进行保护。比如，在夏天阳光过强的时候，带一个墨镜，使得较强的光线相对温和一点儿，这样我们在看阳光的时候就不会那么刺眼；当我们进入房间时先不用着急打开光线较强的灯，可以先开一盏光线相对微弱的台灯，等过几分钟后再去开大灯，让我们的眼睛有一个适应的过程。

俗话说，眼睛是心灵的窗户，只有将这扇心灵的窗户擦亮了，我们才会更清楚地去看周围的世界，才不会迷路。心灵的窗户亮了，眼前的世界也就跟着亮了。

大小的恒定性

来自物理学的知识表明，同一个物体，在视网膜上成像的大小会随着物体与观察者之间的距离变化而改变。物体与观察者之间的距离越远，物体在视网膜上的成像越小；反之，物体在视网膜上的成像越大。即物体与观察者之间的距离对视像的大小有很大影响。但是，人类的视觉有自动修正的功能，仍然能比较正确地知觉到物体的实际大小。换句话说，当视网膜上物体投影的大小有变化时，我们的知觉会保持相对恒定而并不随之发生变化。

生活中的你一定会有这样的经历，一旦你认出了一座房屋、一匹马或者一辆小轿车的形状，即便你不知道它和你之间的距离，你也会知道它们各自有多大。再如，一个人从远处慢慢走来，尽管他在我们的视网膜上投影的大小会发生很大的变化，可是我们看到的大小并没有明显改变，也就是说，当距离逐渐变小时，我们并没有把他看得越来越大。人知觉到物体的大小不完全随视象大小而发生变化，它趋向于保持物体的实际大小，这种现象在心理学中被称为大小的恒定性。

心理学家荆其诚等人于 1963 发现，在利用偏振镜片改变两眼辐合角度的实验中，当刺激物的大小保持不变，只改变两眼辐合角度时，知觉大小随辐合距离的改变而变化，即在视网膜像不变的情况下，辐合角度愈大（辐合距离愈小），对象的知觉大小愈小；辐合角度愈小（辐合距离愈远），对象的知觉大小愈大。在两眼辐合角度不变的情况下，刺激物移近，知觉大小按视网膜像的几何学规律增大。当知觉一定距离的刺激物时，视网膜上形成一定大小的视像，同时两眼视轴也辐合在该刺激物的距离上。当改变对象的距离时，视网膜像大小的变化与两眼辐合所引起的知觉大小变化相反。当刺激物的距离变近时，视像就增大，但是辐合距离的变近（辐合角度增大）使知觉大小缩小，二者的作用相互抵消了。这种调节作用基本上保持了知觉大小的恒定性。实验证明，大小恒定性是视网膜像和眼肌运动联合活动的结果，同时还与人对知觉对象的经验有关。

物体的大小知觉如此神奇，那么是什么决定我们知觉一个物体的大小呢？大小的恒定性主要是过去经验的作用以及视网膜与物体之间的距离因素造成的。影响大小知觉恒定性的因素有如下几个方面：

1. 刺激条件。刺激条件越复杂，则越表现出恒定性，当刺激条件减少时，则恒定性现象随之减少。这是因为周围的刺激信息为我们提供了更多的参考条件。

2. 距离因素。当距离很远时，我们很难知觉到远处的物体为何物，对物体无从加工，恒定性消失。

3. 水平观察时，恒定性表现大；垂直观察时，恒定性表现小。把你的书本放在桌子上，然后移动你的头靠近它直到只有几寸的距离。再把头移回到正常阅读距离。尽管在较近时书本在视网膜上刺激的区域比较远时大得多，但你感觉到书本的大小保持不变；现在把书本垂直放置，试着顺时针倾斜你的头部。当你这样做的时候，书本在你视网膜成像在逆时针旋转，但你感到书本仍是垂直的。此外，在使用人工瞳孔时，大小的恒定性消失。

4. 学习和实践。在知觉物体的大小时，个体学会了把物体与观察者的距离因素考虑在内，当自己处于不同距离位置知觉同一物体大小时，知觉的结果经常是很接近的。

大小的恒定性对于人的正常生活和工作有重要意义。如果人的大小知觉随着客观条件的变化而变化，那么人在这个世界上的生存将会变得胆战心惊。试想，如果没有大小恒定性的基础，当一条狗奔跑接近你的时候，它在你的视网膜的成像越来越大，此时此刻的你可能就不会平静地面对了。

为什么有时感觉时间过得飞快，有时又过得太慢

生活中，你是不是有这样的体会，当你和恋人在一起时，你们亲密耳语，分享彼此间发生的有趣的事情，不知不觉你们约会的时间就过去了，于是你们依依不舍地分开，并期待着下次见面的时间。相反，当你在听一场很枯燥的报告时，你心里在想，怎么还不结束呢，为什么时间过得如此之慢，你开始烦躁不安地看着表，希望指针转得再快一点，甚至还会悄悄地溜走。

这只是我们的感觉而已，说不定你和恋人约会的时间和听报告的时间是一样的，或许和恋人约会的时间比听报告的时间还长呢，可是你为什么会感觉到和恋人约会的时间过得很快，而听报告的时间却过得如此之慢呢?

在心理学中，这种对某一事件持续时间的知觉称为时间知觉。

时间知觉主要有四种形式：

1. 对时间的分辨，是指能够将事件发生的先后顺序在时间上进行区分，比如吃完早饭，紧接着去上课，下课后去购物，能够按时间顺序把这些活动区别开来；

2. 对时间的确认，就是知道今天是星期二，明天是星期三；

3. 对持续时间的估计，比如这节课已经过去了半小时，我已经等同学十五分钟了等等；

4. 对时间的预测，比如还有一个月就放暑假了，四个月之后要在上海举办心理学大会等等。

在本文开始所提到的例子中，主要是对持续时间的估计。而能够准确地对时间

进行估计，对我们的生活和工作都有十分重要的意义。比如，一个老师要想成功地开展一节课，应该对时间作出恰当的安排，先开展哪个环节，后开展哪个环节，每个环节大概要用多长时间等等。但是，如果对时间估计不准确，则会给教学带来混乱。

对于同样的时间，为什么有时候我们会觉得它很长，有时候又会觉得它很短呢？心理学家们从两个角度对这种现象进行了解释。

一方面，在这一时间内发生的事件的数量和性质会影响我们对这一时间的知觉。若在这段时间内，发生的事件的数量越多，性质越复杂，我们就倾向于把时间估计得很短，若发生的事件的数量较少，性质简单，我们就会倾向于把时间估计得较长。比如，当你听一个内容丰富、主题有趣的报告时，你就会觉得时间过得很快；相反，如果报告的内容比较枯燥乏味，我们就会觉得时间过得很慢。

另一方面，对时间的估计还与我们自身的兴趣和情绪有关。还是上面的例子，若报告的内容恰好是我们感兴趣的，则会觉得时间过得很快，会出现对时间估计不足的情况；若面对的是我们很厌恶的事情，则又会觉得时间过得很慢，这样往往就会高估时间。同样，当我们满怀期待某件事情时，我们总是希望时间过得快一点，越是这样反而会觉得时间过得很慢，比如我们在等待和恋人见面的时间里，总是会不时地看表，期望时间过得快一点儿；相反，如果对于我们不希望发生和出现的事情时，反而就会觉得时间过得很快。比如，对于一场我们没有把握的考试，总是希望它能够来得晚一点，这样我们好有充足的时间来复习。可是偏偏这样，却感觉时间过得非常快。

时间是客观的，不管我们知觉它是长是短，它不会发生变化。真正出现差错的是我们的感觉，和视觉听觉一样，它有时候并不可靠。人是复杂的情感动物，所以在对时间进行估计时往往会加入自身的很多情感因素。

这就是所谓的错觉——在特定条件下产生的歪曲客观现实的错误知觉。人们在认识客观事物的过程中，经常会产生各种错觉。

错觉是人们日常生活的一部分，有时我们会因为它而感到沮丧、失落，有时也会自觉不自觉地享受着它给我们带来的好处。比如说，有时我们会利用“视觉错觉”来掩饰自己外形上的一些不足：身材偏瘦的人往往会穿上暖色宽松的衣服，可以使自己看上去丰满一些；“高低肩”的人可以穿双排纽的翻领上衣，因为这种上衣的翻领部位是不对称结构；上身短的人可以穿领口高、纽扣数量多的上衣，因为它能为观者的视觉提供更多的上衣面积。建筑、装饰、广告和艺术也常常通过“错觉效应”来获得期望的效果。比如，一个房间较小，在墙壁涂上浅颜色，并在屋中央摆放一些较矮的沙发、椅子和桌子，房间看起来就会更加宽敞明亮。

“错觉效应”被广泛运用到商场中，其中最典型的是“时间错觉”。我们都有过乘车的经历，如果你坐在车上什么都不干，就会有一种度秒如度年的感觉。如果你一边坐车，一边看报或听音乐等，你就会发现时间过得飞快。这是由于你在看报或听音乐时，分散了对时间的注意力，从而造成了时间快的错觉。

一般商场都会放音乐，然而真正能让音乐起到预期效果的却不多。音乐对人的情绪有着很大的影响，乐曲的节奏、音量的大小，都会影响到顾客和营业员的心情。如果乐曲播放得当，主顾双方心情都好，主顾之间就会避免很多不必要的矛盾和冲突，商场就能够卖出更多的货物，取得更高的经济效益。否则，如果乐曲播放不当，往往会适得其反。

比如，在顾客数量较少时播放一些音量适中、节奏较舒缓的音乐，不仅能使主顾心情更加舒畅，使销售人员的服务更加到位，还能延缓顾客行动的节奏，延长顾客在商场的停留时间，增加随机购买率。而在顾客人数过多时应播放一些音量较大、节奏较快的音乐，这样会使主顾的行动随着音乐的节奏而加快，从而提高购买和服务的效率，避免由于人多而引起的主顾双方心情不好、矛盾冲突增多的情况出现。

总之，我们一方面要用科学、理性的头脑来认识错觉，避免因错觉造成的损失；另一方面，我们应该善于利用错觉来为我们服务。

人怎么能分辨出那么多张脸

在生活中，我们整日和形形色色的人打交道，而且还会不断地认识新的面孔，但是很少出现将这些混淆的情况，这就是一种特殊的能力，即面孔识别的能力。

人的面孔是由眼睛、鼻子、嘴、脸部的轮廓等组合在一起的，我们在对人脸进行识别的时候就是依据这些组合在一起的信息。所以，当我们在看到一张面孔的时候，能够很快地辨认出对方是我们熟悉的人还是陌生人。关于面孔识别能力中所潜在的原理，目前科学家们并没有形成定论。

有一种解释认为，由于我们平时接触了很多人，根据以往的经验，在我们的大脑中就会形成关于人的面孔的模板，会无意识地将一些人的面部特征储存起来。当我们一个人时，就会将这个人的面部特征信息与我们大脑中的模板进行匹配，如果匹配成功，说明我们脑中已经储存了关于这个人的信息了，这个人就是我们所说的熟悉的人。但是如果是一个陌生人，将他的面部特征信息与脑中的模板进行匹配时，就会匹配失败。这样我们就会将这个人的面部特征的信息重新储存在我们的大脑中，下次如果再遇到这个人时就可以直接匹配了，这个人就成了我们所熟悉的人了。但是，对于这个说法很多人提出质疑，因为我们每天要和那么多的人打交道，每天都要接触很多陌生面孔。按照这样的说法，我们的大脑中究竟能够储存多少面孔呢？随着储存的面孔逐渐增多，我们在进行面孔匹配的时候要花费多长时间呢？在面孔匹配的过程中，我们是直接就能找到要匹配的模板，还是得一个一个进行匹配，直到找到相互匹配的面孔为止呢？目前，对于这些问题尚无明确的答案。

另外，有研究结果显示，面孔识别能力并不是人类所独具的。日本科学技术振兴机构（JST，即 Japan Scienceand Technology Agency）于 2008 年的研究报告称，刚出生的小猴子同样具有面孔识别的能力。在研究中，将刚出生的猴子隔离喂养，不让它们有机会接触任何面孔，向它们呈现人脸和猴子的脸的照片，并混同其他物体的照片。结果研究人员惊奇地发现，这些猴子虽然是第一次看到面孔的照片，却能很好地识别出来，但是对物体的照片就没有那么敏感。刚出生的婴儿和猴子一样，也具备天生能够识别人脸的能力，对于其中的奥妙，目前没有人能够解释清楚。

有些人声称他们对别人的面孔过目不忘，现在这种说法得到了哈佛大学心理学家的支持。他们发现有一种人可以被称为“超级识别者”，他们能够轻松地认出哪怕是多年前擦肩而过的面孔。

近期又有一项新的研究表明，不同的人在面孔识别能力上可能有很大差异。以往的研究已经确认，在全部人群中有 2% 的人属于“脸盲”，又称面孔失认症，表现为识别面孔非常困难。而这项新研究第一次发现另外一些人具有超常的面孔识别能力，这意味着面孔识别能力可能会有两个极端：面孔失认症、超级识别者。

研究者声称，“超级识别者”有一些惊人的经历，例如“他们能认出两个月前和自己在同一家商店购物的人，即使他们没跟那人说过话。他们不需要与别人有过特别的交流，照样能认出对方。他们能记住那些实际上并不重要的人，由此可见他们的面孔识别能力确实超出常人”。参与研究的一名妇女说，她曾经在大街上认出一个五年前曾经在另一个城市为她上菜的服务员。她非常准确地记得那个女人曾经在另一个城市做服务员。超级识别者往往能够在别人的容貌发生很大变化的情况下（如衰老或头发颜色的改变）依旧认出他们。

人类不仅具备识别不同面孔的能力，同时还能够读懂面孔背后所潜藏的东西。

比如，你可以发现温和面孔背后的假笑、漂亮背后的冷漠、慈祥背后的杀机、威严背后的邪恶等等。关于人类的面孔识别还有很多奥妙等待着科学家们去发掘，希望在以后我们能够有更多惊人的发现。

什么是洞察力

诸葛亮为了考察部将的素质，设计了一系列方案。他在《知人性篇》中一一列举道："故意以言词来激怒，然后观察其气度如何；以利益诱惑，试探其清廉；告诉他某种灾难，问他将采取何种措施，以了解其胆识；故意提出某项计划征求意见，借此了解其才识。"

诸葛亮所强调的其实就是洞察力。

有心理学家将洞察力定义为"看到未能解决的神秘问题的结局"，还可以具体地阐释为"发现事情的根源的能力"。而在广告业大师亚当斯身上，则具体体现为：对事物能够"一针见血"地洞悉其本质。

那么，到底该给洞察力下个什么样的定义呢？

所谓洞察力，是对个人认知、情感、行为的动机与相互关系的透彻分析，是把握事物发展动态和预测未来走向的能力。洞察力就是变无意识为有意识，就是"透过现象看本质"的能力。洞察力是内在世界的产物，是实证思维的能力。如果说观察力是通过肉眼来看事物，那么洞察力则是通过思维来直接把握事物。如果说观察力像眼睛，那么洞察力就像是 X 光透视仪，它可以穿透层层的表象，直接看到事物的核心本质。

就这层意义而言，洞察力就是"开心眼"，是一种心灵的能力，它能把我们的思想和注意力引向正确的方向，不至于坠入没有回报的歧途。有了洞察力，我们能从长远的角度考虑问题，观察形势；能客观认识困难，把握危机并找到化解危机的方法；能权衡利弊，妥善规划，把握机遇；能进入、探索并占有一切精神高地。

简单地说，洞察力能让我们透过现象看本质，揭开假象的面纱，从芜杂中找规律。

洞察力与直觉、预感，有某些相似的地方，但是也有明显的差别。一般来说，直觉和预感偏重于对事物发展变化的判断，而洞察力则直逼事物的本质结构，因此洞察力的智力层次和适用范围要比直觉、预感更深入，更广泛。不过，虽然如此，洞察力绝不具有决定性和可靠性功能，准确地说，它应该是一种调和理性与启示的力量——将启示带来的混沌的意识流用理性梳理整齐，从而建构理论的大厦。

洞察力无处不在，即便是最小的生命，也能够在紧急关头利用这种力量。雅克·洛克博士是洛克菲勒研究所的成员，他曾把盆栽的玫瑰放在一个关闭的窗子前面直至枯萎，以观察玫瑰上的寄生虫的状况。他惊奇地发现本来没有翅膀的寄生虫竟然长出了临时性的翅膀，然后飞离了那株玫瑰。很显然，这些小生灵就具有很强的洞察力——它们赖以生存的植物已经死去，它们从这株植物上将再也无法获得任何食物和饮料，拯救自己的唯一办法就是长出临时性的翅膀，逃离饥饿。

在有关洞察力的研究方面，有一个非常有名的“三过程理论”，即选择性解读、选择性组合与选择性比较。根据三过程理论，只有当解题者没有惯用程序可供解决手边问题时，真正的洞察力才会出现。选择性解读，比较或组合的过程并非问题一提出就开始进行，而是经过一段时间后突然开始，而且改变了思考者心中对问题的表述方式。根据三过程理论，我们发现洞察的过程似乎就是一个推理的过程。

洞察力有先天和后天之分，而且能力的结构和水平也因人而异，因时因环境而异。先天的东西可遇不可求，而后天能力的培养则事在人为，要提高洞察力，必须“内”“外”兼修。内从人的本能工具开始修炼：思维、心、眼、耳、鼻、舌、身的感觉、听觉、视觉及统计分析能力。外要收集各方信息，进行萃取，挖掘出不被人发现的知识，并用充分实践的方法去体验和寻找规律。

什么是鸡尾酒会效应

在觥筹交错、人声嘈杂的鸡尾酒会上，如果你正专注地和一个你心仪已久的对象交谈，即使周围噪声很大，但你耳中仍然能听得到对方说的每一句话，甚至不会落下任何一个字，这时周围的各种噪声都被过滤了。这种情况下，根本听不清周围的人到底在谈论些什么。但是，如果某个角落里突然有人喊你的名字，你马上就会警觉起来。有时候，你还能听到很熟悉的声音，你在想是不是你的朋友也来到了酒会，就会不由自主地朝发出声音的那个方向望去。在这个鸡尾酒会上，你听到了你要听的：心仪对象的声音、你的名字和熟悉的声音。在心理学中，这种现象被称为鸡尾酒会效应。

这样看来，我们的耳朵似乎对声音有过滤功能。的确如此，我们的听觉能够从嘈杂的声音中听到自己想要听的声音，这是听觉具备的一种非常优秀的能力。因为在鸡尾酒会上，你和心仪的对象交谈的声音是你注意的中心，其他声音只不

过是一种背景，所以不论其他的声音多么嘈杂都不会引起你的注意，因为那不是你所注意的。

心理学上有一个非常有趣的实验，就是给受试者戴上耳机，同时让他的两个耳朵听两种不同内容的声音，并让受试者追随其中一只耳朵听到的声音，然后让其大声说出他听到的声音。事后检查受试者的另一个耳朵听到了什么。在这个实验中，前者被称为追随耳，后者被称为非追随耳。结果发现，受试者一般没有听清楚非追随耳的内容，即使当原来使用的英文材料改用法文或德文呈现时，或者将材料内容颠倒时，受试者也很少能够觉察。这个实验说明，进入受试者追随耳的信息受到了注意，而进入非追随耳的信息则没有引起注意。但有趣的是，如果在非追随耳的内容中加入受试者的名字，受试者却能够清楚地听到。这说明我们的耳朵具有选择的功能，只对与自己有关的信息进行关注。

声音中隐藏着无穷的乐趣，在生活中我们还会发现关于声音的另一个非常有趣的现象。比如，我们的闹钟放在自己的房间里，平时我们在房间里进进出出，和好朋友聊天，玩电脑游戏，看电视等等。这时我们完全听不见闹钟滴滴答答的声音，但是当晚上我们躺下睡觉的时候，周围静悄悄的，我们就能够很清楚地听到闹钟滴滴答答的声音。这种现象说明，有其他声音，如和朋友聊天的声音或电视的声音时，闹钟的声音就被掩蔽了，所以我们听不到。又比如，在安静的房间中，一根针掉到地上都能听见，可到了大街上，就算手机音量调到最大，来电时也未必能听见，而手机的声音确确实实是存在的，原因就是被周围更大的声音遮蔽了。这种现象被称为“掩蔽效应”。

在实际生活中，很多人利用人耳的这种特性来解决生活中的问题。比如，在鸡尾酒会效应中，人们对与自身有关的信息会比较关注。所以这个原则也可以用到人际交往中，为自己建立良好的人际关系。比如，当你刚进入到一个新集体中，你可以尝试着尽可能地去记住每个人的名字，这将能帮助你很快地融入集体中。同时，如果你很快记住了对方的名字，对方也会因为自己的名字很快被别人记住而感到心情愉快。再比如，很多公司利用掩蔽效应来达到隔音的效果。担心公司内部会议的内容被外人听到，可以播放一些背景音乐或者将空调的声音调大一点，将会议中讨论的内容进行掩蔽，从而达到隔音的效果。

在看了上面的介绍之后，我们恍然大悟，原来声音中有那么多奇妙的事情，了解声音的秘密然后利用它，真是其乐无穷。说不定声音中还潜藏着更大的秘密，正等着我们进一步地发掘。

第二章

性格心理学：不曾了解的真实的自我

为什么说性格决定命运

生活中，我们往往会说，“这个人性格很温顺”“那个人性格很外向”等等，可是到底什么是性格呢？对于这个问题，很多人都无法作出明确的解释。

“性格”一词来源于希腊语，目前关于性格的定义，心理学家也没有达成共识。我国的心理学家认为，性格就是人们对现实稳定的态度和行为方式上表现出来的心理特点，诸如坦率、含蓄、顽固、随和、理智、感性、沉稳、活泼等等。性格并不是独立存在的，我们每个人在日常生活中的态度及行为表现都可以反映出我们自身的性格特征。

我们每个人所拥有的性格特征并不是在短时间内形成的，而是我们在对社会生活的体验中逐渐形成的，而且还受到我们的世界观、人生观、价值观的影响。性格形成之后有一定的稳定性，但这并不意味着性格是无法改变的。生活中很多的突发事件有时会使我们的性格发生转变。

心理学家将性格分为积极的性格和消极的性格。积极的性格如热情、大方、稳重、理智、随和、活泼、心态好；它可以让人身处逆境时，坦然面对，积极进取，通过坚持不懈的努力，最终获得成功。消极的性格如自私、傲慢、暴躁、孤僻、懒惰、懦弱等；它则会让人走尽弯路，受尽挫折，最终碌碌无为，甚至导致悲剧性的下场。

能够坚韧不拔、吃苦耐劳的人，可以一步一步地实现自己的人生目标；终日懒散松懈、不求上进、怨天尤人的人，必定一事无成。个性叛逆的人对外界环境采取赤裸裸的反抗，不会妥协，不会婉转，这种性格的人要么成为英雄，要么被环境所吞噬，上演一出悲剧。“兵强则灭，木强则折”，性格过于耿直的人不善于迂回，往往四处碰壁，容易遭遇艰难曲折的命运。优柔寡断的人遇事总是犹豫不决，瞻前顾后，这种人容易因为性格中的不足而错失一次次的机会，导致无为、失败的一生。

法国著名的大作家大仲马曾经说过，人生是由一串烦恼串成的念珠，而达观的人总是笑着数完它。如今，心理学家们更是不容质疑地告诉我们这样：好行为决定好习惯，好习惯决定好性格，好性格决定好命运。性格决定成败，把握住了性格也就把握住了成功；性格决定命运，改变了性格也就改变了命运。如果你不满意自己的现状，就必须要改变命运；若要改变自己的命运，就必须改善自己的性格。

诚如日本的一位心理学大师说过的：心理变，态度亦变；态度变，行为亦变；行为变，习惯亦变；习惯变，人格亦变；人格变，命运亦变。换句话说，一个人要想运势好，他的性格首先要好。

生活中我们可以看到，在同样的社会背景、同样的智商条件下，有的人能大获成功，有的人却处处失败，为什么会出现这么大的差距呢？其实也就是性格在很大程度上决定了人们各自不同的命运。

性格决定命运，优良的性格品质与成功的人生关系极为密切，这种关系主要体现在以下几点：

优良的性格造就崇高的理想和高尚的道德。那些有着真正崇高的理想和追求的人，往往都具备积极主动、乐观向上、开朗大方、正直诚实、信念坚定、富有同情心等性格特征。他们热爱生活，热爱大自然，关心身边的人，关心社会，有着高尚的情趣。一个人的理想和道德情操只有建立在这样的基础上才是可靠的。

优良的性格是事业成功的保证。天上不会掉馅饼，世上也没有任何唾手可得的东西。在竞争激烈的社会里，小到一点收获，大到事业的成功，都需要坚定的信念，付出艰辛的努力。只有那些性格刚强、自信、乐观、勤奋、勇于开拓、一往无前、不畏挫折和牺牲的人，才有希望获得事业乃至人生的成功。

优良的性格是人生幸福的主要条件。我们生活在复杂多变的社会中，万事皆存变数，可能一帆风顺，也可能诸事不顺；可能收获成功，也可能遭遇失败；可能得到鼓励，也可能遭受打击。只有自身具备优良的性格，才能很好地维持心理的平衡，勇敢地面对人生，积极地应对外界的一切突发情况，创造属于自己的幸福。

如果我们对自己的性格有一个全面、清醒的认识，能够站在必要的高度上正确去面对，我们就能很清楚地看到性格与命运的密切联系。

不健康的性格会导致疾病

从成功的角度说，性格决定命运。其实，性格对人的健康也有着一定的影响。我们可以从性格的不同分类中，观察出性格与人们身心健康的关系。

从个体独立性上划分，性格可以分为独立型和顺从型。

独立型：非常有主见，不易受环境和他人等外界因素的影响；善于发现问题并能很好地解决问题；生活自理能力强，对困难和意外情况也能妥善处理。他们的身体素质一般都不差，习惯独立生活，积极锻炼。

顺从型：缺乏独立精神，对别人的依赖心理强，没有主见，容易接受暗示或受人指使。身处逆境或遭遇突发状况时，总是表现得惊慌失措，一蹶不振。他们容易轻信各种谣言，听到对自己有伤害的流言蜚语更是伤心不已。这种心理显然是健康的不利因素，常能引起疾病。顺从型性格的人往往偏听偏信，当试图达到排遣恶劣情绪或摆脱疾病缠身的要求时，他们往往不是积极主动地寻求正确的、科学的方法，而是将希望寄托在求神拜佛之类的迷信活动上，结果越陷越深，有的人最后甚至到了神经失常、精神崩溃的境地；身体上的疾病也因没有得到及时有效的治疗而进一步恶化，甚至到了无法挽救的程度。

按照心理活动的倾向性，性格可以分为外向型和内向型。

外向型：热情大方，爽朗好相处，兴趣广泛，好奇心强，求知欲旺盛，乐观向上，关心外界，乐于助人也不拒绝别人的帮助。他们善于交际，喜欢结识新朋友，生活能力强，人格健全。他们与外界联系密切，头脑中会不断地接受各种新信息，从而使自己更好地适应社会，健康地生活。

内向型：往往自闭，胆小，冷漠，反应迟钝，情绪易消极，没有太多兴趣爱好。他们缩在自己的世界里，不喜欢与外界沟通，别人也很难摸清楚他们的思绪。内向型的人十分缺乏与家人、同事、社会的联系，全身的神经系统得不到应有的刺激，大脑就会越来越空虚，久而久之生活能力、适应能力逐渐下降，对不良情绪的调整能力，对身体疾病的抵抗能力，都会随之下降。比如神志不清、抑郁冷漠、神经衰弱、失眠、厌食、便秘等身体不适现象，大多是因长期孤独自闭而引起的。内向型性格的人如果能多与外界接触，敞开心扉与人交往，培养更多的兴趣，结识更多的朋友，让自己更好地融入到社会生活中，身心健康自然能够得到保障。

从心理机能上划分，性格可以分为理智型、意志型和情绪型。

理智型：习惯理智地认知、衡量事物和支配自己的行为。

意志型：目的明确，意志坚定，在感情和行为上不易受他人的支配。

理智型和意志型的人做事有条不紊，善于处理人际关系，对外界生活环境的变化能够很好地适应，大多精力旺盛，身体健康。

情绪型：总是用感情来认知、处理事物和支配行为，情绪不稳定，容易冲动。他们经常凭主观臆测，意气用事，遇到冲突和矛盾时非常冲动，要么大发雷霆、争吵不休，要么忍气吞声、暗自怄气，这种做法无疑会对精神产生刺激。持久的或经常性的愤怒及抑郁，势必对健康造成影响，导致某些疾病的发生或加重。如食欲不振、睡眠质量不佳、神经机能失调，甚至引发高血压、心脑血管疾病等等。

从以上分类不难看出，有利于身心健康的理想性格应该是外向型兼理智型（或意志型），并具独立型性格的人。

当然，人的性格是复杂的，每个人都可能具备多种性格特征，不可能有非常明确的标准判断谁是哪种类型的人。但是，某一个人的性格健康与否，却可以大致判断出来。我们应该清楚地认识自己性格中的优缺点，积极培养自我调整的能力，随时弥补性格上的弱点，这对我们的身心健康将大有裨益。

人为什么没有长性

生活中，我们都有这样的体会，当我们下定决心想要去做某事时，往往坚持不了多久就失去了动力。比如，我们为了减肥，决定每天早起运动，刚开始几天都坚持了下来，可是没几天就觉得厌倦，失去了动力，于是减肥计划终于化为泡影。这就是我们没有长性的表现。其实在生活中，这样的例子比比皆是，其中最主要的原因可能是性格使然。比如，有些人生性就喜欢新鲜的事物，什么事情做了一段时间之后都会觉得厌倦，没有继续下去的意志，尤其是对那些别人强制自己去做、而又不得不完成的事情，更容易产生厌倦感。相反，有些人则比较擅长循规蹈矩地工作，一件事情一旦做得久了，反而不想再去尝试其他新鲜的事情，喜欢按照别人的要求去做事情，这样自己就不用怎么动脑筋。

除了与性格有关之外，我们缺乏长性的行为还与驱使这种行为的动机有关。一般来说，驱使我们从事某一行为的动机有两种，即外在动机和内在动机。外在动机一般与行为所带来的后果有关，而与行为本身无关。比如到考试的时候，家长会跟孩子说，如果你考了一百分，我奖励你一双阿迪达斯的运动鞋，于是孩子就会刻苦复习，但是他并不是真正地喜欢学习，而只是受阿迪达斯运动鞋的吸引。

而内在动机则不同，它是直接与行为有关的一种动机，不受任何附加条件的影响。还是上面的例子，若是受到内在动机的驱使，孩子同样也会刻苦努力学习，但是与学习能够带来什么无关，他只是发自内心地喜欢学习，觉得学习就是一种乐趣。从中我们可以看出，受到内在动机驱使的行为是持久的，可以促使我们持续地去做某件事情，但是外在动机则不然，它对我们持续地去做某事则没有太大的意义。就像上面的例子中，如果哪一天阿迪达斯的运动鞋对孩子失去了吸引力，他就不会继续刻苦努力学习了。所以，要想持续某一种行为，应该培养对这种行为的内在动机。要想培养孩子刻苦学习的好习惯，不是给他多少奖励或惩罚，而应该让孩子发自内心地对学习产生兴趣。

当然，外在动机和内在动机也不是绝对的，在一定条件下二者可以相互转化。有这样一个故事，一个老人因为楼下孩子踢油桶的咚咚声而痛苦不堪，因此想出了一个办法：踢得最响的那个孩子将得到五块钱的奖励，孩子们来劲了，第一天比赛很激烈。以后老头给的奖金越来越少，来踢的孩子也越来越少。到最后，老头说自己出现经济困难，不能给奖金了，从此再也没有孩子来踢了。就这样，老头解决了令他头痛的问题。从这个故事中，我们可以看出内在动机和外在动机是可以相互转化的，并且可以同时增长，同时消退。刚开始孩子纯粹是因为快乐而来踢油桶，后来变成因为钱来踢油桶，乐趣从纯粹的内在动机转化成了外在动机。当外在的激励越来越少的时候，孩子们的乐趣也越来越小，最后消退，导致孩子们不再来玩，内在动机与外在动机同时没有了。倘若外在激励越来越多，也许孩子们的内在动机与外在动机都会同时增强。而在生活中，若想培养孩子们良好的持久行为，应处理好二者之间的关系，对孩子们的教育，我们要注重从兴趣开始，激发潜能，让孩子们真正领悟到这种行为所带来的乐趣，同时再配以外在的激励，这样将达到事半功倍的效果。

自我防御机制影响人格的发展

弗洛伊德认为，自我必须承担许多重要的任务，其中之一就是应付自我受到外界的人或者环境因素的威胁而引起强烈的焦虑和罪恶感。焦虑将无意识地激活一系列的防御机制，以某种歪曲现实的方式来保护自我，从而达到缓和或消除不安和痛苦的目的。看来人真的是一种善于自我保护的动物。当面对焦虑和不安时，运用这些防御机制为自己辩解。

在弗洛伊德之后，他的女儿安娜·弗洛伊德对自我防御机制进行了系统的研究。她的著作《自我和防御机制》中对自我防御机制进行了详细的论述和系统的介绍，她在书中强调："每一个人，无论是正常人还是神经症患者的某种行为或言语都在不同程度上使用全部防御机制中的一个或几个特征性的组成成分。"

自我防御机制会阻碍人格的发展，但是只要能够恰当地运用这些防御机制来维持平衡，而没有表现出适应不良行为的话，就不算是一种病态的人格。若在不适当的时机使用防御机制，则会导致病态人格的出现。自我的防御机制有很多种，下面主要介绍几种重要的防御机制。

否认：不愿意承认某种痛苦的现实，就会无意识地加以否定，以为不承认似乎内心就不会感到痛苦。比如，一个人无法接受自己亲人死亡的事实，他相信自己的亲人一定还会回来，甚至还像往常一样在吃饭的时候为他摆一副碗筷。否认使一个人对现实有一个逐步的接受过程，不至于由于承受不了突然降临的痛苦而崩溃。它是一种保护性质的、正常的防御机制，只有当它干扰了正常的行为时才算是病态的防御机制。

压抑：将那些在意识层面所不能被接受的观念、情感或冲动抑制到无意识中去。一个人对不愿意接受的痛苦体验或创伤性事件的选择性遗忘就是压抑的表现。比如，一个人无法面对自己高考失败的经历，就会将此事压抑到无意识中去，对此事绝口不提，就像从未发生过一样。

合理化：当面对自己无法接受的事实，无意识地用一种似乎有理而事实上却站不住脚的理由来为自己辩解。如有些家长对儿童进行躯体虐待，当受到别人谴责的时候，他们会说这是"恨铁不成钢"或是"玉不琢不成器"。合理化有两种表现：一是酸葡萄心理，即把得不到的东西说成是不好的。如某学生没有考上自己梦寐以求的名牌大学，而考取了一所普通的大学，就自我安慰说，没考上名牌大学也好，那里竞争激烈，压力大。二是甜柠檬心理，即当得不到葡萄而只有柠檬时，就说柠檬是甜的。上面的例子中，没有考上名牌大学就会自我安慰道，说普通学校也挺好的，竞争不会那么激烈，可以很轻松地学习和生活。

移置：无意识地将对某一对象的情绪、意图或幻想转移到另一个对象或替代物上，从而减轻自己的精神负担，取得心理上的安宁。如一个孩子由于调皮在学校受到老师的批评，心里越想越不服气，越想越觉得自己没错，满腔愤怒无处发泄，于是回到家之后踢倒身边的板凳，或对自己的爸爸妈妈发火。这时候虽然对象变了，但是其内心冲动的性质没有发生改变。

投射：根据自身的需要或情绪的主观指向，把自己的意愿与动机归因于他人，认为自己身上存在的心理行为特征在他人身上也同样存在。比如，中国古代的诗句“感时花溅泪，恨别鸟惊心”就是一种典型的投射。再比如，一个男生喜欢上了一个女生，但是害怕遭到女生的拒绝，所以他不敢表白，只能把这种喜欢深深地放在心底。他就有可能起哄说同班的某个男同学喜欢这个女生。在这里，男生就把自己喜欢这个女生的愿望投射到了其他人身上。

反向形成：将内心的一种难以接受的观念或情感以相反的态度与行为表现出来。比如，一个有强烈的性冲动压抑的人会去积极地参与检查淫秽读物或影片的活动。

过度补偿：一个真正的或幻想的躯体或心理缺陷可以通过其他方面得到补偿或纠正。比如，一些残疾人可通过惊人的毅力和努力而变成世界著名的运动员；有些口吃者可成功地变成一位说话流利的演说家。

升华：把社会所不能接受的性欲或攻击性冲动转化为更高级的、社会所能接受的目标或渠道，进行各种创造性的活动。这是所有的防御机制中最积极、最富有建设性的。比如，运动员可以把自己的攻击性的欲望转化成竞技场上的拼搏。

幽默：一种积极的精神防御机制形式，是较高级的适应方法之一。当一个人遇到挫折时，常可以幽默来化解困境，维持自己的心理平稳。大哲学家苏格拉底有位脾气暴躁的夫人，一次他在跟一群学生谈论学术问题时，先是听到叫骂声，随后夫人拎一桶水过来，泼得他全身湿透。在场的学生都很尴尬，可是苏格拉底只是一笑：“我早知道，打雷之后，一定会下雨。”

认同：把一个钦佩或崇拜的对象的特点当做是自己的特点，从而来弥补自身的不足。比如，高官显贵的子女常以父辈之尊为己尊，遇到挫折则自抬身价，做出坦然自若的神态，以免除在人们面前的尴尬局面。

荣格的八种人格

荣格根据“利比多”（libido，即性力）的倾向性，最早将性格分为内向型和外向型。

荣格反对弗洛伊德将利比多简单地理解为“性的能量”，他将利比多解释为一种“心的能源”，是一种心的过程的强度。并且他假设其中存在一种“快乐的欲望”，而这种“快乐的欲望”则是荣格性格学的基础。当这种“快乐的欲望”

以外在的形式表现出来时，称为“外向”；以内在的形式表现出来时，称为“内向”。而当这种内向或外向成为一种习惯时，我们则称之为“内向型”或“外向型”。现实生活中，我们通常会说某个人性格真内向，某个人性格真外向，这种对性格的分类首先是由荣格提出的。

荣格的这种根据利比多的倾向划分的性格类型在美国逐渐发展成为一种著名的心理测验，这种测验被称为“性向测验”，由此提出了“性向指数”的概念，并且据此进行了一系列的研究。研究结果发现，内向型的人更加关注自己的内心世界，对自己内部的心理活动的体验深刻而持久，通常按照自己的意愿行事，不随波逐流，不容易受到周围环境的影响；对待周围的人和事的态度相对较消极，往往会采取一种敌对或批判的态度，正因为这样很容易与别人产生摩擦，因此适应环境的能力也较差。外向型的人与内向型的人的性格恰恰相反，他们往往比较关注外部世界，对周围的人和事都充满了好奇和兴趣，通常会根据别人的期待、外部环境的变化来行事，适应环境的能力较强，但是这种人过于关注外部世界从而忽略了自己内心最真实的感受，有时候会迷失自己。当然，这两种类型的性格没有优劣之分，只是不同的人格特质使然。而且每一个人不可能只是单单的外向型或内向型，往往是这两种类型的融合，只是哪一种性格类型相对来说占据一定的主导。

后来，荣格在他发表的《心理类型学》一书中对内向型和外向型作了进一步的阐述。由于内向型和外向型主要是根据个体对待客体的态度来进行区分的，因此又被荣格称为性格的一般态度类型。除此之外，还有性格的机能类型。

荣格认为，人的心理活动有感觉、思维、情感和直觉四种基本机能。感觉告诉我们某种东西的存在；思维告诉我们这种东西是什么；情感告诉我们它是否令人满意；而直觉则告诉我们它来自何方并去向何处。根据两种类型与四种机能的结合，共有八种性格的机能类型，荣格对此进行了描述。

1. 外倾思维型。他们通过自己的思考来认识客观世界，做事都要以客观的资料为依据，思维较严谨。科学家就属于典型的外倾思维型，他们认识世界、解释现象、创立自己的理论体系的过程体现了严谨的思维。但是这一类型的人往往比较刻板，情感不够丰富，个性不够鲜明。

2. 内倾思维型。与外部世界相比，这种人更加关注自己的内心世界，他们对一些思想观念感兴趣，善于借助外部世界的信息对自己内心的想法进行思考。哲学家就属于这一类型。这一类型的人比较冷漠、傲慢，有些不切实际。

3. 外倾情感型。这种类型的人能将外部环境的期待与自己的内心情感结合起来。他们善于交际，喜欢表达自己的情感，性格活泼，对社会活动抱有很大的热情，与外部世界相处比较和谐。但是这一类型的人往往没有主见，缺乏主体性。

4. 内倾情感型。这一类型的人往往过分关注于自己的内心世界，对内心有深刻持久的情感体验，能够冷静地去看待周围的人和事。但是他们往往不善于表达和交际，和气质类型的抑郁质比较相似。

5. 外倾感觉型。这一类型的人往往比较注重感官的刺激和享受，善于与外界互动，但是往往只停留于表面，不够深入。他们比较注重享乐，往往很难抗拒美味的诱惑，情感比较浮浅。

6. 内倾感觉型。这种类型的人往往沉浸于自己的主观世界之中，与外部世界相距较远。但是他们能够以自己独特的方式对外界的信息进行加工，而且体验较深入，能够以独特的方式将这些表达出来。

7. 外倾直觉型。有灵感的人应该说的就是这种类型的人，他们对外界有很好的洞察力，对新鲜事物比较敏感。他们容易冲动，富有创造性，但难以持之以恒。

8. 内倾直觉型。这种类型的人善于想象，性情古怪，对外界事物较冷漠，往往容易脱离实际，他们的思考方式一般很难被人理解，想法比较怪异和新颖。荣格认为，艺术家就是典型的内倾直觉型。

哪些力量塑造了我们的人格

究竟是哪些因素在我们人格塑造的过程中发挥着作用，对于这个问题的争论由来已久，而且存在两种截然不同的观点：一种观点认为，我们的人格主要是由先天的遗传因素决定的；而另一种观点则认为，影响我们人格的主要因素是后天的环境因素。但是，在长时间的争论过程中，心理学家们逐渐达成了共识，认为我们的人格是在遗传和环境两种因素的交互作用下形成的。

在众多人格研究的方法中，双生子研究则是人们公认的一种比较客观和科学的方法。这一方法遵循这样的研究思路，对于同卵双生子而言，他们的遗传因素是相同的，如果他们在人格上存在差异，那么这种差异则是由环境因素导致的；对于异卵双生子来说，如果他们从小就在同一环境中长大，那么他们人格上的差异则就归结为遗传因素。采用这一方法的研究表明，人格并不仅仅受到某一因素的影响，而是各种因素共同影响的结果。

首先，生物遗传因素。许多心理学家认为，人格具有较强的稳定性，因此在研究人格的过程中，应该更注重生物遗传因素的作用。很多心理学研究者采用双生子的方法对该问题进行了研究。

艾森克的研究指出，在同一环境中成长的同卵双生子，在人格的外向性维度上的相关为 0.61，不同环境中的同卵双生子在该维度上的相关为 0.42，异卵双生子的相关仅为 0.17。由此可以看出，同卵双生子在外向性的维度上相关要显著高于异卵双生子，这说明生物遗传因素在人格形成中的作用。

弗洛德鲁斯等人在瑞典进行了同样的研究。他们选取了 12000 名双生进行问卷的测量，结果发现，同卵双生子在人格的外向性和神经质上的相似性要显著高于异卵双生子，可见生物遗传因素在外向性和神经质两个维度上有重要的作用。

心理学研究者对成人双生子也进行了类似的研究。20 世纪 80 年代，明尼苏达大学对成人双生子的人格进行了比较研究。在这些双生子中，有些是从小一起长大的，有的则是被分开抚养的。研究结果表明，不论是分开抚养还是未分开抚养，同卵双生子在人格上的相关均要高于异卵双生子。我国的一项历时 20 年的纵向研究结果也表明，人格的许多特质都有遗传的可能性。

尽管通过这些研究，我们可以看出遗传对人格的发展的确有不可忽视的重要的作用，但是它的作用到底有多大，对此并没有明确的结论。我们只能说生物遗传因素为我们的人格发展提供了可能性，而且遗传因素对人格发展的作用因不同的人格特质而异。遗传因素对智力、气质等与个体生物因素有较大关系的人格特质的影响作用比较大，而对那些价值观、性格、信念等与社会因素关系密切的人格特质的影响作用相对较小。

其次，环境因素。除了生物遗传因素外，环境因素对人格的发展同样有重要的影响。这些环境因素包括早期的童年经验、家庭环境因素、学校环境因素以及社会文化因素等，都在塑造着我们的性格。

俗话说，“三岁看大，七岁看老”，早期的童年经历对人格发展的影响不容忽视。有研究指出，儿童早期父母的忽视和虐待对其心理有明显的不良影响，容易形成攻击、叛逆的人格。斯毕兹对从小生活在孤儿院中的儿童进行了研究，发现这些从小就缺乏亲人关怀和爱护的孩子，长大以后各方面的发展都会受到这一因素的影响，有的甚至还患上了“抑郁症”。可见，幸福的童年经历有利于儿童健全人格的形成，而不幸的童年经历则会引起人格上的各种问题。但是二者之间并不存在必然的关系，不幸的童年同样可以磨砺坚强的性格。

家庭环境因素对人格的影响主要体现在亲子关系、父母的教养方式等方面。研究表明，采取民主型教养方式的父母，能够与孩子保持一种平等的和谐关系，懂得尊重孩子，并给予孩子一定的自主权。在这种教养方式下长大的孩子，能够形成正直、活泼、开朗、善于交际、懂得合作等积极的人格品质。

学校是我们接受教育的场所，这一环境中的很多因素都在无形之中塑造着我们的人格。皮革马利翁效应就是一个很好的例子，如果在教育的过程中，教师能够给予学生适当的关爱，并将自己的热情与期望投注在学生身上，学生觉察到这种期望后，就会被这种热情和期望所鼓舞，并试图刻苦努力学习从而不辜负老师的期望。

社会文化因素对人格的影响主要是基于不同的文化背景下对人格的要求不同，比如在传统的儒家文化中，要求女性必须是温顺的、柔弱的、只需要在家相夫教子就行。不过随着时代的发展和环境的变迁，这种差异已经越来越小了，如今女人同样可以顶半边天。

综上所述，遗传和环境因素都不同的程度地塑造着我们的人格，对我们人格的发展发挥着重要的作用，正是二者的共同作用才造就了我们在人格上的差异。

克雷契曼的五种性格

在上述的内容中，我们主要介绍了荣格关于性格的分类，这一节将主要介绍采用类型学方法对性格进行的分类，主要的代表人物是艾鲁恩斯特·克雷契曼。荣格对于性格的分类是从理论推导而出的，具有一定的哲学深度，而克雷契曼关于性格的学说则是基于观察庞大的人群而建立的。

艾鲁恩斯特·克雷契曼于 1921 年出版《体格与性格》一书，该著作是以临床精神医学为基础的研究，对性格学的发展有重大的意义。克雷契曼长年观察大量的精神病患者，据此他将性格类型分为“分裂型气质”和“躁郁型气质”两大类，后来在此基础上又补充了“黏着性气质”。起初的两种分类分别是根据精神分裂症和躁郁症得来的，但是并不是说这两种类型的人就有可能患精神分裂症或躁郁症，他只是比正常人患这种病症的可能性更大，正常人只是这种异常性比较薄弱。从这一点来看，精神病人是把正常人的某一面夸张化了，这说明精神病人和正常人并不属于不同的群体。因此，可以根据精神病人所表现出的症状来界定正常人的性格类型。

克雷契曼的学说说明，一定的性格类型是由一定的精神病发展而来的，或者说一定的精神病是一定的正常人的极端。现将克雷契曼的学说中的五种性格介绍如下：

内闭性气质。这种气质的人往往令人难以捉摸，性格孤僻。他们是典型的个人主义者，但不一定是利己主义者。他们明确划分自己和别人的界限，十分厌恶别人侵入自己内心的领域。他们这么做的真正原因，是因为他们比一般人更容易受到伤害。这类人不善于交际，属于非社交型，具有害羞的特性，同时还具有孤独的特性。这些特质使得他们凡事采取置身事外的超然态度，觉得一切事不关己。这类人的体型大多数是瘦削的，声音低沉，喜欢用强制性语气。男性多半给人高深莫测、难以接近的感觉，女性则给人理智、冷漠的感觉。

同调性气质。这一类型的人外向开朗，容易亲近，善于交际，不会猜忌，容易相信他人，属于无忧无虑的乐天派。他们能够顺利而且轻易地适应环境，与周围的人、环境和社会之间不会有太大的冲突。这一类型的人以肥胖型居多，身材中等。说起话来声音柔和悦耳，但是语速比较快，抑扬顿挫比较明显，有时会突然从一个话题转移到另一个话题上。男性常给人和善、稳重的感觉，女性则给人可爱的印象。

黏着性气质。这种气质的人整体上给人以“坚强”的印象，性格刚直，一丝不苟。一旦开始做某件事情，就会全身心地投入。但是也会因为过于投入一件事情而忽略了其他的事物，无法将自己的精力同时投入两种事情上。热衷于某一件事情之后，往往会废寝忘食，打乱自己的生活规律。同时，他们还尊重秩序，对自己的要求十分严格，对待感情非常执著。非常有耐心，即使是非常单调乏味的工作，也都能以坚强的毅力克服一切困难去完成。不会冲动行事，往往经过深思熟虑之后才作出自己的决定。这一类型的人以身体健壮者居多，身高中上，肩膀厚实，肌肉发达。不论男女，手掌都很宽大，手指粗肥。说话声音低沉，缺乏抑扬顿挫，说话喜欢拐弯抹角。

自我显示性性格。这种人自我表现的欲望比一般人要强很多，在很多场合总想引起别人的注意，有时甚至哗众取宠来博得别人的喝彩，虚荣心很强。他们好胜心比较强，以自我为中心，有时候还有些孩子气，任性、撒娇，容易依赖别人，碰到困难总想从别人那里得到帮助，他们是严于律人、宽以待己的典型。容易受到他人和外界环境的影响，不善于隐藏和伪装自己的情绪，意志力比较薄弱，对行为缺乏克制性。这种人在体型特征上较少受到遗传因素的影响，更多地与环境因素相联系。他们说话声音高，而且语速快，有明显的抑扬顿挫。

神经质性性格。这一类型的人对外界的刺激比较敏感，他们十分介意别人对自己的言语和态度，常常会为别人一句无心的话而胡思乱想一阵子。由于胆小、怯懦、容易担心，所以形成了他们犹豫迟疑的个性，从而导致对自己信心不足，产生自卑心理，总是担心自己能不能做好某件事情。这种人在体型上以瘦削型居多，说话声音较小，甚至一紧张就会颤抖，由于缺乏自信，说话往往底气不足，甚至说到一半就不说了。

当然，克雷契曼的五种性格只是从普遍意义上来说的，一个人不可能完全属于某一性格类型，他可能同时具备两种或更多的性格类型的特征，只是哪一种更明显而已。正如克雷契曼自己所言："真正的类型，并不是以把所有人进行分类为目的的。对于类型而言，最根本的不是让我们去算多少人属于哪种类型，而是类型能为我们解说些什么。真正的类型，绝不是收集东西的箱子，而是焦点。"

性格与人格有何差异

"性格"一词来源于希腊语，是印记或雕刻的意思。根据这个解释，我们可以这样理解，即性格在我们生活的方方面面都会留下痕迹，在我们的言行举止中都会表现出自己性格的某些特征。

恩格斯说："刻画一个人物不仅应表现他做什么，而且应表现他怎样做。"在这里"做什么"说明一个人追求什么、拒绝什么，反映了一个人的活动动机或对现实的态度；而"怎样做"则说明一个人如何去追求自己想要得到的东西，以及如何去拒绝自己不想要的东西，反映了一个人的活动方式，如果在很长的时间内，在相同的或相似的情境之下，一个人总是表现出某一种态度或行为方式。久而久之，这种态度和行为方式就会逐渐地得到巩固，形成一种习惯化了的模式，那么这种比较稳固的态度和习惯化了的行为模式所表现出来的心理特征就是性格。

但是，目前关于性格的定义，心理学家并没有达成共识。通常对于性格的描述，主要是指在对人、对事的态度和行为方式上所表现出来的心理特征，这和上面的描述不谋而合。看来我们所说的性格简言之就是一种态度和行为方式，如英勇、刚强、懦弱、粗暴等。

在上面的描述中，我们可以看出性格包含社会道德含义，英勇、刚强的性格是为社会和大多数人所接受的，而懦弱和粗暴的性格则是很少有人能够容忍的。因此，性格有好坏之分。在我们的成长过程中，不论是父母还是老师都会培养我们形成良好的性格品质。我们应该在学习上刻苦努力，与人相处要真诚热情，遇到困难要有勇气、百折不挠等等。尤其是在教育的过程中，教师可以根据学生性格上的特点，因材施教。例如，面对两个性格完全不同的学生，当交给他们同一任务时，就要采取不同的策略。对于比较自信、勇敢、有毅力，但又比较任性和粗暴的学生，老师就要叮嘱他要注意工作方法，不要一意孤行，要多听听同学们的意见；而对于缺乏自信、不好外露、没有主见、易受暗示，但有一股韧劲的学生，老师就要给予更多的鼓励，让他对自己充满信心。

性格总是以一定的外在形式表现在一个人的行为举止中。尽管我们每天面对的是不同的场合、不同的环境，我们也会以不同的态度和行为去应对，但是我们性格中那些稳定的东西是不会轻易改变的。所以，当我们对一个人的性格有了深入的了解之后，我们就可以预测到这个人在某种情境下将会做什么以及怎么样做。

与性格相比，人格则是心理学中探讨完整个体与个体差异的一个领域。到目前为止，由于心理学家各自的研究取向不同，因而对人格的看法有很大差异。在这里，我们引用了《普通心理学》中对人格的定义：人格是构成一个人的思想、情感及行为的特有模式，这个独特模式包含了一个人区别于他人的稳定而统一的心理品质。人格是一个复杂的结构系统，它覆盖的范围比较广，主要包括气质、性格、认知风格、自我调控等方面。而性格所覆盖的范围比人格要小得多，性格属于人格的一部分。

简单地说，性格是表象，通常以外在的行为方式表现出来，能够从他人的角度观察到的特征；而人格是内在的、只能从自身的角度观察到的特征。

真的是江山易改本性难移吗

在前面的章节中，我们认为性格是一套稳固的态度和习惯化的行为模式，这就是说性格是稳定的，不会像天气一样变化无常。对一个人进行深入的了解之后，我们能够推测他在相同或相似的情境下的态度和行为反应。但是，这也不是绝对的。来自心理学的研究表明，性格也是可以改变的。

心理学家称，性格会随着年龄的增长而发生改变。从发展心理学的角度来看，我们的性格总是在外向型和内向型之间转换。婴幼儿时期属于外向型时期，那时性格还未充分发展，需要借助外界的帮助才能生存下去。进入幼儿期之后，开始转向内向型，因为这一时期自我意识开始发展，对外界的束缚开始进行反抗。进入儿童期之后，对很多事物充满了求知欲，又开始转向外向型。进入被称为“暴风骤雨期”的青春期之后，他们的自我意识变得更加强大，这一时期属于内向型时期。成年期逐步体验到现实的残酷和生活的艰辛，认识到必须努力工作，提升自身的价值，为家庭成员的幸福而奋斗，这时由内向型的特质转为外向型。进入老年期之后，开始对自己的人生有了更深入的思考，再度回归到内向型。

有研究表明，心理疾病同样也会引起性格的变化。比如，抑郁症作为一种较常见的心理疾病就会引起性格的变化。通常容易患抑郁症的人在性格上有一些共同点，追求完美、缺乏幽默感、做事刻板等等，即使受到一点小事的刺激也会让他们心理上产生很大的波动，陷入异常的状态之中。除此之外，精神分裂症往往更容易使人格出现转换。这类人在发病前可能会有自闭、敏感、反应迟钝等症状，但是一旦发病就会出现不可思议的症状，严重的还会导致人格的荒废。

年龄上的变化和心理疾病能够导致性格发生变化，中毒导致的精神失常、被洗脑或心智受到他人控制同样会导致性格发生变化。第二次世界大战期间，许多军队由于频繁使用兴奋剂，出现很多中毒者。这些中毒者的性格发生了很大的变化，出现恐吓他人、好斗的特点，严重的还会丧失心智。麻醉剂中毒虽不像酒精或兴奋剂中毒那样明显，还是会使人处于忧郁的状态之中，对外界漠不关心。在没有药物作用的情况下，某些邪教组织的洗脑或心智上的控制也足以使人的性格发生巨大的变化。有些邪教组织所使用的酷刑足以让人陷入孤立和绝望的境地，最终丧失自我认同感。

关于教育的作用，其实已不必再赘述。研究表明，不论是家庭教育、学校教育还是社会教育都对我们性格的养成有一定的作用。举个例子来说，日本对年轻人所进行的调查报告将年轻人分为四类，即孜孜不倦型（为了老师和父母的期望，不懈努力，但是缺乏弹性，容易受挫而崩溃）、我行我素型（与世无争，有时候会逃避现实，不能够积极地适应社会）、焦躁型（不满于现状，经常会有惊人之举，奇装异服，行为不端）和浮躁型（对学习毫无兴趣，爱看电视节目，化浓妆，举止轻浮）。这就需要在教育的过程中对不同类型的人进行校正，使他们恢复到正常人的状态。

所以，性格并不像我们之前所认识的那样是不可改变的，像上述的年龄、心理疾病、心智控制、教育等都可以使其发生改变。看来只要具备一定的条件，江山易改，本性也是可移的。

人真的拥有四个“真正的自我”

约瑟夫·鲁夫特和哈里·英格拉姆于20世纪50年代提出，每个人都是由四个层面的自我构成的，这四个层面的自我分别是公开的自我、盲目的自我、隐藏的自我和未知的自我。

1. 公开的自我：自己了解，他人也了解，属于自由活动领域。所谓“当局者清，旁观者也清”说的就是“公开的自我”。比如，我们的性别、年龄、长相等等可以对外公开的信息，包括婚否、职业、工作生活所在地、能力、爱好、特长、成就等等。“公开的自我”的大小取决于自我的开放程度、个性张扬的力度、人际交往的广度以及他人的关注度等等。“公开的自我”是有关自我最基本的信息，同时也是自己和他人了解自我、评价自我的基本依据。

2. 盲目的自我：自己觉察不到，但是他人能够了解。所谓“当局者迷，旁观者清”就是指“盲目的自我”。“盲目的自我”一般自己不易觉察，除非别人告诉你。它可能是你不经意间的一些小动作或行为习惯，比如一个得意的或者不耐烦的神态和情绪流露。盲目点可以是一个人的优点或缺点。由于自己事先不知道，所以当别人告诉你时，你可能一时无法接受，甚至会惊讶、怀疑、辩解。“盲目的自我”的大小与自我观察、自我反省的能力有关。内省特质比较强的人，往往盲点就会比较少，“盲目的自我”比较小。而熟悉并且能够指出“盲目的自我”的其他人，往往也是那些关爱你、欣赏你、信任你的人。所以，我们要学会用心聆听，重视他人的意见。

3. 隐藏的自我：自己了解，但他人觉察不到。这是自己知道而别人不知道的部分，与“盲目的自我”刚好相反。就是我们常说不愿意或不能让别人知道的隐私、个人秘密。身份、缺点、痛苦、愧疚、尴尬、欲望等等，都可能成为“隐藏的自我”的内容。相比较而言，心理承受能力强的人，性格比较自闭、自卑、胆怯、虚伪的人，“隐藏的自我”会更多一些。适度的自我隐藏，能够避免外界的干扰，独守自己的心灵花园，是正常的心理需要。如果一个人没有任何隐私，那么他就赤裸裸地暴露在别人面前，没有隐私和安全感。当然适度地隐藏自我能够保护自己，如果自我隐藏得太多，就会将自己封闭起来，无法与外界交流。这样自我就会受到压抑，甚至造成人格的扭曲。

4. 未知的自我：自己和他人都未觉察的自己。这样的自我也被称为“潜在的我”，属于自我层面的处女领域，等待着别人去发现和挖掘。“未知的自我”通常是指一些潜在的能力或特性，或是只有在特定的领域才能展现出来的才华。弗洛伊德所提出的潜意识层面，隐藏在海水下面有无限能量的巨大的冰山，也属于“未知的自我”的层面。“未知的自我”是我们知之甚少同时也是最值得挖掘的领域，所以我们应该尝试着去全面而深入地认识自我，激励自我，发展自我，超越自我，肯定会收获意外的惊喜。

每一个人对自我的认知，都存在公开区、盲目区、隐藏区和未知区。有时候我们可以通过性格测验来了解“公开的自我”和部分“隐藏的自我”，但是测验结果和实际情况还是有出入的。因为在进行测验的时候，被测验者往往有一种“社会赞许”的倾向，为了得到他人和社会的认可往往隐瞒自己真实的想法，所以对于性格测验的结果不能过度依赖。

关于自我的四个层面，对于不同的人而言，每个层面所占的比例不同。有些人可能隐藏得比较少，暴露得相对多一些；有些人可能比较容易聆听别人的评价，对盲目的自我了解得较多，而有些人总是敢于尝试一些新鲜的事情，试图去挖掘自己性格中未知的部分。每个人都是一个没有谜底的谜，我们只能慢慢地去走近，去了解，去感受。

第三章

情绪心理学：为什么用牙齿咬住一支铅笔能让人感觉更快乐

什么是情绪心理学

当你拿到大学录取通知书的那一刻，你兴奋不已，甚至彻夜难眠；当你的亲人突然离你而去时，你痛苦不堪，万念俱灰；当你和恋人约会时，你内心激动不已，满是甜蜜；等等。在某一时刻或情境中，我们内心总会经历不同的情绪体验，或高兴或悲伤，或快乐或痛苦。我们享受着亲人、朋友带给我们的快乐，体验着购物或欣赏电影带给我们的愉悦，同样也会因为别人的误会而感到委屈，甚至会因为无意间伤害了别人而懊悔不已。

在我们每天的生活中，总会有这样或那样的事情让我们的情绪不断地发生着变化。当我们的需要得到满足的时候，我们就会产生一种快乐的情绪体验；当我们的需要得不到满足时，就会产生消极的情绪体验。从马斯洛的需要层次理论来说，这种需要不仅仅指物质层面的需要，同时也包括精神层面的需要，如关怀、尊重、爱、归属、自我实现等的需要。

通常情况下，我们将情绪分为积极情绪和消极情绪，高兴、快乐、喜悦等属于积极情绪，而愤怒、害怕、生气、难过等则属于消极情绪。现代科学也进一步证明，情绪可以通过大脑对我们的心理活动以及全身的生理活动都产生影响。马克思曾说过：“一种美好的心情比十副良药更能解除生理上的疲惫和痛楚。”相关的研究也表明，积极情绪可以使人体内的神经系统、内分泌系统的自动调节机能处于最佳状态，有利于促进身体健康，也有利于促进人的知觉、记忆、想象、思维、意志等心理活动，从而使我们的心理处于健康和谐的状态之中。而当人的情绪有所波动、处于消极的情绪状态的时候，就会对生理机能产生一定的影响，从而导致疾病的发生。医学专家根据大量的病例分析证明，消极恶劣的情绪会引起免疫能力下降、体力过度消耗等生理上的变化，进而影响到我们心理的健康状况。而且那些精神上长期处于忧郁状态的人，肠胃系统的功能会受到影响，因为情绪抑郁会使胃肠蠕动和消化液的分泌受到抑制。据说，人在愤怒的时候1小时的体力与精神的消耗，相当于加班6小时以上的消耗。

因此，我们应该学会去调节自己的情绪状态，尽量避免消极情绪所带来的危害。现在，我们越来越觉得快乐少了，烦恼多了。只要你用心寻找，快乐其实很简单。哪怕是一件微不足道的小事都可以成为我们快乐的源泉，下面是一些人总结的能够让人感到快乐的小事。

遵从你的内心。选择做对你有意义并且能让你快乐的事情，不要为了顾及人情或别人的期待去做一些事。

多和朋友们在一起，不要被日常工作缠身。亲密的人际关系，最有可能为你带来幸福。

简单生活。更多并不代表更好，放慢节奏，简化生活。用不化妆省下的30分钟在花园里行走，用步行代替拥挤的公交车，亲手做一顿简单的菜肴而不去饭馆跟朋友觥筹交错。

有规律地锻炼。体育运动是你生活中最重要的事情之一。每周只要3次，每次只要30分钟，就能大大改善你的身心健康。

睡眠。虽然有时“熬通宵”是不可避免的，但每天7到9小时的睡眠是一笔非常棒的投资。这样，在醒着的时候，你会更有效率，更有创造力，也会更开心。

给予。当我们帮助别人时，我们也在帮助自己；当我们帮助自己时，也是在间接地帮助他人。

勇敢。勇气并不是不恐惧，而是心怀恐惧，依然向前。

感恩。记录他人的点滴恩惠，始终保持感恩之心。每天或至少每周一次，请你把它们记下来。

什么是情感智商

通常我们说一个人聪明是指这个人智商高，这里的智商是经典智商。经典智商崇尚理性思维，理性思维对科技的发展和人类的进步有重要意义。然而弗洛伊德心理学让我们领悟到，除了理性思维之外，非理性的思维方式对我们来说也非常重要。非理性的思维则体现了情感智商的价值。

“情感智商”又称“情商”，最初由美国著名管理学家丹尼尔·戈尔曼在其专著《情感智商》中提出。戈尔曼认为对一个人的成功起决定性作用的因素中智商只占20%，情商占80%。情感智商指人在情绪、情感、意志、耐受挫折等方面的品质。它是一个复杂的整体，包括行为、能力、信仰以及能使人们实现梦想和使命的价值观。情商决定我们的情绪、感觉，影响我们的行为和精神状态，在社交中帮助我们识别出别人的情感，指引我们建立良好的人际关系。情商意味着通过与你周围的环境相互作用，使你能够完成你的目标和使命。

丹尼尔·戈尔曼在《情感智商》中提到了诸如坚定的意志、自信、热情和自我激励等等。这些因素其实与你的情感状态紧密相连。如果你的情商较高，那么你就能获得坚定的意志、自信、热情和自我激励的能力。耶鲁大学的教授彼得·萨罗维对情感智商的定义，则在这些特征的基础上增加了自我意识和移情作用。所谓“移情作用”就是同理心，认同和理解别人的处境、情感和动机的能力。移情作用能够让你学会“阅读”某人的情感状态，并利用这一信息来更好地与别人相处。

其实，情商并不神秘，它是一系列的技能，包括五个方面：

一、认识自身的情绪。只有认识自己，才能成为自己生活的主宰；

二、妥善管理自己的情绪。掌握控制不良情绪的方法，避免受情绪的控制；

三、自我激励。自我激励是取得成功的最有效的武器；

四、识别别人的情感。了解他人的情绪是沟通与合作的前提；

五、人际关系的管理。高情商的人才能获得良好的人际关系。

销售员、政治家、心理学家、律师、企业的管理者在工作中都会无意识地用到这些技能。通过对本小节的学习，你可以把这些技能自觉地运用在工作和生活中，把这些技能发展到更高的境界，成为一个具有高情商的人。

情商高低的不同表现

情商高的人	情商低的人
自信	自卑
勇敢	怯懦
善于沟通	拒绝沟通
喜欢赞美别人	惯于批评和嫉妒

心胸开阔	心胸狭窄
信任别人	生性多疑
乐于配合	不善与人合作
容易接纳	排斥抗拒
积极乐观	消极悲观

很多时候，人们不能很好地控制自己的情绪。正如亚里士多德所说：任何人都会生气，这说起来非常容易，但是要能做到以适当的方式，为了正当的目的，在适当的时间，掌握适当的分寸，对恰当的对象生气，那可就不是那么简单的事情了。有时，人们在需要控制自己的情绪时却大发脾气；有时，人们在需要坚定的意志力时却不堪一击。

情商对人的工作、生活都非常重要，它会影响人的一生。孩子如果没有受到良好的情感教育，就会变得自卑、怯懦，甚至封闭自己的情感，不敢与别人交往。婚姻生活中，如果不控制自己的情绪，不考虑对方的感受，可能会导致婚姻破裂。父母如果不顾孩子的感受，把自己的意志强加在孩子身上，就会激起孩子的怨恨。在职场中，情商往往决定一个人的录取和晋升。公司中，如果一味展现自己的聪明，不与同事进行情感沟通，就不能得到别人的尊重。企业领导者如果总为自己考虑，对员工随意批评，就会失去员工的信任。

如果你的智商很高，情商却很低，那么你有可能取得很高的学位，但是很难在团队中发挥自己的作用。因为在团队中，情商发挥着重要的作用。不能控制自己的情绪，不会换位思考的人很难在团队中赢得尊重和支持。相反，如果你的智商不高，情商很高，那么你很可能会取得事业的成功。如果你有较高的情商，你就能够妥善处理各种关系。你能够控制自己的情绪，既不伤害别人，也不被人伤害。你有充分的自信，能够得到别人的认可和赞美。你在人群中很有影响力，在与人交往过程中，你总是掌握主动权。因此，在现实社会中，有些人并不是很聪明，但是他们却能够取得成功。

虽然我们强调情商的作用，但并不是贬低智商对成功的影响。智商与情商是相辅相成、密不可分的。如果你的智商很高，那么高情商可以使你更充分地发挥智商的作用。古今中外的所有成功者，无论是革命家、思想家，还是作家、艺术家、科学家、企业家，都是高智商与高情商的完美结合。比如：诸葛亮既能运筹帷幄、决胜千里，又能妥善处理与将士以及百姓的关系，在一千多年后的今天还能赢得人们的尊敬。周恩来总理是伟大的无产阶级革命家、政治家。新中国成立后，他担负处理党和国家日常事务的同时还制定外交政策，他是国际著名的外交家，也是爱民如子的好总理。科学家居里夫人在艰苦的环境中凭借顽强的精神和对工作的热忱发现了镭，却毫无保留地公布了镭的提纯方法。

为什么要管理我们的情感

“管理你的情感”是情感智商的一个基本组成部分。用理智和意志控制情感，表面上是对自己天性和自由的束缚，其实这种束缚能够让你获得更多自由。放任自己情感的人看似狂放不羁，其实是情感的奴隶。能够管理自己情感的人才能主宰自己的命运。

情感可以分为正面情感和负面情感。正面情感包括愉快、幸福、满足、喜悦等，负面情绪包括愤怒、嫉妒、焦虑、恐惧、紧张、猜疑等。正面情感可以给生活带来明媚的阳光，有了好心情，世界在我们眼中也会变得美好；负面情感却会给我们投下阴影，消极的心态会给身体、生活、工作带来不利影响。如果被负面情绪控制，就像陷入阴暗的泥沼一样，无法自拔。

在非洲草原上，有一种吸血的蝙蝠。它的身体极小，却是体躯庞大的野马的天敌。这种蝙蝠在攻击野马时，常附在马腿上，用锋利的牙齿敏捷地刺破野马的腿，然后用尖尖的嘴吸吮马的血液。野马在受到蝙蝠的攻击后，马上就开始狂乱地奔跑和蹦跳，以期甩掉身上的蝙蝠，但是却并不能够达到目的。野马的这种疯狂的动作对于蝙蝠毫无影响，它依然可以从容地吸附在野马的身上，直到吸饱血液才满意地飞去，可是野马却常常会因此而痛苦地死去。动物学家在分析这一问题时发现，蝙蝠所吸食的血量是微不足道的，野马远不会因为失血而导致死亡，它们的死亡是由剧烈的情绪反应所造成的。

很早之前，古代阿拉伯学者阿维森纳就曾做过动物情绪反应的实验。他把一胎所生的两只羊羔置于不同的环境中生活：一只羊羔在安全的水草地，而在另一只羊羔旁边则拴了一只狼。与狼为邻的小羊总是看到自己面前的那只狼，在极度惊恐的状态下，根本吃不下东西，不久就因恐惧而死去。后来，医学心理学家又用狗做了嫉妒情绪实验：把一只饥饿的狗关在一个铁笼子里，让笼子外面的另一只狗当着它的面吃肉骨头，结果笼内的狗在强烈的急躁、气愤和嫉妒的情绪支配

下，产生了神经症性的病态反应。

而到了现代，美国的一些心理学家曾将人在生气时血液中所含有的特殊物质注射到小鼠体内，结果这些小鼠变得行为呆滞，并且难以进食，几天后则默默地死去。美国生理学家爱尔马对此作了更进一步的研究，他收集了人们在不同情绪状态下的“气水”，即把人们在怀有悲痛、悔恨、生气和平静的情绪时所呼出的气体溶于特制的溶液中。结果发现，平静者的“气水”清澈透明，而悲痛者的“气水”沉淀后呈白色，悔恨者的“气水”沉淀后为蛋白色，生气者的“气水”沉淀后为紫色。将生气者的“气水”注射到大白鼠身上，几分钟后大白鼠即死亡。由此，爱尔马分析，人在生气时会耗费大量的精力，生气持续 10 分钟即相当于参加一次 3000 米的赛跑，而且生气时的生理反应十分剧烈，分泌物比其他情绪的都更为复杂，毒性也更强。

以上这些事例和实验表明，负面的情绪对人体的伤害极大，若想保持身心的健康，就一定要注意保持积极的心态和乐观的情绪。

负面情绪不但会影响人的健康，还会让人丧失理智，作出很多不明智的决定。愤怒会让人变得不可理喻，激发强烈的攻击欲望。愤怒时的过激言行常常会造成无法挽回的灾难性后果。嫉妒就像躲在阴暗里的毒蛇，最先伤害的却是自己，让人丧失生活的快乐，饱受仇恨的煎熬。猜疑会破坏人际关系，友谊、爱情、亲情都会因为猜疑而毁于一旦。恐惧的情绪如果不加以控制，就会让人变得怯懦，损害我们的自信和进取心。焦虑和紧张情绪表现为对未来的过分担忧，会让人感到不安，影响能力的正常发挥。抑郁和狂躁，如果情况严重，就是一种心理疾病。

三国时期蜀国大将张飞虽然有勇猛、忠义之名，但是他却不善于管理自己的情绪，往往被情感控制，并最终因情绪失控而丢了性命。关羽被东吴杀害之后，张飞陷入极度悲痛之中。结义兄弟被害，感到悲伤是正常的情绪反应，但是，张飞任由负面情绪发展，完全被悲痛掌控，丧失了理智。他每日“忘南切齿睁目怒恨”，催促刘备为关羽报仇雪恨。根据当时的形势来看，应该为大局着想，讨伐曹魏。刘备在诸葛亮、赵云等人的劝说之下没有急着报仇。张飞报仇心切，把一腔怨气发在了自己人头上，很多军士被他鞭打致死。刘备告诫张飞，鞭挞部属是取祸之道。

然而，张飞无休止地号哭，最终导致刘备情绪失控，一时冲动作出了出兵东吴的决定。张飞下令：限三日内制办白旗白甲，三军披孝伐吴。这样的任务只是张飞一厢情愿，几乎不可能完成。范疆和张达为此提出异议，却遭到张飞无情鞭打，并威胁说：“若违了限，杀汝二人示众！”范疆和张达不想坐以待毙，只好拼个鱼死网破，趁张飞醉酒睡觉时，偷偷潜入帐中，将其杀死。

不能控制自己情绪的人很容易被人操纵。如果你很容易生气，别人就可以通过激怒你使你犯错；如果你很胆小，别人就可以通过恐吓让你退却。只有成为自己情绪的主人，懂得如何驾驭自己的情感，才能不被别人所左右，才能真正了解什么是自由。

管理自己情感的一个重要目的就是不让别人伤害自己的情感。只要你自己不伤害自己，别人就没有办法伤害你，你就能够心平气和地面对别人的称赞和讥讽，荣辱不惊，在各种情形之下都能保持平和的心态。一位总统夫人曾经说过："棍子和石头也许能够打断我的骨头，但是言语永远也不能伤害我。" 别人的言语能否对你起作用，完全取决于你对它的反应。如果你不能妥善管理自己的情感，就很容易被别人的言语影响自己的情绪。

信念的力量

在心理学领域，信念指的是某种坚定的认知，是一种坚定的、不可动摇的想法和念头。信念本身就是一种价值观，一个人认同什么，反对什么都可以通过信念反映出来。耶鲁大学心理学教授罗伯特·埃布尔森曾说过："信念乃是一种动力，而强烈的信念乃是更有价值的动力，让一个人持久不懈地努力，以完成跟大众或个人有关的目标、计划、心愿或理想。"

信念是认知、情感和意志的融合与统一，它激励人们按照自己认为正确的观点和原则去行动，比如"我一定会创业成功"就是一种坚定的信念。如果某一天你忽然说"我想创业"或者"我要创业"，那么这仅仅是个念头或者愿望。这种简单的表达没有掺杂什么情感。这个念头并不是很坚定，可以创业，也可以不创业。只有当念头里面融入情感，转化为"我一定会创业成功"的时候，信念才算真正产生。

也就是说，当信念与情感融合起来的时候就会发挥更大的力量。在情感的带领和推动下，我们会朝着更加适宜的方向前进，比如，我们都渴望能够积极地思考，为此我们会掌握相关的知识，看一些带有励志色彩的图书，然后，进行自我肯定和积极的自我暗示，从而培养出积极思考的习惯和保持积极的情感状态的能力。

然而并不是所有人通过这种自我激励都能够达到他们的目的，因为正面的表达和积极的心理暗示不能保证信念的具体化和情感化。

那就试试下面的技巧吧。

第一步：将信念写下来

当你看到或听到某种有价值的信念之后，你要让自己相信“这种信念可以改变我的生活和我的情感”。你可以把这种信念写下来，贴在墙上，每天起床之后或睡觉之前看看它，为自己读一下。当这种行为成为一种仪式，你的情感和精神状态就会受到这种信念的影响。这类似“座右铭”对人所起的激励作用。

比如，鲁迅先生在三味书屋读私塾的时候，曾经因为迟到而被先生教导“以后要早到”。于是他在书桌上刻下了一个“早”字激励自己。

第二步：信念的目的性与价值

具有目的性和价值的信念更容易引起情感上的共鸣，因为情感本身就与需要和目的相关。因此你要找到足够的证据证明这种信念，找到坚持和认同这种信念的目的和价值。问问自己，坚持这种信念的结果是什么？这种信念隐藏着什么样的价值？这种信念是否有正面意义？

比如，鲁迅的座右铭“早”的正面意义是督促自己时时早、事事早，避免迟到。

第三步：将信念付诸行动

确定这一信念对自己、别人以及整个社会具有正面意义之后，你就可以将正面意义渗透到自己的情感中。具有正面意义的信念才会使你接受它。当你获得一种信念的时候，你有什么样的感受？问问自己，你的情感加强了这种信念还是与这种信念发生冲突？这种信念如何影响你的行为？如果信念是正确的，你将如何把它付诸行动？什么样的行动可以使信念变为现实？

比如，鲁迅在座右铭的督促下就会每天早早来到三味书屋，开始一天的学习。

第四步：用情感来充实你的价值

你要使信念成为富有情感的经验，而不是单纯的智力表达。人的一生中会有很多经历，当一种情感或一种信念正在运作的时候，你就在经历它们。以往发生的一些事就会成为这次经历的参考。当你经历这种信念的时候，回想一下你对这种信念的感觉，体会这种信念在思想和情感上引起的共鸣。把信念和情感联系起来，你的信念就会因此而变得富有情感。

比如，“早”这个信念，对鲁迅来说是富有感情的经验，体现了他坚强的意志。

第五步：使信念与情感一起运行

完成前面四个步骤之后，这个信念就会变得很丰富了，你可以随时获得这个信念，甚至可以不用思考便拥有它。在任何环境中，你都可以经历它，体验它，论证它。当你把一种信念看做理所当然的事，就会时刻受它的影响。在这种信念的影响下，行动就像呼吸和心跳一样自然。这时信念就和情感一起运行了，这就是我们希望达到的目的。

比如：鲁迅先生在书桌上刻了一个“早”字以后就再也没有迟到过。这个信念和情感就融合在了一起。

不良情感也具有正面意义

任何一种情感都有其正面意义。虽然有些不良情感，如烦恼、忧愁、紧张、恐惧等会影响人的表现，让人感到烦恼，但是没有一种情感是完全消极的，它们也有正面的作用。比如，恐惧情绪就是一种危险的信号，当人处在危险的情境中，或者受到某种威胁的时候，就会产生恐惧的情感。人的身体会由此提高警惕，变得谨慎起来。

烦恼的情绪也是一种信号，表明一个人与自身或周围环境出现了不和谐的因素。烦恼的情绪会促使人寻求改变，调节各方面的关系。

不良情感的存在是客观的，当出现这些情感的时候，不要拒绝和逃避，而要找到产生这些情感的原因，发现它们的正面价值。

情感不会无缘无故地出现，任何一种情感的出现都是有原因的。当你寻找那些不良情感产生的原因时，它们的功能和价值就体现出来了：

1. 当出现不良情感的时候，我们体验到的结果可能是消极的，但是它的意图是好的。

2. 消极情感的正面意义可以解释一种情感出现的原因，它可以帮我们更好地认清自己的处境。

3. 经历一次消极情感，我们还会有一些额外的收获。

4. 不良情感能促使我们改变，以更好的状态面对问题。

5. 不良情感很容易使人陷入自我保护的状态，这就是不良情感对人的消极影响。

任何一种情感都传达着某种意图。无论积极情感，还是消极情感都带有一定的目的性。情感伴随着意图，然后促使我们采取某种行动。没有意图的情感是与行为相违背的。认识到情感的意图，就能更好地发挥情感的正面意义。如果认识不到情感的意图，任由情感发展，就会导致情感的负面影响。

具有高情感智商的人总能发现消极情感的正面意义，因为他们能清楚地认识自己的情感，在完成自我认知的同时还会帮别人认识他们。

负面情感的正面意义和负面影响

负面情感	正面意义	负面影响
愤怒和生气	愤怒和生气可以让你更有力量，为你争取自己的利益提供能量。此外，愤怒还可以刺激你的诚实和正义的情感。把愤怒的情感发泄出去，你可以用它来保护自己和自己坚持的信念。	如果愤怒的情感过于强烈，以致于你不能控制它，就会导致冲动的行为。愤怒的人急切地证明自己是正确的，急切地维护自己的利益。他们害怕被控制，愤怒是他们掩饰恐惧的方式。为了证明自己的存在，为了得到别人的认可和尊重，他们可能会做出一些极端的行为。
悲伤和痛苦	悲伤可以使你与不再存在的人或事物保持联系，痛哭是宣泄悲伤情绪的一种途径。适度的悲伤可以调整情感，重新面对自己与外界的关系。	沉重的悲伤和痛苦如果得不到宣泄，就会在精神和身体上造成不良影响。持续的悲伤让人无法正常地工作和生活。因此不要被悲伤的情绪控制自己，找到适当的宣泄口，把情绪发泄出去。
羞愧和内疚	羞愧和内疚的情绪是自己处于不和谐处境的一种信号，说明你的某些行为不合时宜，你的某些表现不是很好。这种情感会保护你，并让你调节自己以便适应周围的环境。	羞愧和内疚的情绪说明你不能适应周围的环境。如果被这种情感控制，你会变得退缩和自我保护，进而引发自卑的情感。
压力和忧虑	俗话说“有压力才有动力”，压力和忧虑的情绪可能会激发你精神和身体上的潜能，从而使你更好地完成一件任务。感到忧虑是因为害怕自己做得不够好，这种担忧会促使一个人努力改进，以保证交上最完美的答卷。	如果一个人被忧虑的情绪控制，无法承受过大的压力，就会影响他们的工作效率，甚至无法进行正常的工作。比如有些人面临重大考试的时候，就会生病。他们的心理压力过大，为了避免面对失败的结果，他们选择了逃避。这就是为什么有些人平时表现不错，考试的时候却发挥失常的原因。
怀疑和犹豫	适度的怀疑和犹豫是谨慎的表现，可以帮助我们查漏补缺，考察计划的可行性，作出明智的决定。适度的怀疑是安全的保障，避免因一时冲动作出错误的决定。	过分的怀疑态度会让人犹豫不决，影响一个人的决策能力。怀疑和犹豫是自我保护的方式，过于自我保护就会迟迟不下决定。他认为，如果不做决定，就不会犯错误。实际上这是逃避主义的鸵鸟政策。当你犹豫不决的时候应该问问自己：“我在怀疑什么，为什么不做决定？”

负面情感	正面意义	负面影响
孤独和寂寞	孤独是中性的情绪，而寂寞是消极的情绪。孤独的时候是你面对自己内心世界的最好时刻。这时你可以享受自己的自由空间，进行反省，调整心情，整合以往的情绪。能够享受孤独的人才能更好地了解自己的情绪，才可以更好地与别人相处。	如果寂寞让你感到难过和烦恼，说明你需要一个同伴分享你的心情。当你想找人陪伴却找不到人的时候，你会感到挫折。这时你应该问问自己："是什么在妨碍你寻找和享受别人的陪伴？"
空虚和疲惫	空虚和疲惫是精神和身体给你的警示信号，当你有这种感觉的时候，说明你应该休息了。这种感觉常常出现在考试或繁忙的工作结束之后。这时，无论是你的精神还是你的身体都需要调整和复原，再工作下去就要生病了。你应该舒服地躺在床上好好休息。	空虚和疲惫的感觉如果得不到及时缓解，就会导致长期的不愉快，甚至伴随挫折和痛苦的产生。此时，你应该问问自己："空虚和疲惫的原因是什么？是不是身体透支了？"
羡慕和嫉妒	羡慕是中性情感，而嫉妒是消极情感。羡慕别人是爱自己的表现，羡慕别人的某方面可以督促自己去提高这方面。羡慕是将自己与别人约束起来的一种健康的方式。	嫉妒是对自尊的伤害。当一个人嫉妒别人的时候，最先伤害的是自己。本来就不如别人，再失去自尊，可以说嫉妒别人的人输了两次。

人为什么会笑

笑可以说是我们生活中最常见的现象之一了，我们每天都可以看见很多种不同的笑，如孩子纯真的笑、老人仁慈的笑、父母关心的笑、老师和蔼的笑，等等。可是，你有没有想过我们为什么会笑呢？对于这个看似简单的问题，我们却知之甚少。

据科学家称，在所有的生物中，只有人类和一部分猴子会笑，其他的生物都不具备笑的能力。来自心理学的研究表明，大约从出生的第八天开始婴儿就会笑。心理学家认为，笑是婴儿简单乐趣的（如食物、温暖、舒适）第一个表示。耶鲁大学心理学副教授雅各布·莱文博士说，婴儿在他们六个月到一岁之间就学会了对事物发笑的本领。尽管我们笑的本领在生命的最初就已经习得，却是在以后一生的时间里来完善。

美国马里兰大学的心理学家普罗文对笑进行了长达十年的研究。他发现，笑

最初只是人类祖先在游戏时，互相胳肢所产生的生理反应。当时，人们发出的是一种“呼呼”的喘气声，经过长时间的演变才逐渐成为现在的“哈哈”大笑。随着人类变得越来越聪明，也赋予了笑一定的社会功能，比如笑能够加强社会中人与人之间的联系，在人际交往中起到润滑剂的作用。有研究表明，人们在分享一个笑话时，会增加他们之间的友情。牛津大学的罗宾·邓巴第一次发现，笑能增加人体内的内啡肽，而这种物质被称为是我们身体里的一种天然的“鸦片”，能让人感到非常快乐。不过，也有专家指出，人自然而然的笑与在谈话中感觉窘迫和紧张时的笑是不同的，前者是发自内心的，而后者则是被迫的，受到社会环境的操控。

对于人类为什么会笑的问题，美国精神病学家V·S. 拉马钱德兰在其著作《大脑？还是幽灵？》中进行了这样的描述：“当发生意想不到、需要提高警惕的事情时，人会紧张起来；但当弄清楚情况后，如果这件事情对自己没有威胁，人就会笑出来。”美国的拉玛昌达拉医生也对人类笑的原因进行了研究和探索。他认为，当你预感到有某种结果出现的时候，而事实上却并非如此，结果与你预想的大相径庭，这时候可能你会发笑，你通过笑来告诉周围的人，你所预想的结果只是“假警报”。拉玛昌达拉医生是在诊治一名患怪病的印度妇女时，发现这种被称为“假警报”的现象的。他用一根针触击这名妇女的皮肤时，她竟然会“哈哈”地笑个不停。拉玛昌达拉医生认为，对于一个正常人来说，皮肤接受的疼痛信号会被送到大脑中，相应的部分就会对疼痛作出反应，紧接着这一信息传到大脑中的感觉中心，最后就会产生疼痛的感觉。但是对这名妇女来说，针触击的这种疼痛的信息只在大脑的疼痛中心而未传到感觉中心，疼痛中心和感觉中心的联系被异常地切断了。因此她感觉不到剧痛，大脑只能将其解释为“假警报”，于是便“哈哈”大笑了。

比如，你走在街上，迎面走来一个凶神恶煞、怒气冲冲的人，这时你不由得紧张起来，于是你用双手紧紧地护着自己的包，你以为这个人是抢劫的。可是，当他走到你面前的时候，只是向你打听去某个地方的路线。这时紧绷的神经终于放松下来，想到自己刚才紧张的心情你不由得暗自发笑。刚才出现的那个凶神恶煞的人原来只是一个“假警报”而已，当这个“假警报”被解除了之后，我们就会不由自主地发笑。也就是说，当我们意识到某种危险存在的时候，就会不由自主地紧张起来，但是当发现原来危险并不存在，只是自己虚惊一场而已，就会不由自主地笑出来。在心理学中对这种状况进行了解释，认为“笑是一种缓解紧张状态的方法，通过笑我们能够达到心理上的平衡”。

此外，来自心理学的研究表明，笑能增加亲和力。面对同样两个人，一个面无表情，异常冷漠，而一个脸上经常挂着微笑，你更愿意和哪个人相处？很显然，你更愿意和后者打交道。心理学家建议要经常和喜欢笑的人交往。因为常和爱笑的人相处，自己也会受到感染，变得爱笑。而且假笑也有不可忽视的作用，不要忽视假笑，“假作真时假亦真”。一位心理学家这样说：“只要你能把假看做真，那么真心诚意的笑将跟随而来，几乎可以起到和真笑同样的效果。”由此看来，不论何种形式的笑，都可以看做是缓解紧张状态的方法，同时也对我们的生活有积极的影响。越来越多的医生和心理学家认为，笑是一剂良药，可以提高人的免疫力和消化能力。来自社会学的研究表明，爱笑的人在社会生活中往往更加出色。开怀大笑的人的大脑会得到更为充分的氧气供应，变得更加机敏。

看来我们经常所说的“笑一笑，十年少”并不是没有道理的。所以，没事的时候多笑笑。

人为什么会愤怒

笑是一种让人愉快的情绪，而愤怒则不然。生活中，我们发现自己会为鸡毛蒜皮的小事而发怒，但是你有没有想过自己为什么会发怒呢？

从心理上说，愤怒是一种能够进行自我保护的反应。当对我们有价值的事物受到威胁时，为了维系生活的平衡，我们就会产生一种愤怒的情绪从而达到自我保护的目的。比如，你非常喜欢自己的女朋友，觉得她在你的生命中占据很重要的位置，你觉得她对你有很重要的价值。但是某一天，你突然发现她背着你和别人在一起了。此时除了愤怒之外没有什么能够表达你的心情了，你伤心、难过，甚至觉得在朋友面前很难堪，但是为了掩饰自己比较脆弱的一面，你表现出一种强势的愤怒情绪，实际上这也是在进行自我保护。因为我们为保护我们的利益而愤怒，为争夺有价值的东西而愤怒。而且往往在大多数情况下，有一方会作出妥协，这样就避免了冲突的发生，保护了自己。这就是愤怒作为一种保护自我的手段的运作机制。

说到这里，也许有人会问为什么有些人不容易发怒，而有些人很容易发怒呢？对此的一种解释是随着我们生活水平的提高，生命已经有了足够的保障，不会因为少吃一顿饭就饿死，也不会缺少某一样东西而无法生存，能够引起我们生气的

因素相对变少了。当然这并不是说这些人就不会生气，当有些事情触犯了自己的利益时还是会愤怒的。

心理学家认为，人有一种被称为“自尊情感”的情绪，这种情绪和愤怒有密切的关系。所谓自尊情感就是人认为自己有价值的一种感觉，可能和我们平时所说的“自尊心”有点相似，但是却不是一回事。实际上，愤怒是保护我们的自尊情感的一种行为。比如，你听到别人对你说“你身上一无是处”“你活在这个世界上简直是一种祸害”“你简直糟糕透顶”之类的话时，你的自尊情感就会受到很大的伤害。出于对自尊情感的保护，我们就会愤怒。但是，自尊情感高和自尊情感低的人对此的反应是不同的。若一个自尊情感高的人面对别人的侮辱时，他们能够宽容对待，因为不管别人说什么，都不影响他们对自己的评价，因此也不会产生愤怒的情绪。相反，一个自尊情感低的人则会很在乎别人对自己的看法，他们需要从别人的肯定和尊敬中获得自己的自尊情感，因此，当面对别人对自己不适当的评价或侮辱时，就会很愤怒。从这一点看来，自尊情感的高低和自尊心的高低刚好是相反的。一般情况下，一个自尊心高的人面对别人的侮辱和怀疑是很容易愤怒，而一个自尊心低的人则会抱着无所谓的态度。因此，我们应该试图提高自己的自尊情感，冷静地审视自己，发现自己身上值得尊敬的地方。要学会尊敬自己，然后才能从别人那里得到更多的尊敬，只有这样才不会因为一点琐碎的事情而愤怒了。

此外，生活中，我们总是喜欢对行为和结果进行预测。于是，当某种行为或结果不在我们的预料范围之内时，我们就会感到焦虑和不安。而这种焦虑和不安往往会以愤怒的形式表达出来。比如，我们和朋友约好了去逛街，可是到了约定的时间她还没有出现，你想着等一会她。可是过了半个小时她还是没有出现，你不由得有点急躁和不安，可是一个小时过去了她仍然没有出现，这时你的这种急躁和不安的状态最终演变成愤怒。也就是说，当事情没有按照我们预想的那样发展或是不在自己的控制范围之内时，我们就会产生愤怒的情绪，这也是一种自我保护的方式。

比死亡更痛苦的，就是等待死亡

曾听过这样一段相声：有个老大爷，儿女都不在身边，一个人住两层的楼房，就打算把二楼租出去，可是相继来了好几个租户都被他赶走了，原因就是嫌他们太吵，老大爷图的是个安静。这天，有个小伙子来租房，说明了自己的情况，肯定不会吵，他白天一整天都不在家。可是这个小伙子正在谈恋爱，每天夜里都回来得很晚，噔噔噔地跑到楼上之后就往床上一躺，然后把两只笨重的大靴子很高地一扔，再很重地落在地上。接连几天都是如此，楼下的老大爷可受不了了，因为自己每天夜里都会被重重的靴子砸楼板的声音给惊醒，于是那天早上上楼去找小伙子，把这事跟他说了。小伙子感觉很过意不去，保证以后一定注意。当天夜里，小伙子还是噔噔噔跑到楼上，一只靴子已经落地了，小伙子这才猛然想起来早上老大爷交待的话，连忙把第二只还没落地的靴子接住，轻轻地放到地上。第二天一大早老大爷就来敲门，让小伙子赶紧搬走，跟他说："每天你两只靴子一块儿扔下来，扔完了我还能睡，昨天你就扔了一只，我一宿没睡，就等那第二只了。"

这个相声的名字想必大家都知道，就是《扔靴子》。这段相声体现了人们关于痛苦感受的一种心理规律，就是等待痛苦出现的过程比遭受痛苦的瞬间更要痛苦。人们对痛苦怀有天然恐惧心理，在痛苦尚未发生而又即将必然发生的时候，恐惧感占据心头，人会感到比痛苦实际到来的时候更为痛苦，可是，当痛苦真正发生的时候，人们知道这是不能够回避的，反而会较为坦然地接受。这就是心理学中所谓的"痛苦定律"。有一个笑话讲的是在一次执行枪决的时候，因为子弹是劣质的，连续两发都没响，这时临刑犯人受不了了，哭求着说："你们掐死我吧，我受不起这个惊吓啊！"这其中也蕴含着痛苦定律的道理。

这就是有一些罪犯为何畏罪自杀的原因。尽管畏罪自杀会比被判刑处决死得要更早，但这无疑会尽早结束等待死亡的恐惧的折磨。

这种恐惧是在人有心理准备的情况下对自我进行的一种情绪控制，它远比人们遭遇突然事件时所承受的心理压力大得多。

第二次世界大战进入到了白热化阶段，为了贯彻希特勒所提倡的"优胜学"的政策，德国科学家用美军俘虏做了许多惨无人道的心理实验。其中的一项实验很适合我们这篇文章的主题。

实验过程是这样的：德国科学家找来一位美军俘虏，并对他说："我们将要用你做一项生理实验，我们会在你的手腕上划一个口子，并让你身上的血一滴一滴地从这道口子流光，然后看看你生理上会有什么变化。"德国科学家接着说："马上就要上实验台了，你有什么遗言赶快交待吧。"德国人在做实验之前还很人道地给美军俘虏提供了一顿丰盛的午餐。吃过饭之后，美军俘虏被带到了实验台上。

德国人对美军俘虏说："做这个实验前我们需要用黑布蒙上你的眼睛。"德国科学家这么说了，也这么做了。然后他说：“实验开始。”

他从冰柜里选择了一块非常细薄的冰块，而不是刀片，接着他用冰片在美军俘虏的手腕上划了一下，当然，美军俘虏的手臂也没有血流出来。这时，德国科学家又在俘虏的上方放了一袋水，下方放了一个桶，然后让水一滴一滴地滴到桶里并发出嘀嗒声。

很显然，这声音是滴水声，而不是滴血声。可是这个俘虏却坚信是自己的血在流，他开始陷入极度的恐惧之中：脸色苍白，浑身颤抖，四肢也渐渐地麻木起来。不到一个小时，这个毫发未伤的美军俘虏竟死了。

反复做令自己恐惧的事就不恐惧了

从心理学的角度来讲，恐惧是一种有机体企图挣脱、逃避某种情景而又无能为力的情绪体验。自从恐惧第一次出现在我们头脑中，它就内化为我们感情经历中的一部分，如同用刀在我们记忆的木板上刻下深深的印痕。一旦与恐惧事件相伴的情景出现，我们的情感便会掉到往日恐惧的印痕里，不自觉地产生恐惧反应。

有的时候恐惧还可能是被传染来的。美国一项研究发现，人在恐惧时产生的汗液散发出一种化学信号，周围其他人会下意识地接收这种信号，从而同样产生恐惧感。比如，不会恐惧飞行的人会因为周围人害怕，从而也产生恐惧感。

这一结论来自于美国纽约州立学斯托尼布鲁克分校的一项试验。该校研究小组找来 40 名志愿者，在他们初次跳伞时，把可吸收性衬垫放到他们的腋窝下，以收集他们在即将跳伞时产生的“恐惧性”汗液。当然，这些被试验者的汗液并不都是因为害怕、恐惧产生的。然后，研究人员让另一组志愿者去闻这些收集来的汗液样本。

当研究人员用扫描设备监视这些闻“恐惧性汗液”的被实验者的大脑时，他们发现这些人的大脑“恐惧中枢”的活动增强。这一结果表明人的情绪压力确实具有传染性，个人的恐惧感确实会传染给其他人。

另外，恐惧心理也与一个人的性格有关。有些人生性腼腆，胆小怕事，长大以后也不善交际，孤独、内向，这样的人最容易产生恐惧感。比如说，有些人害怕黑暗，养成了开着灯睡觉的坏习惯。这种恐惧心理一般是从小开始的，因为人在小时候最爱听与鬼神有关的神秘故事。而这类故事的背景、事件以及人物的出现，又常常是在黑暗之中。久而久之，他们便将对妖魔鬼怪的恐惧与黑暗联系在一起，形成了对光亮的依赖，导致夜里不敢关灯睡觉。还有一种情况，就是有些人曾经在某一黑暗的情境中意外遭遇到可怕的事情，或是在夜里做了一个噩梦，这种恐惧的心理未能及时得到排遣，于是造成了对黑暗的恐惧。

恐惧对于人的影响非常巨大，它会使恐惧者的身体和精神产生很大变化，具体表现为神经高度紧张，内心充满恐怖，注意力无法集中，大脑一片空白，不能正确判断或控制自己的举止，容易冲动等等。恐惧是可怕的，会被反复诱发，可能会对人身心造成严重的伤害。

但是，这并不意味着恐惧不可克服。有趣的是，克服恐惧的最好办法就是反复去做令自己恐惧的事情，时间一长，恐惧就会被解除。

当然，要克服恐惧心理，还要提高对事物的认知能力，用科学知识来武装自己，面对恐惧的事物能对其进行冷静客观的分析，或者找朋友一起讨论，以找到所恐惧的事物的真相。这样你就会发现，自己的提心吊胆完全是多余的，所恐惧的东西是“杯弓蛇影”，根本不足为惧。此外，面对让自己恐惧的事情时要保持镇静，不要惊慌失措，自己吓唬自己。

平时还可以积极参与心理训练，提高心理素质，比如设置恐怖情境，分析各种可能遇到的情况，进行有针对性的心理训练，形成对恐惧情境的预期心理准备状态，就能够有效地克服紧张和不安等不良情绪。

为什么哭过之后心里会畅快许多

啼哭是人类来到这个世界上发出的第一声。当我们还不能说话的时候，哭就是我们和外界最初的交流方式。饿的时候，我们哭着向母亲发出信号，希望她赶紧给我们喂吃的；不舒服的时候，哭着想让她抱抱，希望她寸步不离。那时候，哭好像是屡试不爽的办法。现在常听到有人说到这样一句话“会哭的孩子有奶吃”，的确如此。

此后，我们在经历心灵的创伤、肉体的疼痛时都会哭，但是人类为什么会哭呢？对于这一问题，威廉姆·吉姆和卡尔·里根进行过这样的描述：人不是因为悲伤而哭泣，而是因为哭泣才悲伤。从这句富有哲学意味的话中我们可以看出，“悲伤”这一心理活动要滞后于“哭泣”这一生理反应。

一般人以为哭是由于悲伤，其实在高兴的时候人也会哭泣。据统计，事实上人的一生中要哭 2000 多万次。不论是悲伤还是高兴流的眼泪，都和人的自律神经有关系。当人处于高兴或悲伤的情绪状态时，自律神经就会受到刺激，进入兴奋的状态，从而导致流泪。

很多人都有过这样的体验，哭完之后即使之前让我们哭泣的问题并没有得到实质性的解决，但是心里仍然会觉得畅快了很多。这是因为哭可以帮助人减轻压力、改善情绪。同时，人在难过的时候会刺激大脑反应，分泌出很多毒素。当我们哭的时候，这些毒素就通过眼睛排泄出来。这也是其中的一个原因。

以色列科学家最新的一项研究表明，哭作为人类一种高度进化的行为，它具有“示弱”的功能，向别人显示出自己的弱小，通过表示“顺从”取得对方的信任，从而阻止他人对自己的攻击。这也可以用来解释女人为什么比男人爱哭。女人天生给人一种柔弱、需要保护的感觉，而男人则是勇敢、坚强的。因此，女人哭了很容易理解，而男人哭了则让人无法接受。其实，哭泣并不代表脆弱，不哭也不代表坚强。这只是长期以来社会规范对男性和女性的不同的社会期望造成的差异。事实上，男人只是因为面子问题不敢哭，他们对痛苦的承受能力也没有女人强。女性比男性更容易哭泣，事实上是由男女双方感情构造上的差异造成的。

尽管哭有很多的作用，但是长时间、大量地哭并不是一件好事。尽管哭和笑都是人们对情感的一种表达，但是笑只牵动人面部的三块肌肉，而哭则会牵动七十二块肌肉。与笑相比，哭泣会消耗人大量的能量和体力，所以在哭过之后我们会感到特别的累。而且如果经常哭的话，眼球就会长时间地浸泡在有毒的液体里面。我们听说过有人哭瞎了眼睛，其实应该不觉得奇怪，眼球长时间地浸泡在有毒的液体里面，会受到极大的损害。

据说，有人对不同情绪状态下眼泪的成分也进行了研究，结果发现导致人们哭泣的情绪不同，眼泪的成分也会有差别。悲伤的泪水含水量比较多，而且味道比较淡；愤怒的泪水水分少，钠的含量比较多，因此会比较咸。遇到伤心的事情时，要有合理的发泄方式。当然，偶尔哭一哭是有好处的，但是哭的次数多了就不好了。调整好自己的心态是关键。

钱真的能买到快乐么

快乐能够让我们体验到生活的美好，因此我们每天都在追求快乐。我们努力地工作，希望能让家人过上快乐的生活；我们刻苦学习，希望父母看到我们优秀的成绩而快乐。甚至在和朋友打电话或发短信的时候都不忘加上一句，希望你天天快乐之类的问候，可是究竟怎样才能获得快乐呢？这却是一直困扰我们的问题。相信你若向人询问构成快乐的因素有哪些，肯定有大部分人认为金钱是必不可少的因素。但是，钱是否真如人们想象的那样，能够买到快乐呢？

很多的研究都表明，金钱和快乐之间有非常密切的关系，即只要是金钱都能给人带来某种程度的快乐，不管是劳动所得，还是意外收获，甚至是赃款，都可以达到使我们内心感到快乐的作用。此外，来自英国沃尔维克大学的安德鲁·奥斯瓦尔德教授和乔那森·加德纳教授，对英国的9000户家庭进行了一项历时10年的追踪研究，希望能够发现金钱和快乐之间的关系。研究结果显示，金钱和快乐之间不仅有明确的关系，而且由金钱所带来的这种快乐可以影响我们的精神健康。金钱越多，能够给我们带来的快乐也就越多。如果是天外飞来的横财，则会给我们带来巨大的惊喜。但是，金钱在带给我们快乐的同时，也会给我们带来灾难。我们经常可以看到这样的报道，某某因为中了几百万而成为富翁，至此以后终日酗酒，最终酒精中毒而死；某某为了在父母去世以后能得到更多的家产而杀害了自己的兄弟姐妹，最终锒铛入狱。

另有研究表明，金钱和快乐之间并没有必然的关系。20世纪70年代，美国西北大学的菲利浦·布利克曼和他的同事对金钱和快乐之间的关系进行了研究。他们选取了一批中了彩票的人作为实验组，其中有些人的中奖金额还达到了上百万美元，然后随机挑选了一些人作为对照组。要求两个组的每个人对自己目前的快乐程度进行打分，并要求他们说出希望自己将来有多快乐。最后，还让他们说出这些快乐中有多少是来自日常生活中的小事。研究结果表明，实验组中那些中了彩票的人并不比对照组的人快乐，而且在希望自己将来有多快乐这一问题的回答上也没有什么区别。只是在询问到他们的快乐有多少来自日常生活中的小事时，实验组和对照组的回答出现了差异。与实验组那些中了彩票的人相比，对照组报告他们的快乐更多地来自于生活中的小事，比如得到别人的赞美，和朋友的闲谈，和家人一起过周末等。

也许人们会对上述结果提出质疑，因为研究中的实验组是通过中彩票这种非同寻常的途径来获得金钱，不具有代表性。于是，心理学家们又进行了另外一项研究。他们选取那些通过努力工作来获得金钱的人作为被试，看他们的收入和快乐之间有怎样的关系。在该研究中，要求来自国民生产总值不同的国家的人分别对自己目前的快乐程度进行评分，然后统计不同国家的人的平均快乐水平。研究结果表明，国民生产总值高的国家的人比国民生产总值低的国家的人要快乐，但是当国民生产总值上升到一定水平之后，这种差别就消失了。这说明，当我们的生活已经达到一个能够让自己还算满意的水平，金钱的增多和更多的快乐之间并没有必然的关系。

那么，我们怎样才能使自己快乐呢？大量的研究表明，我们的快乐感有50%是由基因决定的，剩下的50%中有10%取决于我们所生活的环境，比如婚姻状况、家庭背景、教育和收入水平等等，40%的快乐感来源于我们日常生活中的行为，以及我们看待自我和他人的方式。可见，在快乐感的来源中，只有40%的因素是我们能够改变的。因此，要想获得更多的快乐，我们需要用心体验生活中的点点滴滴，哪怕是朋友的一个电话，家人的一句关爱，老师的一次肯定，都可以成为我们快乐的源泉。

越是不想拥有，越容易获得快乐和幸福

一次，学生们怂恿苏格拉底到繁华的集市上走一遭，因为那里的物品实在是太丰富了，如果不去欣赏一下就太可惜了。苏格拉底耐不住劝说，就去逛了一番。集市中琳琅满目的商品果然令他大开眼界，然而苏格拉底慨叹道："世界上竟然有那么多我不需要的东西。"这就是苏格拉底与普通人的不同之处——常人肯定考虑的是自己想要拥有其中的哪些，可苏格拉底恰恰相反，在他眼中，自己的生活已经是富足的了，所以，集市中的东西即使再好也与自己没有什么关系了。

正因为苏格拉底心中没有这种匮乏感，所以他的心里才是快乐的。正所谓知足常乐，相反，自己想要拥有什么却又得不到就会产生苦恼。当然，知足常乐和安于现状、不思进取是两回事，知足的根本在于对自己此时的拥有怀有一份感恩之心。

有个事例讲的是一个人因为贫穷买不起鞋穿而感到很苦恼，可是有一天他忽然见到一个没有脚的人，这才陡然感觉到自己是多么的幸福。他知道，相对于拥有健全的肢体，穿的衣服破一点又有什么关系呢？

还有一个经常被讲述的故事，说一个老大娘有两个女儿，大女儿卖草帽，二女儿卖雨伞，晴天的时候老大娘就替二女儿担忧，因为晴天雨伞就不好卖了；而雨天的时候老大娘又为大女儿发愁，因为雨天草帽就没人买了。有人劝慰她换一个角度来想，晴天时就想着大女儿的生意好。而雨天时则想着二女儿的生意好，这样，不论是晴天还是雨天，老大娘就都会为女儿感到高兴了。

事情并没有变化，但是看待事情的角度变了，人的情绪就随之改变。我们要

因为自己的拥有而心怀感激，而不应当因为自己的缺乏而抱怨。这样，才可以常享快乐的人生。

苏轼在《赤壁赋》中说：“且夫天地之间，物各有主。苟非吾之所有，虽一毫而莫取。惟江上之清风，与山间之明月。耳得之而为声，目遇之而成色。取之无禁，用之不竭，是造物者之无尽藏也，而吾与子之所共适。”以苏子的达观，怀知足之心，则何匮之有呢？

快乐不是因为拥有的多，而是因为想要的少。占有再多只能体验到一时的快乐，而无穷的欲望仍然会折磨贪求的心。知足才能真正常乐。

幸福也是一样，当你不是总在想自己是否幸福的时候，你就是最幸福的。

有一个知名的企业家，事业取得了辉煌的成功，却突然被检查出自己患了癌症，此时，他蓦然发现，自己这些年来在社会上奔波辗转，虽然是取得了常人难以想象的成功，自己也为此而感到骄傲，但是却从未用心体验过幸福，于是他决定在生命最后的日子里，抛弃一切世俗的纷扰，再无利害得失之心，而只一心平静地过着安乐的生活。不久之后，他在复查时发现，自己竟然神奇般地痊愈了。他在追求一切的时候，其实得到的只是外在的富有，而在放下了一切的时候，才获得了内在的富足，才获得了真正的幸福。

这个故事讲述的就是关于幸福的定律：当你不去在意自己究竟是否幸福的时候，你就走进了幸福之中，正所谓“有心栽花花不发，无心插柳柳成荫”。

为什么会有这种欲求而不得，不求而反获的事情呢？很多人有过这样的体验，就是在某种情况下，越是强制自己集中注意力，注意力却越是无法集中，而放松下来则常常会自然地投入进去。关于幸福感也与此相似。其实，人们在心里刻意地惦记着的幸福都是由于不满足而产生的，而不满足则会促成一种焦虑感和失落感，这种焦虑和失落的心理正是破坏幸福感的基本因素。

有句俗语叫做“身在福中不知福”，人们习惯于将身边的一切看得平常，即使它很好，也浑然不觉；即使它很坏，也能够平静地承受。但并不是每个人都甘于现状，有些人认为自己当下的生活是不幸福的，而一心汲汲于对幸福的追求。可是这些人往往只是将幸福作为一种结果来看待，忽视了真正的幸福并不在于追求到了什么样的结果，而是收获于生活的过程本身。

第四章

行为心理学：人们为什么愿意为他们喜欢的人做事

什么会影响我们对他人的判断

很多年前，一位哈佛大学的校长为了一次判断失误，错失了发展机遇，却造就了赫赫有名的斯坦福大学。那天，一对穿着朴素的老夫妇没有经过预约，直接来到校长办公室拜访。校长的秘书马上就判断这对老夫妇不可能与哈佛有任何业务往来，于是借口校长很忙，打算打发他们走。过了几个小时，这对老夫妇依然固执地守在那里，秘书没有办法，只得通知校长，校长不耐烦地同意了。女士告诉他："我们以前有一个儿子在哈佛大学读书，他很喜欢哈佛，可是去年他去世了，我和丈夫想在校园里为他留下一个纪念物。"校长觉得很可笑，鄙夷地说："女士，我们不可能为每一个去世的哈佛学生留下一个雕像。"这位女士表示她想为哈佛捐献一座大楼，校长再次打量他们，不耐烦地说："你们知道一座大楼要多少钱吗？我们学校建筑物的价值超过了 750 万美元。"这位女士转头对丈夫说："原来只要 750 万就可以建座大学啊，那我们不如建座大学来纪念我们的儿子吧。"就这样，斯坦福夫妇来到加州，建立了后来赫赫有名的斯坦福大学。

对他人准确的判断能帮助我们快速了解他们，作出正确的反应；而错误的判断不仅会导致我们作出错误的反应，可能还会造成严重的后果和损失。判断是一个过程，当然也求一个结果。信息不足时，如何综合它们进行判断；信息过多时，如何取其精华，去其糟粕，就是非常重要的了。尤其对人，判断失误不仅是对别人的不公平，也会给自己带来不好的影响。

要对他人作出精确判断，首先要了解那些影响我们对他人判断的因素。在对他人进行判断时，我们容易走这样一些捷径：

一是第一印象。同陌生人第一次见面时，对方的仪表服饰、言谈举止、风度气质等会给我们留下一个最初的印象，即第一印象，也叫首因效应。因为是最初的感觉，第一印象在我们脑子里留下的记忆会比较深刻，更容易记住。如果不加注意的话，我们很容易凭借第一印象对他人作出判断。比如上述例子里哈佛大学的校长和秘书都凭借斯坦福夫妇的穿着打扮，认定他们没有钱为哈佛捐款。而所谓的“一见钟情”“一见如故”也是首因效应的典型例子。这样的判断多少会有以貌取人的嫌疑，非常片面。

二是选择性知觉。当我们面对一个陌生人时，对他的了解必然是不充分的。当然，我们也不会对他的所有信息都给予关注。一般情况下，我们只能或者说只愿意选择那些表面的，能看得到的信息，即对信息的选择性注意。比如，看到一个人正在帮助别人，可能就因此判断他是个乐于助人的人，但事实上他可能只是偶尔一次出手帮助别人。

三是晕轮效应，也称为成见效应。个体某些方面的特征突出，从而掩盖了这个人其他的特征，就好像月亮周围有时出现的朦胧圆圈。一个人其他方面都很好，但就是不够热情，则其他特点也不会得到很高的评价。而初次见面时对一个人的印象很好，可能在以后的交往中，也会觉得他很好，尽管他会暴露出一些缺点。

四是刻板效应。根据某个团体具有的特征来判断某个个体，忽视了个体的差异。“物以类聚，人以群分”就是一种刻板效应。

五是对比效应。我们对他人的判断可能还受与接触到的其他人对比的影响。一个很优秀的人，与比他更优秀的人对比起来，人们可能就会判断他不是那么优秀。而这种判断显然是不客观的。

除了这些来自判断者主观的心理效应能影响我们对他人的判断之外，他人的特质因素比如外表容貌、才华能力、个性品质等也影响我们对其的判断。研究发现，那些漂亮的人更容易给他人留下好的印象，作出好的判断；人们喜欢有才干的人，尽管他有时候会犯一些小错误；而无论男性和女性，真诚是最有吸引力的品质。

判断是一个互动的过程。给他人留下一个好的印象、真诚的印象，有助于他人作出准确的判断；判断的中肯、无偏见，能引导人际交往朝着正确的方向进行。不自觉地戴着有色眼镜看人或以貌取人则是不可取的。

情人眼里为什么会出西施

在物理学上，热水快速冻结现象被称为“姆潘巴现象”，也称“姆佩巴效应”。姆潘巴现象是对我们大脑中的常识的颠覆，热水怎么可能先结冰呢？然而不可靠的姆潘巴现象竟然被人们当做真理认同了40多年。

姆潘巴现象是以埃拉斯托·姆潘巴的名字命名的。1963年的一天，姆潘巴发现自己放在电冰箱冷冻室里的热牛奶比其他同学的冷牛奶先结冰。这令他大为不解，于是，他立刻跑到老师那向老师请教。老师却很轻易地说：“肯定是你搞错了，姆潘巴。”姆潘巴不服气，又做了一次试验，结果还是热牛奶比冷牛奶先结冰。

某天，达累斯萨拉姆大学物理系主任奥斯玻恩博士到姆潘巴所在的学校访问。姆潘巴就鼓足勇气向博士提出了他的问题。奥斯玻恩博士回答说：“我不能马上回答你的问题，不过我保证等我一回到达累斯萨拉姆就亲自做这个实验。”结果，博士的实验和姆潘巴说的一样。于是，人们就把热牛奶比冷牛奶先结冰的现象称为“姆潘巴现象”。

2004年，上海向明中学一女生庾顺禧对这一现象提出了质疑。在科技名师黄曾新的指导下，庾顺禧和另外两名女生开始研究姆潘巴现象。她们利用糖、清水、牛奶、淀粉、冰淇淋等多种材料，采用先进的多点自动测温记录仪，在记录了上万个数据后进行多因素分析，最后得出结论：在同质同量同外部温度环境的情况下，热液体比冷液体先结冰是不可能的，并提出了引起误解的三种可能。

为什么一个不存在的现象竟然被人们作为真理认同了40多年，而没有人对它提出质疑？这就是光环效应的作用。光环效应，又称晕轮效应，是指人们对事物的某种品性或特质有强烈的自我知觉，印象比较深刻、突出，这种感觉就像月晕形式的光环一样，向周围弥漫、扩散，影响了对事物的其他品质或特点的认识和判断。

人们之所以坚信姆潘巴现象存在，就是源于对专家的良好印象。在这种印象的影响下，人们对姆潘巴现象的存在深信不疑——因为这个结论是物理学家给出的，他是物理学家，结论肯定就是正确的。

光环效应其实是一种认知偏差，是一种以偏概全的评价。我们可以把光环效应通俗地称为“情人眼中出西施”。

在现实生活中，光环效应随处可见。热恋中的姑娘和小伙子，受光环效应的

影响，双方就会被理想化——姑娘变成了人间的仙女，小伙子变成了白马王子；当老师对某个学生有好感时，会觉得这个学生什么都好；等等。

乘电梯时，人为什么总是往上看

每次乘坐电梯的时候，你的目光放在哪里呢？仔细回想，应该是保持同一个姿势，那就是仰头看着跳动的数字。不仅如此，你环顾一下周围，可以发现大家都神色淡漠，而目光出奇的一致。

为什么在电梯等拥挤的公共场所，我们会不由自主地往上看呢？这是由心理空间导致的。心理空间通俗来说就是我们所说的私人空间，指的是每个人有属于自己的不被任何人了解、知道的个人空间。一般大家理解的私人空间可能是指房间、日记等隐私内容，但人内心某一角落也属于私人空间的范畴，心理学上称其为心理空间。

在电梯里，人与人之间的距离超越了个体的私人空间范围，也就是说互相进入了对方的私人空间，所以会感到不舒服。向上看并非数字有什么神奇的魔力，能吸引我们的目光，只是为了尽快逃离电梯这个狭小的、侵犯了我们私人空间的空间。

另外，乘电梯的时候向上看，看着跳跃的数字，心里能感到电梯是在移动的，这样也能在一定程度上缓解我们等待的焦虑。

心理空间说白了就是一种安全感，而追求安全感是人的一种本能。当有人闯入我们的心理空间，我们觉得受到侵犯的时候，就会产生不安、焦虑感，并想办法尽快摆脱这种不好的感觉。研究表明，活泼开朗、爱和人打交道的人心理空间大，而那些沉默不安、不合群的人的自我保护意识强烈，他们的心理空间肯定小。心理空间也随环境变化，夜晚一个人走在僻静的小巷，很远的动静就会让我们产生不安感。

了解了一些有关心理空间的知识，我们就不难理解人们在各种公共场合的行为了。出于自我防卫的本能，我们会尽量和他人保持距离，不让他们进入自己的心理空间，以免产生不安感。即使已经互相进入了心理空间，也会采取其他行为来缓解不安。而进入青春期的青少年更需要一定的私人空间，不仅包括独立的房间、上锁的日记，当然还有一个不容别人进入、窥探的心灵秘密花园。

附：如何测量你的心理空间

当你和一个陌生人搭电梯时，这时你会有何反应？

A. 和对方搭讪

B. 保持微笑，等对方开口，再跟他讲话

C. 面无表情，盯着电梯楼层灯

D. 双手抱胸，头朝下看着地板

参考答案：

A．和对方搭讪

在封闭的空间会和对方搭讪的人，心理空间比一般人大，对人的恐惧度也比较小。由于你的私人心理空间比一般人要大，或许整个电梯都是你的个人领域，所以你会觉得很舒坦，很有安全感，像是在自己的家里一样。因此，你会把对方当做是客人一样地招待。这种人对人的信心总是比较多一点，很适合公关的工作。不过，万一遇到闷不吭声的人就难堪了，搞不好人家会以为你是神经病。

B. 保持微笑，等对方开口，再跟他讲话

你的私人心理空间是属于比较正常的范围，大概是自己身体周围五十公分左右的圆区。你不会扩展自己的心理空间，因此对方如果是在你的私人熟悉领域外，你就会觉得不太敢去招惹对方。因为，在你的个人领域内的空间，你会觉得很有信心，一旦超出了这个范围，你就会觉得力有未逮，自信心也相对减低；不过，这是很正常的现象，因为你觉得个人领域之外的空间，是属于他人的空间或是公共空间，所以，不会主动去侵入别人的身体领域，主动地去和别人搭讪。但是，你也不排除和别人对话的可能，只要有人主动和你说话，你也会跟对方应对。

C. 面无表情，盯着电梯楼层灯

你的私人心理空间比较狭窄，如果不熟的人太接近你，超过了你的安全距离，你就会感到不舒服。而这里的个人领域，是指个人的自信心所拓展出来的范围，是代表自己可以掌握的领域。而你之所以会选这个答案，很有可能是防卫距离比一般人大，而个人领域却比一般人来得小的缘故。总之，你是一个自我安全领域很窄，自我防卫系统比较强烈和敏感的人。

D. 双手抱胸，头朝下看着地板

你是个私人心理空间极端狭小的人，也就是说在公众场所，你是个对自己极端没有信心的人，而且是有很大的不安和恐惧，甚至有点自我封闭的倾向，所以你才会双手抱胸，流露一副急于保护自己的下意识动作。而你的低头动作，更是暗示了你不想和外界沟通，也不想和任何人面对面，这是一种自闭心态。这些心态和心理对你来讲，是非常不利的，因为你愈是退缩、封闭，就会招来更多的危机，一有危机，你就更封闭，谁也不相信。

人为什么要赶时髦

人为什么要赶时髦呢？

“时尚”又称流行，是指在一定时期内，在社会上或某一群体中普遍流行的，并被大多人所仿效的生活方式或行为模式。所谓的“赶时髦”也就是追赶流行趋势。时尚体现的范围非常广，几乎遍及我们生活的全部，既包括衣食住行等物质生活方面，也包括文化娱乐等精神生活方面。某一种服饰的流行，大家狂热喜欢超女、快男等偶像，都是时尚现象的体现。这些行为既是一种群众行为，也是一种普遍的社会心理现象，不具有社会强制力。

时尚可以由上而下传导，比如时装发布会发布最新流行趋势，然后在社会上流行开来；也可以自下而上传导，先由社会上的普通群众开始，然后成为上层社会人士追崇的流行趋势。当然，时尚也可以在社会各群体之间横向传导，通过媒体得到广泛传播。

那么，人们为什么会追求时尚呢？很大程度上是为了满足心理上的种种需求。时尚的引领者大都有以下特征：不甘现状，富有好奇心，勇于冒险，追求与众不同等。追求时尚，首先能满足我们的求新欲望。人类本能地具有渴望新鲜事物、厌弃陈旧事物的心理倾向。求新和好奇是人类的本能需求，而流行和时尚本身的新奇特点就能满足我们的这种需求。

再者，从心理学上来说，赶时髦的行为是一种从众行为。为了和群体中的其他人保持一致，避免被孤立，在时尚面前从众的本能开始发挥作用。这与个体的性格特质以及来自群体的压力有关，为了继续和群体保持交往，我们一般都会迈开追赶潮流的脚步。

另外，赶时髦还可能是为了自我防御和自我展示。那些社会地位较低、觉得受到忽视的人，可能会认为追求流行和时尚的与众不同能消除自己的自卑感，或者展示自己个性、喜好、品味等，能增添自己的魅力，吸引他人的目光。

从以上分析的赶时髦的原因中可以看出，人类的心理常常是矛盾的，既要求同于人，又要求异于人。当某一项目开始流行的时候，我们为了标新而追求流行；当该项目流行一段时间，我们又产生厌弃心理，开始追求另一些更时髦更新颖的事物，于是，新一轮流行开始。

当然，准确把握人们追赶时髦的心理，对商品生产、调节市场需求、引导人

们的消费习惯等是非常有益的。以时装行业为例，设计师如果具有敏锐的流行触觉，了解最新的流行趋势，就能设计出畅销的衣服，引领新的流行时尚。而就我们普通消费者的角度来说，最好不要盲目追赶潮流，因为潮流是转瞬即逝的，它只是某一段时间内的社会现象，如果不具备一定经济实力的话，赶时髦着实是一件“劳民伤财”的事情。

见到有困难的人，为什么不愿出手相救

某日午夜，在美国纽约郊外某公寓前，一位妇女在结束酒吧工作回家的路上遭到歹徒袭击。当时她绝望地喊叫：“有人要杀人啦！救命！救命！”听到叫喊声，附近居民都亮起了灯，打开了窗户，凶手吓跑了。当一切恢复平静后，凶手又返回作案。当她又喊叫时，附近的居民又亮起了灯，凶手逃跑了。当她认为已经无事，回到自己家楼上时，凶手又一次出现在她面前，将她杀死在楼梯上。在这个过程中，尽管她大声呼救，她的邻居中至少有 38 位听到呼救声到窗前观看，但无一人来救她，甚至无一人打电话报警。当时这件事引起纽约社会的轰动，也引起了社会心理学工作者的思考。

为什么人们会如此冷漠，见死不救呢？心理学家将这种有众多旁观者在场却见死不救的现象称为责任分散现象，也叫旁观者现象。他们认为，恰恰是因为旁观者在场，削弱了人们的助人行为。在某个需要帮助的情境，如果单个个体在场，他会有很强的责任感，会积极做出助人行为，而旁观者越多，助人行为越少。这是因为我们都希望能少分担一点责任，心里想着即使自己不出手相助，也应该会有人会伸出援手，从而导致责任的分散——如果只有 1 个旁观者，他助人的责任是 100%；2 个旁观者在场，每个人就承担 50% 的责任；如果有 10 个旁观者，每个人就只承担 10% 的责任。每个人都减少了帮助的责任，而个体却不清楚自己到底要不要采取行动，就很容易等待别人提供帮助或互相推托。

心理学家约翰·巴利和比博·拉塔内的实验证明了旁观者现象的存在。他们让 72 名不明真相的参与者分别以一对一和四对一的方式与一个假扮的癫痫病患者保持距离，并利用对讲机讲话，在通话过程中，假扮的癫痫症患者会忽然大喊救命。这时观察参与者会作何反应。他们事先知道自己是一对一还是四对一的形式。事后统计结果显示：一对一通话组，有 85% 的人冲出工作间去报告病人发病；而四对一通话组只有 31% 的人采取了行动！

和成人的这种心理相反，儿童的助人行为却因为有其他人在场而增加了。心理学家斯陶布发现，儿童单独在场时，只有31.8%会出现助人行为，而两人在场时，上升至61.8%。这可能是因为其他人的在场减少了儿童的恐惧感，从而做出助人行为。

除了责任分散这个重要因素之外，还有其他一些因素也影响了人们的助人行为。比如说，榜样的作用。旁观者的在场除了能使人们感到责任分散、犹豫不决外，也能起榜样的作用。熙熙攘攘的大街上，此时有一个陌生人突然发病，如果有一个人即时出手相助，并拨打120急救电话，其他路人肯定也会停下脚步，给予帮助。另外，情境的模糊性也会影响人们的助人行为——个体不确定发生了什么事，是不是需要自己提供帮助的时候，往往会退缩。如一项实验中，一个油漆工人站在梯子上，他的正上方是一副巨大的广告牌，被试者能透过窗户看到这名工人。不久之后，被试者都听到重物落下的巨大声响，跑出来一看，发现是广告牌掉落了，只有29%的被试跑过去帮助他。但是在另一情景中，油漆工呼唤大家去帮助他，这时有81%的被试者会出手相助。可见，减少情境的模糊性，能增加助人行为。

心理学家们还发现，一些外部因素诸如天气、社区大小、被助人特点、性别等都能影响助人行为。微风拂面的晚上，司机愿意让人搭顺风车；风雨交加的晚上，他们赶着回家而无暇顾及需要帮助的路人。小城镇的人生活节奏慢，热心肠，比起匆匆忙忙的都市人群，更愿意表现自己的爱心。而那些看起来弱小、善良、有吸引力的人，更能得到他人的帮助，尤其是漂亮的女性。研究发现，男性的助人倾向受性别的影响，尤其当对方是年轻漂亮的女性时；而女性的助人倾向不受性别的影响。

由此可见，人们不愿意出手相助并不能简单地归结于道德的沦丧、人性的冷漠，因为影响我们助人行为的因素很多，在不同的场合、情境，针对不同的对象，人们的援助行为确实不同。但是，我们还是应该有一定的责任感，最好别因为责任的分散导致救助的不及时，而造成不可逆转的后果。

人为什么喜欢跟风

据新闻媒体报道，2010年伊始，一部好莱坞大片《阿凡达》彻底点燃了影迷的热情。全国各地的影院都爆满，排队买《阿凡达》电影票已经成为众白领的“心头大事”。而且影迷们的追求不满足于2D、3D版《阿凡达》，都想一睹 IMAX3D 版的风采。因为上海和平影都是长三角地区唯一可看 IMAX3D 版《阿凡达》的影院，各路影迷几乎要将和平影都“吃掉”，疯狂的影迷甚至凌晨四五点就赶到影院排队——在春节还有一个多月到来之际，一部《阿凡达》却一不小心预演了“春运购票潮”。有影迷表示：“人家都说 IMAX3D 版好看，我们当然想看了，不看是件多没面子的事儿啊。要不人家问起来，都不知道和人家聊什么，现在满城都在谈论《阿凡达》。”甚至，有影迷为了一睹 IMAX3D 版《阿凡达》的风采，跨城市看片，从各地奔赴上海。由于大家的蜂拥追捧，票价也水涨船高，甚至一票难求。

这个现象反映了人们这样一种心理：别人都看了，我不看岂不是很没有面子，这就是乐队车效应。“乐队车效应”这个词最早来自于经济学领域，由著名的经济学家凯恩斯提出，他将经济繁荣时推动资产价格上升的现象描述成乐队车效应。当经济的繁荣推动股价上升时，跟风的投资者们开始一窝蜂涌入股市，促使股市的行情飙升，最后，股票的价格上升到一个无法控制的地步，股票市场预期发生逆转，导致价格崩溃，股市崩盘。就像队伍游行时开在最前面、载着演奏乐队的汽车，在它的带领下，人们情绪激昂，气氛高涨，不由自主想加入游行的队伍，跟着队伍前进。而或许一开始你并不想参与这个游行。

生活中的乐队车效应随处可见。一种本来不好吃的东西，如果大家都说好吃，你可能也就跟着附和了；一首感觉平平的歌，大家都说好听，你可能也会忍不住称赞它。就好像是小时候玩游戏时要选边站，我们都会选择能赢的一方。商家的炒作就是根据人们的这种心态来进行的，集中宣传某种产品，制造很火爆的场面，吸引消费者的捧场。

与乐队车效应相反的还有一种心理效应，即支持弱者效应——人之初，性本善，人性善论者认为同情弱者是人的本能。生活中，同情弱者也是一种较为普遍的心态。比如，同情贫困地区的孩子，所以我们有希望工程；同情地震灾民，所以我们积极捐款捐物；同情街头的乞讨者，所以我们忍不住驻足关心。同情心是自我感受的一部分，人有把他人的感受想象成自己经受时的情况，而且感同身受的程度因人而异，有些人很容易被感动，有些人则不容易。看电视的时候，有些人常常因为故事情节、人物的悲惨遭遇而感动落泪，有些人却毫无感觉。

人性恶论的观点则认为我们同情弱者的心理不是与生俱来的，他们反对人性本善的说法，认为人性是自私的，同情弱者只是发现他们比我们弱，无法对我们造成危险，所以才同情。而一旦他们变强了，就会停止救助。尽管这两种观点从完全不同的角度阐述了我们同情弱者行为的本质，但不管怎样，面对一个落后的队伍，我们还是会忍不住为他加油鼓劲。

那么，这两种截然相反的心理效应，人们是如何表现的呢？一般情况下，人们会根据自己的需要，灵活使用乐队车效应和支持弱者效应。在涉及自身利益的时候，多会表现乐队车效应，站在有利于自己的一边，这样不仅可以获得心理上的满足感，还能得到利益。而对与自己无关的事情，则会产生支持弱者效应，站在弱者的一边。

但是不能盲目跟风，产生乐队车效应的时候，应该停下来，仔细思考一下，这是不是自己真的需要的，真的与自己的能力相符，不能因为面子而跟风。

人们为什么愿意为他们喜欢的人做事

战国第一名将吴起有一次率领魏军攻打中山国。他巡视军营的时候发现有一个士兵身上长了毒疮，疼痛难忍，吴起毫不犹豫地俯下身子，为这位士兵将毒疮里的脓血一口一口吸出来。事情传到这位士兵母亲的耳朵里，她大哭不止。旁人问她：“你儿子只是一名普通士兵，将军为他吸脓血，本该是一件光荣的事情啊，为什么要哭呢？”他母亲回答：“你有所不知。几年前吴将军也为他父亲吸过脓血，结果他父亲临死也不退缩，最后战死沙场。如今又为他吸，真不知道他要死在哪里了。”正是因为有对下属的一片真心，吴起的军队战无不胜，攻无不克，最终成功拿下很多战役。

人们总是愿意为他们喜欢的人做事。故事里的父子就是这样，吴将军是他们爱戴的将领，所以，他们为了吴将军愿意赴汤蹈火，甚至献出自己的生命。

最早提出这个理论的是美国管理学家瑟夫·吉尔伯特，他认为每个人都愿意为自己中意的人做事，而且往往会任劳任怨，不计较得失。

这就是心理学上的所谓“喜欢原则”。我们总有一种倾向，愿意去帮助那些自己喜欢的人，同时也赞同他们的观点。一般来说，人们在知道有人喜欢自己之后，会产生一种强烈的心理压力，要去回报他人的喜欢。正是出于这种心理，我们会不自觉地心甘情愿为喜欢的人做事。谈恋爱的时候，男生为了心爱的女友鞍前马后，乐此不疲；工作的时候，因为上司的一句称赞，加班加点而不觉辛苦，都是出于对喜欢的回报心理。

美国著名女企业家玛丽·凯曾说过：“世界上有两件东西比金钱和性更为人们所需——认可与赞美。”也就是说，金钱的力量不是万能的，人心所向才是成

功的关键，适当的赞美和认可，能弥补金钱的不足。

依据马斯洛的需要层次理论来看，生理和安全需要只是最基本的需要，尊重和自我实现才是我们所最终追求的高级需求，每一个人都有强烈的自尊感，也渴望被尊重、被认可。有一个小伙子在公司里干的是最不起眼的清洁工工作，有一次歹徒闯进公司试图抢劫，只有他不顾一切和歹徒殊死搏斗。事后被问起原因，他的答案更是平淡无奇却又发人深省："因为董事长总会夸我地扫得很干净。"就是这么一句简简单单的话，却有如此大的力量，能让这位小伙子忘了危险，拼了性命。领导对下属的一句真诚赞美，就能使他们得到莫大的满足，最大限度地激发他们的潜力，让他们努力工作。这比任何物质奖励都更让人激动。

那些外表美丽的人能赢得他人的喜欢，所以，人们总是对美女很偏爱。可是，如果一个人的言行举止给他人传递的全是善意，时时刻刻为他人着想，时时刻刻关心、宽容他人，这样的人会比美女更受到大家的喜爱。你可以发现，那些有很多朋友、受大家喜爱的人，都不是自私、自我的，他们能时刻照顾到朋友的感受，尊重、关心周围的人。这样的人，自然也会得到大家同样的关心和回报。

下级与上级之间也是一样。下级对上级领导的评价，除了他对下属的关心外，可能还包括他作为领袖的责任承担能力。一个敢作敢为、有担当的领导，能让下属产生信任感和凝聚力，下属也会积极承担起自己应承担的责任，让领导放心。领导表面上把责任揽在了自己身上，会承担一定的风险和损失，但实际上却能换来下属更强的信任感。

结合各种社会生活现象，我们了解了喜欢原则是怎么一回事。人们喜欢为他们喜欢的人做事，实际上是出于喜欢回报的心理，也是为了满足自我被尊重、被认可的需要。

想让自己被更多人喜欢，想让一个企业更有活力、更有凝聚力吗？那就别吝啬你的赞美和鼓励，多从人性的角度出发，给予他人多一些喜欢和关注，他们自然会回报你同样多的喜欢和关注。

人做事的积极性是由需要所决定的

马斯洛是美国杰出的人本主义心理学家，提出了著名的需要层次理论。他认为，个体成长与发展的内在力量是动机，而动机是由多种不同性质的需要所组成的。用苏联心理学家乌兹纳泽的话说，就是人们在做某件事的时候，表面的积极

性所体现的是内在的动机，而动机则必然是由需要引发的。简而言之，没有需要，根本谈不上积极性。这被称为乌兹纳泽定律。

乌兹纳泽定律给人的重要启发是，要想调动起人们从事某种活动的积极性，就一定要激发起人们相关的需要。三十六计中有一计叫做美人计，美人计的运用就是出于人们喜好美色的动机，而在当今商业营销中，商家使出浑身解数进行各种各样的宣传和广告活动，其意图就在于激发潜在消费者的心理需要，使其产生一种强烈的占有欲望，禁不住诱惑地去购买该种产品或服务，从而商家也就达到了赢利的目的。

有一家中国公司投资于东南亚的某个地区，管理人员发现所雇用的当地工人的工作积极性总是不高，于是决定采取提高工资的办法来激励员工，可是工资提高之后却发现，人们的工作热情非但没有上升，反而用于工作的时间更少了。原来，在当地的人们看来，工作只是为了挣到足够的钱来生活，当工资提高之后，用较短的时间就能获得可供生活之用的收入，那么，他们一旦获得了够用的钱就会停止工作而去享受生活，却不会为了挣取更多的钱而牺牲掉用于生活和休息的时间。在他们的头脑中是没有攒大钱这个观念的，也就是没有挣更多的钱存起来留待以后使用的这种需要，因此，通过加薪这种办法来激励他们是没有效果的。这说明管理人员所下的药并没有对症，没有看清能够引发当地员工积极性的真正需要是什么。

当然，人的需要也不仅仅是停留在物质层面的，精神层面的需要也很多，并且越是精神层面的需要越能调动人的积极性。人生的最高需要应当是追求自我的实现，这也应当是每一个生命的终极指向。

马斯洛认为人的需要分为不同的层次，由低到高可划分为：生理的需要、安全的需要、归属与爱的需要、尊重的需要和自我实现的需要。

生理的需要：是人的最原始的、与生俱来的需要，它的满足是人得以维持生命的基础。

安全的需要：比生理需要较高一级，每个人当生理需要得到满足以后就需要安全的保障。

归属与爱的需要：又称为社交需要，是指个人渴望得到亲人、朋友与社会的关怀、爱护和理解的需要，这种需要比生理和安全需要更细微，与个人的性格、经历、民族、生活区域、生活习惯等都有着密切的关系，归属与爱的需要是难以察悟、无法度量的，但又是影响重大的。

尊重的需要：这种需要很少能够得到完全的满足，但基本程度的满足就可以为个人带来强大的动力。

自我实现的需要：是最高等级的需要。满足这种需要就要求完成与自己能力相称的工作，最充分地发挥自己的潜在能力，成为自己所期望的人物。自我实现需要与前几种需要不同的是，它是一种创造的需要。有自我实现需要的人，会竭尽所能，全神贯注地投入到工作与生活中，使自己的人生趋于完美。

在需要层次中，生理需要和安全需要属于低级需要，而归属与爱的需要、尊重需要和自我实现需要属于高级需要。人都潜藏着这五种不同层次的需要，但在不同的时期表现出来的各种需要的迫切程度是不同的。其中最迫切的需要才是激励人行动的主要动力。在高层次的需要充分出现之前，低层次的需要必须得到适当的满足，并且人的最迫切的需要总是由低级趋向于高级的。需要的程度越高，积极性就越强。

马斯洛还认为，在人自我实现的创造性过程中，会产生出一种所谓的“高峰体验”的情感，高峰体验是人的心理最为激动的时刻，是人的存在的最高尚、最完美、最和谐的状态，人在这时会体验到一种欣喜若狂、如醉如痴的感觉。

纵观历史，我们会发现，心怀远大的志向是杰出人物的一项共有的品质，而胸无大志的人则往往不为他人所看重，因为没有高远的志向，就意味着缺乏做事的动机。内心之中没有强烈的成功需要，就会导致一个人做事的态度流于敷衍，缺乏积极的进取心，因而也就难以有所成就。

人人都爱表现自己

美国心理学家马斯洛将人的需要分作由低到高的五个层次：生理的需要、安全的需要、归属与爱的需要、尊重的需要和自我实现的需要。而对于较高层次的尊重的需要和自我实现的需要的满足的一个基本方式，就是表现自己，通过对自己的表现，来赢得他人的尊重，获得自我价值的实现。尊重的需要和自我实现的需要是每一个人都具有的．所以表现自己是人性的必然需要。

人们对表现自己都是相当在意的。在现实生活中我们会见到，有些人喜欢表现自己，有些人则不喜欢表现自己，其实这一部分人并非是真的不喜欢表现自己，只是各种原因影响了其对于自我的表露。如果抛开外在条件的约束，可以说每一个人都是喜好表现自己的，因为人们在深层心理上有着一种令自己被人赏识的愿望和实现自身价值的欲求。

曾在唐玄宗时担任宰相的张九龄在一首《感遇》诗中写道："草木有本心，何求美人折？"意思是，草木有其本然的品质在，何必一定要有美人来折取呢？当然，诗的意旨并不在于草木，是时张九龄刚刚遭受贬谪，写作此诗是想表明自己情怀高洁，并非一定要谋求君主的任用。但是这有些反面的意味蕴于其中，表面上说的是"何求美人折"，实际上诗人心中还是期待着自己受到重用的。

张九龄的这种心态涉及中国古代士人心中的一个核心情结，就是关于仕与隐的选择，或者叫做入世与出世。入世，即意味着积极表现自己，令自己的人生价值获得充分的实现，为社会做出重要的贡献，这正是作为中国文化主流的儒家思想所极力提倡的。

喜欢自我表现无论对个人还是对社会来说都是好事。可是，凡事过犹不及，太过分的自我表现就是出风头了。

道格拉斯·麦克阿瑟是美国"二战"时期最著名的将领，然而这位战功赫赫的美国五星上将却是一个好大喜功、爱出风头的人。对此，马歇尔将军曾讽刺说："如果脱下军装换上戏服，麦克阿瑟会成为一代名优。"

1944 年秋天，美军从日本人手中夺回了菲律宾，美国的太平洋战区司令部也将再次迁回到菲律宾群岛。麦克阿瑟欣喜若狂，暗下决心要借这次机会好好出出风头。他宣布自己将在 10 月 20 日这天抵达荒芜的菲律宾雷特岛的海滩上，并表示希望有人来迎接。

将军终于要来了，雷特岛海滩上满是期待的人群。中午时分，麦克阿瑟的专机在天际出现，岛上的人们激动不已，都准备欢呼雀跃。突然，飞机在半空中顿了一下，然后竟然降落在了离岸边接近百米的洋面上。岸上的人们全都惊呆了，不知道这位将军要搞什么鬼。

几秒钟过去了，舱门突然打开了，那位不可一世的五星上将走了出来。他似乎并没有注意脚下的海水，而是慢悠悠地走向人群。突然，将军的脸色有些不好看，本来微笑的表情也消失殆尽。当他缓慢得有如塑像般游到岸上时，高呼一声"胜利的彼岸，我们到了"，所有人这才一起欢呼。

有人问，这到底是怎么了？原来，麦克阿瑟本来是想把飞机降落在只有一膝盖深的海面上，然后自己穿着高统皮靴，缓缓地登岸，以此来炫耀他的战功。可由于潮汐的变化，海水已经上涨，海水浸湿了他大半个身子。最后，这位将军对自己被大海戏弄的事情非常懊恼。

本来，当今社会是一个宣扬个性的社会，适当地出出风头本来无可厚非，甚至是完全必要的。但是，如果过分“出风头”，不管在什么时候都表现自己，希望引起众人的注意，性质可就完全变了。

关于爱出风头我们再多说几句。有人把爱出风头分为两种：演说式的爱出风头和表演式的爱出风头，很是有意思。演说式的爱出风头，是通过“嘴上”逞一时之快来达到引人注意的目的。这种人很常见，他们往往被人们称为“万事通”。当别人在讨论问题的时候，当别人在闲聊的时候，这种人总是滔滔不绝地唠叨，而且“这事我清楚”“这个我明白”“这个我最懂”等词语经常挂在他们的嘴边。他们的目的其实很清楚也很简单，那就是通过言语来显示自己的学识渊博，通过谈话来表现自己的聪明睿智，以此来引起他人的注意。

表演式的爱出风头，是通过“表现”自己来达到引人注意的目的。这里所说的“表现自己”是指语言和动作的结合。这种人总是想方设法地表现出与别人不一样，因为只有这样才能引起人们的注意，才会使他自己有“鹤立鸡群”的感觉。

那位麦克阿瑟将军就是想通过“表演”来达到出风头的目的，可结果，自己却成了“落汤鸡”，给人留下了笑柄。

人们是怎样寻求心理平衡的

人们把《阿 Q 正传》中阿 Q 的精神胜利法称之为“阿 Q 精神”。鲁迅先生正是通过对阿 Q 精神胜利法的淋漓尽致的描绘，表明这种精神病症普遍存在于“国人灵魂”中。鲁迅先生的本意自然是对此进行批判。

然而，抛开鲁迅先生所要批判的国民劣根性，从心理学角度来说，适当的阿 Q 精神很大程度上对人的心理健康是有好处的。其实，每个人内心深处都有不自觉地寻求精神胜利、自我安慰的倾向。

心理学家布莱姆做过这样一个实验，他找来一些孩子，说有一些糖果给他们吃，他们可以在两种糖果中选择自己比较喜欢的一种，可是布莱姆与孩子们说完这话就离开了。然后他的助手出现在孩子们面前。但是，助手并没有像布莱姆所说的那样做，他只是任意地将一种糖果发给每一个孩子，而不是让孩子们自己来挑选糖果。这一过程结束后，布莱姆再次现身。通过与孩子们的谈话，他了解到，孩子们原本评价说自己是喜欢某种糖果的，但是当他们被强行塞给另一种不那么

喜欢的糖果之后，他们的看法改变了，认为原来自己喜欢的糖果不好看或者不好吃了。

造成这种态度改变的原因是，本来孩子们预期自己可以选择喜欢的糖果，结果当他们发现实际上并不如此的时候，就会感到自己被加上了一种额外的束缚，于是产生了一种逆反的心理，也就是心情会很不愉快，这时，他们就需要调节自己的态度，以解除这种心理上的不满，认为自己原来所喜欢的那种糖果其实也并非真的喜欢，而自己现在得到的这种也未必就不好。这样一来，他们就会获得心理上的平衡，从而消除了负面的情绪。在这一过程中，孩子们重新建构了自己对糖果的看法，这在心理学上被归结为“态度转变理论”。

心理学家认为，平衡与和谐的状态是人们心理的需要，这种心理状态意味着人们在看待问题的时候需要有一种一致性。也就是说，自己之所以这样做，是因为这样做是有道理的，对于自己是有利的。可是当事情与此相反时，也就是出现了对自己不利的情况或者是发现自己的所做所为并不符合道理，这时就会对自己的态度进行调整，通过改变态度来重新获得心理上的平衡和认知上的一致。

人们通常从三方面进行调整：

第一，改变行为，使自己的行为符合自己的认知。

一个正处于准备期末考试的紧张时期的学生却沉迷于网络，他意识到将时间过多地花费在网络上会影响考试成绩，也就是说自己的行为与自己的认知是相违背的。这时，如果自己果断地暂时离开网络，而集中精力准备考试，那么，他就是通过改变自己的行为来获得了心理上的和谐。

第二，改变认知，使自己的认知符合自己的行为。

如同前例，这个学生并不能够使自己从网络的沉溺中脱离出来，自身的行为并没有改变，但是他可以认为，上网可以缓解紧张的情绪，从而会更有利于复习，那么，他就是通过改变认知的方式来取得心理上的平衡的。

第三，引进新的认知元素。

同上面的例子，这个学生既没有放弃上网，也并不认为上网是一种放松的方式，但是他发现，可以将上网与学习结合起来，可以在网络上查阅一些相关的学习资料，利用网络资源来辅助自己的学习，那么，他就是通过引进新的认知元素的方式来使自己的行为与认知相符合的。

酸柠檬心理和甜柠檬心理

柠檬有甜的，也有酸的，当人们吃不到甜柠檬的时候，就会认为柠檬全部是酸的。这就是酸柠檬心理。

《伊索寓言》中有一则狐狸与葡萄的故事，讲的是一只狐狸看到架子上成熟的葡萄而垂涎欲滴，可是想尽了办法也都无法够到，最终只得放弃，但是狐狸马上产生了一种想法抵制了自己失望的心理，它想：那葡萄一定是又酸又涩的，可以想象有多么地难吃，即使够到了，也会吃不下去的。狐狸的这种想法后来被人们称为“酸葡萄心理”。

酸柠檬心理源自于人的自我安慰心理：人们在自己真正的需求无法得到满足而产生挫折感时，会编造一些“理由”来进行自我安慰，使自己从不满、不安等消极情绪中解脱出来。

酸柠檬心理是人们在生活中所普遍具有的心理。表面上看起来，这是一种自我欺骗，可实际上是一种自我保护机制，因为人们总是本能地趋向于令自己感到轻松和愉快。可是当人们不能够得到或者失去了某种事物的时候，难免会产生失落的心理，而这种负面的情绪状态是不利于身心健康的，这个时候就需要来一点儿自我安慰，令自己逃离苦恼的陷阱。例如，人们在遇到某种不幸的时候常常会说“塞翁失马，焉知非福”，或者讲“破财免灾”。

鲁迅先生笔下的阿 Q 是文学世界中一个著名的人物形象，阿 Q 是一个很复杂的人物，他的思想和行为蕴藏着丰富的内涵，人们可以从多种不同的角度去认识他，但是他给人留下的最为鲜明、也最为人所熟知的性格特点，就是采取不顾事实的方法来寻求自我安慰的心理态度，这就是阿 Q 的优胜策略，人们称之为“阿 Q 精神”。比如阿 Q 在和人发生口角时会说：“我们先前——比你阔得多啦！你算是什么东西！”再如，他被人打了之后说：“我总算被儿子打了，现在的世界真不像样……”于是马上就心满意足了，因为自己取得了胜利。

阿 Q 的处境是可悲的，表面上的可笑却潜隐着世间说不尽的哀伤，他的这种“得胜”方法固然不足以解决问题，可实际上阿 Q 也是在不自觉地进行着一种自我保护。阿 Q 真正的可悲之处不在于这种心理本身，而在于这种解脱方法蒙蔽了他的反抗精神，使自己始终处于一种极端麻木的状态，因而也就丧失了改变现实的进取的可能性。

现实生活中的人们不会做得像阿Q那样可笑，可是这种对事实进行变相的解释以求自我安慰的做法还是普遍存在的。

和酸柠檬心理相对应的是甜柠檬心理——柠檬有甜的，也有酸的，而人们往往认为自己所拥有的柠檬是甜的。也就是说，人们倾向于认为自己所拥有的就是好的。与酸柠檬心理一样，甜柠檬心理也是一种自我保护机制，因为只有认为自己所拥有的是好的，才会有一种幸福的感觉。

人们在购买重要的物品之前，经常会征求有过使用经验的朋友的意见，这时就会发现，这些朋友大多对自己所使用的产品类型是很有好评的，特别是在两款或几款档次相当产品的对比中，往往是积极肯定自己所用的那一款的优点，而对于其他的则更主要的是强调其缺点。这就是说人们在购买的时候会选择自己所喜欢的，而在购买之后的使用过程中，则会使原来的喜悦之情增加。

不管是甜柠檬心理还是酸柠檬心理，都会使人的认知陷入片面之中——它会给人增加幸福感；也可能会令人形成偏见。有这两种心理都是正常的，甚至也是人们所需要的，但是一定要注意不可因为这两种心理而使自己的精神变得麻痹，从而长久地沉醉于自我虚假的安慰中而不能够自拔。

为什么人总要追求完整、配套与协调

18世纪的法国哲学家狄德罗，收到了一件朋友送给他的质地和做工都非常精良的睡袍，他非常欢喜。可是，他马上就发现了问题，因为他看到自己所用的家具与这件睡袍比起来，显得实在是太粗糙了，风格完全不和谐。于是，他就把旧家具纷纷换掉，使得居室焕然一新，为此花费了相当高的代价。随后，他察觉到，引起自己生活这一重大变化的竟然只是一件睡袍。后来，狄德罗据此写了一篇文章，叫做《与旧睡袍离别的痛苦》。

两百年后，美国哈佛大学的经济学家朱丽叶·施罗尔在《过度消费的美国人》中，将这种现象称为“狄德罗效应”，或者叫做“配套效应”。其具体内涵是，人们在拥有了一件新物品之后，就会不断地继续配置与其相适应的更多的新物品，以期求得心理上的平衡感。

与狄德罗效应相似的还有美国心理学家詹姆斯所提出的“鸟笼定律”。

1907年，著名心理学家詹姆斯从哈佛大学退休，同时退休的还有物理学家卡尔森，二人交往非常密切。一天，他们两个人打赌。詹姆斯说：“我一定

会让你不久就养上一只鸟的。”卡尔森摇了摇头：“怎么可能？我压根就没有想过要养鸟！”詹姆斯微微一笑：“不信，咱们走着瞧。”几天后，卡尔森过生日，詹姆斯送给他一份生日礼物——一只精致的鸟笼。卡尔森笑了：“我只把它当成一件工艺品，你就别枉费心机了。”然而，让卡尔森意想不到的是，那天以后，每个客人来访，看见书房里那只空荡荡的鸟笼时，几乎都会无一例外地问：“教授，您养的鸟什么时候死的？”卡尔森只好一次又一次向他们解释：“我从来就没有养过鸟。”而这种回答每每换来的都是客人怀疑、困惑的目光。最终，卡尔森失去了耐心，只好买了一只鸟，以终止这种郁闷的境况。也就是说，詹姆斯赢了。

经济学家是这样解释“鸟笼效应”的：对于空鸟笼的主人来说，买一只鸟比反复解释为什么有一只空鸟笼要简便得多，而且即使无需对空鸟笼进行解释，空鸟笼也会无形之中给人造成一种心理压力，这就迫使主人不得不去买来一只鸟与笼子相配套。这就免却了别人的烦问，从而得到了一种心理上的轻松感。

鸟笼效应也被称为“空花瓶效应”。有这样一个故事。一个男孩子送给他的女朋友一束鲜花，她非常高兴，特意买来一只非常精美的水晶花瓶。结果，为了不让这个花瓶空着，他不得不每隔几天就送花给她。

狄德罗效应的实质在于人的心理对于完整与协调的追求，因为人们想当然地觉得某种物品应当与某种物品相配才是妥当的，就如同有天平就应当有砝码一样，否则心里就会有一种不舒服的感受，直到完成了这样的匹配之后，才会心安理得。而这样的心理是促进消费的强大动力，因为狄德罗效应的存在，人们在购买物品的时候往往不是以单件的形式，而是一整套地购进。商家洞悉这一秘密，就能巧妙扩张市场。

第五章

自我管理心理学：缺点不过是营养不足的优点

人为什么要压抑自己的真实个性

所谓个性，是指一个人整体的精神面貌，包括性格、情感、气质、理想、信念、人际关系、价值观念、兴趣等与情感智商相关的诸多因素，可以理解为是一个人的性格特征与智力因素、非智力因素的总汇，也就是我们所说的人格，智商和情商都包括在内。个性能够释放出强大的吸引力和影响力，这就是我们常说的人格魅力。一个人如果能自如地表达真我，就能释放出独一无二的魅力。

每个人在刚刚降生的时候，都是完全展现自己的个性的。婴儿能够毫无顾忌地展现自己的真实情感，他们没有虚假和伪善，用自己的语言表达最真实的自己。正是因为这个原因，所以每个人都喜欢婴儿。

在尼采哲学中，真实的“自我”具有两层含义：在较低的层次上，它是指隐藏在无意识之中的个人的生命本能，比如各种欲望、情绪、情感和体验；在较高的层次上，便是精神性的“自我”。这两者具有内在的统一性，因为原始的生命本能正是创造性的原动力。“自我”作为生命的表征，是命运的承载者。然而，随着知识的增长，我们的思想和行为受到社会规范和道德准则的限制，我们尽量让自己的言行举止符合别人的期望，我们害怕展示自己，渐渐忘了真实的自己，把真我锁在内心的牢笼中。因为放弃个性要比发展个性容易得多，跟随和模仿要比创造容易得多。就这样，真实的自己被压抑起来，很多不良情感和负面情绪也由此而生，在面对一些人和一些事的时候，变得害羞、难为情、紧张、胆怯、烦躁。这些不良情绪都是个性受到抑制的表现。

大多数人的个性都受到了抑制，一个重要原因是小时候在表达自己的真实情

感的时候受到打压。小时候，当我们大声说话、出风头或者表现出发怒或恐惧等负面情绪的时候，受到大人的惩罚，幼小的心灵便留下阴影，认为表达负面情绪是不对的，进而认为表达自己的真实情感是不对的。常见的“怯场”现象，就是因为我们担心大声说话、表达自己的看法会受到惩罚。

口吃是抑制真实自我的典型例证。如果我们刻意地避免错误的发音，或者过于在乎自己所说的话，就会产生抑制的作用，而不是自发地作出反应，就可能导致口吃。如果减缓抑制的作用，口吃的人就能进行正常的语言表达。一旦清除自我批评和自我限制，表达能力就会立即提高。

我们必须把真实的自己释放出来，能够展现自我个性的人，具有创造性的潜力。成功学大师告诉我们，每个人都可以成为说服力极强的演说家和能说会道的推销员。很多人认为自己笨嘴拙舌，不善交际，这种心理限制了他们的表达能力和交际能力。如果他们经过训练，充分展现自我，都可以变成自信的充满活力的演说家或推销员。

在抑制个性的所有因素中，过分在意别人对自己的看法所造成的负面影响最大。我们常常被别人的一句话困扰几个小时，而那个说话的人在几秒钟之内就把自己说的话忘得一干二净，并把注意力转移到其他的事情上了。我们总是一厢情愿地认为别人会注意我们的穿着和言谈举止，其实，别人对我们的关注远远没有我们想象的那么多。只有当我们不在乎别人的看法时，我们的思想才能得到最大限度的释放。

王先生非常敏感，别人说的每一句话，做出的每一个动作都会对他造成很大的影响。他与别人打交道的时候，不能清晰地思考，什么话也说不好。但是，他发现当他独处的时候，内心处于平静放松的状态，头脑也特别清醒，甚至有很多有趣的想法。于是，再与人相处的时候，他力求表现得像独处的时候一样，不考虑别人对他怎么评价。这个方法让他能够很好地与别人相处，甚至在大庭广众之下演讲他也不会感到紧张。

管理好情感资源就没有压力了

人们常常说自己压力很大，但是如果你问他压力到底是什么，压力产生的原因是什么，压力对他有哪些具体的影响时，他可能又说不清楚了。这和他不善于管理计划和压力有关。

专家指出压力的产生依赖于一个人如何看待一个特定的问题，以及如何处理它。比如，你认为某件事是危险的，那么你就会感到紧张和恐惧，进而产生压力。当人感到不能控制自己的境遇时也会有压力。比如，大多数人第一次演讲会感到紧张，因为他们以前没有经历过这种情况。

当人们感到自己的能力不能应付某种特定情况的时候，就会有无力和绝望的感觉，从而导致很多负面情绪，比如沮丧、自卑、郁闷等等。其实很多时候无助感是自己幻想出来的，当人们不能控制自己所处的情形的时候，就会感觉“我没用”，却很少考虑事实是不是这样。有时，他们的压力只是来源于他们对事实缺乏了解。

一个试验形象地说明了这个问题：一个教授带着六个学生走进一个昏暗的屋子，让他们走过一个独木桥，并告诉他们桥下面有水，但是水并不深。六个人顺利地通过了独木桥。过桥之后，教授打开一盏昏暗的灯，大家发现桥下的水里竟然养着几只大鳄鱼。这时，教授要求六个人走回去，三个人说什么也不敢往回走，另外三个人战战兢兢地走了几步再也支持不住了，趴在桥上不肯动了。教授又打开一盏明亮的灯，这时大家看清楚原来桥下面还有一张钢丝网拦在水面上。五个人都鼓起勇气走了回去，教授问最后一个学生为什么不敢走，他回答说：“我怕那张网不结实。”

六个人明明都有过独木桥的能力，但是当他们对事实缺乏了解的时候，当他们感到不能控制某种特定情况的时候，还是感到了压力。

可见，只有当自己有信心、有能力实现目标的时候，才能发挥出最好的水平；当自己觉得一切都在自己的掌控之中的时候，就能很好地实现计划；当感到无力和缺乏自信的时候，就很难实现计划，因此也就有了压力。

管理压力有五个步骤：

第一，评估你目前的情感状态；

第二，确定目标情感状态；

第三，为实现目标情感状态制定相应的计划；

第四，根据计划采取相应的行动；

第五，根据反馈信息评价你的行动是否有效。

美国科学家为了弄清楚压力对生物身体机能的影响做了一个试验：把刚断奶的幼鼠分为两组，其中一组享受充足的食物和安逸的环境；另一组只能享有相当于第一组 60% 的食物，它们必须和同伴争抢才能免于挨饿。科学家以为第一组应

该比第二组更健康更长寿，但是结果出人意料：第一组的平均寿命不到三年，第二组的平均寿命超过 5 年，而且第二组老鼠的皮毛更光滑，反应更敏捷，免疫力都明显高于第一组。这也印证了孟子所说的“生于忧患，死于安乐”。

这应该就是俗话说的“有压力才有动力”。其实，有压力并非完全是坏事，关键看你如何管理压力——管理好自己的情感资源，就能改善自己的处境。但是，如果一直被消极情绪控制，认为自己无能为力，就真的无法改变自己的处境了。

快乐与压力看似矛盾，但是我们完全可以通过对计划和压力进行管理，在工作中体验到快乐。

如何摆脱“期望越大，失望越大”

我们为什么会感到不快乐，不幸福？因为现实总是和我们的期望有一定的距离，这距离就是我们不快乐、不幸福的源泉。比如，另一半本来是符合自己的标准的，可是，结婚之后他却暴露出了种种缺陷，实在让人难以忍受；本来对新工作充满期待，结果发现同事不好相处，或者工作量太大，致使我们的情绪每天都很糟糕；去巴黎旅游本来是梦寐以求的事，可是到了那里却发现自己吃不惯法国大餐。

关于这一点，心理学家是这样解释的：我们的情感来自于我们对世界的期望和实际上发生的经历之间的微分比较的结果。当我们在现实中经历的事情与我们的期望精确地吻合的时候，我们体验不到任何情感，因为每件事都是它们应该成为的样子，一切都很正常，没有什么特别的事能够引起我们情绪的波动。只有当我们所经历的事情与我们的期望有差别的时候，我们才能够觉察到，并产生情感或情绪的波动。如果现实不如期望的好，我们就会感到失望、沮丧、痛苦，甚至绝望；如果现实比期望的好，我们就会感到满足、开心、兴奋，甚至发狂。现实与期望的差异越大，情感波动就越强烈，期望越大，失望越大，就是这个道理。

通常情况下，理想很遥远，现实很残酷，所以，我们就有了那么多的不快乐，就感觉到那么的不幸福了。

事情其实远没有这么悲观，这种状态估计只有“贪心”的人才会有，要不就不会有知足常乐这个词了。为什么不用积极的态度看待期望的状态呢？

尽管我们总会处于期望没有实现的失望状态，但毕竟我们已经尽力了。如果能这样想，我们的情感就会变得积极起来，就不会那么沮丧，就不用沉浸在求而

不得的痛苦中了。

当然，现实的确冷酷，各种时间表和工作日程逼着我们必须制定目标和计划，必须尝试把期望的状态变为现实，这时候，我们也完全可以通过调整期望和现实的差距，来缓解失望的痛苦。

第一，目标不要定得太高，要建立在现实的基础上，应该定在我们跳起来可以摸得到的高度。

如果期望离现实过于遥远，无论怎么努力现实与梦想之间的距离还是很大，就会让自己总是处于对现实不满意的状态中。因此，制定目标时，你要以现实为基础，理性地对待你所期望的事物。不要幻想把月亮摘下来，即便你能摘到，你还得接受月球表面的凹凸不平。

第二，建立一个长期目标，而不要短期之内期望太多。

如果在短期之内制定很多目标，那么，必然要经常面临期望难以一一实现的情况，从而产生对现实不满的情绪。长期目标却不同，它可以更长时间地维持我们的快乐。“新官上任三把火”其实很不可取。新的领导上任之后总是期望在短时间内作出成绩，树立威望。但是，急功近利的思想往往会遇到阻碍，大刀阔斧的变革可能会产生适得其反的结果，最终结果与期望的有很大差距。还有立志减肥的人，总是希望在短期内实现“一周瘦五斤”的减肥目标，可是，这样的目标是很难实现的，即使实现了也很容易出现反弹，最终还是会让自己处在对体重不满意的状态。

第三，没有目标也不行。如果现实已经让我们感到不满意，就必须行动起来了，主动去寻找一条通向幸福的路。

有些人有目标，却不行动，让目标成为一个幻想。幻想自然永无实现之日，于是就一味地沉浸在对现实的不满和牢骚中，整天怨天尤人。尽管他的期望只是自己幻想的结果，他却希望自己本来就是那样的，他完全被那种美好的状态吸引了，不理解自己为什么现在的状态这么糟糕。比如，某个人做了一个美梦，买福利彩票中了 500 万的大奖，在梦中他高兴极了，花钱花得不亦乐乎，但是梦醒之后却为现实中没有中奖而感到痛苦。这样的做法简直是太愚蠢了。如果对现实不满意，就应该确定目标，制定计划，行动起来，朝着目标努力，而不是为那个虚无缥缈的梦境感到遗憾。

用目标与现实进行对比的思维是活在未来，是在用未来的眼光看现在，自然会对现在感到不满意。可是，如果换个角度思考问题，仔细体验当下发生的事，忘掉过去和未来，我们也许会发现另一种景象，那就是活在当下——你有多久没有仔细品尝饭菜的味道了？你有多久没有仔细感觉风吹在脸上的感觉了？玫瑰花瓣的颜色和质感会让你感到惊讶吗？鸟儿歌唱的声音好听吗？秋天的树叶是怎么慢慢变黄的？听到蟋蟀的叫声，你会感到好奇吗？

原来，因为太关注理想和目标，生活中很多能给我们带来快乐的细节都被我们忽略了。当我们还是孩子的时候，曾经对世界上的一草一木感到惊讶过，也曾经被第一次看到的蓝天白云感动过，那时候我们是用心在体验生活，那时的我们对生活没有任何的不满意，因为那时我们还没有任何欲望和希求。可是，长大以后，吸引我们眼球的东西越来越多了，我们的欲望也越来越多了，我们学会了比较，看到别人有什么，我们也想要，然而，欲壑难填，我们也就越来越痛苦了。那就还是活在当下吧，体验现实生活才会获得真正的快乐和幸福。

如何用瘦杯、小碗和镜子来控制饮食

在以瘦为美的今天，相信很多人都想过节食减肥，尤其是很多女性，都希望自己有苗条的身材，这样自己就会更加有魅力。而调查显示，那些想要节食减肥的人大部分都以失败告终，可能是他们最终没有抵挡得住美食的诱惑，或者是没有什么动力促使他们坚持到底。总之，这可能受到很多因素的影响。

来自美国康奈尔大学的布莱恩·万辛克及其同事对影响人们进餐的因素进行了研究。在研究中，他们自制了一种比较特殊的碗。可以在参与者毫无觉察的情况下，通过一个隐蔽的管子向这个碗里不断地加汤。实验的参与者围坐在一张桌子前，一边聊天一边喝汤，整个实验大概持续了 20 分钟。其中有一半的参与者使用的是这种比较特殊的碗，他们的碗中不断地被装满汤，而且是在他们毫不知情的情况下，而另外一组参与者使用的是普通的碗。实验结束后，询问所有的参与者对汤的看法。有趣的是，那些使用特殊碗的参与者声称，他们并没有感觉到特别饿，而且也没有感觉到自己比别人多喝了很多的汤。而事实上，那些使用这种特殊碗的参与者比那些使用普通碗的参与者多了 75% 的汤。

于是，万辛克和他的同事推测，人们在进餐的过程中，总是爱问自己“我吃完了吗”，而且这个问题总是无意识地影响着人们吃的多少。在上面的实验中，我们看到，那些使用特殊碗的参与者的碗中总是被源源不断地装满汤，而参与者则认为是自己没有吃完。于是，即使自己喝了很多汤，他们也没有意识到。这说明，人们在进餐的过程中受到很多非理性因素的影响。

既然进餐这一过程受到很多非理性因素的影响，那么，我们同样可以通过控制这些非理性的因素，来达到减肥的目的。这里就有几个对控制饮食有立竿见影的效果的方法，你不妨可以尝试一下。

同样是来自万辛克的研究，有两组学生参与了实验。一组学生使用的是矮而宽的酒杯，另一组学生使用的是高而瘦的酒杯。要求他们将酒从一瓶威士忌中倒进自己的杯子里。结果发现，与那些使用高而瘦的杯子的同学相比，那些使用矮而宽的杯子的同学每次多倒了大约 30%。这一研究结果在酒吧侍者的身上也得到了验证，他们在使用矮而宽的杯子时，比使用其他的杯子平均要多倒出 20% 的酒。因此，如果你想控制自己的饮酒量，那就使用高而瘦的酒杯吧。

既然酒杯能影响人们的喝酒量，那么碗的大小是否影响人们的饮食量呢？对一群参加派对的人进行了研究，每一个人都随机分到了一个不同规格的碗和勺子，来供他们吃冰激凌使用。结果发现，那些使用大规格的碗和勺子的人均比其他人多吃了很多的冰激凌。这一研究结果并不局限于吃冰激凌，在吃其他食物的时候也是如此。由此看来，要想控制自己的饮食量，要尽量使用小规格的碗和勺子。

在我们的印象中，不论是男性还是女性每次出门都要在镜子前上下打量，上到自己的发型，下至裤子和鞋子，直到令自己满意才罢休。而且据一家化妆品公司的调查结果显示，男性每天平均照镜子 27 次，女性平均为 34 次。看来照镜子的确是很多人的习惯，我们通过镜子可以将自己打扮得更加漂亮和帅气。来自美国爱荷华州立大学的一项研究还表明，镜子不仅能让我们神采奕奕，而且在厨房中装上一面镜子可以帮助我们减肥。因为把镜子装在厨房的墙上，如果不满意于镜子中自己的体形，就会想到以后一定要少吃东西，这样就达到了减肥的目的。当然，不仅是在厨房中安装镜子能够帮助我们减肥，同样只是照照镜子也使得我们因为关注自己的形象而更加在意自己的体形。

祛除情感疤痕

俗话说，“一朝被蛇咬，十年怕井绳”，一旦被某人或某事伤害之后，我们就会主动采取措施以避免再次受伤害。比如，切菜的时候不小心切到手指，我们的手指会留下一个伤口，伤口愈合之后，受伤部位的肌肉会自动形成一个比以前更坚硬、更厚实的疤痕组织。疤痕组织是一道保护层，它可以防止我们再次受到伤害。再比如，最好的朋友背叛了我们，开始的时候我们会感到很伤心。当这件事过去之后，我们就变得不敢轻易相信别人，并在心里形成了一道“情感疤痕”。如果受伤很严重，就可能变成铁石心肠。如果那件事对我们的影响并不是很大，我们可能会好了伤疤忘了痛。但是如果我们受到刻骨铭心的伤害，或者反复经历类似的伤害，我们心里就会留下厚厚的情感疤痕组织。我们用这种“结痂”方式保护自己，以免再次受伤。

身体疤痕有利于我们的身体和健康不再受到危害，对我们来说是好事。可是，“情感疤痕”尽管能让我们免受来自同一渠道的伤害，却也能成为束缚我们的“心灵之茧”。“心灵之茧”会把我们包裹起来，切断我们与其他人的联系——受过伤害之后，疤痕组织不仅保护我们避免遭受最初伤害我们的那些人的再次攻击，而且对其他人也拒之千里之外。这就是为什么失恋的人很难从痛苦中走出来的原因。在恋爱或婚姻中受过伤害的女人常常说：“男人没一个好东西！”这就是她的情感疤痕在作祟，受过伤害之后，她再也不敢相信别的男人了。

那些冷若冰霜的硬汉往往隐藏了一些情感疤痕，有些人甚至为了防止受到伤害，而率先发起攻击，把那些爱他们的人赶得远远的。许多不良少年就是因为陷入这样的怪圈，最后走上犯罪的道路。

情感疤痕组织对人的影响非常深刻，它会使我们活在阴影中，不敢表达真实的自我。

李某任职于一家大型公司，上司很器重他，每次开会都让他参加。然而，他从不在会议上发言，好像他只是陪会者，而不是会议参与者。他之所以不发表自己的意见，是因为他心里有情感疤痕。他希望通过不发言来避免遭受惩罚。

李某上中学的时候，有一次没有注意听讲，老师让他回答问题，他答错了，老师狠狠地批评了他。下课后，他还遭到了同学的奚落。从此他心里形成了一层情感疤痕，以后他在课堂上表现得很不积极，对同学也很冷漠。成年之后，他结婚了，很不幸，他的妻子是一个控制欲很强的人，她总是批评他的想法或做法，甚至连他穿什么衣服，看什么电视节目都要管一管。这在李某心中形成了第二层情感疤痕。李某越来越不愿意发表自己的看法。

一层又一层的情感疤痕组织把李某的内心世界包裹起来，使他的内心变得无比脆弱。他希望得到别人的关心，希望与别人亲近，但是却不信任任何人。只要他觉得这个环境会和曾经伤害过他的事情一样伤害他，那么他的情感疤痕就会让他逃避、退缩，以避免自己受到伤害。

既然情感疤痕会给我们造成如此严重的不良影响，我们何不想办法祛除呢？

自我意象是可以重新塑造的，情感疤痕和身体上的疤痕一样可以通过“整容”来恢复。要想修复受伤的自我意象，需要进行“情感手术”——心理控制技巧是祛除情感疤痕的手术刀。

第一，回忆过去成功的经历。

比如，小时候受到家长或老师表扬的经历，在班级或全年级获奖的经历，在体育比赛中获胜的经历，或者在工作中取得好业绩的经历等等。仔细回忆每一个细节：当时是不是非常开心？别人说了什么话？自己有什么样的感觉？当时觉得自己是一个什么样的人？当新的自我意象建立之后，过去的情感疤痕就会自动消除。有一点需要注意，当我们尝试着敞开心扉，展现自我的时候，可能会失望，甚至再次遭遇伤害，因此我们要有心理准备，坦然应对就好。

第二，使用“原谅”这把手术刀。

有些人受到伤害之后，只想报复对方，发泄怨气。这无异于用别人的错误惩罚自己，仇恨是毒蛇，首先咬到的是自己。原谅别人对自己的伤害，我们就能得到心灵的宁静和幸福。真诚的、彻底的原谅像一把手术刀一样可以把疤痕组织剔出，使伤口愈合。

第三，避免再次留下情感疤痕。

祛除情感疤痕之后，就建立了新的自我意象。这时要避免的是再次留下情感疤痕——了解自己为什么遇到某些刺激会作出这样或那样的反应，通过理性思考，认清事情的来龙去脉，就会变得更加成熟。这就等于给自己建立了一个健康的“情感免疫系统”，防止感情上再次受到伤害。

第四，让自己强大起来。

容易受伤的人往往非常敏感，自尊心非常脆弱，常常因为别人无心的言行而受到伤害；比较自卑，自我评价不高，总是怀疑自己的价值，有强烈的不安全感，因此总是感到自尊心受到威胁；即使被细小的针尖刺一下，也会感到受到严重的伤害；总是对号入座，怀疑别人看不起自己，或者说自己的坏话……这样的人应该树立健康的自尊心，让自己的脸皮适当地厚一些，以便不让一点小小的冒犯对自己构成威胁，即使遭受重创，也能很快恢复。

第五，拥有独立人格。

拥有独立人格的人在感情上不依附其他人就不容易受到伤害。每个人都希望得到爱和关心，但是独立能力强的人认为自己有必要给予爱。相反，那些依赖别人的人，总是期望别人关心他们、认可他们，这让他们变得更加脆弱，一旦他们的需要得不到满足，就会觉得受到伤害了。客观地说，并不是有人要伤害他们，而是他们把自己放在了弱者的地位。因此，要想避免伤害，就需要培养独立的人格和自力更生的人生态度。

缺点不过是营养不足的优点

“缺点不过是营养不足的优点”，是奥地利心理学家阿德勒的一句名言。

阿德勒生于维也纳的一个富裕的商人家庭，全家人都有着很高的文化和艺术修养，可是他的童年却并不快乐。原因在于自己具有驼背的缺陷，行动不是那么方便，加之他有一个身体正常的哥哥，两人在一起的时候，哥哥的表现处处比他优越，这使得幼小的阿德勒产生了强烈的自卑感。但是阿德勒没有为这种自卑所束缚，而是通过自己的努力，在心理学领域展现了卓越的才华，完成了对于自卑的补偿和超越。

阿德勒的人生可以说对他那句名言作了最好的诠释：在某一种角度看来是缺点的特质，从另一个角度去看也许是优点，一种事物总是存在着它的对立面，只不过两方面有着轻重之别，所以才产生了优劣之分。比如说鲁莽，是一种缺点，而勇敢则是一种优点，当然，鲁莽与勇敢之间不能够划等号，两者是有着很大差别的；但也不可否认的是，两者之间有着很大的联系，一个鲁莽的人，常常是具备勇敢的长处的。《三国演义》里的张飞是一个鲁莽的人，可是他的勇武也是值得称赞的。

一个人在对待自身缺点的时候，是可以从另一个角度来进行补偿的。每一个人都有着某方面的缺点，而且少数人对自身所具有的某种缺点有着极为强烈的感受，于是会付出一种强大的主观力量去补偿，而这往往造就了他们不凡的成功。

补偿作用的发挥可以分为两种，一种是正面补偿，也就是令自己的短处转变为长处。古希腊的戴蒙斯赛因斯患有口吃，可是他却矢志要成为一名演说家。经过长期的艰苦练习，终竟如愿以偿，不仅克服了口吃，而且辩才远远超越了常人。戴蒙斯赛因斯就是要克服掉口吃的缺点，在口吃这件事本身上下工夫，才成就了自己。

另一种是侧面补偿，也就是绕过自身的缺点，从其他方面来进行补偿。罗斯福在 1921 年不幸患上了脊髓灰质炎，落下了终身的残疾，但是这并没有令他放弃奋争进取的信念，此后，凭借自己顽强的努力和出色的政绩，于 1932 年的竞选中战胜胡佛，成为美国第三十二任总统，并且连任四届。罗斯福以自己杰出的政治业绩被看做是美国历史上最伟大的总统之一。这说明，缺陷并不能够阻止一个人前进的步伐，很多时候还反而会令一个人为了克服它、超越它而付出更多的努力，从而获得更大的成功，这就是力量强大的补偿作用。

罗斯福对自己所进行的补偿不是令肢体能力超越常人，而是积极地锤炼出自己卓越的政治才能。

神奇的“想象”和“心理暗示”

想象和心理暗示是进行自我激励、自我管理的重要方式。经常对自己进行积极的心理暗示，以肯定的态度看待自己、别人和世界，我们就能让自己变得符合自己的想象，继而让别人和世界也符合你的想象。虽然有些心理暗示与事实并不相符，但是这并不妨碍它发挥作用。

世界各地都有巫婆和神汉给人治病的现象，他们在病人面前表演一番，弄一些香灰、神水、说几句咒语，就声称能把病治好。至今仍有不少人迷信巫婆的神药。这种现象之所以能存在这么久，是因为有的时候它真的好像奏效了。但是，这和香灰、神水、咒语没有关系，巫婆实际上运用了“引导想象”的方式来治病。巫婆通过各种手段让病人想象她的巫术是有效的，巫术“起作用”主要也是由于患者相信巫术可以治愈他的病。

现代医学使用的“安慰剂”起作用的原理与古老的巫术是一样的。一位女士得了一种怪病，遍访名医也没有治愈。一位非常有名的医生来到女士所在的城市，她慕名前去看病。名医查明病情之后，给她开了药，并告诉她：“这药是从美国带回来的，专门治你这种病。”女士高兴地买了药，经过几个疗程之后，真的康复了。其实，医生给她的药只是普通的维生素 C，她的病需要的只是良性的暗示和积极的想象。

医学试验表明安慰剂能够达到真正药剂 60% ~ 70%的作用，当医生和病人都相信安慰剂有效时，效果更加明显。

因此，暗示的内容与实际情况是否一致并不重要，重要的是全世界成千上万的人已经发现，基于这些心理暗示的行动非常成功。事实上，这些心理暗示很可能是情感智商背后的最大秘密。一旦你开始应用这些心理暗示，就会发现它们能激发你的潜能。

现在试用一下积极的想象和心理暗示，看看它们会给我们带来什么。很多心理暗示就像巫师的语言，它遵循伦纳德·欧尔定律：“思想者想什么，证明者就证明什么。”

美国心理学家凯文曾做过这样一个试验。他请一位化学老师在课堂上把他介绍给学生们，他的身份变为化学博士。老师对学生们说：“这位化学博士正在研制一种药物。这种药物无色无味，挥发性极强，吸入这种气体对人体有保健作用。但是它有一个缺点，就是在刚刚吸入的时候会让人感到头晕。”“博士”拿着一瓶液体在每位同学面前晃了一下，然后问学生们：“觉得头晕的同学请举手。”不少同学把手举起来。事实上，所谓“化学药物”只是一瓶自来水。

想象和心理暗示可以帮助我们实现目标，获得成功。在以下几种情况进行引导可以给我们带来很好的效果：

1. 当我们接到一项艰巨的任务时，或者面对一个难题时，不要退缩，不要否定自己，而是应该发挥想象，在想象中体验一下克服困难、解决难题之后的情景。这种想象能够让我们调动起所有的能量，朝着目标努力。

2. 在努力的过程中，要把目标具体化、视觉化，绘制成图或者进行具体细致的描述，然后贴在视线的右前方。这样做的目的是让目标不断在意识中强化，带动潜意识帮助我们实现目标。潜能开发专家发现人的大脑中有一个资源导向系统。一旦目标明确的时候，我们的头脑就好像一枚飞弹一样，明确地追踪这个目标，带动身体的所有能量实现这个目标。

3. 当我们不自信的时候，要通过想象模拟成功，或者具体细致地回想自己有过的成功经历，还可以想象自己在性格、作风、能力等方面具有的优势。这种想象可以激发潜能，让我们在实现目标的过程中充满激情和信心。

成功学大师陈安之有过这样一次经历：他想买一辆汽车——奔驰 S320，但是当时根本买不起。于是，他把那辆汽车的图片贴在书桌前面，激励自己努力挣钱买到它。后来觉得这辆车有点贵，很难实现这个愿望，就把图片换成了奔驰 E230。

要想实现目标必须付出行动，为了得到自己想要的汽车，他努力工作，几个月之后，他的收入大增。当他挣到足够多的钱时，决定去买汽车了。在购买的前一天，他碰巧看到了他的学生，得知他们也要买汽车——奔驰 E280。陈安之觉得自己不能输给学生，临时决定买奔驰 S320。这个戏剧性的变化，竟然使他实现了最初的目标。

人们头脑中的意识会有一种“心理导向效应”，即人的内心都会有一种强烈的接受外界暗示的愿望，并让自己的行为受其影响。如果我们每天要对自己大声地说赞扬的话语，并在内心确信自己确实如此，那么，我们就会跟着变得更积极，更有精力。

很多时候最初印象是靠不住的

人们往往认为最初的印象是最深刻的，其停留在脑海中的时间也最长，很多人更是以第一印象作为评判人好坏的标准。

如此说来，最初的印象似乎是不可改变的。但实际上，事情却并非如此，随着时间的推移，停留在脑海中的最初印象也会发生变化，且这种变化通常都是反方向的。也就是说，最初的好印象会削弱，逐渐向坏的方向转变；最初的坏印象也会好转，逐渐向好的方向发展。这种现象就被称为“睡眠效应”。

很多人可能都有过类似的经历：在购买某件商品的时候本来特别喜欢，可没过几天就没那么喜欢了，甚至有些后悔当初买了它；在公交车上遇到一个不讲理的人，把自己气得半死，可过了几天后再想起这件事，却又觉得不值一提，甚至有些懊恼自己当时为何那样冲动。诸如此类的事很多，这类事情的发生就是睡眠效应作用的结果。

睡眠效应的出现主要是由人类自身的复杂性决定的。对于初次接触的人或事物，我们很难做一个全面的了解。因为人和事物都是多面性的，不可能在很短的时间内将全部的特性都展现出来。尤其是人，人们出于一种自我保护的心理，往往不会在陌生人面前袒露心扉，也不会让对方看到全面真实的自我。人性本身就是复杂多变的，再加上刻意的掩饰，要看到其完整的形象是根本不可能的。而随着时间的推移，彼此交往得越久，对彼此的了解就越深，这时必然会产生一些与初次见面时不太一样的印象。

通过睡眠效应，我们不难发现，用发展变化的眼光看待事物的重要意义。在进行人际方面的判断时，要给对方表现自己的时间，而不要匆忙下定论，否则，就是对别人和自己的不负责任，尤其，短时间内就给别人下不好的结论，也是不公平的。

有些人特别容易犯印象病，以第一印象评判某人。第一印象好的就什么都好，第一印象不好的就什么都不好。这显然是不妥的。无论对于任何事物，都不能只见一次就盖棺论定，那样难免会产生偏见。

睡眠效应也提醒我们不要在愤怒的时候采取什么行动。人都是情感动物，当情感占据上风的时候，往往容易做出一些冲动的事情来。尤其是在愤怒的时候，很容易做出伤人害己的事情来，到最后让双方都懊悔不已。所以，在感到愤怒时，千万不要被自己的情绪控制而采取行动。无论你当时想做什么，想说什么，都不要去做，也不要去说，给自己一点时间，待怒气退去以后，再决定采取什么行动。

美国前总统杰弗逊曾总结了一个在愤怒时控制情绪的方法："生气的时候，开口前先数到十，如果非常愤怒，就数到一百。"如果没有什么其他好办法，这个办法也不妨一试。

睡眠效应如果应用在购物中，可以帮助我们避免许多不必要的开支。比如，在购房或购车的时候千万不要一时冲动，马上作出购买的决定，至少应该给自己一周的时间冷静一下，在考虑好各方面情况以后，如果还是觉得值得购买，再买也不迟。

养成快乐的习惯

快乐，是一种人人向往的情感状态。在这种状态中，我们不仅能够感受到身心方面的愉悦，还能在愉悦中提高做事效率，轻松到达理想的彼岸。所以，人们才会祝福彼此天天快乐，永远快乐！然而，许多人对快乐却存在一定的误解。

有些人把快乐与道德联系起来，认为快乐是由于无私而得到的奖赏。帮助别人确实能带来快乐，因为这可以证明"别人需要我"。然而，这却是一个荒唐的假设。正如哲学家斯宾诺莎所说："快乐不是对美德的奖赏，而是美德本身。"当然，把自己的快乐建立在别人的痛苦之上是不对的，但是，我们也不能通过减少自己的快乐，来增加别人的快乐。如果从道德层面理解快乐，认为追求快乐是自私的，我们就会因为得到快乐而感到内疚，进而变得不快乐。

人们对快乐还有另一个错误理解，那就是把快乐寄托在未来某个时刻。有希望是好事，但是如果只想着未来，就会对现状失望，不快乐就是必然的了。如果把快乐延期，快乐就会遥遥无期，比如，有人认为考上大学自己才能享受快乐，考上大学之后又为找工作发愁，找到工作之后，又期望与心爱的姑娘结婚，结婚之后又为付购房贷款发愁。

要想永远快乐，必须现在就快乐。我们不能把快乐建立在解决某个问题上，一个问题解决之后，另一个问题就会接踵而至，人生就是不断解决问题的过程。我们应该活在现在，享受现在的生活带给自己的乐趣，不要想等到某个任务完成之后而获得快乐。

所以，我们要让快乐变成我们随时都可以拥有的心理习惯。人们常说“烦恼是自找的”，其实快乐同样是自找的，只要我们愿意快乐，就能体验到快乐。我们不能指望每时每刻都沉浸在快乐之中，因为每一天都会有让人不开心的事发生，但是我们可以通过作出简单的决定而变得快乐。

第一，克服为鸡毛蒜皮小事烦恼的习惯。

日常生活中的一些事让我们感到不满、烦恼、怨恨、气愤，是因为我们习惯了对外界环境作出这样的反应。比如，有人在我们说话的时候表现冷漠，有人不小心弄脏了我们的衣服，有人没有和我们打招呼，这些事让我们的自尊心受到打击，于是感到不愉快。甚至一些客观原因造成的事，也被我们理解为对自尊心的伤害，比如，等的公交车迟迟不到，想去郊游老天却开始下雨，对这些事，我们的反应是生气、抱怨，然后就变得不快乐了。理智地想一想，我们之所以会为一些鸡毛蒜皮的小事感到烦恼纯粹是因为习惯。那就克服了吧。

第二，不再让其他人和外界环境摆布自己。

我们有的时候就像个木偶，总会让其他人和外界环境摆布自己—— 一旦别人做了让自己不满意的事，自己真的就立刻发脾气。想想是不是很傻？其实，让我们苦恼的不是事件本身或者某个人，而是我们自己对事件或某人的看法，所以，我们要想办法做自己的主人，当感到自己受到攻击的时候，就要提醒自己冷静地把事实和看法分开，使自己对外界的反应建立在事实基础上，而不是自己或别人对事实的看法的基础上。比如，有人在车祸中失去一条腿，他为此很伤心，觉得自己太不幸了，以后不能走路了，什么都干不了。他把事实和自己的看法混淆了。他“失去一条腿，不能走路了”，这是事实；他“太不幸了”，“什么都干不了”，这是看法。一旦他产生消极的想法，他的痛苦就会加倍。当遇到不幸事件的时候，自怨自艾，认定自己是个不幸的人，那才是真正的不幸。

要想让自己摆脱外界环境的支配，就要避免产生消极的看法。如果迟到了，不要说“我总是迟到，这样不好”，而要说“迟到不是我的作风，下次我要早到十分钟”。通过积极的思维模式，可以树立积极的自我意象，这样就可以摆脱消极看法对自己的控制。

第三，积极的人生态度可以让人保持快乐的心态。

人活着要有所追求，朝着目标努力奋斗，无论环境怎么样都不会影响自己的心境。比如，诺贝尔在研究炸药的时候，他的工厂发生爆炸，他的弟弟和四个助手被炸死，他自己也受了重伤。周围的邻居出于恐惧，向政府控告诺贝尔，政府不准他在市内进行试验。诺贝尔没有因此而退缩，他在一只破船上建立新的工厂，经过很多挫折之后，终于研制成安全的黄色炸药。心理学家H·L.霍林沃兹说过：“快乐需要有困难来衬托，同时需要有面对困难的心理准备和克服困难的行动。”乐观对待困难的人一定是最快乐的。

第四，快乐的习惯是可以培养的。

不要指望别人给你带来快乐，外界的一切都是不可靠的，我们必须学会自己创造快乐。我们不能改变别人，却能改变自己的心态。我们的情感通过训练可以增强唤醒快乐的能力。习惯与自我意象的模式是一致的，将新的行为模式付诸实施，直到变为习惯，自我意象就会超越过去的习惯，发展出新的行为模式。过去，我们习惯了对外界的攻击作出不良的情感反应，只要外界环境不合我们的心意，我们就会烦恼、怨恨、发脾气。只要遇到某种刺激，我们就会作出相应的反应。现在，我们可以通过练习把这种习惯性的反应纠正过来，以另一种反应方式取代。这个练习需要坚持一段时间，直到新的行为模式被彻底掌握。

改变的过程是艰难的。当我们被要求除去那些我们所熟悉的思维方式和情感反应方式的时候，我们都会本能地加以抗拒，虽然我们已经认识到过去的那些习惯是有害的。因此改变不可能在一夜之间实现，它必须是一个渐进的进程。

成功心理学：跳蚤为什么会自己给自己设限

ABC 模型、TOTE 模型和计划

ABC 模型

任何一个目标或计划的实现都与情感智商相关。比如，有些人平时学习很好，可是一到考试的时候就表现不佳，因为他在考试的时候压力太大，情绪过于紧张，造成发挥失常。因此，即使你具有完成计划的所需的智力资源和技能，如果情感智商较低，还是会影响计划的完成。情感智商类似于音响系统中的扬声器，必须有高质量的扬声器，才能达到最好的音效。

情感对计划的实施有重要影响，但是一般人们注意不到。你需要利用 ABC 模式（Affect 影响、Behaviour 行为、Cognition 认知），回忆自己经历的一些事。人受到外界刺激产生情绪，情绪影响认知，认知决定行动，行动导致结果，结果会反过来影响情绪。

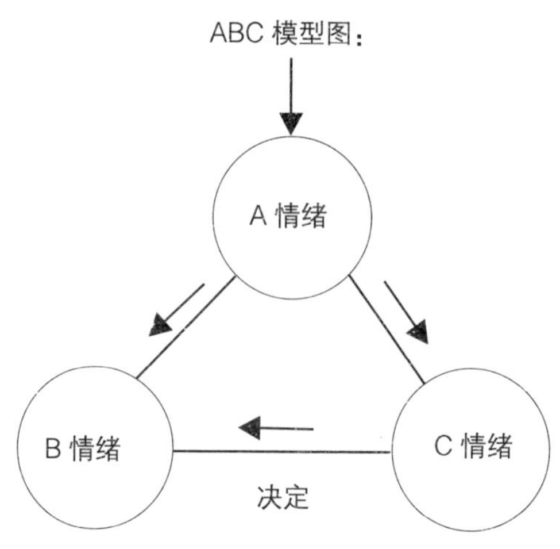

任何一个计划的制定都会受到情绪的影响，计划付诸实施的结果又会反过来影响情绪。你对计划的结果有什么样的预期？你对自己的计划充满信心吗？你确信结果会朝着你期望的方向发展吗？如果你的情绪是积极的、正面的，那么计划很可能会带来正面的结果。相反，如果你在制定计划的时候，情绪是消极的、负面的，那么你的计划就会受到不良的影响。情绪对计划的影响有时候类似预言，你越是担心不好的结果出现，不好的结果就越会出现。因此制定计划时一定要保持积极的心态，确信事情会朝着自己期望的方向发展。如果计划失败，就会对情绪造成不好的影响；如果计划圆满地完成，你实现了自己的目标，那么你的情绪会受到积极的影响，你的情感智商也会随之提高。

TOTE 模型

俄国生理学家巴甫洛夫通过对狗进行一系列试验研究，提出了经典条件反射学说。比如，每当给狗喂食之前，就响起铃声。渐渐地，当铃声响起的时候，狗就会分泌唾液，即使没有食物，它也会分泌唾液。因为铃声这个刺激物，已经在大脑皮层建立了新的反射通道。对人来说，条件反射是很多习惯形成的影响因素。条件反射学说对心理学发展有重大影响，是行为主义心理学建立的基础。

对人类来说，行为主义的条件反射原理有其局限性。比如，当有人向你伸出手的时候，你可以选择握手，也可以选择拒绝。但是，根据条件反射原理，“有人向你伸出手”这是刺激物，你应该以不变的形式作出反应，那就是握手。条件反射理论忽视了刺激与反应之间的中间环节。虽然握手是一种习惯，但是我们为什么一定要握手呢？我们可以选择自己的方式作出反应。

1956 年，米勒、佳兰特和普利布兰共同写了一本书《TOTE（即 test-opetrate-test-exit）模型：计划和行为结构》。他们在条件反射理论的基础上增加了循环反馈的环节，提出了 TOTE 模型。首字母 T、O、T、E 分别代表: 检测——执行——检测——退出。

循环反馈的概念最早在工程学中提出，比如空调装置就应用这个原理。空调通过检测室温是否偏离预期结果，并根据偏离情况作出相应调整。通过反复开启或者关闭制冷装置来控制房间的温度。米勒、佳兰特和普利布兰首次把这个概念应用在人类思维领域，在条件反射理论中增加了循环反馈原理。他们指出，人们在作出条件反射之前，应该考虑以前的行为造成了什么样的后果以及自己期望得到什么结果。然后，根据需要做出相应的行为。

TOTE 模型具有系统特性，这是它的一大优点。该模型要求我们在采取行动之前考虑所有的外部事件以及先前的行动所引起的结果，从而采取最符合期望的行动。

虽然说条条大路通罗马，但是有些路比较近，有些路比较远。南辕北辙也能走到目的地，但是你需要绕地球一周。有时候，在前进的路上，你还会遇到很多阻碍，需要处理很多问题，TOTE 模型可以帮助你，根据不同的情况作出相应的调整，使你的计划更完美，更容易实现。

反馈的意义非常重要，只有及时反馈，才能及时调整。否则，如果走错方向，就会导致失败的结果。

为什么最好把你的目标公诸于众

在不同的时期、不同的情况下，我们总是在为自己制定不同的目标，比如，这学期我要好好学习，从明天开始我要减肥，等等。在确定某一目标之后，人们通常会有两种表现，一种是不向任何人透露，内心坚守着自己的目标并默默地为之付出行动；另一种则是希望向所有的人宣布自己实现目标的决心。我们通常认为，第一种人实现自己目标的可能性更大，而第二种人更善于夸夸其谈。然而，事实并非如此。

来自心理学的研究表明，越是公开向别人表达自己的观点，宣布自己的目标，就越有利于坚持自己的观点和目标。这就是公开表明的效应，即将自己的目标公诸于众，能够增强自己的责任感，获得周围人的支持和监督，最终有利于我们目标的实现。但是，值得注意的是，只是单纯公开自己的目标是没有作用的，我们同样需要有坚强的意志，能够为了实现目标而不断地付出自己的努力，这样我们的目标才会离我们越来越近。

在一项经典的研究中，要求参与者在不同的条件下宣布自己的想法。实验任务就是要求他们判断画在黑板上的线段的长度。第一组的参与者只需要在心里估计就行了，而第二组的参与者要将自己的估计写在纸上，并且要签上自己的名字，然后交给实验者。然后，两组的参与者被告知他们的估计可能有错，问他们是否要更改自己的判断。结果表明，将自己的判断公诸于众的参与者更坚持自己的判断。另外的一些研究也得到了同样的结果，即将自己的目标告诉越多的人，就越有动力去实现它。

通常我们会认为，一旦制定了某一个目标之后，越少的人知道越好，这样也不会给自己造成太大的压力，即使不能实现别人也不会知道，自己的能力和水平也不必遭到别人的怀疑和鄙视。而恰恰正是因为这样，我们总喜欢将自己的目标隐藏在心中，不向别人提起，实际上这样对于目标的实现毫无益处。

事实上，我们确立目标的目的就是为了实现它，因此，不妨将你的决心告诉家人、朋友，甚至是不相干的人，如果条件允许的话，你还可以将自己的决心以日志的形式写出来，或者把它贴在家中或办公室里很显眼的地方，让更多的人都能看到。这样为了不让别人笑话你是个夸夸其谈、只说不做的家伙，你就会为实现自己的目标而努力，同时你的家人和朋友也会监督你去实现目标，甚至是在你遭遇到困难的时候向你伸出援助之手。即使他们什么也不做，只是默默地陪在你身边，都可以帮助你提高成功的可能性。因为有研究表明，当有朋友的陪伴时，人们往往将任务估计得相对容易。来自英格兰普利茅斯大学的研究者们对这个问题进行了一系列的研究，他们把参与者带到一座山的脚下，要求他们对山的陡峭程度进行估计，同时还要估计爬上这座山的难度。结果表明，当有朋友陪伴时，参与者对山的陡峭程度的估计比自己单独一个人估计的时候要小，同时他们还报告，只要想到有朋友的陪伴，他们觉得即使是非常陡峭的山坡，爬起来也不会觉得很困难。

利用抽离和联合来增加自信

害怕、焦虑、恐惧等情绪都是正常的情绪反应，但是如果这些不良情绪影响了我们的生活，就要对其进行控制和管理了。

抽离和联合可以让我们增加自信，减少焦虑和恐惧。让自己从一个情感事件中抽离出来，你就能更好地观察自己的情感反应，让过于激烈的情感冷却下来。让自己与某一个情感事件联合，你就能细致地体验内心的感觉，获得积极的情感状态。

抽离与联合的方法应用了心灵按钮的原理：一方面，用心灵按钮刺激你希望获得的积极的情感状态；另一方面，“视觉—肌肉运动知觉”的抽离可以增加计划的可行性。

英国著名的人类行为学家德斯蒙德·莫利斯在《裸猿》一书中提出焦虑可能是人类的动物本能的一种残余，这种本能是一种自我保护的方式。当我们遇到重大事件或者危险的事件时，就会产生焦虑感，它类似于动物在灾难来临之前的预

知能力。

人类很多焦虑的模式可以追溯到儿童时期的经历，也许某次情感经历已经被我们遗忘，但是它已经作用于我们的潜意识，对我们的心理产生了深远的影响。所以，我们要想办法让自己从那件让自己感到很恐惧的事中抽离出来，作为旁观者冷静客观地检查问题所在，理性地评估与问题相关的风险；重新审视这个问题，只要理性上认为自己能够应付那些风险，就不会再有焦虑的感觉了。

东汉应劭《风俗通译》中记载着一个“杯弓蛇影”的故事。一个小官员去上司家做客，上司赐给他一杯酒。小官员端起酒杯时，看到杯中有一条红色的“小蛇”在蠕动，感到很恐惧，但是又不敢不喝，战战兢兢地把酒喝下了。回到家后，他就感到肚子阵阵绞痛，无法饮食。请了很多医生，用了很多方法也治不好他的病。后来，上司有事经过小官员家，顺便去看望他，见他病得很重，就问他原因。小官员说，那天在你家喝酒，喝下了一条红色的“小蛇”。上司觉得这件事不可思议，回到家中继续思考这件事，忽然抬头看到墙上挂着一张红色的弓，他让人倒了一杯酒，站在小官员那天喝酒的地方，果然看到一条红色的“小蛇”。原来红色“小蛇”只是弓的影子而已。他马上告诉小官员事情的原委，小官员的病很快就好了。

另外一种克服焦虑和恐惧的方法就是联合。比如说，回忆过去某件成功的事情。当我们找回自信之后再考虑曾让自己感到恐惧和焦虑的事情，情况就不一样了。再比如，想象令自己感到恐惧和焦虑的问题被自己满意地解决之后的心情，想象得越细致越好，充分体验那种感觉后，就可以克服恐惧和焦虑等不良情绪了。

以那些害怕毛毛虫的人为例，他们实际上是被恐惧的情感控制了，可能他小时候被毛毛虫吓到过，那时并不了解毛毛虫，只是想当然地认为那个东西很恐怖，或者曾有人告诉他毛毛虫会咬人。他对毛毛虫的恐惧在心中留下了很大的阴影，再加上他反复加强心理暗示：我害怕毛毛虫，恐惧的感觉就一直挥之不去了。这些人的理性已经输给了感情，即使他知道毛毛虫不会给他造成什么危险，但同样会感到恐惧。

生活中，有些人只是遭遇到一些小挫折就会感到沮丧，有些人经历过大起大落还能感觉良好。研究表明，经常感到沮丧的人与那些乐观快乐的人相比，并没有经历过更多的不幸，他们只是经常远离积极的情绪，总是让自己沉浸在消极的情绪中。他们习惯于忘记积极的情感经历，总是回忆沮丧、痛苦等消极情绪，因此他们总是感到不快乐。

心情是由自己决定的，如果你想感到沮丧，你肯定能做到；如果你想让自己充满信心，保持愉快的心情也不是什么难事。

启动自动成功的机制

进入信息时代，随着信息传播速度越来越快，我们面对的工作越来越繁重，需要应对的环境越来越复杂；加班的时间越来越多，休息的时间越来越少；讲究高效率，一个人承担几个人的工作……在巨大的压力下，我们感到紧张、担忧、焦虑，伴随这些不良情绪而来的是失眠、胃溃疡、高血压、心脏病等疾病。

许多人之所以过度劳碌却达不到应有的办事效率，拼命努力却总有解决不完的问题，是因为他们企图通过有意识地思考去解决问题。有意识地思考问题，会让人变得过于小心，过度焦虑，对结果过于畏惧，这种状态会让人丧失行动力。试想一下，钢琴家如果有意识地想哪个手指应该放在哪个键上，恐怕他连一首最简单的曲子也弹不了。就好比我们试图把细线穿过针眼的时候，手会莫名其妙地抖动，越是全神贯注，抖得越厉害，越是穿不过去。这种现象在心理学领域称为“目的颤抖”。现代人就是太紧张，太在乎结果了，结果让自己焦躁不安，压力倍增，最终影响做事的效果。

与其绞尽脑汁，思前想后，不如把任务交给“自动成功机制”去办。一旦作出决定就放开所有责任感，松开智力系统，让它自动运行。这样就可以在没有压力的状态下解决问题，完成任务的质量会提高一倍。

很多成功人士的经历告诉我们，创造性的思维不是通过有意识的思考获得，而是自动自发产生的——不知道在哪一刻潜意识中的信息会与外界信息突然接通，引发奇思妙想。约翰·施特劳斯在多瑙河散步的时候，美丽的风景激发了他的灵感，由于没有带纸，他竟然把《蓝色多瑙河》这首著名的曲子写在了衬衫上。当然，灵感也不是凭空产生的，需要对特定问题有浓厚的兴趣，并进行有意识的思考，收集与问题相关的信息，考虑各种可能的方案。此外，还要有解决问题的强烈愿望。

很多作家和发明家都有类似的经历，冥思苦想很长时间得不到满意的结果，当他们把问题放到一边，小睡一会儿，醒来时却得到了答案，或者去散步的时候头脑中灵光乍现。当他们放松的时候，自动成功机制就开始运转了。当思维不受压力影响的时候，最容易产生好的想法。

自动成功机制不是作家和发明家的专利，我们每个人都有同样的成功机制，都可以利用它进行创造性的劳动。

任何技能的学习都有四个步骤：

第一步：无意识条件下不掌握，不知道自己需要掌握哪些内容。

第二步：有意识条件下不掌握，知道自己有很多东西是不懂的。

第三步：有意识条件下掌握，能够掌握一些技巧，但是需要有意识地思考。

第四步：无意识条件下掌握，能够启动自动成功机制自发地完成，不需要依靠有意识地思考。

有些人在社交场合，有意识地说每一句话，做每一个动作。他们总担心自己说错话，做错事，每一个动作都要深思熟虑，每一句话都反复斟酌，这样不但显得做作，而且弄得自己很累。如果停止有意识的思考，不考虑行为的后果，展现真实的自我，才能在社交场合中游刃有余。

在体育比赛中，那些总是担心失败的选手常常发挥失常，因为过度的焦虑使他们无法启动自动成功机制。想赢怕输的心理只会制造障碍，放大压力，无形中增大犯错误的几率，不能发挥出正常的水平。相反，那些轻松上阵、不在乎结果的人往往能够超常发挥。因为他们能够把任务交给自动成功机制。做任何工作都是如此，越有意识地去做，越会漏洞百出；越是放手去做，越能取得好成绩。

启动自动成功机制需要注意五个方面：

第一，担忧用于下注之前，而不要用于下注之后。

第二，把注意力集中在当前，不要为过去或未来担忧。

第三，一次只做一件事。

第四，放松大脑，停止有意识的思考。

第五，保持放松的心态，充分授权自动成功机制。

启动自动成功机制，保持放松的心态，就可以对情感能量进行有效的管理，达到浑然忘我的状态，使工作达到最佳的效果。

成功型性格的组成要素

为什么有些人能够取得成功，有些人却失败了？真正的原因是在他们开创事业之初，就已经把成功或失败的种子装在了自己的性格中，失败或成功的种子在他们的思维习惯和行为习惯中生根发芽，结出果实。

美国马尔茨博士在研究心理控制术的过程中总结了成功型性格的组成要素：方位感、理解、勇气、宽容、尊重、自信、自我接受。

方位感

所谓"方位感"也就是要知道自己现在的位置和前进的方向，要有奋斗的目标，才有可能实现目标，取得成功。人如果没有目标，就会茫然失措。一个不知道自己要干什么的人必然会一无所成。

很多人之所以没有取得辉煌的成就，是因为他们没给自己定下崇高的目标。理想有多远，就能走多远。制定目标的时候，要尽可能把目光放远一些。当然，还要结合自己的实际情况不能好高骛远，追求虚无缥缈的目标。除了要有自己的个人目标之外，还要有一个非个人的目标或理想，比如帮助他人的公益事业。有了追求的目标，也就有了前进的方向，人生的价值也就由此体现出来了。

有些人实现一个目标之后，就迷失了方向，或者原地踏步，或者不知所措，因为他没有适应新的角色，没有给自己制定新的目标。比如，一个销售员拼命工作就是为了得到提拔，然而当他真正成为销售主管的时候，他却感到坐立不安，对自己失去了信心。好比一个登山运动员在向上攀援的时候他的目标是顶峰，他为了实现目标勇往直前，然而到达顶峰向下看的时候，他却又有失落感。此时他要做的就是快速认识自己现在的位置，并制定下一个目标。只有这样，才能从一次成功走向另一次成功。

勇气

在追求目标的过程中，必然要遇到各种问题。成功者都有克服困难的勇气，不会因为暂时的失败和一点挫折就放弃目标。勇气是行动的动力。勇敢无畏的人坚信自己能够实现目标，勇敢地表达自己的观点，让自己显得果断而有说服力；敢于冒险，不瞻前顾后，即使跌倒之后，也会站起来再接再厉。如果因为害怕有危险而"按兵不动"，就永远无法得到期望的结果。成功者与失败者的区别往往在于是否有敢于行动的勇气。世界上没有任何一件事是绝对有保障的，如果要透彻地分析形势，再三权衡之后再作决定，肯定会错过机会，最后一事无成。处事果断是领导者和决策者的必要品质。

理解

人际关系中的失败往往是因为缺乏理解。每个人看问题的方式是不同的，如果别人和我们的观点不同，并不是别人要和我们对着干，而是他们和我们看问题的方式不同。如果我们能够站在对方的立场思考问题，问问自己："如果我是他的话，我会怎么办？”就能够理解对方了。过于敏感、过于在乎别人的看法的人很容易对别人的行为和语言作出错误的理解，认为对方在攻击自己。我们必须停止猜测，理性地认识事情的真相，理解自己面临的局势，才能作出准确的判断，然后采取正确的行动。理解可以让我们在人际关系中左右逢源。

宽容

宽容他人是成功者的一个重要特征。随着生活节奏加快，礼貌和尊重日益缺失，人与人之间难免发生摩擦，无论是有意的还是无意的，我们都要以宽容的心态对待。对待那些伤害过自己的人，微笑着善待他们。宽容地对待他人，体谅他人，就会赢得他人的信赖和支持。

有些人认为宽容别人就是委屈了自己，实际上这种想法是把自己和别人对立起来，阻碍了自己的人际沟通之路。

尊重

每个人都是独一无二的个体，一生下来就具有他存在的价值。每个人都有他闪光的一面，我们要尊重他人，欣赏他人。我们应该站在对方的角度感受别人的愿望和需求。尊重他人，会获得别人的尊重，同时也会为自己树立一个良好的自我意象。成功者都懂得尊重别人，尊重别人的需求和利益，尊重别人的性格和价值观。

不但要尊重别人，也要尊重自己。很多人之所以不能取得成功，就是因为他们不懂得尊重自己——当怀疑自己的时候，自己就变成了自己的敌人；当内心没有敌人的时候，外界的敌人就微不足道了。

自信

自信是对自己能力和优势的肯定，拥有自信的人将在一切挫折面前永不言败。相反，缺乏自信的人在出发之前就否定自己，他们必然无法实现目标。自信是事业成功的基础，每个成功者都有充足的自信心。

自信是成功之母，如果你缺乏自信，就要想象自己以前成功的经历以增强自信。每个人都有做成某件事的时候，在开始一项新的任务时，你要唤起过去成功经验的感受，无论这种成功多么微不足道，你都可以从中获得信心。

自我接受

我们要接受真实的自己，包括自己的优点和缺点，不应自我排斥和自我贬低。每个人都有缺点、弱点，我们要知道自己身上的缺点、弱点并不是自己的错，只要肯纠正错误、克服缺点，就可以让自己变得更完美。

如何根据性格选对职业

有很大一部分人一直都在从事着与自己的性格完全不符的工作，他们中有的人工作勤勤恳恳，兢兢业业，从不懈怠，可依然很平庸，似乎与成功没有缘分。其实，这并不是命运在作怪，关键还是没有读懂自身的性格，或没有按照自己的特点来选择最适合自己做的事情。我们每个人来到世界上，都具备独特的性格特征，顺应自身的性格，就能找到成功之路；逆着自己的性格，势必与成功无缘。

一个人选择什么样的职业，与其性格、气质、能力、兴趣、爱好等有着密切的关系，其中性格显然是首先要考虑的因素之一。每个人的性格都不一样，每种性格都有与其相适应的职业，只有充分发挥自己的天性，才能顺利开启通往成功的大门。

美国心理学家、职业指导专家霍兰德认为性格与职业环境的匹配是形成职业满意度和成就感的基础。他将人的性格分为六种类型，分别是现实型、研究型、艺术型、社会型、企业型、传统型，这六种类型的个性特点和适宜的职业环境都具有明显的差异。

现实型：不善言辞，对社交没有太大兴趣，更重视实际的、物质的利益，喜欢安定的生活，动手能力强，做事手脚灵活，协调性好，希望从事有明确要求、能按一定程序进行操作的工作。适合各类工程技术工作或农业工作，如工程师、技术员、测仪员、描图员、机械操作员、维修安装员、电木矿工、牧民、农民、渔民等等。

研究型：有强烈的好奇心，抽象思维能力强，学识渊博，善思考，重分析，行事慎重，善于内省，肯动脑不愿动手，不善于领导他人，乐于从事有观察、有科学分析的创造型活动和需要钻研精神的职业。适合从事的职业主要包括：自然科学和社会科学研究人员，化学、冶金、电子、汽车、飞机等方面的工程师或技术人员，电脑程序员等等。

艺术型：有理想，易冲动，想象力丰富，善于创造，自我表现欲强，具有特殊的艺术才能和个性，喜欢以各种艺术形式来表现自己的个性和才能、实现自身价值，乐于从事自由的、对艺术素质有一定需求的职业。适合你的职业主要包括音乐、舞蹈、影视等方面的演员、编导，广播电视节目主持人；文学、艺术方面的评论员，编辑、撰稿人员，绘画、书法、摄影家；艺术、珠宝、家居设计师等等。

社会型：善于社交与合作，乐于助人，责任感强，喜欢参与解决公共社会问题，渴望发挥自己的社会作用，乐于从事直接为他人服务、为他人谋福利或与他人建立和发展各种关系的职业。适合从事的职业主要包括：教师、医护、行政、福利人员；衣食住行服务行业的经理、管理人员和服务人员等等。

企业型：精力旺盛，充满自信，善于交际，勇于冒险，喜欢支配别人，喜欢发表自己的见解，具有领导才能，对权力、地位、物质财富的欲望较强，乐于从事为直接获得经济效益而活动的职业。适合从事的职业主要包括：职业经理人、企业家、政府官员、公务员、商人，行业部门的领导者或管理者。

传统型：善于自我克制，易顺从，喜欢稳定，有秩序的环境，习惯接受他人的指挥和领导，按计划和程序办事，没有支配欲，工作踏实，遵守纪律，乐于从事按既定要求工作的、比较简单而又比较刻板的工作。适合从事的职业主要包括会计、出纳、统计、录入人员、秘书、文书、人事职员、图书管理员。

给自己一个小小的奖励

我们每天都在为自己制定目标，通过一场对自己很重要的面试，在即将到来的考试中取得好成绩，或是尽快找到一份自己满意的工作。在实现这些目标的过程中，除了要付出一定的努力之外，适当地运用一些小的技巧，能够助自己一臂之力。

相关的研究结果表明，在实现目标的这些小的技巧中，除了在上一节中提到的将自己的目标公诸于众之外，适当地给自己一个小的奖励也是必不可少的。

在一项对五千多人进行的调查中，研究者们考察了参与者在实现自己目标的过程中运用了哪些小的技巧。结果发现，那些成功的参与者都是善于利用技巧的人，而且在这些技巧中有五项技巧能够显著地提高人们实现目标的成功率。而在这五项技能中，除了将自己的目标公诸于众外，适当地给自己一个小奖励也位居其中。那些成功实现自己目标的参与者认为，可以将大的目标分解成一个一个小的子目标，当子目标实现的时候，不妨给自己一个小的奖励，只要这些奖励与总目标不冲突，就有利于我们实现既定的目标。

在心理学中，这种小的奖励被看做是一种强化。强化是行为主义心理学中的一个概念，最早由行为主义心理学家斯金纳提出。斯金纳的研究是在一个被称为“斯金纳箱”的装置中进行的，箱内放进一只白鼠或鸽子，并设置一个杠杆或键，箱子的构造尽可能排除一切外部刺激。动物在箱内可自由活动，当它按压杠杆或啄键的时候，就会有一团食物掉进箱子下方的盘子中，这样动物就能吃到食物。此后，动物就会不停地按压杠杆或啄键，希望从这种行为中继续得到食物。也就

是说，食物强化了动物按压杠杆或啄键的行为，因为每次按压杠杆或啄键之后，总会有食物作为奖励，从而会导致这一行为频率的增加。同样，在我们实现目标的过程中，当每一个子目标完成之后，如果适当地对自己进行奖励，我们就会对奖励有一种期待的心理，从而会更加努力地去完成下一个子目标。

这一原理同样也适用于很多领域。比如，在教育心理学中，提倡一种被称为“程序教学”的方法。具体的操作就是将所呈示的教材分解成一步一步，前一步的学习为后一步的学习作铺垫，后一步学习在前一步学习后进行，而且在每一小步的学习完成之后，都给予学习者一定的奖励。由于两个步子之间的难度相差很小，所以学习者的学习很容易得到成功，并建立起自信。同样在企业的管理过程中也可以运用这一原理，当员工完成某一阶段的任务或表现得比较好时，可以给予一定的奖励，比如加薪、升职等，从而调动员工的工作积极性，提高企业的运作效率。当然，这种奖励并不一定是物质上的，精神的奖励也会发挥同样的作用，甚至比物质的作用更大。比如一句赞美之词同样可以让人心情愉快，干劲十足。

原来一点小的奖励竟会发挥如此大的作用，实在是不可小觑。所以，不要吝啬你的奖励或赞美之词，它会产生让你意想不到的效果。

创造力和无意识之间的通道

在弗洛伊德有关意识的理论中，他用一个很有趣的冰山模型来对意识和无意识进行解释，他认为意识只是浮出水面的冰山一角，无意识则是沉没于水底的硕大无比的主体部分。在弗洛伊德看来，意识只是人类心理活动的很小的一部分，它是清醒的、理性的，但同时也是无力的、软弱的；无意识才是人类心理活动的主体，虽然它是混乱的、混沌的，但却是有力的、根本的，是推动人的行动的根本动力。无意识主要是那些被压抑的欲望，它存在于人类大脑的深处。

一般情况下，无意识是处于人类大脑的最深层的部分，只有我们大脑的表层的意识在工作，处于深层大脑的无意识则受到了压抑，所以无意识的力量不能够自由地发挥出来。但是，在我们的无意识中则隐藏着巨大的力量，而且这股巨大的力量会在无意间迸发出来，发挥巨大的作用。来自阿姆斯特丹大学的心理学家爱普·狄克斯特瑞和条恩·默斯将我们的意识比作大声嚷嚷的人，这个人聪明有余但是缺乏创造力，而且你一般很难将他赶出你的大脑；而无意识则是安静的那个人，你只要认真聆听这个人说话，你就绝对不会失望，因为他会给你提供精彩的创意。可是实际上的情况是这样的，我们往往只注意倾听来自大声嚷嚷的那个人的声音，却很少能够坐下来去听听那个安静的人说话。

这个安静的人给我们提供的创意通常与梦、直觉、顿悟等心理活动相联系，英国剑桥大学赫钦森教授对那些有创造力的从事各种学科研究的思想家的工作习惯进行了调查，有70%的人回答说，从一些梦中能够得到帮助。日内瓦大学弗卢努瓦教授做过一个调查，在69个数学家中有74%的人回答说，睡梦中能解决问题，有83%的人称他们能够从突然的启发和非理性思考的预感中得到帮助。著名超现实主义绘画大师萨尔瓦多·达利就是借助于梦境的状态来完成他的很多作品的。达利在休息的时候有这样一个小技巧，他躺在沙发上，地上放着一个玻璃杯，同时他的手里握着一个勺子，勺子的另一端则放在玻璃杯的边缘。这样当他打瞌睡的时候，手就会自然而然地松开，而勺子恰巧会从手里滑落到玻璃杯中，勺子和玻璃杯撞击的声音就会把他惊醒，这时他就会立刻将刚才处于半梦半醒、无意识状态时脑海中出现的奇形怪状的东西画出来。达利就是利用这种很奇特的方式创作出了他的很多超现实主义的绘画作品。当然这种颇具特色的方式显然不适合我们每一个人，但是它表明无意识的确能够给我们提供源源不断的创造力，让我们更易于成功。

生活中，相信我们也都有过这样的体会，当我们冥思苦想于一道数学题的时候，苦恼于找不到解决这道题的方法，于是我们决定起身休息一下，或是冲杯咖啡提提神。说不定就在我们伸懒腰或喝咖啡的一瞬间，问题的解决方法在我们的脑中突然闪现。这就是我们的无意识在活动中的表现。现在很多关于创造力的标准测验都强调放松的作用，他们认为暂时的放松让大脑处于一片空白的状态反而有利于创造力的发挥。就像上述的例子中那样，当我们暂时地放松一下，问题反而迎刃而解。但是有人却不同意这种观点，他们认为让意识忙碌起来，不去干扰无意识的活动，这时候真正富有意义的创造力就会“乘虚而入”。只要让那个大声嚷嚷的人忙碌起来，不去干扰那个安静的人，并认真聆听那个安静的人的发言，每个人都可以变得富有创造力。

此外，除了创造力与无意识之间的这种奇妙的关系之外，一个人创造力的大小还与这个人的非智力因素如自信心、意志力、坚持、勤奋、善于想象、兴趣广泛等有关。所以，要想培养一个人的创造力，可以从这些因素上着手。比如在教学实践中，我们可以培养学生的广泛兴趣，让他们对多种事物保持浓厚的兴趣，鼓励他们要善于发挥自己的想象力等等。

第七章

决策心理学：为什么两个头脑不如一个头脑

什么是决策心理学

1944 年 6 月 4 日，盟军集中 45 个师，一万多架飞机，各型舰船几千艘，准备在 6 日登陆诺曼底。就在这个关键时刻，气象台却传来令人困扰的消息：今后三天，英吉利海峡气候恶劣，舰船出航十分危险。这让最高统帅艾森豪威尔和手下将领们一筹莫展。但同时气象专家也认为，在 6 日当天，将有 12 小时的晴好天气，这种天气虽不理想，但能满足登岸的基本条件。6 日之后天气将继续恶劣下去，要在 10 天之后才会有数天的晴好天气。是利用近在眼前的短暂晴天，还是等待 10 余天后的大好天气？艾森豪威尔沉思片刻，果断做出最后决定："好，我们行动吧！"后来虽因天气不好，汹涌的海浪吞没了一部分舰船，但诺曼底登陆作战一举成功，却是不可否认的事实。艾森豪威尔在选择登陆日期时十分果断，那天的天气状况虽然只能满足起码的登陆条件，但却绝对是一个最关键的日子。如果延期登陆，后果将不堪设想——战争结束时间推迟，盟军将会付出更多代价。因为在这个时候，希特勒还没回过神来，他坚定地认为盟军绝不可能在诺曼底登陆。从这个角度看，艾森豪威尔的决策无疑是非常正确的。

决策心理学，就是专门总结决策者的心理因素对决策的作用和影响的一门学科。它是决策学与心理学的交叉学科，研究的对象是决策过程中决策者的心理和行为规律。决策心理学的建立，不仅仅是决策实践的需要，还能建立起决策理论的独立的完整体系，并且促进其向深度和广度发展。这门学科虽然是一门新兴的边缘学科，却已经有了自己独特的研究范畴、研究内容和方法，它所揭示的心理活动规律也是面向决策实践，具有很强的实用性。

决策活动包含决策者、决策对象、决策信息、决策目标和决策环境这五个要素。其中，起主导作用的是决策者，决策者的心理活动渗透在决策活动的全过程。不懂心理的决策者，绝不可能作出最准确的决策。总之，离开了人的心理活动，决策也就不复存在。决策心理学就是这样一门研究决策者心理的学科。它具体的研究内容包括决策者个体心理，也就是在个体决策时，决策者的心理素质对决策的影响；决策者群体心理，即集体决策时，群体心理活动对决策的影响；决策组织心理，即组织环境对决策者所构成的心理影响。

在决策心理学家看来，决策的效果取决于决策者的心理素质。决策是否正确，决策是否及时，往往取决于决策者的判断和协调能力。在上述例子中，诺曼底登陆之所以取得最后的成功，关键在于艾森豪威尔的当机立断，他没有选择拖延到十几天之后的一个天气条件极好的日子，而是果断地下令在一个只能满足基本登陆条件的日子里登陆，抢占了最有利的时机，真正达到了出其不意的效果。

从总体上看，决策心理学研究的基本任务有如下几个方面：

1. 研究决策过程中的心理学问题；可以帮助决策者调适自己的决策动机和价值判断心理，选择出优秀方案并付诸实施，以不断提高决策的质量；也可以培养他们的创造性思维，成为能集思广益、善用奇谋妙策的决策者。2. 研究决策者的心理素质与决策风格、决策行为的关系；帮助决策者提高自身的心理素质，保持健康的心理状态，实施正确的角色扮演，在不断的决策中优化自己的决策行为，形成稳定的、处乱不惊的决策风格。3. 研究决策对象的心理与行为规律；帮助决策者学会主动创造条件，吸纳群众意见，调动群众参与决策的积极性，以实现决策的民主化。4. 研究决策集团在决策活动中的心理与行为规律；可以为决策集团内在结构的优化，充分发挥其整体效能，提供途径和方法。

决策心理学就是运用心理学的原理和方法，通过分析决策者的决策活动经验，从中总结出决策者在决策时的心理与行为规律，为以后的科学决策提供理论和实践依据，以提高决策的实效性。

决策力就是选择力

决策的目的无非是为了获得更有价值的东西或达到更完美的结果，但在决策中，确有太多的合适、不合适，实用、不实用的东西或者是机会摆在我们面前，我们必须进行不断取舍，选择最合适的为我们所用，直至最终达到目的。所以，

我们说决策力就是选择力。

决策过程中，首先需要选择的是计划和方案。为了实现目标，我们会有多种打算，会设计出多种方案，但受客观条件和自身能力的限制，各种方案之间就会发生冲突，这时候，我们必须有所取舍，选择那些与外部机会与自身能力相契合的方案。计划也是一样，客观环境随时都在变化，预先的计划往往需要因时、因势地进行调整，及时排出最优的顺序。排序是决策的基本功，要想决策力超强，就必须下工夫掌握排序的技能。不同的选择带来的结果肯定不同。

在圣皮埃尔岛培雷火山爆发的前一天，一艘意大利商船奥萨利纳号正在装货准备运往法国。船长马里奥·雷伯夫敏锐地察觉到火山爆发的威胁。于是，他决定停止装货，立刻驶离这里。但是发货人不同意。他们威胁说货物只装载了一半，如果他胆敢离开港口，他们就去控告他。但是，船长的决心却毫不动摇。发货人一再向船长保证培雷火山并没有爆发的危险。船长坚定地回答道："我对于培雷火山一无所知，但是如果维苏威火山像这个火山今天早上的样子，我必定会离开那不勒斯。现在我必须离开这里。我宁可承担货物只装了一半的责任，也不继续冒着风险在这儿装货。"

24 小时以后，圣皮埃尔岛的火山爆发了。港口装货的人全都死了。而这时候奥萨莉纳号却正安全地航行在公海上，向法国前进。

虽然决策的目的是为了实现目标，但有一点要注意，进行决策时的选择却不能一味地追求完美和最优，更不能无原则的妥协，而是在尊重客观现实的基础上，以实事求是的态度进行分析，以寻得让计划、方案与目标、资源、战略更加匹配的最满意方案。

让选择达成与目标、资源、战略更加匹配其实是很难的，但也是有依据可循的。具体地说，在进行决策选择时，可以考虑以下五个因素。如果能全面考虑这五个因素，就可以全面提高决策的质量。

风险。即决策实施之后的各种不利因素，或各种副作用，要制定相应的对策。

对手。要知道在决策时，竞争对手也在决策。所以知己知彼，考虑对手的决策善于双赢，才能确保个体或所在的集体立于不败之地。

关系。每一个决策都不是孤立的，它牵扯到方方面面的利益关系和人际关系。只有理顺这些关系，决策才能成为现实。

报酬。对于个人而言，要考虑某项决策可为自己带来哪些回报，在企业中，报酬是激励实干者提高决策力的一个极为重要的途径。

结果。为什么要做这个决策？这个决策实施后能够带来什么结果？值得还是不值得做这个决策？无论是个体还是集体的领导者，在决策时要强调务实和效益，要预计结果导向，不能只考虑动机愿望，只制定目标计划。

考虑了上面五个因素，决策就有了系统性、预见性，就有了可操作性。

为什么两个头脑不如一个头脑

按理说，一群有经验的人在一起应该能发挥超常的智慧。但是，在大部分时候，多少个臭皮匠也抵不了一个诸葛亮。反而臭皮匠越多，越容易使事情变得一团糟。就像两杯50℃的水加在一起不会变成100℃一样。群体在决策的时候，很容易陷入群体思维之中，当要求他们针对某一个问题发表自己的意见时，要么长时间的沉默，要么各持己见、互不让步，最后，通常是群体内那些喜欢发表意见、有权威的成员们的想法容易被接受，尽管大多数人并不赞成他们的提议，但大多数人只是把意见保留在心里而不发表出来。这样的决策过程往往能导致错误的决策。

群体决策容易出现“从众效应”和“极化效应”。从众效应就是屈从群体中大多数人的意见，这样往往会导致群体决策时忽略少数人的一些关键的意见，成员们往往会草率地同意一个错误的决策结果，而不会去仔细想想他们在这个过程中有什么不足。这些负面因素都是导致群体决策失败的原因。极化效应指的是将个人的意见夸大，从而导致作出一个极端的决策。个人的意见可能是偏向保守的，但是身处一个团体中，往往会忽视自己作决定时的责任感，而将个人的观点夸大，从而导致团体作出比个人思考时更为极端的决策，作出的决策可能极端冒险，也可能极端保守。这种奇怪的现象在现实生活中并不少见。一群富有攻击性的青少年在一起，很容易出现暴力行为。一群偏向激进的企业家坐在一起讨论问题，更容易作出极端激进的决策。这个效应甚至发生在网络上，人们在网上论坛和聊天室里往往发表比平常更为极端的观点和看法。

那么，是什么导致从众效应和极化效应的发生呢？这可能是因为观点、态度相同的人聚在一起，会让个体不自觉地求同存异，忽略自己独特的观点，因为个体觉得这些观点是不同于他人的、可能不会被接受的；而突出表达和团体大多数人相同的想法，分享与他人一样的想法，尽管这些想法可能是极端的。有研究表明，和个人思考相比，团队思考更加独断，更倾向于将不合理的行为合理化，更可能将自己的行为视为道德所许可的。尤其是当决策的领导者控制欲较强时，很容易迫使团体中意见不合的人从众。通常，不合理的思考都是发生在人们集体决策的时候，而这会导致极端观点的形成。

群体决策虽然能提供更完整的信息和知识，也能开发出更多的可行性方案。但是，群体决策产生的心理效应却让其不能成为一个最好的决策办法。根据研究，最好的决策办法是尽量避免产生各种可能遮蔽思考的错误。一般来说，群体决策的规模以 5 ~ 15 人为宜，不少于 5 人，7 人最能发挥效能。参与决策的成员先集合成一个群体，但在进行任何讨论之前，每个成员需独立地写下他对问题的看法。然后，成员们将自己的想法提交给群体，并一个接一个地向大家说明自己的想法，直到每个人的想法都得到表达并记录下来为止。在所有的想法都记录下来之前不进行讨论。然后再开始逐一讨论，以便把每个想法搞清楚，并作出评价。每一个成员再独立地把各种想法排出次序，最后的决策就是综合排序最高的想法。这样既能集思广益，也不会出现从众效应和极化效应。

可见，群体决策并不是不好的，关键是如何把握决策的过程，让每个成员能在独立思考的同时，不受他人的影响，独立地献计献策。

决策的思维模式

决策的过程，涉及四种思维模式，包括垂直思维模式、水平思维模式、模糊思维模式和直觉思维模式。

垂直思维模式是一种典型的逻辑思维模式，它按照既定的形式，一步步进行分析、推理，直至得到最符合逻辑的结论为止。也就是只根据已有的信息，朝着问题解决的方向前进，以求得问题的最佳解决方案为目的。在决策的时候，垂直思维的人一般会首先认清决策问题的核心在哪里，然后再加以相应地处理。

垂直思维是与确定性决策相对应的。确定型决策，也称标准决策，是指决策的结果完全由决策者所采取的行动决定。比如说，某企业可向三家银行借贷，但利率不同，分别为 8%、7.5% 和 8.5%。企业需选择一家银行。很明显，向利率最低的银行借款为最佳方案。这就是确定型决策。在确定型决策中，只需根据已知的资料，按固定思维进行，利用直观判断或计算，在众方案中选择一个满意的即可。也就是说，只要抓住问题的本质，快速作出决定，千万不能犹豫、拖拉。人们把决策过程中犹豫不定的现象称为“布里丹毛驴效应”。布里丹是一个大学教授，他养了一头小毛驴，他每天要向附近的农民买一堆草料来喂。

这天，送草的农民出于对他的景仰，额外多送了一堆草料。这下子，毛驴可为难坏了。它左看看，右瞅瞅，始终无法分清究竟选择哪一堆好。于是，这头可怜的毛驴就这样站在原地，考虑来考虑去，在无所适从中活活地饿死了。我们的决策需要避免布里丹毛驴效应。

按照垂直思维的模式，人们在作决策的时候只需抓住问题的本质，判断哪一种选择对自己更重要，当断则断。

与垂直思维模式相反，水平思维模式属于创新式、发散式思维。它灵活、流畅、多变，不追求思维的固定模式、解决问题的唯一答案，而追求思维的多样性、创新性。对水平思维来说，最关键的是突破思维的条条框框，寻求解决问题的新出路。与水平思维模式对应的是择优决策。选择一个最佳的决策方案，是择优决策的核心。要时刻提醒自己不能受思维定势的影响。

模糊思维模式指的是用模糊概念或模糊推理来进行思维。模糊思维既不追求思维的固定模式，也不追求对事物进行精细分析，其方法是灵活多变的，关键是如何争取利益的最大化、损失的最小化。与模糊思维模式对应的决策方法是不确定型决策。不确定型决策，就是对决策后的结果完全不能把握，只能依据主观判断进行决策。

直觉思维模式就是跟着感觉走。舍弃逻辑推理，完全凭个人的直觉、经验以及对事物的理解力和洞察力，来作出推断。由于直觉思维往往只依据个人过去的经验积累来作判断，如果形势出现了新的变化，就很容易措手不及。因此，只有需要决策的时候，决策者才出现，这是与直觉思维模式相对应的中庸决策。

决策的思维模式决定决策方法的选择。有时候，可以综合考虑多种思维模式，不受固定思维的束缚，能解决问题的方法才是好方法。

年轻人该选择哪一扇门

某大四女生，师范专业。自我评价学习能力强，工作勤奋，一直是老师和家长眼中的好孩子。马上面临毕业，她在工作和考研两者之间思来想去，摇摆不定，非常烦恼。之所以毕业后想马上工作，是因为自己很喜欢教育工作，通过工作，可以将四年所学发挥出来，为今后的发展积累经验，打下良好基础。而且，马上工作还能减轻家庭的经济负担。再者，她对自己的英语一直没有信心，怕考研达不到英语线，也是想工作的原因之一。但是，考研也有考研的理由，她觉得现在的本科文凭太普遍，要想找到一个好工作，还需进一步深造。另外，大学是在本地读的，她还想通过考研考到外地，开拓视野，接受新的信息和观念。似乎两个选择都有其理由。如果你是她，你该如何抉择?

生活中，我们会碰到很多这样的两难选择，一个成熟的决策者应该能够对各方信息进行考量，经过深思熟虑之后再作决策，并且要对自己的决策负责；应该能抱着必胜的信念来坚定不移地实施。一般来说，决策的信念包括无悔性原则、信仰性原则和风险性原则。要判断决策者是否有足够的信念，可以从这三个原则出发，进行判断。所有的决策都是以决策者的信念为基础的，如果没有坚持贯彻的信念，决策也就不那么牢固了。按决策者的信念多少，可以将决策者分为三种类型：一种是鲁莽型，这类决策者考虑问题不周全，信念也不足，所以很容易对自己的决定后悔；一种是畏缩型，这种人缺乏作决定的决心，信念同样不足，常常只停留在空想阶段；还有一种是行动型，这类人能很好地把握决策的无悔性、信仰性和风险性原则，决策和行动起来都很理智，很干脆。

无悔性原则，就是指决策者在作出决策后，不能心存反悔。一旦选择了某种方案，就要对自己的选择负责，不能因为执行过程中的一些困难而产生后悔的念头。这就要求你在决策前就应该对可能出现的各种问题有一定估计。每个问题总有一个最优的解决方案，决策者可能当初并未选择最优方案，而导致后悔。现有方案与最优方案之差，叫做后悔值。决策者在决策之前可以先计算出每种方案的最大后悔值，然后选择最大后悔值最小的方案作为自己的最优方案。在上述案例中，这个大四女生可以考虑，若干年后，考研和工作哪种选择会让自己更后悔，然后再作决定。

决策的信仰性原则是指决策必须首先找到其信念的基础，然后再坚定不移地贯彻执行。人之所以有信仰，就是因为信仰能支持我们为了目标坚持下去。和信仰性原则有关的，是定性决策。定性决策又称主观决策，是指在决策中主要依靠决策者的创造力和分析判断力来进行决策。一般来说，定性决策靠的是决策者的个人经验和判断能力，这种决策法适用于受社会、经济、政治等非计量因素影响较大，涉及较多社会心理因素，而且难以用准确数量表示的综合性问题。对这个大四女生来说，作决策的时候必须首先考虑她对工作和考研的渴望分别有多深，她的信念希望支持哪个选择。她的决定主要取决于她对自身状况是否分析得深入，透彻。

风险性原则，提醒决策者在决策时一定要深思熟虑，事先对决策的种种风险作出充分评估。首先，我们应该意识到，任何决策都是需要承担风险的，如何才能最大限度地降低风险，这就需要我们对整个决策过程有完整的把握，一切尽在掌握中才能降低意外的发生。与风险性原则有关的是风险型决策。所谓风险型决策，是指决策者对决策对象的自然状态和客观条件都有清楚认识，并且有较明确的决策目标，对风险出现的概率有预估。在风险型决策中，任何一种决策方案都需要承担一定的风险，这就需要对所有方案的风险性进行预估和比较。其核心就是把各种风险都考虑到，然后按严重程度排列。故事中的大四女生在决策时也需遵循风险性原则，不妨列一个比较表，逐条列出考研和工作的风险，然后按严重程度进行比较，选择。

把握好无悔性、信仰性和风险性这三个原则，决策就能更令人满意。

第二次世界大战中将领们的军事直觉

第二次世界大战的时候，根据德军情报部门的分析，盟军会在欧洲的诺曼底、加来海峡和荷兰这三个地点中找一个地点登陆。但具体在哪一处登陆，德军情报部门始终无法确定。为此，希特勒就盟军的登陆地点专门召开了一次军事会议。会上，德军将领们一致认为盟军会选择在最狭窄的加来海峡登陆，那里易攻难守，且易于空降部队降落。但是，希特勒坚持认为，盟军更有可能选择在诺曼底登陆，因为那里看似难攻易守，实则一马平川，适合地面部队挺进。他下令部队增派兵力把守诺曼底。盟军情报部门得知希特勒的行动后，大吃一惊。但是此时诺曼底的登陆计划已经全面展开，不能再改变了。于是，为了让希特勒改变主意，盟军不惜一切代价来欺骗他，让他相信盟军最后的登陆地点是加来海峡。最后，希特勒还是放弃了自己的直觉判断，盟军得以成功登陆诺曼底。

在日常生活中，我们每天都会产生很多直觉，而且用直觉思维去判断各种事物。每当决定一件重大事情的时候，也几乎是不能离开直觉的。即便是经过一系列科学决策而得出的结论，在分析过程中也并非全部是靠理性的东西，也有直觉的参与。直觉思维是在下意识层次中进行的，也可以说是潜意识的思维活动。既包括决策者在个人经验和能力基础上所作的决策，也包括决策者突然的灵感和顿悟。直觉思维是一种心理现象，它是创造性活动的基础。

直觉思维靠的是直觉，反应迅速，与我们平时所说的“思考”正好相反。有人突然朝你扔了一块石头，你会马上蹲下身子躲闪；乘坐的飞机遇上气流，你会变得紧张；遇上一个可爱的小孩，你会冲他微笑；这些反应都是直觉思维的表现。研究大脑的科学家们认为，直觉思维系统的活动来自于大脑最为古老的一部分，蜥蜴和小狗的大脑里同样存在直觉思维系统。与理性思维相比，直觉思维不受控制，没有计划性。当我们在算术时，需要用到理性思维。但是，有时候，面对思考已久的问题，在洗澡、交谈或者走路时，忽然灵光一闪，想出解决办法，这些灵光就来自于我们的直觉思维。人们在讲母语时使用的是直觉思维，而在费力地讲外语时倾向于使用理性思维。直觉思维大部分还是基于熟练的经验积累，高手都有灵敏的感觉，这是长期的经验和知识积累的结果。

决策者在什么时候使用直觉思维呢？可以是在决策过程之初使用，也可以在决策过程结尾处使用。在决策开始时使用直觉，决策者让直觉自由发挥，要努力避免用理性的思维系统分析问题，努力找到与众不同的、传统的行事方式不能产生的创新方案。而在决策结尾的直觉运用，首先必须进行理性分析，但是在一切理论评估完成后，决策者需要停止这一过程，目的是为了让头脑得到休息，以便全面筛选和消化信息。这种方法被形象地描述为“睡眠决策”，一两天后再作出最后的决定。直觉思维可以用来启发决策者的思路，或者在关键时刻，来不及思考时，只能依靠平时的经验来决策。有些事虽然不是要紧事，但是为了尽量提高决策效率，也可以使用直觉思维。

可以说，直觉思维来自于我们的情感反应，而理性思维源于我们理性的部分。情感是很难准确把握的，有时候会出现一些偏差。过分依赖直觉思维，凭直觉作决策，有时候会让我们犯一些错误。事实上，直觉思维可通过大量的重复锻炼来训练，但这需要耗费大量的时间和精力。

李鸿章“误国”从何而来

晚清权臣李鸿章早年也是条血性汉子，他敢爱敢恨，敢作敢为：恩师曾国藩待友李元度不公，他毅然脱离曾府；戈登将军不服管制他怒而除其军权。李鸿章之所以后来越活越不如从前，主要是因为他在与洋人打交道的时候，处处以“诚”为先，但洋人却不对他讲诚信。李鸿章在主持晚清外交的二十多年中，凡事以妥协为宗旨。在处理“马嘉理事件”中，明知英国理亏，却为了“了事”而签订了《烟台条约》；在处理中法冲突时，他又不顾中国军队在越南大败法军的事实，签订了《中法新约》；而在 1895 年签订的《马关条约》，更是丢掉了台湾。这是他在认知上走入了思维定势的结果，导致决策连连失误，成为误国罪人。

认知，是指个体在获得和处理信息时的内部心理活动，包括信息的编码、存储和提取等方面。认知的个体差异是客观存在的。在进行决策时，个体的认知差异会成为决策的影响因素。认知的个体差异主要表现在认知方式的不同，对于不同的情境，个体间不仅持有不同的观点，而且其认知的结果也是不一样的，因而产生认知偏差。影响决策的认知因素主要包括选择性知觉、重构性记忆和简捷化直觉这三个方面。

人们的知觉在很大程度上是受自身预期的影响，而这些预期又建立在已知经验的基础上，也就是依赖于过去的知识和经验。所以说，知觉具有选择性，能根据自身所需，选择知觉的对象。同一个人会对某些事物或现象，感受深刻清晰，而对另一些事物或现象，则感受模糊不清，甚至浑然不觉，这种带有明显倾向性的知觉，就称为选择性知觉。明察秋毫，是由于我们对某些事物观察细致入微，着重进行了知觉；熟视无睹，是由于我们对一些现象已经习以为常，知觉的时候选择了忽略。个人的决策行为从选择性知觉开始，知觉的过程受自身经验、情感和立场的影响。在考虑选择性知觉对决策的影响时，需要特别关注影响决策的选择性知觉的具体因素；这些认知因素可能导致的认知偏差；这些认知偏差会对决策产生哪些不利影响。在李鸿章对待洋人的时候，他只选择性地知觉洋人的好，一味地以诚待人，却忽略了洋人的另一面，李鸿章的知觉偏差直接导致了决策的失误。

记忆在人的整个心理活动中处于突出地位。通过知觉，人们能获得外部信息，通过记忆，能将信息存储下来。而人们最初存储的记忆会受个人认知能力、情感和信息特征等的影响，出现记忆偏差。最终被人们唤起的信息，是经过不断重构的记忆。重构性是记忆的本质，任何人的记忆都会出现偏差，即使是优秀的决策者。它并不是我们对过去事件的完整拷贝，而是在需要提取的时候才建构起来的。在重新建构的时候，一切无关的情境、认知因素就会掺杂进来，与原始记忆相混合，从而导致记忆偏差。记忆偏差能影响决策者的决策过程。可能李鸿章就是对洋人出现了记忆偏差，忘记了以前与他们打交道时，他们所表现出来的不诚信的一面，犯了决策失误。

人的记忆存在三种偏差形式：保留偏差、感受偏差和唤起偏差。保留偏差是指人们在保留信息的过程中，重新组织了与事件相关的原始资料，最终保留下来的东西就很难真正反映事件的原貌。感受偏差是指人们感受信息，总是以自身知识与经验体系为基础。比如在购买商品时，选择那些在电视广告中反复出现的商品。而唤起偏差是指将已经发生的事情视为不可避免的事情，却忽略了自己的判断实际上受到了已知结果的影响。这些记忆偏差都会对知觉产生影响，进而产生知觉上的偏差。

直觉，是事先并没有经过逻辑推理，在突然间产生的一种领悟或判断。个体在运用知觉和记忆的信息进行判断的过程中，有时会受到信息过度或不足的影响。此时，人们可以采用简捷化直觉的方式来提取有价值的信息，然后再作出判断。在决策者的决策中，或多或少会出现简捷化直觉。但是它在生产管理、财务管理等需要数字表示的活动中不宜使用。

选择性知觉、重构性记忆和简捷化直觉这三种认知因素都能影响决策，在决策的时候要不断进行自我检查，防止犯认知偏差的错误。

30 秒学会讨价还价的策略

想象有 A、B 两份工作供你选择，这两份工作唯一的不同之处就是你和同事的薪水不一样，其他无论是工作性质、工作时间、未来的发展空间都是一样的。选择 A 工作，你将得到 5 万元年薪，而你的同事年薪是 3 万元，比你少 2 万。选择 B 工作，你将有 6 万元年薪，但你的同事年薪将比你多两万，也就是 8 万元。调查结果显示，大部分人会选择 B 工作。从数字上看，B 工作比 A 工作多 1 万元，人们应该选择 B 工作。但是人的决策过程是复杂的，影响决策的因素不仅包括经济效益，还有其他一些心理因素。与其他同事相比，自己多挣了两万元，这种比较带来的满足感促使人们作出选择 A 工作的决定。

从决策心理学的角度来看，影响我们决策行为的心理效应主要有“登门槛效应”和“留面子效应”。

20 世纪 60 年代，美国心理学家曾做过这样一个实验：随机走访一组家庭主妇，拜托她们将一个不起眼的小招牌挂在家里的窗户上，这些家庭主妇都愉快地同意了。过一段时间，再次走访这组家庭主妇，这次让她们将一块不美观的大招牌挂在窗户上，结果也有超过半数的家庭主妇同意了。与此同时，直接走访另一组家庭主妇，提出让她们将一块大且不美观的招牌挂在家里的窗户上，结果只得到不足 20% 的家庭主妇的同意。为了验证这个结果，实验者又在两个小区重复了实验。在第一个小区，先请求居民在一份赞成安全行驶的请愿书上签字，几乎所有居民都照办了。几周后，再向他们要求在门口树立一个“小心驾驶”的招牌，有 55% 的居民接受了这个请求。而在另一个小区，直接让居民在门口摆放招牌，这遭到多数居民的拒绝。

看来，“得寸进尺”的方法能影响人们的决策。这就是心理学上的登门槛效应，也叫得寸进尺效应。也就是说，我们一旦接受了他人的一个微不足道的要求，当他人提出更多要求时，会倾向于满足他们。这可能是为了要给他人留下前后一致的印象，也可能是为了保持认知上的协调，认为自己一旦参与了一项活动，这项活动就与己有关，需要善始善终。心理学家认为，一般情况下，在面对他人的较高较难的要求时，人们会觉得难以做到或者费时费力，于是予以拒绝，相反，却乐于接受较小的、较易完成的要求。在履行了较小的要求后，人们才更有可能接受较大的要求。就犹如登门槛时，一级台阶一级台阶地登才能更顺利地登上高处。登门槛效应通常对男性来说比较有效。

与登门槛效应相对应的是留面子效应。如果说登门槛效应是得寸进尺，那么留面子效应就是步步趋近。心理学家罗伯特·恰尔迪尼和他的同事曾做过这样一个实验：选择一批大学生，随机分成两组，询问他们是否愿意陪同一些不良青少年到动物园游玩。对第一组大学生采用直接询问的方法，结果只有 32% 的大学生表示愿意；而对第二组大学生，在询问他们之前，先问他们是否愿意替这些不良青少年免费做两年的辅导，当然，绝大部分大学生都拒绝了，然后马上改变请求：“好吧，如果你们不愿意，那么能否只在今天下午陪他们去动物园玩呢？”结果有 58% 的人表示同意。

留面子效应是另外一种说服别人接受自己要求的方法。当你想让对方答应你一个小的、但比较困难的要求时，不妨先提出一个大的、难以实现的要求。在对方拒绝后再乘机提出自己本来的要求。留面子效应利用的是人们的补偿心理，拒绝别人会让自己产生内疚感，所以通常希望能做一件小的、容易的事来弥补心里的内疚感。女性的同情心强，容易产生负疚的心理，所以留面子效应对女士通常更有效。

登门槛这个技巧旨在得寸进尺，把小请求逐渐升级为大请求。而留面子这个技巧却是先提出一个令人难以接受的请求，在得到人们坚定的拒绝之后，再转换成人们较能接受的、更为温和的请求。要说服别人，你可以选择登门槛。研究表明，这些讨价还价的技巧最多花 30 秒就能学会。

加一个鸡蛋还是加两个鸡蛋

在一条马路上有两家卖粥的小店，左边一家，右边一家。两家相隔不远，每天的客流量看起来似乎相差无几，生意都很红火，人进人出。然而晚上结算的时候，左边这个总是比右边那个多出百十来元。天天如此。一天，一个人走进了右边那个粥店，服务小姐微笑着迎进去，盛好一碗粥后，问道："加不加鸡蛋？"那人说加。她给顾客加了一个鸡蛋。每进来一个顾客，服务员都要问一句："加不加鸡蛋？"也有说加的，也有说不加的，大约各占一半。过了几天，这个人又走进左边那个小店，服务小姐同样微笑着把他迎进去，盛好一碗粥，问："加一个鸡蛋，还是加两个鸡蛋？"顾客笑了，说："加一个。"再进来一个顾客，服务员又问一句："加一个鸡蛋还是加两个鸡蛋？"爱吃鸡蛋的就要求加两个，不爱吃的就要求加一个。也有要求不加的，但是很少。这就是为什么一天下来，左边这个小店要比右边那个多出百十来元的原因。

左边小店就是用"沉锚效应"来增加销售的——在右边的小店中，人们是选择"加还是不加鸡蛋"，而在左边店中，人们选择的是"加一个还是加两个"的问题，第一信息不同，使人作出的决策不同。

作决策时，人的思维往往会被得到的第一信息所左右，第一信息会像沉入海底的锚一样，把人的思维固定在某处，这就是沉锚效应。生活中，沉锚效应常被用于"利用第一信息为对方设限，进而让对方按照自己的想法走下去"。

沉锚效应的形成，有其深刻的心理机制：当关于同一事物的信息进入人们的大脑时，第一信息或第一表象给大脑刺激最强，也最深刻。而人脑的思维活动多数情况下正是依据这些鲜明深刻的信息或表象进行的。第一信息一旦被人接受，第一印象一旦形成，便会因人在认知上的惰性而产生优先效应，尽管这一信息或表象远未反映出一个人或一个事物的全部。

一位领导向四个组的人介绍同一位新员工，他对第一组的人说：新员工工作很积极；对第二组的人说：新员工工作不积极，你们要注意；对第三组的人说：新员工总的来说工作积极，但有时不积极；对第四组的人说：新员工工作不太积极，但有时也积极。一个月后，抽问四组员工，他们给出的答案几乎与当初介绍的一模一样。

在善加利用沉锚效应的同时，我们还要注意规避落入沉锚效应的陷阱。如果你是一家公司的负责人，你经常会遇到一些要你决策的事情，比如说采购计划，那么请你考虑一下，在决定是否采购新设备之前，你会遇到哪些情况？一般情况下，你会考虑公司的业务现状是否应该采购新设备，另外你还会考虑客户方对你的产品的实际需求量等，与此同时，你的一位老朋友，凭借他的体会力劝你取消采购计划。

现在有三个“信息”可参考，你会怎么办？最好的办法就是先别忙着作出决定，因为上面的“信息”有可能会成为沉锚，诱使我们寻找那些支持自己意见的证据，躲避同自己意见相矛盾的信息，进而让你掉进沉锚陷阱。除了这些客观因素，主观因素，比如错觉、偏见、过去的经验等，也会成为影响决策的“沉锚”。

他们为什不吃肉粥呢

人们在模棱两可、犹豫不决的情况下作出的决定往往会受到身边因素的影响。这种现象被心理学家称为“拥有效应”，它反映的是人们在遇到问题时，难以进行独立思考的现象。

心理学家曾经做过这样一个实验，实验对象面前有一个巨大的轮盘，转动着1 ~ 100之间的数字。主持人让实验对象回答问题，答案也是1 ~ 100之间的数字。例如，问题是“非洲有多少个国家加入联合国”，他们首先要回答答案是高于还是低于轮盘所停在位置的数字，然后再说出最终的答案。实验表明，答案受到了轮盘所停位置的数字的影响。当轮盘停在10处，测试者回答的数字的平均值为25；当轮盘停在65处，平均值就会变成45。

还有一个实验，实验对象被要求对坐在旁边的一个素不相识的人进行电击。为了确保实验的安全，电击当然是假的（施行电击者并不知道这一点），但受电击的人被要求做出十分痛苦的假动作和表情，并强烈呼唤停止这个实验。这时，主持实验的人以专家的口吻表示电击不会对人体造成根本性伤害，仍然可以继续电击。令人震惊的是，很多人都会按专家的要求继续进行这个实验。因为经验告诉他们专家是权威可靠的，即使受电击的人再怎么痛苦也无法改变他们这种思想。

拥有效应往往会影响我们对新事物作出客观的认识和评价，也会影响我们接下来的决策和行为，因此，要留意它对我们的头脑造成的不良影响，进行正确的思维。

据说，西晋的第二代皇帝晋惠帝是个混账皇帝。有一年，天下闹饥荒，很多

百姓都被饿死了。有大臣把这事报告给晋惠帝。皇帝听后，问大臣："老百姓怎么会被饿死呢？"大臣说："他们没有米饭馒头吃。"晋惠帝大惑不解，说："没有米饭馒头吃，那他们为什不吃肉粥呢？"

无独有偶，法国路易十六的王后玛丽也曾讲过类似的混账话。这位王后原奥地利帝国公主，从小生活奢华无度。出于政治需要，1770 年，她嫁到法国。进入法国宫廷后，玛丽热衷于舞会、游玩、时装、庆宴，喜欢漂亮的花园，花费惊人，世人称之为"赤字夫人"。据说，由于宫廷耗费钱财过多，法国上下陷于贫困。有一次，一个大臣告知玛丽，法国老百姓穷得连面包都吃不上了。玛丽不解，露出天真甜蜜的笑脸，说道："那他们干嘛不吃蛋糕呢？"

晋惠帝和玛丽王后说出那样的混账话，就是受到了拥有效应的影响。其实，不只是他们，我们每个人说话做事的时候都会受到这个效应的影响。比如，清朝的时候，外国人来到中国，对中国男人留辫子大惑不解。中国人对西欧人普遍的宗教信仰也不理解。再如，许多生活较为优裕的人，搞不懂农民工为什么冒着生命危险到私营煤窑去做工。平时自立的农村孩子，进入大学后对那些来自城市的不能自己洗衣叠被的同学感到不可思议。

第八章

职场心理学：如何才能让别人玩你发的牌

激发部下、后辈的方法

1968年，有两位美国心理学家进行过一次期望效应的测验。他们来到一所小学，从每个年级各挑选了三个班，对所有学生进行了一次发展测验，然后将测试的结果交给各班老师。其中，有一些学生被认为是非常具有发展潜力的。几个月后，他们又来到这所学校对学生进行复试。结果，那些被认为具有发展潜力的学生学习成绩都有了显著进步，而且求知欲强，乐于帮助他人，师生关系融洽，性格也更为开朗。实际上，这部分所谓的具有发展潜力的学生是他们随机抽取的。老师们对这批学生却会不知不觉地给予更多关注和期待。虽然这部分学生的名单并没有公开，但老师们掩饰不住的期望仍然会通过眼神、音调、下意识的行为等传递给学生。自然地，学生受到这些潜移默化的影响，会变得更加自信，于是他们在行动上就不自觉地更加努力，取得飞速进步。

这个实验说明心理期待也有强大的力量，即“皮革马利翁效应”。远古时代，有一个叫皮革马利翁的王子，他非常喜欢一个美女的雕塑，每天都期待美女能变成活生生的人来到他面前。结果有一天，雕塑美女竟然真得活了。实验中的老师们扮演的就是皮革马利翁的期待角色。这其实是一种暗示的力量。在学校里，那些老师喜爱的学生，会受到更多关注，他们的学习成绩或其他方面会有明显的进步，而那些被老师忽视的学生，则有可能一直默默无闻下去。所以，优秀的教师善于利用期望效应来鼓励后进生，给予他们更多的关注。运用到企业管理方面，期望效应是领导激励下属斗志的重要手段。

相信我们大家都有这样的经历：自认为一项工作完成得很出色，心想一定能得到同事和领导的认同、称赞。但同事和领导的反应都很漠然，你也就失去继续努力的动力了。反之，如果同事和领导对你的工作成绩能够及时给予肯定，多称赞你，你就会觉得自己是重要的，付出的努力是值得的，当然工作起来也会更开心。这其实是心理暗示在起作用，暗示能使人不自觉地按照某种方式行动，以证实别人对自己的肯定和期望。

人为什么会受暗示呢？我们都知道，弗洛伊德将人格分为“本我”“自我”和“超我”三部分。这其中，“自我”的职责是作判断和决策，判断和决策的精准性反映了个体的“自我”是否健康。但是，没有人的“自我”是完美的，没有人敢保证自己的判断和决策都是对的。“自我”的不完美就给来自外界的暗示提供了机会，尤其是来自自己喜欢、信任和崇拜的人的影响和暗示。这些暗示可以作为对“自我”的缺陷部分的补充，起到激励的作用。皮革马利翁效应就是一种心理暗示。向一个人表达对其积极的期望，即使这种期望并不明显，也会使他进步。反之，消极的期望会使其自暴自弃，甚至放弃努力。一个好的领导，必定善于通过各种方式向部下传达对他的信任和期望，譬如，在交代下属办某件事时，不妨对他说“我相信你一定能行的”“你有这个能力做好”……这样，下属会觉得不能辜负你的期望，必定要加倍努力。一个人即使本身能力并不强，但是经过激励后，也可能会由不行变成行。

松下集团的掌门人松下幸之助就是一个善用期望效应激励员工的高手。他经常给员工打电话，询问他们的近况如何，即使是新人也不例外。每次通话快结束的时候，他还不忘说一句：“做得好，希望你好好加油。”以此勉励下属。这样，接到电话的下属都能感到总裁对自己的信任和重视，工作起来也更加卖力。

马斯洛的需要层次理论认为，自我实现的需要是人类最高层次的需要。每个人在内心深处都渴望得到他人的肯定和赞美。如果能得到认同，就能朝着期望的方向前进。作为一个管理者，要知道赞美你的下属，能让他们心情更加愉快，工作更加积极。你小小的赞美，将得到他们良好的工作成果作为回报，这绝对是一项超值的收益。此外，作为管理者，还应该意识到：赏识，也是下属的一种情感需要，它和其他有形的物质回报同样重要。

“压力越大，效率越高”的观点是不对的

1980 年，心理学家叶克斯和道森通过一个实验发现，随着课题难度的增加，动物参与的动机水平有逐渐下降的趋势。后来，又有研究表明，人类也存在相似

的现象——事情难度与行为效率之间并非是单一趋向的关系，而是呈现一种倒 U 型曲线的关系，也就是说，从低难度开始，随着难度系数的逐渐上升，行为效率也会随之提高，可是当这种趋势达到某一临界点之后却会出现相反的情形，即难度越大，效率则越低。

具体说就是，当人们从事低难度活动的时候，心中持有的是一种轻而易举的态度，因而非常放松，很有些心不在焉，这就导致做事的效率处于一种较低的水平；而当事情难度较高的时候，人们会对其变得重视起来，从而给予了更多的主观投入，更大地调动起潜在的能力，更好地发挥出主体的积极性，所以在这种情况下做事的效率处于一种较高的水平；可是，当难度达到相当的程度之时，人们做起事来就会感到力不从心，对成功变得没有把握，这样，既在客观能力上有所不及，又在主观动机上有所懈怠，因此行动起来就显得慌乱，效率当然也就会下降了。

叶克斯－道森定律表明，一定的紧张情绪会令人们在学习和工作中取得更好的成绩，可是切记要掌握一个度，否则，如果紧张情绪过于严重，形成焦虑，反而会损害到本来有可能取得的成功。

认识到这一点，做事的时候就应当注意，既不要完全地放松，全不当一回事，也不必将成败看得过重，以免因为患得患失乱了手脚。面对成败得失，不可视之如儿戏，也不可过度地看重，不必将其视为无比重要甚至可以决定一切的关键，只有这样，才可以发挥出自己的最佳水平，从而取得最好的结果。

对于管理者来说，把握这一规律对提高工作效率有很大的帮助。自 20 世纪 50 年代以来，工作压力与工作效率二者之间的关系一直是有关学者研究和探讨的热点问题。实验证明，刺激力与业绩之间存在关系。过大或过小的刺激力都会损害业绩，只有刺激力比较适度时，业绩才会达到巅峰状态。也就是说，当压力很小时，工作缺乏挑战性，人处于松懈状态中，工作效率自然不高；当压力逐渐增大时，压力变成动力，激励人们努力工作，工作效率逐步提高；当压力达到人的最大承受能力时，工作效率达到最大值；当压力超过人的最大承受能力之后，压力就会变成阻力，工作效率也会开始下滑。

过度的工作压力会造成员工高血压、心悸、烦躁、忧虑、抑郁、工作满意度下降、工作效率下降、协作性差、缺勤、频繁跳槽等等不良反应，所以，从管理角度上看，要想提高员工的工作效率，并尽量降低人员流动与缺勤带来的损失，必须改变那种“压力越大，效率越高”的错误观念。

如何让别人玩你发的牌

引起他人注意，吸引他人，这是第一步。每个人都有一种强烈的归属需要，希望能与他人建立持续而亲密的关系。而人与人之间的关系却很复杂。你可能很能干，也很可爱，却没法得到每个人的喜欢。心理学家的研究也发现，在现代社会中，人们会用排斥来调节社会行为。想想在学校、公司或其他地方，你被别人故意避开、转移视线、甚至漠然以对，那种滋味一定不好受。但是，我们却会被那些可接近、有共性或互补的人所吸引，并折服于他们的某些魅力。反过来也一样，如果你能够让他人觉得你是可接近的、与他们有共性或互补的人，或者具有独特的人格魅力，你也会成为受欢迎的人。接近你想掌控的那个人，展现你们之间的共同点或能互补的方面，是掌控的第一步。

在有了初步的信任之后，要掌控他人就变得容易得多。

巧妙地影响他人：要促使他人按照你的意愿行事，就要找出促使他们这样做的原因。在他人行为的背后，找出其最本质的需要。有些人喜欢听赞美的词，有些人喜欢物质的奖励，总而言之，只要向他人说明，行为是有积极后果的。如果他做了你要求做的事情，就能获得想到的东西。经过这样的强化，就能不知不觉影响他人的行为。假设你是一个老板，正想招聘一个优秀的员工。而你也知道，已经有几家公司想聘请他了。如何能影响他，让他选择你的公司呢？首先，你应该判断这位员工所渴望的是高薪酬，还是广阔的职位发展空间，并竭力摆出你的条件来吸引他。如果你发现他比较重视薪酬，就应向他表示你能提供的优厚待遇；如果他更看重发展前景，不妨为他仔细描述他的职业蓝图。归根结底，要影响他人，就不能忽视他人的需要。当然，在第一步建立起来的亲密关系，也可能成为影响他人的能量。

巧妙地说服他人：说服他人的技巧是，通过第三者的嘴说话。我们都有这样的经历，当你在向他人说一件有利于自己的事情时，他人通常会怀疑你以及你说的话。这是人的一种本能表现。可能是由于你的利益会引起他们的不平衡心理。所以，这样的时候不妨换一种方式。不要由你本人直接阐述，引用第三者的话，即使这个第三者并不在现场。如果你是一个推销员，有人问你你推销的产品是否耐用，你可以这样回答他：“我的邻居已经用了四年了，仍然好好的。”

巧妙地使他人作决定：首先要将他人的利益放在首位。告诉他，这样作决定，他能从中获得什么，而你并不会受益。其次，问只能用“对”来回答的问题。要让他人对自己的决定充满信心，就不能让其在脑中产生否定的想法。用“对”来回答的问题，更能坚定其行动的信心。同样，即使是选择式的提问，也让他在两个“好”中选择其一。当然，根据皮革马利翁效应，也要适当展现你的期待，给他人更多的鼓励和支持。

巧妙地调动他人的情绪：第一印象的效应往往使任何一个最初交往的一瞬间决定了整个交往过程的基调。因此，在最开始，你与他人双眼接触的瞬间，开口说话打破沉默之前，请露出你亲切的笑容。情绪具有传染性，调动他人的情绪之前，不妨对自己说——笑一下。

人与人之间的交往是个互动的过程，只要能掌握一定的技巧，就能占据有利地位。

什么样的招聘广告最能吸引优秀人才的注意

据媒体报道：一家来自上海的上市公司为招揽员工竟别出心裁地将招聘广告按照一美元纸币的样式、大小比例印制，并沿街发放。在该招聘广告的正中心印着美国首任总统华盛顿的头像，纸张的颜色、大小也与一美元纸币相似。不过，再仔细一看，“一美元”的四角却是用“$”符号代替“一”的面值；在背面的空白处，写着百来字的招聘信息。此举在吸引了众多眼球的同时，也惹来争议声一片。有市民认为，美元虽然不是我们国家流通的纸币，但是这种做法实在欠妥。也有市民持不同意见，认为这张宣传单很有创意，此举为的是吸引人们的注意，可以理解。

我们都知道，不是所有公司都能够为员工提供优厚的待遇，但是这些公司也希望招聘到优秀的人才。于是，为了吸引优秀的人才，就有了上述例子中别出心裁的做法。如果你的公司正愁于吸引不到优秀人才的加盟，不妨尝试一下“逆向推销”法。逆向推销，就是变被动为主动，在招聘开始时就明确公司自身的特点，将招聘的重点放在那些有可能被公司的特点吸引的应聘者身上。

要了解公司的特点，向新员工收集信息是个方便快捷的手段。了解公司里新员工的情况，调查他们来公司工作的原因，询问他们公司最大的优点是什么，了解应聘的时候公司的哪些情况曾经使他们担心或犹豫，由此可以确定本公司的一些优点和缺点。仔细分析公司的缺点，就可以做到在招聘的时候向求职者进行有针对性的解释。而对于公司的优点，需要加以推销。在招聘广告中体现公司的一

些优势，譬如公司在本行业的地位、招聘职位的发展空间、公司的良好氛围等。

在了解了公司自身的特点后，还必须知道哪些人容易被本公司的优点所吸引。通常，能认同一个共同的企业文化的人，总有一些共性。这也能从本公司的员工身上看出些端倪。影响工作选择的因素本来就很复杂，比如说，有些人喜欢稳定，有些人喜欢挑战和冒险，这两种人选择工作的原则肯定会有差异。通过分析，一旦找到与本公司的条件相配的个性因素，就可以把招聘活动的重点放到特定的人群上。

招聘历来都是双向的，公司在选择应聘者，应聘者也在挑选雇主。在人才大战的时代，不再是单向的企业选人，人同样也在选择企业。可以说，企业与员工的地位是平等的。所以企业要想招到优秀的人才，取决于企业是否有足够的吸引力。这直接体现在企业撰写的招聘广告上。招聘广告应该能从应聘者的角度出发，契合他们的心理。不妨从以下方面进行尝试。

首先，没有人会喜欢干巴巴、毫无乐趣可言的招聘广告。尽量用轻松有趣，甚至带一点小幽默的语言来描述职位，以引起应聘者的兴趣。国外一个滑雪板制造商的招聘广告有这样一个片段："我们热衷于产品的研究开发，并将继续居于行业的领先地位；不过，在本公司更重要的事情是——滑雪。"应聘者看到这样一个幽默的广告，不可能不动心。

其次，使招聘成为一个互动式活动。现如今，越来越多的招聘广告是通过互联网发布的，互联网的互动天性使求职者和招聘者之间的直接沟通机会大为增加。公司可以利用这种互动性，让应聘者参加一个简单的测验，以确定他们是否了解该职位或拥有从事该职位所需的技能。同时，也能让应聘者花更多的时间留意公司的招聘广告。

再者，避免使用只有内行人士才能够看懂的缩写和深奥的专业术语。从一个普通人的角度来写职位说明。不妨咨询一下朋友或家人，让他们从自己的角度来看是否合适，询问他们是否理解这些职位描述以及他们是否会产生兴趣。

总的来说，招聘广告要从应聘者的角度出发，吸引优秀人才的注意。

如何招聘和管理新员工

企业招聘不但要考察一个人的工作能力，还应该考察一个人的情感智商。不管一个人的工作能力多强，如果情感智商很低，那他就不是最好的候选人。因此在选拔人才的时候不能把注意力完全集中在应聘者的业务能力上，还应从心理学和情感两个角度来选拔人才。

确定招聘标准

你期望招聘到什么样的员工呢？你应该在心中先有一个设想，才能招聘到满足你需要的员工。为此，你要考察一下已经为你工作的人员，哪些员工让你感到满意。找到表现最好的员工，然后通过提问以及优秀员工的回答来确定你的招聘标准。

你可以挑选两个表现较好的员工，再挑选两个表现较差的员工，通过提问分析他们的处事程序。对他们的处事程序进行比较，你会发现有很大不同。处事程序的好与坏是相对企业来说的，你要保证自己站在企业的角度思考。当你问他们问题的时候，你需要确信你问的问题具有专业性，因为如果你谈论的话题（个人的、业余的、专业的）不同，对方的处事程序也会有所差异。

现以招聘广告平面设计人员为例作具体说明：

广告平面设计就是为产品设计宣传册、平面广告或包装。设计人员需要根据产品特点和广告策划意图以及客户的需要设计出作品，达到推广宣传产品的效果。

我们询问优秀的设计人员，得出了一个结论，那就是下面所述的处事程序非常之重要：

审美：平面设计人员要有一定的美术功底，要有优秀的审美能力，保证设计的作品美观，大方。

创意：创意是设计的灵魂，设计人员要有开阔的发散性思维和优秀的创意。

沟通：平面设计的工作是通过图画传达信息，设计人员要与广告策划人员沟通，充分理解广告要传达的信息。此外还要与客户沟通，尽量满足客户的需要。

承受压力：优秀的设计人员要能够承受工作压力，可能会加班加点。

那些表现比较差的设计人员在这几个方面都有或多或少的欠缺。因此，在招聘广告设计人员的时候要注意这些处事程序。

面试时如何提问

建立招聘标准后，就要对应聘者的处事程序进行考察。需要注意的是在对应聘者进行提问的时候没有必要完全按照你总结出来的比较重要的处事程序，那样会显得很刻板，而且你将难以判断对方的回答是否属实。你应该结合专业背景，提出与那些处事程序相关的事情，并让对方提供事实依据。比如，关于美术功底，就可以问他：你在哪所美术学院学习过？有哪些作品？有哪些工作经验？这些细节问题在以后对比选拔的时候有用，当两个候选人的其他选拔标准不分上下的时候，就可以通过这样的问题选拔最具有工作经验的人。

除了提问专业问题之外，下面这几个问题可以帮助了解应聘者更多的信息。

你为什么要来我们公司工作？——了解他的求职动机。

你认为你的报酬应该是多少？——了解他现阶段的价值观。

请你介绍一下你的经历？——了解他的能力、背景、经验。

如果之前有工作，你为什么辞职？——了解他对公司的期望。

由你作岗位要求，观察他的反映。——以了解他应聘的诚心有多少。

管理你的新员工

按照优秀员工的标准招聘到能够满足企业需要的员工之后，你需要对新员工进行管理，以使他们走上最优秀的工作轨道。管理新员工的第一步要让他们对企业和自己的工作有一个整体的了解，然后要让新员工了解如何进行业绩评估以及公司有哪些奖惩制度。管理者需要了解并尽量适应新员工的语言模型，这样才能增强自己的亲和力，从而更有效地激励新员工。

企业文化不同，所使用的语言就不同。语言是一个群体吸纳或排斥外来成员的最有效的工具之一。新员工不了解企业文化和团队的术语，管理者要帮助新员工尽快熟悉团队术语，使他们尽快融入到团队中。

要让老员工主动为新人提供翻译帮助。首先要确定那些新员工难以理解的术语以及这些词汇可能引起的迷惑，然后主动为新人解释那些他们不懂的语言。比如：小李，你好像不明白张经理说的“黑色计划”，我来给你说明一下……如果你的企业为新员工发放公司简介或工作手册之类的指导资料的话，还可以考虑在里面增加内部术语词汇表的内容。

与新员工交流时要注意变化表达方式，不要固守传统的内部表达方式，应当考虑新员工的接受能力，措辞上尽量做到通俗易懂。比如，老员工可能习惯用足球术语来分派任务，但是对于不熟悉足球比赛的人来说就很难理解。这时就要改变表达方式，用通俗的语言让新员工尽快理解自己的职责和任务。

使办公室气氛融洽的“维护法”

美国《人力资源杂志》调查发现，工作上的一些琐碎小事，包括办公室的氛围，都能影响员工上班的心情以及工作的效率。忙碌的上班族，一天有八个小时是待在公司，这其中，又有大部分时间是待在办公室。办公室不仅是一个办公场所，还是一个员工之间互相交流的地方。如果某一天，某个员工心情不好，脸上无精打采，见了同办公室的同事，也只是淡淡地打个招呼，这种颓废、冷淡的情绪会像感冒一样，迅速传染给其他同事，导致整个办公室的气氛不佳，大家都没心情工作。其实，每个员工都渴望拥有欢乐、融洽的办公室氛围，其乐融融的办公环境不仅让人心情舒畅，工作起来也更带劲。

如何活跃办公室的气氛，这里有一些方法可供参考：

首先，要从环境上作出改变。办公室的布置不能显得刻板，严肃。可选择一些浅黄、粉红等暖色夹杂在灰白蓝这些颜色之间，既不喧宾夺主又有点缀之妙。还可选择一些休闲的装饰，譬如小盆栽、黑板或射飞镖的圆靶等，让员工在休息的时候能恣意涂鸦，或是射个飞镖消消气，转移注意力。那些激励人心但又不切实际的励志标语不可过多，一两幅足够。换掉老旧的复印机，令人抓狂、吱喳作响的传真机，避免因为这个影响员工工作时的心情。每天早晨，可以开放十五分钟，让员工们互相问个早安，聊几句，顺便清醒清醒，以更好的状态投入工作。在紧张的办公之余，还可以放点轻松的音乐调节调节。在办公室的休息区域还可以放置一些零食和饮料，员工工作累的时候可以吃点东西放松放松。

除了办公室的环境需要作出一些改变外，最重要的还是员工要有创造融洽办公氛围的意识，并作出相应的改变。首先，不能在办公室搬弄是非，讲闲言八卦，免得扰乱人心。同一个办公室是否人心一致，团结一心，是保持气氛融洽的关键。这就需要同办公室的人能够互相帮助，互相谅解，有一致的奋斗目标。可以通过一些团体拓展训练来培养员工们的团队意识，领导也可以向员工描述共同的愿景，带领大家一起朝着目标前进。另外，每个人都有隐私，要充分尊重他人的隐私权。给予每个员工隐私的空间，不随便打探别人的私生活，以工作为重。领导在这个团队中起的是核心、领头羊的作用，领导要平易近人，带领大家共同维护好办公室的氛围，关心每个成员，多激励他们；使办公室全体成员对办公室的总目标和个人目标能取得认识上的一致性，并且为实现办公室的总目标而共同努力。每个成员都是平等的，尊重每个成员，尤其要尊重每个成员的个性。

“维护法”是一种新型的人际交往模式，要求既尊重自己也尊重他人。换句话说，就是在部下犯错误的时候，领导不要一上来就批评，而应该提示他们犯错的原因，然后再给他们分析犯错的后果，最后，再将自己心中的想法传达给部下。这样，既尊重了自己也尊重了部下，维护了部下的面子。领导要理解并尊重部下，

对部下不能一味地批评，应分析原因，找到最终的解决办法，才是重点。比如，部下接二连三地犯错误，把事情搞砸。遇到这种情况，很多领导都难以压制心中的怒火，会狠狠地批评一通。然而，对于部下犯的错误，真正需要的是帮助他分析犯错的原因，并希望以后他能改正。不妨将批评指责的话换成："如果你在交给我之前认真检查一遍，完全可以避免错误的发生，对此我感到非常遗憾。"这样一来，部下也知道了自己犯错的原因，会把这次错误当做经验教训，在以后的工作中也就知道怎样的做法是正确的。这是心理学上的皮革马利翁效应的有效运用。对部下抱有期望，多多表扬他们，会让他们更有工作的动力。

每个公司有不同的企业文化，如何来活跃和维护办公室的气氛，需要综合考虑各项条件。虽然不能满足所有员工的需求，但总的原则是，要尽量聆听员工的心声，从细小处着眼，尊重每一个员工。

如何与"生理性讨厌"的人相处

为了完成一项作业，老师将全班同学分组，每组十二人。有一个学生跑来找老师要求换组。老师问其原因，原来是他很讨厌他们组的一个人。于是，老师就让他换到别的组。老师问他："其他组员你也都讨厌吗？"学生回答到："不会啊，都蛮喜欢的。"老师又问："你觉得这个人在你生命中重不重要？"学生不置可否："我讨厌他都来不及呢，怎么会重要呢。"这时候，老师又说到："如果他不重要的话，为什么十个好朋友都挽留不了你，而独独为了他，你要离开呢？"

如果你真的那么讨厌他，又何必要去在乎他呢？与其因为他影响到你的生活，不如忽略他，为了其他喜欢你、而你也喜欢的朋友好好生活。

无论是在生活还是工作当中，总会有我们不喜欢的人出现。例如，那些喜欢挑拨是非的人、喜欢推卸责任的人，还有那些喜欢占小便宜的人等等。有调查显示，在讨厌的人的类型中，得票最多的是挑拨离间、搞小帮派的人，占26%；紧随其后的是推卸责任的人，占21%；自命清高、自以为是的人也占了16%。我们讨厌这些人，是因为他们身上有一些让人难以忍受的缺点。可是，我们也会发现，对于一些人，总是没缘由地讨厌，从生理上无法接受他们。这就是所谓的"生理性讨厌"，心理学上认为这是一种对于某种东西讨厌到极点的概括说法。最常见的例子就是"以貌取人"，没有原因地反感对方的长相。

没有人能做到十全十美，是凡人总会有缺点，这就是人性的微妙。比如，在

职场中，有形形色色的人和形形色色的工作方式，可能有些人与你性格相近，志趣相投，比较投缘，你们很快就成为工作中的好搭档。而有些人不知道为什么，就是让你特别反感、特别讨厌，但又不可避免地要和他打交道，与这类令你讨厌的人打交道，你会以怎样的方式处理？是否有两全其美的好方法能解决问题呢？

其实，解决的方法有很多种。最主要的还是自我检查。要让自己尽量以客观的态度看待问题，不能一味地将错误归于别人，多看到别人的长处和优点。同时，也要作恰当的自我反省，检查自身是否存在问题。对于主观的偏见，应当尽量避免。另外，还可以尝试着换位思考，站在对方的角度看问题，多看看对方的优点而不是死咬着缺点不放，学会宽容；也可以试想如果是自己无缘无故被别人讨厌，将会多么难过。当然，也可以多和对方接触，寻找一些共同的话题，拉近彼此的距离。通过沟通，慢慢消除讨厌的情绪。如果自己没有办法解决，也可寻求专业人士的帮助，通过专业分析，找到解决问题的突破口，让自己拥有健康的心理状态，学会包容他人。

生理性地讨厌一个人，如果不能通过一些有效方式得到调节，不仅会影响自己的情绪，也会影响人际交往，甚至是工作。就调查显示，如果讨厌上司，选择跳槽的人占了 38%，也有的人为了各方面的原因，不得不忍气吞声，数据显示这类人达到了 28%，但是这样压抑自己的情绪毕竟不是长久之计。更有甚者，两个人性格都很冲，在遇到摩擦或争执的时候很容易激怒对方，最后弄得两败俱伤，对谁都没好处。所以，如何与生理性讨厌的人相处，是一门学问。

有时候，我们极度讨厌一个人，甚至都搞不清自己到底不喜欢这个人的哪些方面。其实，从心理学来看，我们讨厌对方，可能只是因为自己身上也有和对方一样的毛病。对方就像是一面镜子，赤裸裸地呈现着自己的缺点。看到对方，就会让我们想到自身的问题，对于生理性讨厌的人，除了学习如何与他们相处，还可以将他们当做是一面镜子，时刻反省自身的不足之处，加以改进。

如何影响上级和下级

不同等级的人之所以难以相处主要是因为等级观念的根深蒂固，大多数人都忽略了人与人之间是平等的这一基本事实，所以，我们总是盲目地听从上级的调遣，又自然而然地忽视下级的感受。其实，无论是与上级还是下级相处，最理想的方式都是以自身的影响力去影响他们，让他们成为我们的个人资源，为我所用，以达成目标。

影响你的上级

有些人可能会认为影响上级是一件很困难的事，因为上级的职位比我们高，所掌控的资源也比我们多，所以，大多数人都会受到上级的影响，而不是去影响上级。正是因为影响上级存在一定的困难，所以我们必须掌握一些情感技巧，用情感智慧去影响上级，让上级在不知不觉中向着我们所期待的方向发展。

如何去影响你的上级呢？了解是至关重要的。只有充分了解一个人的时候，才可能有效地影响他，对上级也不例外。我们需要花一些时间对上级进行一个全面的了解，比如说他的个人目标、工作方式、兴趣爱好、脾气秉性、优点缺点、领导风格等等。了解了他的一切，就能够完全站在他的立场上，以他最容易接受的方式去表达自己的想法，让上级成为我们心目中的上级，帮助我们实现自己的目标。当然，在充分了解上级的同时，还必须让上级真正了解我们，这样他才能给我们发挥作用的机会。

很多人都把上级看成是自己的领导，但却忽略了领导也是个普通人这一重要事实，结果使得自己和上级之间总是有一种厚厚的隔膜，谁都看不清对方。其实，上级除了拥有更多的权力和资源以外，并没有什么特别的。你并不需要总是无条件地执行上级的命令，对上级唯命是从，你可以表达自己的想法，甚至可以批评上级，当然，前提是你要讲究方式。如果你希望上级采纳你的建议，按照你的想法去开展工作，就必须进行换位思考，站在他的立场上去考虑问题，这样才能说服他。当上级犯了错误的时候，你也可以指出来，不过要以真诚的态度指出，而且不能在公众场合指出，以免伤害上司的尊严。

影响上级最大的难度就在于不能让上级察觉到，也就是说，你不能锋芒太露，不能让上司觉得你是一个威胁。如果让上司察觉到他总是在按照你的意思办事，这会让他觉得自己的地位受到了威胁，也会让他在下属面前很没面子，这样你的处境就十分危险了。三国时期的杨修，就是因为太过锋芒毕露，遭到了曹操的嫉妒，年纪轻轻就惨遭杀害。杨修的聪明才智是无可否认的，可就是因为他缺少情感智慧，没有处理好与“上级”之间的关系，所以才落得惨死的下场。有些时候，我们不妨装装糊涂，故意把想法说得含糊其辞，让上级自己来制定计划。这样一来，上级会认为想法是他的，而我们也可以达到自己的目的。

影响你的下级

影响下级看似简单，但要真正做到有效地影响下级，也并不是那么容易的事。

你的下级也许会听命于你，但他们却未必是心甘情愿地听你指挥，表面上的顺从不过是碍于你的上级身份罢了。如果是这种情况，你的下级就会始终以一种消极被动的态度去工作，他们所做的完全是你交待的内容，换句话说，他们工作的目的就是为了向你交差。这种应付了事的心态不仅会影响他们自己的前途，同时也会使你的业绩受到影响。

作为上级，更多的人想到的是如何在下级面前树立威信，让下级对自己产生一种敬畏感。其实，尊重你的下级远比让下级敬畏你重要。每个人都渴望被尊重，即使他的地位十分卑微，也同样拥有被尊重的权利。同下级对上级的尊重相比，上级对下级的尊重更加可贵。如果你能够尊重你的下级，虚心听取他们的意见，他们就会觉得自己受到了重视，于是干劲儿更足，更加努力地工作。同时，他们也会觉得你是一个懂得赏识他们的好领导，士为知己者死，他们会因此而更加敬重你，全心全力地为你卖命。

作为上级，是否具有亲和力也很重要。上级在下级面前一定要控制好自己的情绪，不可轻易动怒。如果你经常对下级发火，就会让下级觉得你很难接近，从而使下级都对你避而远之。

演讲的技巧——重在攻心

最近，一个天才儿童演讲的视频在网络上广为传播。这个视频主角只是个九岁大的小男孩，他的演讲激情四射。网友们封其为“演讲帝”。这个剃着板寸头、一双眯眯眼，看起来与同龄人并无区别的小男孩名叫杨心龙，由于出色的演讲，他迅速红遍网络。视频中的杨心龙语速很快，逻辑清晰，演讲时还不时穿插一些古今中外的典故。他丰富的表情和老练的手势，更像是个小大人，“其实我们任何人都应当做自己荣誉的主人，不被荣誉所左右，并驾驭在其之上。”九岁的孩子能有这番见地，令不少大人都刮目相看。他的演讲话题涉及政治、经济、教育、家庭等诸多领域，有着超越他实际年龄的成熟，再配上那一贯淡定的表情与老练的口吻，难怪在网络上有众多拥护者。比如，在一个谈及学校的演讲中，他就认为：“很多学校都流行扣分制度，但大都是老师给学生扣、学生给学生扣，很少有学生给老师扣的。这就很不合理，有时老师的一些做法还没我们的好。”想法非常独特。

不是每个人都能成为“演讲帝”，演讲也是有技巧的。演讲者不仅要了解听众的心理，演讲内容要触动听众的心，还要充分表达听众的内在心理。从心理学角度来看，人们的心理机制主要包括个体心理机制和社会心理机制两方面。个体心理机制是较复杂的，包括需要、动机、兴趣、理想、信念和世界观等，其中，需要是基础。演讲者要做的就是掌握个体心理中的需要心理机制，从听众的需要入手，吸引他们的注意力。社会心理机制，主要是个体在社会中由于受到其他成员的影响，表现出不同于个体单独情况下的心理反应。这也是个体适应环境的心理方式。利用社会心理机制的作用，演讲者可以营造一种适合演讲的气氛，掌握群体的心理。以下有几种方法非常管用。

对症下药法。演讲者从个体心理出发，抓住听众的心理需要，从而吸引他们的注意力。需要是人对一定客观事物的需求。马斯洛在其需要层次理论中指出，人的需要由低级向高级分为生理的需要、安全的需要、归属和爱的需要、尊重的需要以及自我实现的需要五个层次。对症下药法要求演讲者能了解、掌握听众的不同需要，安排演讲的内容。比如，针对普通大众的演讲可能更多从生理、安全等需要的角度演讲，而对具有一定社会地位的人，探讨人生的意义之类的话题更能引起他们的兴趣。

心理定势法。它指的是人们对一定心理活动所形成的准备状态，决定着以后同类心理活动的趋势。对于初次见面的人，当你对他的第一印象很好，对谈话的内容也感兴趣时，你的精神和肉体都会处于一种相对放松的状态。这种状态的人能转换角度思考问题，不容易陷入思维定势。但是，当你对他的印象很差，不自觉地产生排斥心理时，精神和肉体都将处于紧张收缩的状态。这种状态下的人，极容易陷入思维的死胡同。在演讲中，演讲者要善于把握听众的心理，在演讲中创造良好的心理定势。比如，对监狱里的罪犯演讲就不能称呼“罪犯”，如果用“触犯了国家法律的朋友们”这样的称呼代替，对方自然就感到你的尊重与温暖，起初的心理定势一下子就变得相容了。在演讲的开始创造心理相容的气氛，是演讲成功的第一步。

心理反定势法，也就是俗称的逆反心理，它也属于社会心理的一个部分。当我们试图用一定的准则或规范对人们的行为进行引导和控制时，或者试图将我们认为的错误行为拉回正确轨道时，人们会自发产生一种反向的力量，使之更加偏离正确目标的轨道。同样，在人际交往中，这样的逆反心理也是存在的。你说东，他偏往西；你从正面说理，他偏要反面理解。正是这种心理的存在，我们无法对人类行为进行精确的控制。但是，在演讲过程中，如果能巧用逆反心理，利用对

方的对立思想情绪，有意识地反过来说理论辩，使对方与你唱反调，能达到自己的预期目的。

如何成为一个看起来有才能的职员

李某刚毕业就进了一家著名外企工作，专业对口，收入也不错。踌躇满志的他很想干出一番事业来。他不仅积极主动完成上司布置的任务，还经常加班加点地工作，甚至全权负责打扫卫生、整理报纸、打水这些小事。然而，同事们并不理解他的做法，在私下里对他冷嘲热讽，认为他太高调，爱出风头，甚至连领导有时也认为他没有团队合作精神，搞个人英雄主义。不仅如此，李某对客户也是过分热情，他主动要求帮客户做一些他分外的事情，而这种主动却使客户感到难堪。有一次，他主动要求帮客户做一些售后服务的工作，但后来由于自己工作繁忙，在规定时间内无法完成任务，售后服务做得不到位，惹得客户很不高兴。因为得罪了客户，还被老板狠狠骂了一顿。

在这个案例中，李某处处表现自己，却惹来同事、领导和客户的不满。有意识地、主动地表现自己，让领导和同事看到你的才能，这是非常有必要的。然而，自我表现也是有技巧的。自我表现可以分为“战术性自我表现”和“战略性自我表现”。前者的目的是在短时间内给对方留下好的印象，主要包括自我宣传、奉承等。而后者是为了在较长时间内给对方留下印象。比如逐渐建立威信、赢得他人信任、获得他人尊重等。在公司里，要想让领导和同事觉得你看起来很有才能、值得信任，最好是通过“战略性自我表现”来展现自己的实力。首先，可以为自己确立一个目标，目标能催人努力。

具体来说，首先要摆正心态，从小事做起。如果你是一个新人，领导往往并不了解你的才能，不会对你委以重任。所以，你需要摆正心态，不要觉得是大材小用，从比较琐碎的杂事、小事做起，力争在最短的时间内尽善尽美地完成它们，才是取得上司信任的最有效的途径。抓住机会，自然地在领导面前表现自己。如果领导在场时，你缩头缩脑，退到别人的后面，说起话来声音比蚊子嗡嗡声还小，就不用期待领导会注意到你。自信一点，勇敢地把自己的合理想法清晰地表达出来。开会时，也不妨坐到领导比较容易看得到你的地方。

有的人认为，拍领导的马屁就能得到赏识和注意。这其实是一个误区。毫无疑问，所有人都喜欢听赞扬的话，领导也不例外。但不要认为领导听不出马屁与真心赞赏的区别。拍马屁也需要智慧。其实，你根本不需要用令人肉麻、空洞的话语来表示你对领导的欣赏。在领导发言的时候，只需微微点头，有意无意地露出佩服的样子，领导自然会感受到你的诚意。一般来说，赞赏的眼神比赞赏的语言要更有价值。让领导看到你的特别之处，这还远远不够。你的个性与才能才是你的与众不同之处，才是领导对你刮目相看的重点。所以，还是脚踏实地、埋头苦干，在关键时刻表现出你冷静、反应灵敏、活泼幽默的方面，那时领导一定会对你另眼相看。

此外，还需注意自己的穿着打扮、言谈举止等方面。心理学上的光环效应说的就是由一些小好感泛化到对整个人的好感。刚进公司的新人，都希望给同事和领导留下好的第一印象。如果给人的第一印象不好，将会影响到他人以后对自己的评价。这时，服装、发型等外在因素就显得较为重要。对于女性来说，可以选择颜色活泼一些的服装，如果想显示自己专业、干练的一面，不妨选择白色衣服，再搭配一些暖色调的配饰。而男性可以选择藏青色西装、白色衬衫和黑色小饰物等，以及同色系、大花纹的领带，这可以给别人留下诚实可靠的印象。如果想展现自己的热情与干劲，可以选择黑色西装搭配红色领带。在与同事和领导交谈的时候，语速要放慢一些，对别人说话时眼睛不能看着天花板，睁大眼睛微笑注视着对方的眼睛说话，更容易打动人心。谈话时，最好还能加上一些手势。为了提升大家对自己的好感，一定要敞开心扉说真心话，让别人感受到你的诚意、你的亲切。

一旦踏上工作岗位，你将会面对很多的情境、各种各样的关系与人，学会表现自己，是非常重要的。

人都愿意做值得做的事

心理学有一个不值得定律，即不值得做的事情，就不值得做好。

这个定律反映出人们的一种普遍心理，一个人如果认为自己所做的是件不值得的事情，往往会持消极应付的态度，或敷衍了事。如此一来，他做成此事的成功率极小，即使侥幸成功，自己也感受不到成就感。如果一个人从主观上认定某件事是值得做的，那么在做这件事的时候，他就会全力以赴地去把它做好，不仅成功率大增，而且会觉得自己的价值得到充分体现。

到底什么事值得做呢？就是符合我们的价值观，适合我们的个性与气质，并能让我们看到期望的事情。“选择你所爱的，爱你所选择的”，只有这样才可能激发我们的奋斗精神。

对于个人，不值得定律的启示是：如果你的工作不具备“值得做”的因素，你就要考虑换一个更合适的工作了。

李晓从小对汽车制造非常感兴趣，读完机械专业研究生后，去了一家汽车制造公司工作。由于对汽车制造业的热爱，再加上平时的专业基础，很快他就取得了出色的工作业绩，得到了领导的赞赏和肯定。三年后，他成为公司不可或缺的技术骨干，并被提拔为部门经理。他带领属下员工，出色地完成了科技攻关，为公司解决了几项科研难题，受到总公司的嘉奖。此时，恰好公司负责人事管理的副总经理退休，公司总经理认为李晓是个人才，就任命他为副总经理，接替退休的老同志。但是，李晓并不高兴，因为他知道，自己的兴趣和特长在技术，觉得高科技才是有意义、有价值的，至于搞人事管理，他觉得没什么实在意义，也体现不出自己的价值，但觉得领导重视自己，不便推脱。但是，在做管理后，他失去了以往的热情和锐气，也作不出让领导满意的成绩，甚至有了跳槽的念头。反复思量后，他找领导深谈，重新回到技术岗位。他自己很开心，不久，在工作上又有了新的突破。李晓之所以如此，皆因为不值得定律在起作用。因为在他眼里，管理是件不值得做的事情。

然而，在现实中许多人都会不可避免地遇到这样严酷的事实：即便不喜欢所从事的工作，也必须长期、努力地工作，因为我们无力改变什么。遇到这种情况时，我们也必须调节自己的心态，把它当做值得做的事去做，否则这份工作势必会成为我们的负担，长期从事下去将使我们心情压抑，甚至身心疲惫。

如果真的遇到这种情况，我们不妨用恋爱的心情面对工作——不只是要选择所爱，忠于自己的选择，还要在漫漫情路上苦心经营，这样的爱情才可长久——用这样的态度面对工作，才可能在工作中有所收获。也就是说，任何工作，只要摆在了你的面前都值得你做好，只要有了这种心态，你会勇往直前。

对于企业，不值得定律的启示则是：了解你的员工，力争让每一个人从事值得他们做的工作，做到人尽其才。

第九章

营销心理学：如何能让堆积如山的物品一销而空

为什么酒吧喝水要钱，却又提供免费花生

去过酒吧的人应该都会发现这样一种奇怪的现象：喝水是要花钱的，但是吃花生却是免费的。你可能对这样的事情并没有在意，但是，仔细想想又会觉得不可思议。

让我们先来看看几种容易接受的情形：酒吧对所有产品都收费。这大概是最符合商家的立场，也是最容易被我们接受的方式吧。如果你是酒吧经营者也许也会为了增加盈利而采用它，因为这样一来，无论进酒吧的人消费了什么东西，都能赚到钱。或者，你会考虑另外一种情形，你觉得免费提供点什么东西能吸引更多的顾客，比如成本低的清水，这样一来，酒吧既不会因为清水的免费提供而亏损太多，又达到了吸引顾客的目的。但是，事实与这些情形完全不同，现在大多数酒吧都是免费提供成本较高的花生，而高价提供成本较低的清水。看上去不可理解吧，但其中却蕴藏着很多秘密。

人们都有一种占便宜的心理，在消费的过程中这种心理体现得更为明显，并常常在不经意间影响着人们的行为。比如，在上面的例子中，当酒吧有免费提供的花生时，这种贪便宜的心理会让消费者产生一种“不吃白不吃”的念头，而且觉得自己如果不吃就会有损失，所以，除非你本身很不喜欢吃花生，否则都会毫不犹豫地选择它。即使人们刚进入酒吧，碍于面子不去贪这个便宜，但过不了多久，环视四周，发现很多人都在吃免费花生，也会受到他们的影响，出现从众行为。从众是一种十分常见的心理现象，是指个人受到外界人群行为的影响，而在自己的知觉、判断、认识上表现出符合公众舆论或多数人的行为方式。受从众心理的

影响，当人们看见其他人都在吃免费的花生时，自己也会趋同于大流而选择花生。接着当人们满足了自己贪便宜的心理，吃完花生后，就会感到口渴。这时，人们自然会有买清水或者酒类产品来满足自己解渴的需要。是喝水呢还是喝酒呢？在这两种都能满足需要的产品之间该如何选择？从平时的消费经验中我们可以知道，当只有一件商品时，我们能很快地作出决定，而当有多种商品供我们选择时，往往很难作出决定。这是因为在购买前我们会在心里对这些商品进行比较，看哪个更划算。对于清水和酒来说，相信大多数人都会觉得高价的酒比高价的水划算。最终，人们就会购买各种各样的酒类产品来解渴。

原来，免费的花生只是酒吧的诱饵啊！不仅如此，在消费的过程中，人们吃的花生越多，越容易感到口渴，对酒类产品的需求就越大。也就是说，越贪便宜，为这份便宜付出的代价就越高。

此外，进入酒吧的人一般都有共同的消费偏好，即使各自的目的不同，有人可能纯粹是为了喝酒，也可能是借酒消愁，或者只是喜欢酒吧的气氛等等，但都在一定程度上体现了对酒吧环境和酒类产品的偏好。既然有这种偏好，顾客就更倾向于买酒而不是水了。

从上面的分析中可以看出，酒吧正是利用了人们在消费中存在的占便宜、从众和消费偏好等心理，实现了销售更多酒类产品的目的。

其实，不仅在酒吧中会出现这种现象，仔细回想一下我们平时的消费经历，会发现在其他产品的销售中这些现象也十分常见。比如，不少商家采用“买一送一”的销售策略，这样做常常会吸引顾客。之所以会有如此效果，就是因为人们有占便宜的心理。又如，很多商家使用一些正在流行的用语或者相关标志进行宣传，往往会取得较好的效果，这是因为人们大多有从众的心理，认为大家都在这么做，那自己也应该这样做。

也许人们在消费中并没有注意到这些心理因素的存在，但是它们确确实实对消费行为存在极大的影响，只有了解了这些心理现象的本质，才能避免受其支配进行不合理的消费。

超市里的心理战——瞄准了你的钱包

相信大家都有这样的经历：在进超市买东西前明明制定了一个简单的购物计划，把那些自己需要买的东西都列入了清单，但购完物后却发现自己买了很多不

在清单上的东西。而且，即使一再提醒自己下次注意，却依旧抵制不住诱惑。是什么原因让购买欲大增？难道自己真的是购物狂？别惊慌，这只是我们被超市的心理战略所俘虏了。

随着市场的繁荣发展，我们都能明显感受到超市数量和规模的迅猛增加，超市之间的竞争也越来越激烈，为了赢得市场，商家们都使尽浑身解数吸引顾客。这种竞争使我们经常能看到超市的各种优惠活动：打折、降价、抽奖、限购、搭售……而通常我们都抵制不了这些优惠的诱惑，发生购买行为。下面的例子中提到的事情你也许会经常碰到：

两件商品除了在价格标示上不同，其他方面都是一样的。其中一件商品的标语是“本商品现价 50 元，欢迎购买”；另一件的标语是“本商品原价 100 元，现价 50 元，欢迎购买”。这时，你会选择购买哪一件？

超市里常常会有一些限量购买的活动，比如在对鸡蛋促销时会挂出这样的标语“每人限购 10 枚，欲购从速”。这时，你会买几枚？

某些品牌在促销时，会推出“购买该品牌的商品达到多少金额即能免费获赠一份礼品”的酬宾活动。这时，你是会对这些信息置之不理而只购买自己需要的产品，还是会努力使自己的购买达到能拿赠品的金额？

当你面对以上情景时，你会如何选择呢？大家的答案应该会基本一致吧！对于第一个例子，大部分人会毫不犹豫地选择购买既有现价又给出了原价的商品；对于第二个例子，大多数人会买 10 枚；对于第三个例子，人们则会将所有该品牌的产品看一遍，尽量找出合适的产品直至能够获得赠品。

我们知道每个消费者对产品的需求是不同的，所以在购买活动中会出现差异，但是在上述的例子中会出现趋同的选择正是超市准确把握了消费者“占便宜”的心理，巧妙地运用了销售策略造成的。

有人举过这么一个例子，“便宜”与“占便宜”是不一样的，价值 50 元的东西，50 元买回来，那叫便宜；价值 100 元的东西，50 元买回来，那叫占便宜。而在这里，顾客们的选择就体现了“占便宜”心理。销售策略的使用让消费者觉得买了东西会特别“划算”，而事实上这种“物美价廉”并不是真实存在的，只是人们自己的感觉罢了。例子中努力得到赠品的行为也是占便宜心理的一种体现。

此外，在购买活动中，人们会不自觉地受到外界暗示的影响，比如在第二个例子中，通常情况下，虽然人们实际需要鸡蛋的数量比限定的少，但购买的数量一般就是所限定的数量，这就是超市充分利用了这种限制条件给顾客造成了一种心理暗示："限购的数量就是我需要的数量。"而且，在对数量进行限定后，更能激起人们占便宜的欲望。人们会认为之所以会有限制，一定是因为这种商品销量非常好，如果不限量就会出现供不应求。或者，商家为了获得最大的利益不愿意卖出去太多。这样一来，消费者就会觉得如果自己不买或者买的数量在限定条件之下，就会不划算，也显得自己太不精明了。

不管是通过价格标示还是限定购买数量，超市都准确地把握和利用了消费者"占便宜"的心理，从而在不知不觉中影响着消费者的购买行为。如果你也有"明明不是购物狂，却无法抵制诱惑"的经历，就说明超市成功利用心理因素赢得了这场战争。当然这些例子只是众多销售策略中的很少一部分，只要你是个有心人，一定能在实际购买中发现更多、更精心、更巧妙的策略。

便利店里的陷阱

你准备去便利店买东西，在进去之后会不会向工作人员打听清楚自己所需商品的具体位置，接着心无旁骛地径直走向目标，取完物品后马上付钱，然后离开？相信大多数人都不会如此吧，而是自己一边逛一边找，在琳琅满目的商品之中穿梭，不仅留心自己要买的东西，还会在经意或不经意间被那些其他位置上的其他商品吸引，最后发现自己购物筐中的商品越来越多。

随着商品种类的增多，影响人们购买活动的因素也越来越多，人们的购买观念也发生了一些变化，这从一些用词的改变中可以看出。以前人们购物会说"买"，而现在，人们常说"逛"。"买"和"逛"之间看似没有什么区别，但这至少说明了人们进入便利店不仅仅是为了买自己所需要的东西了，而是在品种繁多的商品之间选择合适的、能打动自己的东西，它们可以是自己本来就打算买的，也可能是自己压根就没有考虑过的。为什么在便利店中消费者会无法避免地受到其他商品的影响呢？从物品摆放的位置上可能会找到答案。

陷阱之一——生活用品摆放在消费者容易忽视的地方。我们知道，所谓生活用品都是那些必需的、缺少了就会影响正常生活的东西。我们购买它们不是因为其广告做得好，或者包装吸引人，而是我们需要用它，所以无论商家用不用、用什么样的销售策略，当我们需要时都会去购买。而很多东西是可有可无的，比如，零食之类的商品，它们只是充当着生活中的调料，起辅佐之用。商家正是利用了我们对两类产品不同的需求，在摆放位置上作了精心的布置，将生活用品摆在容

易被忽视的位置，而将其他商品摆在显眼的地方。这样，人们购买生活用品时，必须经过一段走廊，在这个过程中走廊两侧的商品就会自然而然地进入人们的视野，吸引人们对这些商品的注意，从而可能会使人们除了购买生活用品之外，还会额外购买那些打动自己的东西。

陷阱之二——畅销商品摆放在离入口最远的地方。所谓畅销商品，一定是人们偏爱的、有大量消费群体的，没有顾客的青睐就不会畅销。畅销商品体现了人们的一种消费偏好，所以，就算将它们放置在离入口最远的地方，人们也还是会购买。便利店利用了这种偏好心理的存在，把畅销商品摆放在离入口最远的地方。由于顾客在消费偏好的驱使下会重复、习惯地信任并购买某种商品，所以即使离入口最远，还是会毫无怨言地购买。而且，在取商品的过程中也会被周围的商品吸引，增加附加消费。

陷阱之三——用途上相关的商品摆放在一起。稍有留心你就会发现，一般在便利店里，牛奶和面包位置较近，大米和油盐酱醋较近，图书和纸笔较近……这样的布局显然是便利店刻意安排的而非随意摆放。毋庸置疑，不管是在生活中还是在工作中，有联系的物品或事情总是较容易引起我们的注意，比如牛奶和面包，所以，将这样的物品摆放在一起就能让我们在购买了其中任何一件商品时，自然而然地会问问自己是不是需要购买另外一种。你为了买早餐吃的面包走进便利店，买完面包后发现附近摆放着牛奶，于是很自然地会想需不需要买牛奶呢？吃完面包应该会口渴吧，而且早餐时喝点牛奶也有利健康啊，然后你顺便买了牛奶。

陷阱之四——在收银台前摆放零食。在一次购物时，整个便利店里的人都被收银台前的声音吸引了，一位妈妈正在严厉地责骂自己的孩子，原来是在妈妈付钱时宝宝从收银台附近的货架上又拿了很多小零食。如果你是家长，在和孩子一起购物时也一定碰到过类似的事情，也许你也和那位妈妈一样训斥自己的孩子不懂事，其实他们也只是掉进了“陷阱”之中。收银台前摆放商品本来就是便利店的一种销售策略，人们在买完东西付钱时，在收银台周围有一段排队等待的时间，附近的小零食自然就会引起关注。这些商品都不贵，而且看上去特别诱人，所以很容易使人们在等待的间隙随手拿来，对于小孩子来说更是如此了。

上面的几种陷阱告诉我们，仅仅是摆放位置的精心安排就能在无形中对我们的购物产生极大的影响，看来避免受周围商品的影响是很难的！

为什么牛奶装方盒子里卖，可乐装圆瓶子里卖

如果稍加留意的话，就可以发现市面上几乎所有的可乐包装，无论是塑料瓶还是易拉罐，都是圆柱形的。而牛奶包装都是袋装或方形纸盒。为什么可乐生产商和牛奶生产商会选择不同的产品包装形式呢？原因有以下几个方面。其一是因为可乐大多是直接就着瓶子喝的，瓶子设计成圆柱形，比方形更称手。而牛奶却不是这样，人们大多不会直接就着盒子喝牛奶。其二，方形容器比圆柱形容器能节约存储空间和存储成本。如果牛奶容器是圆柱形，我们就需要更大的冰箱来存储。超市里大多数可乐都是放在开放式货架上的，这种架子便宜，平时也不存在运营成本。但牛奶却需要专门装在冰柜里，冰柜很贵，运营成本也高。所以，选择用方形容器装牛奶。其三，圆形的瓶子比较耐压。可乐中有大量二氧化碳气体。放入圆形瓶中能使瓶子均匀受力。不致过于变形。如果放入方瓶子里，就会严重变形。从这方面来看，牛奶放在什么形状的瓶子或盒子中都无所谓。

即使是圆形的铝制易拉罐，其生产成本本来可以更低，可为什么人们不那么做？这里涉及视错觉的问题。在全世界的大部分地区，可乐都是用铝制易拉罐装的，这种易拉罐的容积大约为 12 盎司，都是圆柱形的，高度（12 厘米）约等于宽度（直径 6.5 厘米）的两倍。在容积不变的情况下，如果把这种易拉罐造得矮一点，直径宽一点，能少用许多铝材。比如说，高改为 7.8 厘米、直径改为 7.6 厘米时，容积不变，却能少用近 30% 的铝材。可乐商家不可能不知道这个节省的方法，为什么还一直沿用标准的易拉罐规格呢？可能的解释之一是受心理学上的横竖错觉误导，消费者会认为可乐的容量变小了。所谓横竖错觉，指的是两条垂直的、同样长的线段，人们会倾向于认为横线比竖线短。由于存在这种错觉，消费者认为矮胖易拉罐装的可乐变少了，可能就不愿意购买。

还有一种解释是，购买可乐的顾客更喜欢制造成细长形状的易拉罐，或者是已经习惯了可乐罐子长成那样。即便他们知道矮胖易拉罐的容量与细长易拉罐的相同，还是宁愿多出点钱买细长的、已经习惯其包装的可乐，道理跟他们愿意多出钱住景色好点的酒店房间，或者已经习惯的房间一样。

看来，产品的外包装设计也是一门学问。商家需要深思熟虑，考虑不同的设计会对用户行为有着什么样的影响以及对自己成本的控制有怎样的影响。

人们因何而购买

生活中常常能碰到类似的情况，尤其是女性消费者，当自己已经买了东西之后，却发现自己不知道为什么会去买。

看似毫无缘由的行为，其实也隐藏着很多心理学的道理。

在人们购买东西时，其实真正关注的不是这件东西究竟是什么，而是产品能为自己带来什么，能满足自己在哪些方面的需要。比如，我们买米不是因为它是米，而是因为米能在我们感到饥饿时满足我们的需求；我们买电视、电脑等电子产品，也不是因为它们本身是什么，而是当我们无聊时或者需要了解周围的世界时，这些产品能为我们带来快乐，提供信息。所以，需求心理在人们的购买中发挥着巨大的作用，有需要了才有购买。米再好，如果不能吃就不能满足人们的需要，自然也就没有人去买了。人们的需要是多方面、多层次的，按照马斯洛的观点，人的需要分为生理需求、安全需求、社交需求、尊重需求和自我实现需求五类，依次由较低层次到较高层次排列。为了满足不同层次的需要，人们就会在不同的领域消费，例如，我们为了获得安全感，会去买防盗门，买各种各样的保险等；为了满足社交需求，会去参加某些俱乐部或会所的活动等等。其实我们的每一次消费都是为了满足我们自己某一层次的需求。

与“因何而购买”直接相连的就是消费动机了。仅仅有需求是不能直接推动人们去买东西的，只有将这种内在的需求转化为动机，从“我需要购买”到“我要去买”，才能最终发生购买行为。从动机上看，导致人们买或不买主要有两个方面：趋利或避害。“趋利动机”就是以获得利益为目标，驱使人们选择最有效的满足目标的途径；而“避害动机”就是以避免伤害为目标，驱使人们选择最无害的满足目标的途径。对这两种动机我们可以辩证地来看，比如对于满足安全需求来说，购买保险既是一种获得安全的手段，也是一种避免不安全的手段，只是在购买过程中动机的强度不同罢了。无论是哪一种动机都对消费者的消费意愿产生着影响，而且相对于趋利动机，避害动机的影响更大。所以，人们往往更多地是因为如果不买则会失去或受到伤害才决定买的，而不是因为如果买了就会得到某些利益而决定去买。

人们的购买行为之所以难以琢磨还因为有情感因素的存在，情感对我们是否买东西、买什么样的东西有十分重要的影响。我们经常说的避免感情用事、提倡理性消费等都是针对情感而言的。虽然很多人在购物时为了“把钱用在刀刃上”“用最少的钱买最好的东西”，常常会控制自己的情感，但还是不可避免地会受到情感因素的影响。当我们打开电视看到广告的主角是可爱的宝宝时，对孩子的喜爱之情就会自然而然地流露到对产品的喜爱中，相比其他同类产品就更倾向于选择小孩代言的品牌了。

越来越多情侣产品的推出就更能体现情感因素对购买的影响。都说恋爱中的人智商很低，并不是指他们真的因为谈恋爱就变得比以前笨了，而是不管他们做什么都会更多地受到情感因素的影响。这种影响在购物时也有很明显的体现，尤其是在情人节、圣诞节等富有情调的节假日中，经常能看见他们为了博得佳人一笑不惜重金购买奢侈品。

可以看出，虽然有时候人们购买某一件东西可能只花了几分钟，但在这个过程中却受到很多因素的影响。除了很多客观因素外，还不可避免地受到需求心理、动机、情感因素的影响。那些既能很好地满足自己的需要，又能激起购买的动机，还能让自己在情感上获得愉悦的产品自然就能更多地吸引人们的注意。这样看来，弄清自己因何而购买还真不是一件容易的事情。

为什么价格越贵越好卖

一瓶矿泉水卖几十块钱，一盒香烟卖几百块钱，一件衣服卖几千块钱，一部手机卖几万块钱，一部车卖几百万甚至几千万元……看似价格高得离谱的商品却有着很大的销售市场，“价格越贵越好卖”已经成为很多产品销售时的一个不争事实。

不知从何时起人们开始认为产品的价格越高品质越好，而且这个观点渐渐成为一种思维定势。所以，越来越多的销售者在推销时会用“一分钱一分货”来打动顾客买高价的东西，而顾客自己在作出选择时同样会考虑这一点。由于人们在购买时无法详尽地了解产品的信息，就会在无形中依靠价格来判断产品的质量、品质等，认为那些价格高的产品一定是有档次的，质量好的。目前大多数的高价产品都是有一定知名度的品牌产品，人们在购买时会觉得既然是大品牌，肯定在同行业中做得比较好，所以即使价格高也是合情合理、物有所值的。如果我们以这种心理来看待“高价易卖”，那么此时的价格就相当于是产品的质量了。

人人都有虚荣心，中国人自古以来就有“好面子”的传统，这种心理会影响人们对价格的关注，使人们觉得买昂贵的东西能提高自己的身份地位。虽然现在

的生活节奏十分快，人们在一起交流、接触的时间和机会都没有从前多了，但在学习、工作、娱乐之余，还是少不了会相互比评穿着、使用的生活用品等，尤其是和“姐妹淘”们聚在一起，聊聊这样的话题是再寻常不过的了。结果常常是那些用着奢侈的化妆品、穿着顶级品牌衣服的人会吸引更多人的眼球，也显得更有面子。这时的价格就是面子的象征了。

从那些高价产品的宣传中可以发现，越是贵的东西其代言人的知名度越高，人们在购物时就免不了会受“名人效应”的影响。生活中这种现象十分常见，我们从媒体中经常能看见、听到有关娱乐界明星穿着的八卦新闻，总是对他们穿着什么牌子的衣服、提着多少钱的包包、开着什么品牌的豪车等津津乐道。对于这些明星来说，他们集万宠于一身，有着众多的追随者。虽然对名人的崇拜是一种正常的现象，但越来越多的人将这种崇拜泛化到生活的方方面面，其中就包括用名人所用的东西。所以，只要是自己喜欢的明星所用的东西，再贵也要去买。那些知名度高的明星拥有的粉丝也相对较多，自然就出现价格越贵越好卖的情况了。

近年来，随着市场的开放，很多人抓住了自主创业的机会，走上了发家致富的道路。其中一些人在几十年前还是一贫如洗，连基本的温饱问题都难以解决，现在却成了百万、千万甚至亿万富翁。这时，人们就会有一种“补偿心理”，认为过去自己因为贫穷受了很多的苦，现在总算生活条件好了，有能力了，自然就要好好地对待自己，所以在购物时会选择价格更贵的东西。这种趋势在对待自己下一代时更加明显，他们总是觉得自己曾经所受的苦绝不能让孩子再接着受，于是在为孩子买东西时毫不手软。而且，即使自身的条件并不是特别好，很多家长也会为孩子选择更贵的东西，深怕自己的孩子与别人的相比会有差距，“宁愿自己受苦，也不能让孩子受苦”。

价格其实就是贴在产品上的一个数字罢了，却由于受到种种因素的影响可以是一种品质或身份的象征。正是由于人们赋予价格这样的意义和象征，才出现了越是高价的产品越好卖的现象。

人为制造的短缺

顾名思义，短缺就是缺乏、不足，在买卖关系中就是指商品的供应达不到需求的数量。一直以来，在我们的观念中短缺都是在供不应求时才会出现的，然后就是价格随之上涨，但随着竞争的日益激烈，出现了越来越多人为制造的短缺，即对本来不存在供给困难的商品，人为地制造出短缺的假象，以至于“亲眼见到的不一定是真实的，亲耳听到的也不一定是有根据的”。

最被人们熟悉的人为制造的短缺体现在住房领域。不管你身在哪一座城市，都能明显感受到房价的一路飙升，“住不起房”的现象越来越普遍，“蜗居”“蚁族”“房奴”这些词都已经不再新鲜了。越来越多的人开始关注这种过热的增长，是什么原因导致房价就像是一匹脱了缰的野马，令人无法控制其态势？的确，如很多房地产商所说，有很多客观的因素导致了房价的飞速增长，但不能忽视的一点就是人为制造的短缺假象。房地产商在商品房销售的过程中，通过制造短缺的假象，利用人们害怕买不到的心理，鼓动其购买。

经常能听到周围的人讨论房价的问题，大多数人都会得出“土地供应少了，房源少了，房价肯定会涨”的结论，即使很多权威部门一再表明房子的供应量不会减少，人们也还是会受到开发商制造的短缺的影响，总是担心自己如果不马上出手就会买不到房或者必须用更高的价格才能买到房；加上开发商利用人们的追涨心理，在买房者多次看房的过程中制造出持续增长的假象，这样一来就加速了顾客的购买。

买过房子的人都应该听过售楼人员的“透底”：您真有眼光，您选择的这个户型是整个项目的经典户型。这套户型本来就不多，一开盘就卖出去了一多半，现在只剩下几套了，您如果喜欢就赶紧下定金，要不然错过了就没有了，到时候您要是不喜欢了可以再退的。这种直接制造出的短缺信息很容易打动买房者去购买。不少购房者在特定的氛围下很容易产生冲动，稀里糊涂地就被卷入“假热销”的狂潮中，可是，当自己买完房子之后却发现事实并不像最初所见到、听到的那样。这样的场景从荧屏中到生活中处处可见。

其实这种现象不仅在住房领域比较普遍，在教育、医疗等领域也大量存在着。居住在大城市的人可能都会为孩子上学的事情发愁，作为家长当然是想让自己的孩子上最好的学校，可学校经常因为招生名额的限制而将孩子拒之门外，最后这些家长只好心有不甘地为孩子选择一个教育资源较差的学校。如果每一所学校的师资、环境等都基本保持在一个水平上，相信就不会出现“一边是挤破头也进不去，而另一头是冷冷清清”的现象了。虽然导致教育资源分配不均的原因有很多，但无法排除人为制造的短缺这个因素。受这种趋势的影响，即使在义务教育阶段，名校的收费也越来越高。更为诧异的是，一些不合理收费的现象不仅没有得到缓和，反而出现了恶性循环：收费越高，吸引力越大。现在大多数孩子一出生就得到全家上上下下的关爱，这些家长在什么方面都想着给孩子最好的，受的教育也要是最好的，而收费越高代表着条件越好，自然就越能获得家长的青睐了。

医疗领域也不乏人为制造短缺以获得暴利的现象，比如流感肆虐时，很多生产板蓝根的医药公司为了抬高价钱就故意散步出假消息，制造出目前板蓝根供不应求的假象，推动消费者尽快购买。

“物以稀为贵”，在大量人为制造的短缺中，即使数量很多的东西也容易被人们当做贵重之物对待。

一文不值与重金难求

一文不值是说东西毫无价值可言，而重金难求恰恰相反，常常形容的是那些价值连城，甚至再有钱也不一定能买到的东西。表面上看这是八竿子打不着的两个极端，可说不定哪一天一文不值的东西有一天也能变得重金难求，而现在重金难求的东西却变得毫无价值了。

现在很多有钱人都喜欢收藏古董，而且每件古董的价格都不菲，绝对称得上是重金难求了，但那些东西在它们被生产的年代说不定就是普普通通的物品，甚至连最贫穷的人家也不会把它们当做宝贝。可随着时间的迁移和时代的变迁，以前随处可见的东西变得十分稀少时，仅存不多的物品摇身一变，就价值连城了。

除了古董外，我们熟悉的一文不值和重金难求之间的变换还体现在邮票的收集上。“集邮”已经不再是一个新鲜的词了，不过，集邮爱好者并不是对所有的邮票都情有独钟，那些具有纪念意义又十分稀少的邮票才能得到他们的青睐。比如世界上的第一枚邮票应该就是重金难求的了，从实际的价值上看，一枚邮票值不了多少钱，和很多东西相比算是十分便宜的了，但当人们赋予它某种意义后就变得非常昂贵了。

上面的两个例子都是讲一文不值的东西在经过了很漫长的时间后变得价值连城。其实在现实生活中还有很多不需要时间的推移就能发生这种变化的。一位很著名的偶像明星在一件极为普通的T恤上签了自己的名字，于是，衣服还是原来的衣服，但是价格却增加了无数倍，而且很多人都愿意出这笔钱并且最终也只有一个人能得到它。

不管是古董收藏、邮票收集，还是T恤的昂贵变身，都说明了在一文不值和重金难求之间是没有绝对的界限的，而且从上面的例子中我们能看出一个共同之处，就是所提到的东西之所以能让人们争相高价购买都是因为稀少。可以想象，如果很久之前的东西并没有因为时间的推移被摧毁或消失，现在仍然有充足的数量，那么人们就不会去精心收藏了，也就不会有重金难求之说了；如果每件 T 恤上都有同样的签名，或者签名的人是十分普通的，没有被人崇拜和追捧的地位，那么人们也不会在乎能不能买到了。

在“为什么价格越贵越好卖”和“人为制造的短缺”中我们都提到了“物以稀为贵”的道理，与本篇中的现象一样，这些都受到了短缺效应的影响，即机会越小，价值越大。人们在买东西时常常会受到产品数量的影响，如果提供的数量很多，人们就会觉得反正多得是，收藏着也没什么用，就算有用以后再买也不迟；而如果数量十分有限，就会给人们制造出一种压力感，让他们觉得现在不买说不定就再也买不到了，这种“买不到”的可能让他们觉得自己即将失去什么东西，产生不安的心理，为了平复这种不安人们就会全力去购买。

所以，永远昂贵的东西是不存在的，正所谓“三十年河东，三十年河西”，我们总是处于时刻变化的环境中，也许有一天你身边的某一件毫不起眼的东西也能成为重金难求的物品。

价格尾数的促销作用

刘女士与好友逛街时，看到自己喜欢的专柜在举办促销活动，满 500 元送 100 元，于是便决定与好友一起凑数买衣服。两人各自挑了自己喜欢的衣服，由于该专柜的服装价格尾数都是 9 或 8，最后加起来算了一下还差 32 元钱。而该专柜里的物品最便宜的也是 30 元以上的，刘女士只好狠狠心买了一双 38 元的袜子。“虽然我们俩都买到了自己喜欢的衣服，算起来比正价购买要便宜。但平时如果看到一双袜子卖 20 元我都觉得贵，如果不是为了凑数，我是不会买那么贵的袜子的。”虽然买到了自己喜欢的衣服，但刘小姐还是觉得有点心疼。

心理学家的研究表明，价格尾数的微小差别，能够明显影响消费者的购买行为。一般认为，5 元以下的商品，末位数为 9 最受欢迎；百元以上的商品，末位数 98、99 最畅销。这就是尾数定价法的运用。在确定商品的零售价格时，以零头数结尾，会给消费者一种经过精确计算、价格便宜的心理感觉。同时，顾客在等候找零期间，也可能会发现或选购其他商品。尾数定价法属于一种心理定价策略，目前这种定价策略已被商家广泛应用。那么，尾数定价法相比其他定价法有什么优势呢？

首先是便宜。标价98元的商品和100元的商品，虽然仅差两元，但人们会习惯地认为前者是几十元钱的开支，比较便宜，使人更易于接受。而后者是上百元的开支，贵了很多。其次是精确。带有尾数的价格会使消费者认为商家定价是非常认真、精确的，连零头都算得清清楚楚，进而会对商家或企业的产品产生一种信任感。再有就是中意。在不同的国家、地区或不同的消费群体中，由于社会风俗、文化传统、民族习惯和价值观念的影响，某些数字常常会被赋予一些独特的涵义，企业在定价时如果能加以巧用，其产品就有可能因此而得到消费者的偏爱。例如中国人一般喜欢6和8，认为6代表六六大顺，吉祥如意，8代表发财，讨厌4，因为4与“死”谐音；美国人则讨厌5和13，认为这些数字不吉利。因此企业在定价时应有意识地避开，以免引起消费者对企业产品的反感。

尾数定价法虽然有一定的优势，但并不是所有场合都适用。超市、便利商店的市场定位决定其适用尾数定价法。超市的目标顾客多为工薪阶层，其经营的商品以日用品为主。目标定位是低档和便宜。人们进超市买东西图的也是价格的低廉和品种的齐全，而且人们多数是周末去一次把一周所需的日用品购置齐全，这样就给商家在定价方面一定的灵活性，其中尾数定价法是应用较广泛而且效果比较好的一种定价法。尾数定价意味着给消费者更多的优惠，在心理上满足了顾客的需要。而超市中的商品价格都不高，基本都是千元以下，以几十元的价位居多，因此顾客很容易产生冲动性购买，这样就可以扩大销售额。大型百货商场则不适合尾数定价法。大型百货商场走的是高端路线，与超市、便利店相比，大型百货商场高投入、高成本的特点决定了其不具有任何价格优势。因此，大型百货商场走廉价路线是没有出路的，它应该以城市中的中产阶级为目标人群，力争在经营范围、购物环境和特色服务等方面展现自己的个性，以此来巩固自己的市场位置。据相关资料介绍，目前我国消费者中，有较强经济实力的占16%左右，而且这个比例有扩大的趋势。这些消费者虽然相对比例不大，但其所拥有的财富比例却占了绝大多数，这部分人群消费追求品位，不在乎价格，倘若买5000元的西装他们会很有成就感，而商场偏要采用尾数定价策略，找给他们几枚硬币，这几个零钱他们没地方放，也用不着。加之这些人时间宝贵，业务忙，找零钱浪费他们的时间（当然排除直接刷卡的付款方式），让顾客会有不耐烦的感觉。

什么是少量限定原理

生活中类似的促销标语再常见不过了，不过，它们对消费者的诱惑力似乎并没有因为常见就随之减少。当我们碰上这些促销活动时，还是会忍不住多看一眼，多留心一下。

通常，我们在促销活动中所见到的限定条件主要包括对时间的限定和对数量的限定。比如，在时间上，很多商家会打出“活动截至 × 月 × 日 × 时”“生日在 × 月的顾客能获得此优惠”“每天前 × 名的顾客能享受 × 折优惠”等等。可以看出，虽然在具体的限定方式上不一样，但这些都是对时间的少量限定，使优惠活动只面向部分消费者。而类似的“仅售 × 个”“数量有限、欲购从速”“只剩最后几件”“每人每天限购 × 个”“在 × 地区唯一一件”“限量版”等等，都是在数量上对顾客的消费行为进行了限制。

当物品受到这些条件的限定时，我们反而更愿意去购买。

我们都了解一种很普遍的心理，物以稀为贵，东西少了自然就会引起人们的重视，而当物品的供给十分充裕时，人们反倒不会去那么关注。人们会认为“既然东西还很多，无论什么时候都不会出现没有的情况，那等到自己真的有需要时再买也不迟，说不定还会有更多、更好的选择”；而当对时间或数量进行了限定之后，人们就会有一种“如果现在不买，等自己需要时就没有这种优惠了，反正这些东西应该都用得上，就先买着吧”，于是出现越是限定越要购买的现象。

其实，这些都是商家在营销时常用的一种策略，通过限定与顾客购买行为相关的一些因素（比如时间和数量），引起顾客的关注，激起他们的购买欲望，用营销术语讲就是利用了“少量限定原理”。这种原理准确拿捏了顾客害怕失去购买机会的心理。在限定的条件下，顾客如果不及时购买，等到时间过了或者数量超了，自己就可能错过机会。这种可能出现的情况会引起顾客在心理上的不安，而为了避免这种不安的出现，顾客就会选择出手。

正因为“少量限定原理”对顾客有很大的吸引力，越来越多的商家为了达到自己的目的而置事实于不顾，随心所欲地对购买条件进行限定，不仅没有起到应有的效果，反而伤害了顾客，引起顾客的厌恶和反感。

某商店打出了“清仓处理，只剩最后三天”的标语，周围的居民都蜂拥而至，生怕错过了大好的机会，接连三天顾客都络绎不绝。可奇怪的是，三天过去了，标语依旧挂着。顾客顿时有一种被欺骗的感觉，之前那种抓住机会买东西的激动和开心之情荡然无存。不仅如此，由于对商家这种做法的厌恶，使消费者对产品本身也产生反感，认为产品质量有问题、价格太贵等等，最终落得很不开心。

可见，虽然“少量限定原理”有利于帮助商家促成销售，通过对条件的限制激起人们害怕失去的心理，从而去买东西。但是，不切实际的利用，也会伤害到顾客的情感，产生适得其反的效果。

什么是权威效应

我们在购买商品时会不可避免地受到其他因素的干扰，通过前面几个章节的介绍也了解到了物品摆放的位置、促销时对条件的限制等都会对我们的购物活动产生影响。除此之外，商家还经常利用权威人物在我们心目中的形象进行宣传，以此来推销商品。

权威效应是一种普遍存在的社会心理学现象，指说话的人如果地位高，有威信，受人敬重，则他所说的话就容易引起别人的重视，并使人相信话语具有正确性。这其实也就是人们常说的“人微言轻，人贵言重”的现象。

在营销中商家也经常利用“权威效应”的影响来吸引人们的注意，获得人们的信任，他们的具体做法有：

在传单、标语、产品说明书等上面加上能引起人们权威崇拜的内容，如，“该产品获得 ×× 的质量认证，请放心使用”等。

直接找具有权威的人或机构进行广告宣传。随着媒介的发展，我们随处可见各种各样的广告。观察这些广告，你会发现，产品代言的人群中除了演员、歌星等文艺界的明星之外，还有许多相关行业里的顶尖人士。与明星吸引人们的方式不同，这些人主要是利用自己的权威身份获得大众的崇拜和信任。

通过各种渠道拉近自己和权威之间的距离。比如，现在很多店铺在开业时会请权威人士参加剪彩或在庆典时请权威人士出席；此外，还有商家在权威人士消费之后留下他们的照片或者签名等，并将这些放置在显眼的位置，以达到宣传的目的。

利用权威效应进行广告宣传的策略还有很多很多，但它们无疑都是利用了人们对“权威”的信任和崇拜心理。

人们都有渴望安全、自我保护的本能，而权威人士在我们心中的形象十分高大，这种形象代表着权威人士的思想、行为大部分都是正确的，是值得信任和推崇的。追求安全的心理使我们认为服从、跟随这些权威人士，按照他们的行为方式说话做事就能增加自己不出错的“保险系数”，从而能获得安全感。

此外，按照马斯洛的观点，人都有获得尊重的需要，权威人士有着令人敬仰和羡慕的社会地位和威望，博得了很多人的尊重。如果自己的偏好、言行、价值取向等和那些权威人士一致，自然也就能赢得别人的尊重和认可，所以，选择权威人士所选择和推荐的东西就是一种向他们靠近的方式。

从这些心理过程中可以看出，受权威效应的影响，在买东西的过程中人们都会表现出一些盲目崇拜，认为权威人士所说的、所做的、所推荐的就是对我们有益的。的确，从我们自己的购物经历来看，那些由该行业的顶尖人士代言或推荐的产品常常都有较好的质量和口碑，是值得去购买的。但对权威效应也应该辩证地去看，毕竟我们要购买的是实际的产品而不是权威人士的威望。而且，随着竞争日益激烈，越来越多的商家利用顾客追求安全和获得社会认可的心理，在权威人士的权威性上造假，而由于盲目崇拜的存在，顾客依然会倾向于去购买。

引起消费者的好奇

不知道你有没有听说过这样的一个故事：有一家酒吧，酒吧门口放着一只大酒桶，桶壁上面贴着四个非常醒目的大字，“不准偷看”！可是，来来往往的人并没有像提示的那样，退而避之不去看；相反，好奇心使他们都跑了过去，想看看酒桶里面究竟是什么好东西。结果，一股清香的酒味扑面而来，透过酒还能依稀看见酒桶底部“本店美酒与众不同，请享用”的字样。接着，这些好奇的人又抵制不住酒的醇香的诱惑，走进店里亲自喝喝，看到底是什么样的美酒能有如此的香味。

这个故事说的就是卖酒的商家利用人们的好奇心将过路的人吸引到店中消费——最开始是用“不准偷看”这种禁止的话激起人们的好奇，当人们靠近酒桶时又用酒香吸引住顾客。人们在从看见标语到进店喝酒的整个过程中都受到了好奇心的驱使，可见，好奇心对我们的行为有多大的影响。

好奇心，人皆有之，从心理学的角度讲，是人对自己不了解的事物感到新奇而有兴趣进行探究的一种心理倾向。好奇心激发我们去了解更多的事情，去认识这个世界，让我们的生活永远充满新鲜感和乐趣。不仅如此，好奇心还能对购物活动产生影响，使人们不是为了买东西而去买东西，而是为满足好奇心而去买东西。

消费者在购买活动中有很丰富的心理，广告创作中的一个非常有名的 AIDMA 原则就揭示了消费者购买的全过程。1898 年 E.S. 刘易斯最先提出 AIDMA 原则，其含义为A（Attention）引起注意；I（Interest）产生兴趣；D（Desire）培养欲望；M（Memory）形成记忆；A（Action）促成行动。从这一过程中可以看出，注意、兴趣是购买活动的开始，而好奇心对吸引注意、激起兴趣又可谓是一剂良药。

通常说来，人们对问题比较好奇，因为问题较容易使人们产生继续关注、直至找到答案的心理。像很多人都喜欢玩猜谜的游戏，就是因为已知的谜面激起了人们对未知的谜底的探究。所以，设置疑问是常见的营销策略。

此外，很多商家还通过提供不完整的信息引起人们的注意和兴趣。“犹抱琵琶半遮面”总是能带给人们无尽的遐想和隐约的美感，往往比“暴露在外”“全盘托出”等更能引起我们的注意。营销中商家将很有价值的信息只提供一部分，自然而然地激起人们对剩下信息的兴趣。比如展示新产品时，在介绍中提到该类产品有很多用途，其中一些是其他同类产品所不具备的。接着商家对产品的用途进行演示，但销售人员并不是全数展现在顾客面前，而是将最精彩的地方留给顾客自己去体验。

可能有的产品在用途上并不具有什么新奇的特点，也就无法对人们产生吸引力了，但如果用新奇的方式进行包装或宣传，同样能激起人们的好奇，去关注产品。我们常常能看见穿着可爱或奇异的“人”在街上为某种产品派发广告宣传单，他们依照产品的特征扮成动物或其他相关的造型，这些造型更容易激起人们的好奇心，使人们产生多了解一下产品的想法。

好奇心是一种天性，每个人都不能摆脱好奇对消费行为的影响。在消费中，除了产品本身外，产品的包装、宣传等都有可能触发消费者的好奇心理。

用恐惧和魅力打动人心

如果你留心商家的营销，会发现很多广告语都有一个共同的逻辑：举出你可能遇到的困境——进一步说明这种困境会对你的生活产生危害——所推销的产品能帮你解决这个问题。而通常情况下的宣传效果是人们真的感觉到了那种潜在的危险，为了避免陷入不安和困境中而倾向于去购买。正是消费者对潜在危险的恐惧心理赋予了产品魅力，产品才打动消费者去买它。

我们都知道雪中送炭的典故——战国时期的某年冬天下大雪，楚怀王点上炉火，穿上大皮袄还觉得冷。突然，他沉思一会儿，下令给全国的贫苦百姓和游客送去取暖的煤炭。现在，我们常用这个典故比喻当别人有困难时给予物质上或精神上的帮助。雪中送炭的深层意思应该是：与在顺境中受到别人的帮助相比，逆境中的帮助会让我们更加感激。社会心理学中有一个“地狱之佛”理论，讲的也是类似的道理。所谓地狱之佛，就是在地狱中的佛，在你遇到困难时，伸出援助之手，帮你渡过难关。无论是“雪中送炭”，还是“地狱之佛”，都说明了困境中的帮助更有魅力。

商家也正是利用了这种魅力才会在广告语中设置种种潜在的困境，以此造成人们的恐惧心理，引起人们的关注和购买。

人都有趋利避害的本能，都会追求快乐，避免伤害，而且，与“趋利”相比，“避害”的本能更强。因为利益对于自己来说，如果失去，只是少得到了某些东西，而伤害对于自己来说就是一种失去，是人们不愿意去接受的。这也是为什么恐惧更具有魅力，更能在营销时打动人心。

此外，人们都有获得安全的基本需要。从那些广告中可以发现，大多数利用恐惧和魅力打动人心的产品都是与人们的安全有关的，比如与生理安全有关的保健药品，与生活安全有关的防盗门，与物质消费有关的信用卡等。之所以在这类产品的宣传中利用人们的恐惧心理能起到一定的效果，就是因为一般这类产品或服务都能满足人们获得安全的需要，比如各种各样的社会保险。

养老保险：当你年迈力衰时——为您提供最基本的生活保障，让您可以安度晚年。

医疗保险：当您遭受意外事故时——为您提供物质和精神帮助，使您的疾病能得到及时治疗。

失业保险：当作为一家之主的您被公司辞退，暂时失去生活来源时——为您提供物质帮助，渡过难关。

工伤保险：当您在工作中意外丧失基本工作能力时——为您提供基本的帮助，得到应有的补偿。

生育保险：当您因为有了宝宝而不得不暂时停止工作时——为您提供经济和物质帮助，免除后顾之忧。

可见，虽然恐惧对人们来说是不愉快的情感体验，会给我们的生活带来很多的麻烦，但如果正确利用，恐惧也是有益处的。尤其对销售者来说，通过给顾客设置一种想象中的困境，让他们产生恐惧心理，激起他们摆脱困境的愿望，再介绍自己的产品或服务能满足消费者获得安全、避免伤害的需要，为消费者提供帮助。这样一来，消费者购买就显得水到渠成了。

第十章

人际关系心理学：吃亏为什么是福

多角度了解自己和别人

《孙子兵法》有云："知己知彼，百战不殆。"人际交往也是一样，只有充分了解了自己和别人，才能掌握交往关系的整体状况。这一点，在商业谈判中尤为重要。只有了解自己，才能满足自己的需要，实现自己的利益；只有了解对方，并站在对方的角度看问题，才能提前预测对方的行动，从而控制谈判的发展方向。

人际交往中，常常会因为自己的观点和别人的观点有差异而造成许多矛盾，而了解自己和别人就能摆脱单一的视角，是解决矛盾的最佳途径。

人际交往中至少存在四种看待人际关系的角度：

站在自己的角度

"自己的角度"就是从自己的角度看待问题。遇到问题时就要问问自己：我的感觉如何？我想得到什么？比如：和他谈话我感到很开心；他让我感到很紧张；我希望从这份工作中得到更多的成就感。这种人站在自己的立场去看，去听，去感觉，他们强烈地知道自己想要什么。

站在自己的立场上看问题，才能避免迷失自己。但是，要想全面地看待问题，还需要站在别人的角度，体会别人的感受和需求，把自己的感受和别人的感受进行对比分析。

站在对方的角度

"对方的角度"就是站在别人的角度去看，去听，去感觉，也就是通过移情体会别人的感受。比如，员工站在老板的角度思考问题，就会知道老板希望自己尽职尽责地工作，尽量提高工作效率；老板站在员工的角度思考问题，就会知道员工希望提高待遇和福利。员工与老板是一对矛盾统一体，他们的利益既对立又统一。要想使他们的关系和谐发展，就必须满足双方的利益。双方如果都为对方着想，满足彼此的需求，就会使企业和谐发展。

站在别人的角度，就能强烈地感受到别人的感觉和需求。通过这一视角的观察，能很好地理解别人的思想和行为。

为了提高自己这方面的能力，可以想象自己坐到别人的位置上，问问自己：如果你站在别人的角度上会怎么看待问题，会有什么感觉？

站在别人的角度看问题是对原来自己的否定，开始时，你也许会感到不适应，但是习惯之后，就会作出和别人相同的行为或类似的反应。

站在第三者的角度

“第三者的角度”也就是旁观者的角度，从外界观察整个人际关系系统。用第三者的角度看问题，可以不掺杂自己的感情，客观地看待自己的优点和缺点，扬长避短，发挥自己的优势；可以客观地看待自己和别人的关系，满足双方的利益。比如，在一对雇佣关系中，老板认为员工工作不努力，所以克扣工资，然而员工之所以不努力，就是因为对薪酬不满意。如果老板和员工都跳出来，站在第三者的角度看待问题，就能找到问题的关键，解决双方的冲突。

第三者的角度有助于我们掌握整个关系的发展，协调敌对双方的关系。要想掌握第三者的角度，可以多问问自己：在人际关系中，自己和别人的行为是如何相互影响的，矛盾在哪里，需要怎么做才能改善关系。

站在系统的角度

“系统的角度”可以帮助我们把自己和别人紧密联系在一起，更进一步了解自己和别人的关系；可以帮助我们感受到系统中不同部分的相互作用，更加关注系统各部分之间是否和谐。比如，在一个企业中，老板与员工共同构成一个系统。从系统的角度看问题，我们不代表老板的利益，也不代表员工的利益，而是代表企业的整体利益。为了增强系统思维的能力，我们可以找到矛盾双方对整体造成的压力，想象这些压力发生在自己身上，这样可以促使我们找到问题的关键，协调系统内部的矛盾。

从系统的角度看问题，对提高人际交往的能力非常重要。任何人际关系都可以看做是一个系统，为了系统整体的和谐与发展，各部分都应该采取恰当的行动。

通过以上这四种视角，我们可以很好地了解自己，了解别人，了解整个人际交往系统。

了解性格，与人和谐共处

性格与人际关系的密切联系是绝对不能忽视的。在交往中，每个人都会表现出或多或少的缺陷。若想与人和谐相处，使人际关系更加完美，最重要的一点就是要全面、清晰、客观地了解真实的自己，然后再根据自己和社交对象的性格类型，来把握与其接触时应该注意的地方，以使自己的人际关系日臻完美。

大千世界，人们的性格表现千差万别，不过归纳起来大体可以分为两大类型：内向性格或比较倾向于内向性格、外向性格或比较倾向于外向性格。通常认为，外向型的人活泼开朗，能言善辩，善于交际；内向型的人文静内敛，讷口拙言，不善交际。然而世上没有完美的性格，任何一种性格都存在着积极和消极的两个方面，既有优点，又有不足。

如果你是外向型性格的人，一般来说会比较擅长交际。你活泼阳光，充满活力，善于社交，乐于助人，能够轻松赢取他人的好感，人际关系十分和谐；你擅长自我表现，能言善辩，诙谐幽默，与陌生人相处也毫不胆怯，能够轻松地引导现场气氛。

不过，也有一些地方需要注意：

1. 牢记“祸从口出”，不要得意忘形，说太多的废话，让人觉得你很轻浮，不可信任。

2. 注意不要给别人留下多管闲事的印象，只在恰当时表示关心，伸出援手，并给予适当的帮助。

3. 不管与对方的关系多么亲密，都应该尽量不多过问对方的私生活，不要侵犯对方的隐私，不要提出过分的请求，以免对方心生不悦。

4. 不要凭表面现象轻易地对人作出好恶评价，不要用眼前的利害得失来选择朋友。

5. 尽可能地努力维持一些值得深交的朋友。

6. 要守时，守约定，谨慎遵守各项规范，尤其在上级或关系比较生疏的人面前，应时刻保持礼仪，多用敬辞、谦语，多讲客套话，切不可采取粗鲁、轻浮的态度。

7. 在社交活动中调和气氛时，切勿说些低级的、轻薄的笑话和故事，否则你的形象会在别人心里大打折扣。

8. 在谈判过程中，不应轻言放弃，努力保持柔和的态度，充满耐心，谨记“欲速则不达”。

9. 在与内向型的人交往时，应当尽量让自己的神经变得“纤细”一些，细心，耐心，多观察对方情绪状态的变化，充分考虑各方面的因素，谨慎行事，避免引起对方不悦，或对其造成伤害。

10. 内向型的人一般思虑深远，慎重务实，如果你的上司是这种类型，则务必要严守规矩，时刻保持紧张认真的工作状态，切莫粗心大意、玩忽职守。

内向型性格的人，沉稳踏实，善于思考，耐心谨慎，冷静理智，自制力强，平易近人，坚韧执著，但亦有敏感多疑、个性消极、固执拘谨、因循守旧、精神懒散、反应迟钝、行动缓慢的特性。作为内向型性格的人，应该明确这样的观念：内向性格不等于不良性格，更不是成功交际的障碍；只要认识自己，把握好方法，充分发挥性格中的优势，巧妙规避个性的不足，同样可以拥有很好的人际关系。

内向型性格中诚实、认真、踏实的一面容易给人留下好印象，但是，因为内向型性格的人对人群比较疏离，一般会采取非常慎重的人际交往方式，有时候还会有些顽固、古板，这也是很不利于社交的，因此，在与人交往时，性格内向的人应该克服自己性格中的不利因素：

1. 彻底地认同自己，了解并承认自己性格中的优点和劣势，不要过于追求完美，不要过度压抑自己的情绪和欲望，给自己留一点“人格余地”。

2. 多培养一些兴趣爱好，多与他人接触，尽量多去交朋友、培养友情，走出孤独的心境。

3. 与人交际的过程中，无需太在意对方的想法和态度，避免给人留下懦弱、没有自信的负面印象。

4. 积极地肯定自我，学会欣赏自己目光敏锐、见解精辟、一语中的等长处。

5. 努力将性格中善良和温柔的特征向着更坚韧的方向发展，达到另一种形式的坚强和勇敢。

6. 与人交往时，应当尽量阳光、爽朗一些，不要给别人留下忧郁、高深莫测，甚至阴险的印象。

7. 多关心对方的观点、想法、情绪、表情、行为等等，遇到自己不感兴趣的问题时，不要立即明显地表示“无聊透顶”的态度来。

8. 尽量主动地努力发掘有趣的、快乐的话题，做一个善于倾听、善于赞美的谈话对象。

9. 不要因为鸡毛蒜皮的小事影响心情，学会宽容，注意“己所不欲，勿施于人”。

10. 应该适当发挥圆通性及随机应变的能力，给人留下善解人意、成熟周到的印象。

11. 与外向型的人交往时，应尽可能多地发现对方的优点和特长，然后毫不吝啬地给予肯定和称赞，这会让他们喜不自禁，并对你产生认同感。

肢体语言能让人际关系更顺畅

在社交场合，戴着“面具”与人交往的人比比皆是，如何判断他们的表情是否表达了他们的真情实感呢？人们的真情实感通常表现在细节之中，只有通过细致的观察，才能通过肢体语言获得准确的信息。

肢体语言又称身体语言，是指经由身体各部分的动作和姿态代替语言借以达到表情达意的沟通目的。狭义的“肢体语言”指身体与四肢所表达的意义；广义的“肢体语言”还包括面部表情在内。人们可以通过这些肢体活动表达自己的情绪，也可以通过这些肢体活动辨别出别人所表达的思想和意图。

春秋时期的淳于髡就是一个观察肢体语言的高手。梁惠王广招天下名士，有人推荐了淳于髡。梁惠王召见淳于髡两次，但是每次淳于髡都沉默不语，于是梁惠王责问推荐的人：“你说淳于髡有管仲、晏婴的才能，我没看出来。为什么召见他两次，他都不说话，难道我在他眼里是个不配和他说话的人吗？”

推荐的人问淳于髡是怎么回事，他回答说：“我很想与梁惠王倾心交谈，但是第一次，梁惠王想着驱驰狩猎之事，所以我没有说话；第二次，梁惠王想着声色享乐之事，所以我也没有说话。”梁惠王一回忆，果然如淳于髡所说，不得不叹服淳于髡的识人之能。

肢体语言是一个人下意识的动作，当事人往往意识不到自己是如何用身体动作表达情绪的。当我们与人谈话时，时而蹙额，时而摇头，时而摆动手势，时而两腿交叉，做这些动作时我们多半并不自知，因此肢体语言很少带有欺骗性，身体动作和姿态会告诉我们自己和别人的真实情况。仔细听别人说话，并观察他们的肢体动作和面部表情，我们就能知道他们是在撒谎，还是在说实话。心理学家发现当一个人说真话时，他的身体会倾向于与对方接近；当一个人说谎时，身体会倾向于远离对方。

通过肢体语言和面部表情观察对方的情绪，可以帮助我们更顺利地进行交流。如果对方已紧握拳头或表情僵硬，我们就该体会一下对方的状况，保持警觉，安抚对方的情绪，或者适时先离开。如果对方身体前倾，表示有兴趣交流，我们就可以把自己的观点说出来，进行一次愉快的交谈。如果对方身体后仰，眼睛看着天花板，根本不想听，甚至表现出不屑一顾，我们就应该识趣地结束交流或者换一个能够引起对方兴趣的话题。

人们的真情实感往往表现在细节之处。我们需要具体分析某一种肢体动作代表什么样的情绪，因为有些肢体动作能够传达出不只一种信息，比如：一个人把背部靠在椅子上，表示他不感兴趣。这种解释只是众多解释的一种，这个姿势还可以传达出他想要在大脑中构建一幅更加清晰的图像，以便能够理解你所解释的东西。身体前倾的动作暗示当事人在全身心注意对方，也表示当事人希望引起对方更热切的注意，还可以表示他准备起身离开。一个人可能因为生气而皱起眉头，也可能因为遇到困难而皱眉。因此，仅仅基于一个人的某种肢体语言，而没有考虑这种肢体语言产生的背景，就得出某个结论可能会判断失误。

另外，肢体语言还可以显示出一个人正在使用的表象系统。如果一个人快速地呼吸，说明他在使用内视觉系统；如果一个人脑袋向上翘起，说明他在使用内听觉系统；如果一个人有大量肢体动作，用上腹部呼吸或者脑袋下垂，则表明他在使用内感觉系统。在与人交流时，注意这些细节，就能达到更好的交流效果。

下面是一些经典的肢体语言所表达的信息：

手部动作

挥手，表示你好或再见。

握手，表示问候或告别。

摆手，表示拒绝。

竖起食指，表示请注意或上天为证。

手掌向上，表示乞求或坦白。

触摸耳部或轻柔耳朵，表示厌烦，不想听你说下去。

触摸脖子，表示怀疑或反对。

用手指指背轻擦脸部，表示我不相信。

把手放在脑袋后面，表示有意辩论。

用手挡住嘴或鼻子，表示想隐藏真实的想法。

臂部动作

双臂上举，表示胜利、祈祷或投降。

单臂上举，表示打招呼、发誓或引起注意。

两手撑腰，表示愤怒。

双臂交叉与胸前，表示自我保护或拒绝。

双手反剪背后，表示自由自在。

头部动作

低下头，表示友善或放低自己的身份。

低下头，隐藏脸部，表示谦卑或害羞。

头部猛然上扬，表示吃惊或惊叹。

摇头，表示否定；点头，表示肯定。

头部前伸，表示感兴趣；头部缩回，表示害怕或回避。

头部后仰，表示挑衅、桀骜不驯、自认优越或存心违抗。

晃动头部，表示惊奇或震惊。

头部僵直，表示毫不惧怕或不屑一顾。

头部歪斜，表示假装天真或卖弄风情。

眼睛动作

闭眼，表示厌恶、不屑一顾或自命不凡。

两眼上翻，表示鄙视、怀疑或恼怒。

低头从旁侧瞟，表示害羞或调皮的忸怩感。

瞪眼，表示不满或威胁。

眨眼，表示不明所以或者他在撒谎。

嘴部动作

嘴唇闭拢，表示和谐宁静、端庄自然。

嘴唇半开，表示疑问、奇怪、有点惊讶。

嘴唇全开，表示惊骇、惊叹。

嘴唇向上，表示善意、礼貌、喜悦。

嘴唇向下，表示痛苦悲伤、无可奈何。

嘴唇撅着，表示生气、不满意。

嘴唇绷紧，表示愤怒、对抗或决心已定。

腿部动作

扳腿，表示固执，拒绝劝说。

抚摸腿，表示希望得到爱抚。

双腿脚踝处交叉，表示放松以及温和的态度。

双腿交叉于膝盖处，表示放松。

一只脚的踝关节置于另一条腿的膝盖处，表示非常放松。

注意别人的肢体语言可以让我们更敏锐地感知别人的需求和欲望。同样，控制自己的情感和表达情感的方式，也能让我们很好地隐藏起自己的一些不良情绪，以免在我们意识不到时让它们破坏了和谐的人际关系。

为了能够与别人建立良好的互动关系，我们需要注意下面这些肢体语言。

面部表情

微笑是表示友好的面部表情。微笑不只是嘴部的动作，“嘴巴微笑”是虚假的微笑，把微笑延伸到眼角才能显示出友好、快乐与真诚。微笑真诚与否关键在于能否引起对方的回应，如果能够引起回应，微笑会产生更强烈的好感。

与人交谈时，眼睛要注视对方，让对方体会到受关注的感觉。如果我们面对的是一群人，同样要睁大眼睛，扫视每一个人，让每个人都觉得我们是在单独与他交谈。在交谈的过程中，我们还可以用点头来鼓励对方继续说下去。

语音和语调

《礼记》：“凡音之起，由人心生也。”通过一个人的声音，可以判断他的内心世界。内心平静，声音就平和；内心坦诚，声音就清脆而且节奏分明；内心乖张，声音就尖厉刺耳；内心宽容的人，声音温柔和缓。

说话的语音和语调能够表现一个人的亲和力。舒缓低沉的音调给人亲密友好的感觉，尖厉的音调则让人感到紧张不安。有人曾给前英国首相玛格丽特·撒切尔提议把声音降八度，让她听起来更温柔，更关心人。

手势

握手是交流情感、增进友谊的重要方式。握手时要把握好力度，让对方感受到我们的真诚。过紧地握或者手指不经意地拂过对方都是不礼貌的。眼睛要注视着对方，微笑致意或问好。注意多做开放式的手势，比如摊开双手，或者双臂前伸做出拥抱的样子。这样的手势可以增强我们的亲和力。不要做封闭式的手势，比如交叉双臂抱在胸前，或者把一只手放在嘴上。

手势是辅助表达的重要工具。手势可以分为情意手势、指示手势、模拟手势和象征手势。情意手势是情绪波动时做出的手势，这样的手势可以增强吸引力和感染力。指示手势是指通过指示方向传达信息，比如指示方向和物件。模拟手势是表现事物形象特征的手势，比如模拟某个人有多高。象征手势是抽象的手势，需要听者借助想象和联想才能领会其意。

身体姿势

俗话说“站有站相，坐有坐相”。要想给人留下良好的印象，就要保持挺直的站姿、矫健的步伐和端正的坐姿，做到“站如松，行如风，坐如钟”。如果不注意自己的身体姿势，就会给人不舒服的感觉。正确的站姿是两脚与肩同宽，脚尖朝前。身体向着对方略微前倾，表示“我在全身心地注意”，也暗示“我希望引起更热切的注意”。

需要注意的是，肢体语言的解释并没有唯一性，一种姿势或动作可能表达多种意思。如果完全按照某种特定的方法进行解释就可能会理解错误。一般来说，谈话时身体后仰表示他对这个话题没兴趣，把手臂交叉放在胸前表示抵制、排斥。如果你把这种解释作为理解肢体语言的唯一根据，就有可能对别人的肢体语言发生曲解，导致一些不必要的误会。因此要全面、客观地了解肢体语言的含义，才能作出准确的判断。

别让投射效应破坏了人际和谐

现实中总是有些人、有些事让我们感到愤怒或苦恼。当有人激怒我们时，我们该如何处理自己的情绪呢？我们可能会非常情绪化地认为那个人很可恨、很危险，甚至很恶毒；我们会对他感到反感和厌恶，并对他恶言相向，或者进行人身攻击；我们甚至还可能选择逃避，避免让他伤害到自己……总之，我们多半会认为对方是错的，而自己是对的。

毫无疑问，我们的这些做法不利于人际关系的和谐。然而，我们的这些反应对我们来说也并不是一无是处的，它就像是一面镜子，可以帮助我们更好地了解自己的思维方式和情绪反应方式——我们对别人不满意的地方正是我们需要了解自己的地方。这种了解自己的技巧在心理学上叫做“投射”。心理学研究发现，人们在日常生活中常常不自觉地把自己的心理特征（如个性、好恶、欲望、观念、情绪等）归属到别人身上，认为别人也具有同样的特征。如果自己喜欢说谎，就认为别人也总是在骗自己；自己自我感觉良好，就认为别人也都认为自己很出色……当我们讨厌一个人时，其实我们真正应该讨厌的对象是我们自己。恨谁就像谁，我们已经把自己的缺点投射到了那个人身上。“以小人之心度君子之腹”就是投射效应的表现。

我们的潜意识把自身不愿接受的观念和情绪投射到别人身上，把那些令自己讨厌的或不能接受的想法推诿给别人，这样做的目的无非是为了减少我们的内在焦虑——用否认的方式逃避那些卑劣的或不能接受的观点；（我没有这种讨厌的下流思想。）把自己不能接受的东西投射给他人，然后加以攻击，并与之保持一定距离，从而获得安全感；（你竟然有这种想法，真卑鄙。）通过强调别人和我一样或比我更坏的方式来得到满足；（你也不是什么好东西。）通过批评或阻止别人去做那些令人不快的事，来进行欺人或自欺。（这是不道德的行为，我反对你这样做。）

投射效应在我们的生活中比比皆是，例如想要作弊的人总感觉周围很多人都在作弊；单相思的人总感觉对方对自己就是不一样，而客观上对方对所有人都一样；心地单纯善良的人认为周围所有的人都是善良的；而阴险的人，就处处提防着别人……投射效应是造成人际冲突、破坏人际和谐的主要原因。比如，一群人围在一起聊天，其中一个人讲起了他热爱的篮球，异常兴奋，滔滔不绝地讲。开始时，人们还挺有兴趣，但是时间长了就不耐烦了。那个人发现大家不愿意听了，就感到很沮丧。他把自己的爱好投射给了别人，认为大家应该像他一样喜欢篮球，没有意识到自己喜欢的东西，别人未必喜欢。

一个喜欢支配别人的人往往会把自己的意愿强加给别人，但是当别人对他的行为指手画脚时，他就会感到气愤，会产生和别人发生冲突的冲动。他应该问问自己是否也有同样的行为，也许他从来没有意识到自己喜欢支配别人。

投射效应也有积极的作用。由于投射效应的存在，我们常常可以从一个人对别人的看法中来推测这个人的真正意图或心理特征。我们也可以把它当做一面镜子，看清楚自己的内心。为什么我们和有些人在一起感到很轻松很安全，和另一些人在一起就感到不舒服？为什么我们喜欢有些人说话和做事的方式，讨厌另一些人说话和做事的方式？为什么我们越是不接受那些信息，讨厌的情绪就越明显？

投射效应给我们的最大帮助，其实就是让我们意识到，别人让我们感到不满意的地方正是我们努力压制自己的地方，也是我们需要完善的地方。当别人令我们感到愤怒时，首先想一想我们的愤怒对自己来说意味着什么。如果某人的行为让我们感到厌恶或反感，我们应该先控制自己的情绪，不要冲动地攻击别人，而要让自己冷静下来，然后问问自己："我是不是也有这样的行为？"这对提高情商、和谐人际关系是非常有帮助的。

我们应该学会不把自己的好恶和观点投射给他人，应客观地去看待他人。

发生人际冲突时该怎么办

人际冲突一般是指个人与个人之间的冲突——由于性别、年龄、生活背景、教育程度和文化背景等的差异，导致每个人对问题的看法不尽相同，于是，人与人之间的沟通和合作就出现了问题。比如，在情人节时，妻子认为丈夫应该给自己买花，这是天经地义的，但是丈夫认为买花很奢侈，而且没什么意义。这就造成了矛盾冲突，面对这种矛盾，有的夫妻可能会有一方妥协，有的夫妻可能会开始冷战，有的夫妻可能会采取其他的方法来解决。

要想妥善处理人际关系，就要从多角度看待问题，找到有效的方法解决矛盾冲突。如果只站在自己的角度看问题，就会以自我为中心，认为自己对，别人错，就会加剧矛盾冲突。如果只关注自己的需要，只考虑自己的利益，就看不到别人的需求。

根据原因和性质，人际冲突可以分为两种：一种是矛盾双方在某些实质性问题上有不相容的利益；另一种是矛盾双方包含负面的情绪，如不信任、恐惧、拒绝和愤怒等不相容的情绪。这两种冲突虽然常常混杂在一起，但是处理方式却有很大不同，因此有必要进行区分。处理第一种冲突，必须找到问题的关键，采取合作或谈判的方式尽量满足矛盾双方的利益。处理第二种冲突，则要修正双方的观点，建立积极的正面的关系。

人际关系学家戴尔·卡耐基提出了管理人际冲突的几个原则：

避免冲突。管理人际冲突的最好办法是避免和人发生争辩。即便我们在辩论上胜了对方，把对方的观点批得体无完肤，但那也只是获得了表面上的胜利。实质上，我们已经很让对方感到自卑，对对方心怀不满，原先的和谐关系已经因为我们的辩论而被破坏掉了。

尊重别人的意见，永远别指责别人的错误。耶稣曾经说过："赶快赞同你的反对者。"因为不管是上司、下属，还是家人、朋友，我们越是否定他的意见，就越会激怒他，越是指责他，就越会让他和我们对着干。这当然不是我们希望的结果。要想获得别人对我们的认同，就要尊重别人的意见。如果道理在我们这边，我们应该巧妙地说服别人，婉转地让别人赞同我们的观点，而不是通过否定和批驳对方来证明自己是正确的。

如果犯了错误，就迅速坦然地承认。林肯曾说过这样一句话："一滴蜂蜜比一加仑胆汁能捕到更多的苍蝇。"人与人相处也是如此，犯了错误之后，如果在

别人责备我们之前，首先承认错误，这比听到别人的批评要好受得多，而且对方很可能会谅解我们，不再追究我们的过错。快速、坦率地承认自己的错误比找各种理由替自己辩护效果更好。

以友善的方法开始。如果一个人一开始就对我们抱有成见，他就不会接受我们的意见。当两个人发生矛盾冲突时，如果我们以敌对、仇视的态度对待别人，别人必然会与我们针锋相对，就会使矛盾不断升级。解决的出路是平心静气地坐下来，找到问题的原因所在。温柔、友善的力量永远胜过愤怒和暴力。我们应该用温和的态度提出自己有力的见解，而不是进行无谓的争辩。

让对方给我们一个肯定的答复。在交谈时，让对方说“是的”，他就会忘记争执，逐渐同意我们的观点并接受我们的意见。如果一个人说出“不”字之后，他的内心就潜伏了负面情绪，形成拒绝和敌对的状态。即使后来他发现自己的观点是错误，为了维护尊严，他不得不坚持到底。相反，当一个人说“是”之后，他就会处于一种接受、开放的状态。引导别人说“是”，就能使谈话走向有利于你的方向。这种方法在谈判或销售工作中是非常实用的。

以肯定的回答作为辩论的基础，这种方法是著名的苏格拉底辩论法。苏格拉底与人辩论时向对方提出一系列问题，这些问题都能为对方接受并赞同。他不断地获得肯定的回答，最后对方在不知不觉中就接受了以前自己坚决否定的结论。

尽量给别人表达的机会。了解别人的想法是站在别人的角度思考问题的前提。我们必须知道对方是怎么想的，才能找到问题出在哪里。因此，我们应该给对方表达的机会，鼓励对方把他要说的话全部表达出来。每个人的观点都应该得到尊重。有时我们以为自己知道对方是怎么想的，但是那只是我们自己的想法，并不是对方的真实想法。

使对方以为这是他的意思。下级想让上级采纳自己的意见时，使用这种方法是非常有效的。没有人愿意被迫遵照别人的命令行事，每个人都喜欢按照自己的心愿做事，如果强迫别人接受我们的意见，就会引起抵制情绪。要想让别人支持我们，就要征求别人的想法和意见，而不是强迫对方接受我们的意见。

诚实地以他人的立场来看待事物。当有人做了让我们不满意的事情时，我们应该试着去理解他、原谅他，而不是一味地责备他——每个人做事都有他自己的原因，如果我们知道事情的原因，就不会厌恶这个结果了；如果我们能处处替别人着想，学会以别人的角度看待问题，就可以避免很多矛盾冲突；理解别人才会同情别人，同情是停止争辩、消除怨恨、制造好感的良方；当发生冲突时，告诉对方："如果我是你的话，我也会这样做。"为他人着想是减少摩擦，建立和谐关系的重要途径。

妨碍别人的反作用力不可低估

《三国演义》中，十八路诸侯共讨董卓之时，各路诸侯本应齐心协力。可是，当孙坚的部队到达汜水关时，掌管粮草的袁术却因为害怕孙坚抢了头功而拒发粮草。结果，不光孙坚的军队被董卓打败，就连这浩浩荡荡的十八路诸侯也被董卓打败。其实，袁术当时就一个想法："我不能得到头功，你也别想得到！总之，我就是要妨碍你成功。"

"妨碍他人"，其实就是指个人为了达到自身的目的，人为地为别人设置障碍。

古人云："君子畏义而节。"意思是说，君子在做事时，绝对不会为了一己私利而去损害别人的利益，因为在他们眼里仁义礼节是相当重要的。也正是因为这样，君子绝对不会做出妨碍他人的事情。妨碍他人的做法无疑就是小人行径。

综合来看，妨碍别人有两种形式：一种是有意识地妨碍他人，一种是无意识地妨碍他人。所谓"有意识地妨碍他人"，是指个人有计划、有目的地给别人设置障碍。在个人实施其行为之前，已经料想到或计划出自己的行为可能带来的后果，袁术就属于这种人。他为了达到损人利己的目的，故意给别人"下绊子"，妄图把别人绊倒。

产生这种"有意识地妨碍他人"心理的原因主要有两个方面：

第一，嫉妒。试想一下，当一个人嫉妒别人的才华、成就时，他最希望看到什么？答案很明显，那就是别人的失败。为了达到自己的目的——看到别人失败，一蹶不振，永远被自己踩在脚下，他会选择做什么？当然是想尽一切办法阻止他成功。这时，妨碍他人的心理就产生了。

第二，报复。如果一个人想报复另一个人，那么他希望看到的就是另一个人生活在痛苦之中，那么他会选择做什么？当然是想尽一切办法让他失败，让他陷入失败的泥潭里不能自拔，让他永远不能再站起来。这时，妨碍他人的心理也就随之出现了。

我们再来看看什么是"无意识地妨碍他人"。所谓"无意识地妨碍他人"，是指个人仅仅是为了满足自己的利益，而并没有料想到自己的行为会侵犯他人利益的做法。

我们常常可以看到，某些人为了自己方便，将垃圾随便堆在别人家的门口；某些人为了自己舒服，随便进行私搭乱建；某些人为了自己开心，在公共场合大喊大叫……这些生活中看起来不起眼的小事，其实都是妨碍他人的表现。

这种“妨碍他人”，虽说是无心的，但是有一点是可以肯定的，那就是这种人在采取某种行为时首先想到的是自己的利益，根本不会考虑到别人，极其自私。

不管是有意识地妨碍他人，还是无意识地妨碍他人，其危害无非就是害人、害己。有一位哲人说过：“给别人多一点空间，也是给自己多一点自由。”

作为个人，是否成功没人会在乎，是否招人喜欢也没有人会太在意，因为这一切似乎和别人没有太大的关系，但是，如果你妨碍了他人的生活和工作，侵犯了别人的利益（不管这种利益是不是合理），那么被妨碍的人就会不遗余力地反对你、攻击你，甚至破坏你的胜利果实。“妨碍他人”就等于是“搬起石头砸自己的脚”。

利用 DESC 模型促进有效沟通

要想建立良好的人际关系，就必须要学会与人沟通的技巧。沟通是增进人与人之间的理解，建立和谐人际关系的必要途径。无论是工作，还是生活，都离不开沟通。在工作中，与老板沟通才能让他了解自己的工作任务，与同事沟通才能实现团队合作，与客户沟通才能完成销售工作；在生活中，与家人沟通才能营造温馨的家庭气氛，与朋友沟通才能获得天长地久的友谊。

沟通的目的无非是在把信息传达给对方的同时表达自己的观点，促进问题的解决，所以，沟通的效果不仅受信息内容的影响，还受表达方式的影响。说话的内容是我们要表达的信息，说话的方式、说话的时机、说话的对象以及面部表情和肢体语言等因素是我们的表达方式。这些表达方式对信息接收者如何理解说话人所传递的信息有重要影响。

人与人之间发生误会往往是因为表达方式不当，使对方接收到的信息与想要表达的信息不能完全吻合，造成了“好心当成驴肝肺”的现象——明明想要帮助一个人，对方反而不领情，甚至认为是被攻击。比如，一个员工犯了一个错误，老板想帮助他纠正错误。在沟通时，老板趾高气扬地对员工说：“你这样做是不对的！”员工听后感到老板在指责自己，感到很焦虑，还有一些抵触心理，根本没有意识到老板在帮自己解决问题。老板虽然一片好心，但是由于表达方式不对，没有达到沟通的目的。

沟通的意义在于获得想要的效果，如果达不到效果，就需要调整表达的方式了。当我们与别人沟通时难免会带有一些情感，如果不控制这些情感，随意地表达，就会破坏沟通的效果。相反，如果懂得控制自己的情感，在适当时以适当的方式表达出来，就会促进有效沟通，让真正意图得到对方的正确理解。比如，有人侵犯了自己的利益，不懂得控制情感的人可能会横加指责，甚至辱骂对方。这样不仅不利于解决问题，反而会激发对方的负面情绪，对沟通产生负面影响。懂得控制情感的人能够理性地看待这件事，使自己的情感发挥积极的作用。

为了达到良好的沟通效果，首先应该把事实与自己对事实的看法分开来。不要急着对事实作出判断，因为任何判断都会带有感情色彩，主观判断无论正确与否都会激起对方的情绪反应，忽略了对事实的关注，对解决问题没有任何帮助。比如，一个人说“我觉得这种做法是错误的”，这是主观感受，而不是事实，正确的做法应该是从主观判断转换到客观描述，先表明这种做法导致了什么结果，然后分析为什么是错误的。

将事实与主观看法分开，只能帮我们更理性、更客观地看待问题，但是不能帮我们解决问题。为了达到更好的沟通效果，心理学家研究出了一种 DESC 模型，将沟通过程分为四个步骤：

第一步：描述（D）——准确客观地描述实际情况，表达你想要沟通的内容。

第二步：评估（E）——说出这件事给你的感受以及你对这件事的看法。

第三步：解决（S）——思考下一步怎么办，由你提出解决问题的办法，或者与对方一起探讨解决问题的办法。与对方一起商讨解决问题的办法，实施起来更有效。

第四步：继续（C）——从事件中得到什么启发？你将如何处理这件事，以后你将怎么做？如果是不好的事件，怎样避免事件的发生？如果是好的事件，怎样达到更好的效果？

这四个步骤不仅能够让我们把事实与自己的观点分离开，而且能够让我们发挥情感的积极作用，利用情感来解决问题，在减少矛盾冲突的前提下使沟通双方达成一致，通过沟通达到预期的结果。

具体说，我们需要把想沟通的问题分为两类，一类是对方让我们感到满意，另一类是对方让我们感到不满意。如果对方所做的事情让我们感到满意，在描述事实之后，就要如实地表达自己的感受，称赞对方，并鼓励他继续这样做。

如果对方所做的事情让我们感到不满意，在描述事实之后，要适当地表达自己的不满。这时需要注意，指责和批评不是目的，解决问题才是沟通的真正目的。我们只需要让他体会到我们的心情，然后寻找弥补的办法，提醒他以后避免类似的事情发生。

现在以顾客和商家处理售后服务问题为例，具体分析如何处理这两种情况。

第一种情况，顾客对售后服务感到满意。

描述：我购买的这台电视机在保修期内出现了问题，你们在最快的时间内帮我们解决了问题。

评估：你们的服务很及时，而且服务态度很好。虽然电视出现了一点小毛病，但是你们给我留下了好印象，我很高兴购买了你们的产品。

解决：现在我的电视机已经没有问题了。

继续：下次遇到问题时，希望还能得到你们的帮助。

第二种情况，客户顾客对售后服务不满意。

描述：电视机没买几天就出现了问题，给你们的售后服务部打电话却一再推拖，不肯上门维修。问题到现在还没有解决。

评估：这是对消费者不负责任的表现，我对你们的服务态度很失望。

解决：你们承诺了在保修期内上门维修，就应该来看看问题在哪里，帮我解决问题。

继续：希望以后再出现问题时，能够得到及时的维修服务。

如果我们是沟通的主动方，就可以采取 DESC 模式，掌握良性沟通的技巧。利用我们的情感为有效的沟通服务，而不能因为情感表达造成不良的沟通。但是，如果我们是接受沟通的一方，对方未必会按照 DESC 模型与我们沟通，这时我们就要变被动为主动，由自己来掌握沟通，向对方暗示他应该关注事实，并找到解决问题的方法，而不是表达自己的情绪。

我们应该站在对方的角度上考虑对方为什么会有这样的观点或者情绪。比如，有人对我们说“你这种观点太可笑了”，不要被别人的批评和否定激怒，我们应该通过提问，让对方从主观判断回到客观事实。我们可以问问他：“你觉得我的观点可笑，是不是认为某些地方不合理？是哪些地方呢？”这样就可以引导对方关注事实，解决问题，而不是一味发表自己的意见。

DESC 模型在实际生活中非常有用，一旦掌握了这个模型，就能心平气和地与人沟通，避免因为情绪波动导致冲突。

力争与对方保持一致能增强亲和力

心理学家发现，在交谈过程中，如果我们喜欢一个人或者认同一个人，我们的语言表达方式和肢体语言就会趋向于与他相同。由此，我们可以得出这样一个结论：模仿别人的语气和姿势可以增强自己的亲和力，获得对方的认同，减少抵触和防备心理。

有人做过一个实验，与人交谈时，注意观察他的说话方式和肢体语言，然后调整自己的说话方式和肢体语言，尽量与对方相似。他发现这样可以拉近双方的关系，更加有利于沟通。这在神经语言程序学上被称为“匹配”——说话方式和肢体语言越不匹配，沟通的障碍就越大。当人们发现你与他们不匹配，就会认为你不愿意与他们交流，或者认为你根本就不理解他们所说的话。

在这一点上，顶尖的销售高手做得非常好，他们很善于通过改变自己的说话方式和肢体语言，去适应潜在顾客的特性，以便于与客户保持一致。与说话对象保持一致，是人际交往中提高亲和力的重要一步。

维持在一个让对方感到舒适的距离

人们在进行交际时，空间位置和距离具有重要意义。它不仅体现出双方的亲疏远近，还能反映出一个人的心理状态和文化背景。美国人类学家霍尔博士研究出了四种表示不同关系的空间距离：

亲密距离：0 ~ 45cm，交谈双方关系密切，身体的距离从直接接触到相距约 45 厘米之间，这种距离适于双方关系最为密切的场合，比如说夫妻及恋人之间。

私人距离：45 ~ 120 cm，好朋友、熟人或亲戚之间往来一般以这个距离为宜。

社交距离：120 ~ 360 cm，用于处理非个人事物的场合中，如进行一般社交活动，或在办公时应采取这个距离。

公共距离：360 ~ 750 cm，适用于非正式的聚会，如在公共场所听演出等。

与人交谈时，要尊重对方的空间距离，维持在一个让对方感到舒适的距离。如果距离太近会让对方感到紧迫，如果距离太远会让对方感到疏远，都不利于建立良好的互动关系。

适应对方的音调

语音和语调可以反映一个人所处的特定状态。由于健康状态、生存环境、文化修养的不同，人的声音各不相同，有的浑厚，有的沙哑，有的充满磁性，有的非常尖利。在与人交流时，我们要注意对方的音调，通过声音了解对方的态度、情感和意见。

在交流中，我们还应该了解对方的音调，适应对方的音调。如果谈话对象的语速较快，就要调整自己的语速，适应对方的语速，这样才能赢得对方的好感，促进良好的交流效果。

选对方感兴趣的话题说

人们都对自己谈论的事情感兴趣，要想引起对方的兴趣，就要注意对方在谈论什么，然后投其所好。在交流时一定要做一个好的倾听者，注意对方在说什么，通过他表达的内容了解他关心的话题。如果他对政治感兴趣，就要谈与政治有关的话题；如果他对经济感兴趣，那就谈与经济感兴趣的话题。要想与他建立良好的关系，就要知道对方的兴趣所在。

自然模仿对方的口头禅和经典动作

每个人都有自己的口头禅或者经典动作，比如有的人经常说“随便”，有的人经常说“天啊”，有的人会习惯性地挠头，有的人有属于自己的微笑方式……一个人的“口头禅”和经典动作能够传达出一些特定的信息。在与人交往时，要注意别人的口头禅和经典动作，揣测他的心理状态，并自然地模仿他说类似的话，或做出类似的动作，观察他的反应。

肢体语言

肢体语言在社交中无时无刻不在传递信息，在与人交流时，要注意他们的面部表情、身体姿势、手势、动作所暗示的信息。观察肢体语言时，要注意每一个细节，注意最小的信号所表达的肢体语言的变化。

在观察别人的肢体语言时，需要注意以下几点：

身体姿势：他的站姿怎么样？坐姿怎么样？肩膀如何放置？头部、脖子做出了什么姿势？他是如何保持身体平衡的？

动作：他是如何走动的？如何平衡他的脚步？身体各部位常做什么动作？

手势：在交流中，他如何使用双手？手臂常常做出什么样的姿势和动作？

眼睛：关注他眨眼的频率、眼球的转动、凝视的方向和焦点、眼睛的湿润度以及眼睛睁开的缝隙。

面部表情：脸颊、嘴唇、眉毛、下颌、额头的形状、颜色、光泽度以及面部肌肉的拉伸动作。

呼吸：舒缓的呼吸，还是急促的呼吸？深呼吸，还是很浅的呼吸？

适应对方的感官通道

不同的人有不同的感官通道。有的人是视觉型的，他在交流时，就会倾向于使用视觉的词语，比如“我看清楚了这个问题”。有的人是听觉型的，他在交流时，就倾向于使用听觉的词语，比如“这个主意听起来不错”。与人交流时，要注意对方擅长的感官通道，适应他的感官通道。在表达时要使用对方所熟悉的表达方式。

判断对方的信念和价值观

由于家庭环境、教育背景、个性特征的不同，每个人的价值观和世界观也有所不同。有些人看中物质享受，有些人追求精神境界，有些人认为法律应该更严格些，有些人认为应该有更多的假期。在交流时，要注意通过对方词语强调的方式判断他的信念和价值观，然后投其所好。如果双方观点有冲突，可以用一种委婉的方式提出来，但是要避免冲突。

寻找双方的共同点

谈话双方在某方面的一致性会拉近双方的关系，因此在交谈过程中要注意找双方的共同点，比如，你们是同学、同行或同乡，你们都曾经去云南度假，你们都喜欢唱流行歌，你们小时候都挨过打等等。也许你们之间没有太多的共同点，那你可以营造共同点，以赢得对方的认同。比如，你可以穿上与他风格一致的服装，喝同一种饮料，吃类似的食品。这种外在行为上的一致性也会给对方一种认同感，让他更愿意与你交流。

社交中的“低能儿”

低能儿并不总是智商低下的代名词，那些在人际交往中表现糟糕、缺乏最基本的社交技能的人，也可以称之为低能儿。为了与一般意义上的低能儿加以区分，我们将这种缺乏社交技能的人称为社交中的低能儿。社交中的低能儿并不存在智商上的问题，而且他们的智商还可能是非常高的。

社交中的低能儿主要有三种典型的表现：

第一种，在与人交往的过程中会表现得非常紧张。

社交中的低能儿与孤僻冷漠的人不同，虽然他们经常会将一次聚会搞砸，但在他们的内心深处是渴望同别人交往的，只是他们还没有找到同别人交往的最佳方式。除了面对自己最为亲密的人以外，与其他任何人的谈话都会让他们感到紧张，紧张得他们不知道该说些什么，以致于他们常常在别人面前语无伦次，丑态百出。对于别人所说的话，他们也很难听得进去，即使在别人讲笑话时，他们也紧张得笑不出来。

第二种，以自我为中心。

社交能力的欠缺不仅仅表现在与人交往时的紧张上，有些社交中的低能儿喜欢与人交往，而且与人交往时从来都不会感到紧张，只是其他人并不愿意与他们交往。因为他们总是以自我为中心，对别人的观点和意见从来都不感兴趣，甚至还没等对方把话说完，就马上转变话题来阐述自己的观点，不管对方的态度如何，都要将自己的观点强行加给对方。与这样的人交谈自然是非常不愉快的，所以身边的人都不愿意与他们交谈。在身边的人看来，与他们相处的感觉并不美妙，甚至可以说是很糟糕。

第三种，无法准确表达自己的情感。

他们不善于用语言传达他们的情感，所以他们常常会传递出一些让人感到不安的信息，这会让身边的人离他们而去。当然，他们的内心也许并没有恶意，但是由于表达不当，所以就引起了其他人的误会。此外，他们也不善于用非语言的方式来表达情感。同样的一句话，语调不同，意思就不同，可是他们常常用同样的语调来表达不同的情感，这也很容易让别人对他们产生误解，遭到别人的冷遇或拒绝，这使他们非常困惑，因为他们根本就不知道其中的原因。

对于缺乏基本社交技能的人来说，与人交往是一件非常困难的事，因为他们与人交往的经历总是不愉快的，他们似乎从来没有在与人交往的过程中找到乐趣。在其他人看来，这些社交中的低能儿是很不合群的，因为他们总是无法很好地融入到一个集体之中，与集体中的成员融洽相处。无论在生活还是在工作中，他们都很容易被孤立。尽管他们不愿意被孤立，但他们却无法控制别人对待自己的方式，也无法以自己的行为去博得他人的好感。所以，他们很无助，很压抑，但是却对这一切感到无能为力。

这些社交中的低能儿大多与他们失败的童年生活有关。在社交智能发展的初级阶段，他们没能学到有关社会交往的基本技能，这就为他们在人际交往中的糟糕表现埋下了祸根。比如说，他们不懂得主动与其他的小朋友交往，而是等待其他的小朋友上前来跟他打招呼；不知道试着以自己的方式表达出自己的真实想法，不懂得如何安慰对方；没有学会一些与人交往的礼节，如向对方表示感谢、请对方优先进出门等；还不懂得尊重别人的谈话，耐心地倾听别人，而是去打断对方等等。更加糟糕的是，在接下来的成长过程中，他们在人际交往中的能力变得越来越差，甚至影响到了他们的发展。因为不懂得社会交往的技能，所以他们害怕与人交往，或者说他们不知道该如何与人交往，可越是不与人交往，他们的社会交往能力就越差，这无疑形成了一个恶性循环。最后，这些人就变成了社交中的低能儿。

生活在这个每天都要与人打交道的社会上，如果缺少了社会交往能力，就根本不可能很好地生存下去。对于孩子来说，从小就注重培养这种能力是非常有效的。对于成人来说，时光自然不可能倒流，但是社交能力的欠缺却并非无法补救。克服自己的心理障碍是很关键的，在与人交往之前，首先应该摆正自己的位置，然后再去体察别人的情感。只要你真心希望作出改变，那么提高自己的社会交往能力就不是做不到的。

提问是和谐人际关系的一种技巧

提问是和谐人际关系的一种技巧。要想处理好自己与别人的情感关系，就要通过提问来了解别人的需求、计划以及他们是如何思考的，然后根据这些信息，作出适当的反应，以求达到更好的沟通和交流的目的。

更重要的，通过提问我们可以引导对方修正自己的观点。这就是苏格拉底式的提问法——通过提问的方式激发对方思考，让对方主动给出所有的答案，这样更容易让对方接受。比如，当听到有人对说“你是一个失败者，一辈子也不会有所作为”时，没必要出于自我防御而进行反驳，反驳和争吵对沟通没有任何意义，我们可以这样问：“你根据什么说我是一个失败者呢？为什么我一辈子不会有所作为呢？是不是我缺少哪方面的能力？”这种提问并不是否定对方的手段，而是一种促进讨论和思考的方式。

恰当的问题可以引导对方说出我们想要的答案，这种技巧在销售领域非常实用。

一个保险业务员问：人生旅途中如果遭受残疾或者重大疾病，是不是非常可怕的？

显而易见，我们的回答当然是肯定的。

他接着问：你有没有为这些可能的意外作好准备？那时你将依赖家人、朋友、社会福利，还是保险呢？你会选择保险，因为保险是自己创造的，代表着你的尊严，你同意吗？

毫无疑问，我们是无法否定他的说法的。

问问题可以让我们更理性地看待问题，而不是被感情控制。当别人表达自己的观点和看法时，不要急着对此作出判断，而应该通过提问的方式了解事实的真相。

我们不仅要善于对别人提问，还应该对自己提问。通过恰当地提问，我们可以纠正对自己认识上的一些偏差，了解自己的真实情感，更好地规划自己的人生。

那么，如何通过提出恰当的问题获得我们想要的信息呢？神经语言程序学家提出了一些用于提问的语言模型。

通过对名词和形容词提问，以获得事件的细节

著名心理学家东尼·博赞研究发现一幅图画大约需要一千个词汇来描述。当我们对头脑中的某一画面进行描述时，会选择一些我们记住的，或者我们认为重要的信息，但是我们很难捕捉到全部信息。另一方面，一些词语具有多重含义，尤其是那些抽象的、比较模糊的词语，不能精确地表达某个信息。因此，我们在表达时，传递的信息远远超过我们想表达的信息，进而造成别人的曲解和误解。

比如，当听到“汽车”一词时，我们头脑中就会出现汽车的画面，但是我们不知道这辆汽车的品牌、颜色、型号、规格等信息。要想获得全面的信息，就需要对这些细节进行提问。“汽车”这个词有清晰的内涵和外延，我们需要不断地对它的细节进行提问才能全面地了解这是一辆什么样的“汽车”。再比如“爱”“幸福”“友好”等抽象的名词和形容词,就更难以描述了,我们需要用一些事件来解释，让别人领会到这些抽象名词的含义。

当我们对这些特殊的名词和形容词进行提问时，要避免问“为什么”，否则，我们将无法得到我们想要的具体的描述。我们应该使用这些疑问词：什么、谁、哪个、怎样、在什么时候、在什么地点……用这些疑问词提出封闭式的问题，就能得到想要的确切的信息。提出什么问题取决于我们想得到什么信息，比如，这辆汽车是什么牌子的？这套房子有多大？你喜欢的人是谁？你有什么样的要求？你想知道什么？你能拎起多重的物品？你什么时候能够完成任务？

为了了解事情的细节，我们也可以向谈话对象提出自己的猜测，检查自己的理解和猜测是否正确。比如，你的意思是不是……？有没有可能……？你是否认为……？这类问题只需要用“是”或“不是” 作出回答，你可以用这些问题引导谈话的方向。

通过对动词的提问，了解事情的发展过程

当我们需要用一系列图象描述一个事件的发展过程时，用得最多的就是动词，我们必须用动词把这些图像串连起来，因此，对动词提问能帮助我们了解事件的发展过程。比如，有人说“我已经对这些问题作了大量研究”，要想了解事情的经过，我们需要对“研究”提问：你是如何作研究的？搜集了哪些资料？有哪些理论依据？得出了什么样的结论？有人说“关于这个问题我已经考虑清楚了”，我们就要问：你的结论是什么？有哪些解决问题的方法？

对限定性词语提问，探索事情可能的结果

限制性的词语包括“应该”“必须”“总是”“需要”“应当”“不能”“不许”“禁止”“不应该”“不可能”、“从来不”“每个人”等等。这些词语限制能让人按照别人的意愿做什么或者不做什么，比如，你不应该伤害别人；你必须每周去两次超市；每个人都这样做，你也应该这样做。

针对限制性的词语，我们可以提出两种问题，一种是前溯性的问题，目的是找到界限的源头，弄清楚为什么设置这样的界限；一种是结果性的问题，目的是找到更多的可能性，越过界限看看会发生什么。前溯性的问题可以让我们冷静地面对事实，而不是盲目地听从别人或自己的限制。相对来说，结果性的问题更有建设性。

比如，别人说“你必须把工作做完再回家”。

针对这个限制性的要求采取前溯性的提问：为什么提出这样的要求？是什么让你做出了这样的决定？这些问题可以让我们了解当前的情况，可能这项任务的时间紧迫，可能还有其他工作要做。了解事实真相之后，我们就可以找到更多解决问题的办法。

针对这一要求提出结果性的问题：如果这样做会什么样的结果？如果不这样做会有什么结果？其他的可能性是什么？这样我们就了解了事情的后果，然后考虑是否能承担后果，并采取相应的措施。比如杀人是违法的，杀人之后要坐牢，我们不能承担这样的后果，所以不能杀人。

问问题是良好的习惯。在与人沟通的过程中，如果不理解别人所说的内容，就应该通过提问增进了解。提问可以让我们更理性、更客观地看待问题，了解事实的真相，就不会陷入一知半解的状态。

幽默是处理人际关系的一种缓冲剂

在人际交往过程中，如果你想说服别人，但是尝试着用很多种方法都无济于事时，不妨提起你的“宠物青蛙”。

这是一个非常有趣的研究，研究中实验的参与者与艺术品的售卖者进行讨价还价。在谈判快结束时，售卖者要进行最后的报价，只是有两种不同的报价方式。一种报价方式是，售卖者表示坚持原来的价格，不能作出让步；而另一种报价方式也是坚持原来的价格，不能作出让步，只是在最后增添了一点儿小幽默。比如，售卖者会说：“我仍然坚持原来的价格，不能再低了，否则我的宠物青蛙都要跳出来替我说话了。”在听到“宠物青蛙”时，参与者都作出了让步。这说明在短短的时间内，幽默产生了巨大的作用。虽然说最后的报价仍然是原来的价格，参与者更愿意接受第二种掺杂幽默色彩的报价方式。

由此看来，幽默的作用不可小视，它让参与者处于良好的情绪状态，在同等价格的情况下，更愿意作出让步。因此，当你要争取自己想要的东西时，请尝试着用幽默去点燃别人。

可见，幽默在人际交往中发挥着重要的作用。美国一位心理学家说过：“幽默是一种最有趣、最有感染力、最具有普遍意义的传递艺术。” 在社会交往中，难免会发生一些冲突、误会和矛盾。恰当地运用幽默，不仅可以化解危机，淡化矛盾，消除误会，还可以使人迅速摆脱困境，避免尴尬，缓和气氛。

例如，在一辆拥挤的公共汽车上，由于紧急刹车，一个小伙子无意中碰了一位姑娘，姑娘马上出言不逊，骂了一句“德性”。小伙子却不急不恼，风趣地说道：“对不起，这不是德性，是惯性。”车上的乘客哄然大笑，姑娘则羞愧难当。小伙子凭借着高超的幽默感，成功地化解了一场即将爆发的冲突。

同样，在一次奥斯卡的颁奖典礼上，一位刚刚获奖的女演员准备上台领奖，也许是因为过于兴奋和激动，被自己的晚礼服长裙绊住了脚而摔倒在舞台边上。当时全场静默，这么多观众都在台下坐着，这难免让人感到尴尬和窘迫，因为从来没有人在这样盛大的晚会上摔倒过。但是，女演员迅速地起身，然后真挚而感慨地说：“为了能够走到今天的这个舞台上，实现我的梦想，我这一路走得艰辛而坎坷，付出了很多代价，甚至有时跌跌撞撞。”这时，全场爆发出雷鸣般的掌声。女演员凭借自己的幽默感，不仅成功地化解了危机，还得到了更多人的认可。

古希腊著名的哲学家苏格拉底也是一个善于使用幽默的人。据记载，苏格拉底的妻子是一位性情非常急躁的人，往往当众给这位著名的哲学家难堪。有一次，苏格拉底在同几位学生讨论某个学术问题时，他的妻子不知何故，忽然叫骂起来，震撼了整个课堂。继而，他的妻子又提起一桶凉水冲着苏格拉底泼了出去，致使苏格拉底全身湿透。当学生们感到十分尴尬而又不知所措时，只见苏格拉底诙谐地笑了起来，并且幽默地说："我早知道打雷之后一定要跟着下雨的。"虽然只是一句简短的话，既淡化了矛盾，化解了危机，又不至于让自己很尴尬。而且妻子的怒气出现了"阴转多云"到"多云转晴"的良性变化。他的学生听了之后都欣然大笑起来，不得不敬佩这位智者的素质和坦荡胸怀。

幽默的确是一门艺术，也是一种修养。

先接受再拒绝的"Yes，But"定律

生活中，我们总是希望自己的想法、意见被别人接受，甚至还试图去改变别人的想法和态度，可是一切并不能如我们所愿，因为冲突是在所难免的。这时你应该怎么做呢?

一种人的做法就是立即否定别人的想法，滔滔不绝地开始表明自己的态度和立场，不给别人留有任何回旋的余地，不管别人接受不接受；而另一种人则是先耐心地听对方说完，表示对方的想法或意见有可取之处，然后再否定或是拒绝，紧接着表明自己的态度和立场，试图去说服别人。很显然，第二种沟通方式更能够被人们接受。第一种方式太过于绝对化，将别人的想法一棒子打死，没有任何回旋的余地，让对方下不了台，甚至还会激起逆反心理，影响双方之间的关系。而第二种方式是将对方和自己置于平等的位置进行对话，让对方有被尊重和重视的感觉，这样对方也更能接受你的想法。

这就是一种沟通技巧，即先接受再拒绝的"Yes, But"定律。这很像我们语文中学习过的一种称作"先扬后抑"或"先褒后贬"的修辞手法，也就是说当你想贬低或批评一个人时，先对他身上的可取之处进行表扬然后再进行批评，比直接批评他身上的缺点和毛病更能让人接受。同样，在沟通过程中，如果你不同意某个人的想法和意见时，先要指出其中的可取之处，然后再批评其中的错误和不当之处，这样反而让人更容易接受。用一句比较通俗的话说，就是先给他吃一颗甜枣，然后再给他一粒药丸，这样就不会觉得药丸很苦了，甚至还能感到枣的甜味。

这种先说 Yes 再说 But 的沟通方式对个人的发展有很重要的作用，尤其是对

那些刚出校园的年轻人。年轻人刚踏入社会，总是希望尽快地崭露头角，抓住一切能够表现自己的机会，这些都无可厚非。可是，不能因为这样就不顾及别人的感受，将自己的想法强加于别人。在沟通中掌握一定的技巧，则会起到事半功倍的效果。

众所周知，从事销售行业的人主要靠说话吃饭，天天和形形色色的人打交道，更要学会沟通的技巧。以保险公司的推销员为例，这可能是最不受别人待见的职业之一了吧。当你向客户推销保险时，他们可能会很不耐烦，甚至会丢下一句话“我对保险不感兴趣”，从而将很多销售人员拒之门外。有些销售人员可能就会知难而退，觉得毫无希望了，而那些优秀的销售人员则会尽力给自己争取机会，赢得说话的权利。比如他们会说：“您说得的确很有道理，我们都希望自己的家人朋友健健康康的，没有什么意外发生。谁会对这种与生、老、病、死有关的事情感兴趣呢？其实，我自己对保险也没什么兴趣。”这样顺着客户的意思先说 Yes，反而为自己赢得了说话的机会。这时，客户就不会那么反感了，反而会觉得你很真诚，会继续和你交流下去。这样你就可以抓住机会，向他讲述保险对人的重要性，“虽然我们对保险都不感兴趣，但是生活中总会有这样或那样的意外发生，未雨绸缪、防患于未然总不是什么坏事情”等等，这样就大大增加了推销成功的可能性。

可是，如果一开始，我们就否定客户的说法，只会引起客户的反感，这样我们连说话的机会都没有了。先对他的说法表示认同，然后再表明自己的态度和立场，告诉他保险的重要性等等。不仅缓和了之前的紧张气氛，还为自己赢得了机会。看来这种人际沟通中的“Yes, But”定律真的很有效果。

在心理咨询中有一个很重要的原则，那就是倾听。在这里也同样适用，在和别人进行沟通时，同样要学会倾听别人的意见。也就是说，在说 Yes 之前要先学会倾听，不要未等别人把话说完就打断，这样很不礼貌。同时，也会让别人觉得自己不受尊重，觉得你是在应付他。另外，在说 But 时语气不能强硬，一定要委婉。当和别人的意见相冲突时，表明自己态度时要圆滑一点儿，不要一竿子打死一船人，要给对方留有余地。这样不仅对方能够感受到你对他的尊重，而且不同的意见在发生碰撞时还能迸发出智慧的火花。

“Yes, But”定律是一种人际沟通技巧，同时也是重要的处世之道，更是一种以退为进的谋略，有助于我们更好地和别人进行沟通和交流，建立良好的人际关系。

第十一章

投资心理学：了解自己的风险承受能力

了解自己的风险承受能力

投资是一个充满了风险和挑战的领域，也正是因为如此，它才吸引了众多的人参与其中。但是，投资者很少有人能够对自己的心理承受力有正确的判断，那些自认为坚强的人可能会在遇到大麻烦时很快崩溃，而一向并不怎么坚强的人却可能平静地接受结果，甚至等来新的转机。

投资充满了风险，同时也充满了机遇。从某种程度上讲，风险与不确定性也是投资的魅力之一，它迎合了人性中的一些特点，使全世界无数人即使多次损兵折将，也依然乐此不疲。就像我们所看到的那样，交易所里总是一派人头攒动的热闹景象，许多专业投资家、职业经纪人沉迷其中自不待言，就连那些退休的老先生、老太太、家庭主妇、上班族，甚至是一些未成年的小孩子也跃跃欲试，想在投资游戏中试试自己的运气与智力。

如果我们仔细观察，就会发现，在股市低迷时，一个经历过市场风浪的职业投资家的表现可能还没有股价上扬时家庭主妇的表现那么淡定和勇敢。每当股价下挫时，那些证券代理商与经纪人都会迅速变化手中的投资组合，将筹码锁定在那些保守的股票上，不敢轻易将手上的现金换成股票，即使在面对一些内在价值被严重低估的好企业时，他们也犹豫不决，因为此时他们的心理较为脆弱，风险承受力较低，这种状况也势必影响到他们的交易决策。而股价上扬、市场高奏凯歌之时，人们个个大胆地追加资金，仿佛只要投入就注定有回报，此时，市场的风险被人们遗忘了，或者是他们虽然意识到了风险的存在，但他们高估了自己的心理承受力，一旦美梦破灭，只有后悔不已。尤其是那些被行情冲昏头脑、将自己的全部家当都赔进去的人，将会为他们的盲目与无知付出惨重的代价。

许多研究投资心理学的学者发现，要准确描述人们对风险的承受力几乎是不可能的。那些现代心理学中常用的研究方法，如访谈及问卷并不能考察投资者的风险承受力，因为人们对风险的承受能力是建立在情感之上的，而且随着情况的变化，人们自我感知的风险承受力也会有很大的变化。当股价下跌时，即使那些平常显得最大胆、最冒进的投资者也会变得畏首畏尾起来；而在股价上扬的时候，别说那些本来就激进的投资者，就连那些保守的投资者也常常满仓持有，难以轻易割舍。

在投资领域，人们普遍认为买卖股票是一种勇敢者的游戏。而在我们的社会里，勇敢者总是受到人们更多的尊敬，这使得大多数人在心中都认为自己也是一个能够承受风险的人。但是实际上他们并不是这样的，尤其在面对金钱的时候，自认为的风险承受力与实际的风险承受力并不是一回事。实际上，你可能只有在股价上扬时才是一个勇敢者，而当股价下跌时，你却往往吓坏了，只能跟着一群胆小鬼，唯恐逃之不及。

心理学家从统计学的角度出发，对人们的风险承受能力进行了研究，结果发现了一些有趣的现象。研究结果表明，人们的风险承受力与年龄和性别有很大的关系。从总体来看，老年人比年轻人更趋向于保守，女性比男性更加小心谨慎。而风险承受力与贫富之间的关系则没有定论，虽然我们通常可能认为有钱人比穷人更愿意承担风险，但实际上这只不过是一种直觉，心理学家尚未从统计心理学上找到支持这种看法的依据。

在股市中，你往往对自己的风险承受能力不甚了解。当市场行情一片大好时，你觉得自己无论买哪一只股票都会大赚一笔，这时你恨不得一下子将未来几年的薪水都预支去炒股。你觉得自己是一个可以面对一切的勇敢者，你随时准备承担可能降临的厄运。但是，事实上你的心里丝毫没有为可能出现的变故留下余地，你的勇敢只不过是轻度妄想症的白日梦罢了。一旦股价下跌，你就会变得异常胆小，担心你今天买入，明天它还会接着跌，那时你的钱会变少，而这是让人无法接受的，于是你就持币观望，不敢行动。

对任何一个投资者来说，客观地认识自己的风险承受力都是十分必要的。在股市中，千万不要对自己的风险承受能力妄下断语，天真地认为自己无懈可击，因为你的风险承受能力会随股价而波动。因此，你必须客观地认识自己，你越是客观，你就会越冷静，也就越容易作出正确的抉择。

摆脱情绪的困扰

许多投资者在投资过程中会出现后悔的心理状态。比如有很多投资者在事后谈到自己的某些投资行为时，都不无后悔地说："我如果不那么早卖就好了。""我如果不那么着急抛售就好了，也不会亏那么多。""真不应该听某某的意见，上了大当。"……但这个世界没有后悔药，一旦作出了某个决定，你就无法再重新来过。

金钱游戏对于失败者而言是非常无情的，许多人都有过痛心疾首的经历。不过，虽然很多投资者在有过失败的经历后也会进行反思，并试图找到自己的缺点所在，但是这种反思并没有让他们变得更聪明，相反，在下一次遇到同样的情形时，他们仍会重复同样的错误。难怪有人说，自股票市场诞生100多年来，投资者的行为并没有太多的改变，他们仍然感情用事，不时被恐惧和贪婪所支配，所以愚蠢与错误都是不可避免的。

在投资者买卖股票的行为中，到底有多少行为是经过理智的分析之后作出的决定呢？又有多少行为是在一时的情绪支配下的反应呢？

对此，我们恐怕很难得到一个准确的答案，不过唯一可以肯定的是，后者所占的比重一定远远大于前者。

有人指出，情绪使投资者付出的代价比无知更大。对时常改变自己行为的人们来说，这一点毋庸置疑。因为我们的大脑与计算机不同，它不是一次就设计好的机械部件，它虽然经过了漫长的进化过程，但依旧存在各种各样的缺陷。而且，外在环境的变化极易影响到它的运转，这就使得我们不能正确地意识到成败的机会与可能性，也无法抵挡所有诱惑。我们早就接受了某些心理定式，这种群体的信念影响着我们所作的大部分决定。这种群体信念的力量通常非常强大，有时它甚至在我们还没有察觉的时候就已经发挥出了它的巨大威力。如果投资者想在这个领域取得成功，就必须克服这一缺点。我们一方面必须冷静而细心地观察事实，另一方面又必须控制自己的盲从情绪，以期在充满诱惑的市场中保持清醒的头脑与判断力。

在股市上，本来是很聪明的人，眼见人家纷纷入货，深恐落后，于是连忙跟进，匆匆买入自己并不熟悉的股票；见他人抛出某种股票，自己也不问原因就跟着出货，随意脱手，结果往往上当，损失很大。

人们的心理就是这样奇怪，面对不理智的惊慌，我们明知是错误的，却还是无法抵制别人的影响。在投资市场上，同样的道理也在发挥着同样的作用。所以，当市场出现某种热点时，总会有许多人一拥而上，而这时，那些原本并不准备这样做的人也如坐针毡，因为他们觉得，如果自己不这样做，就是被人群抛弃了。人类的幸福感在很大程度上来源于群体的认可，而且这种情感会随着社会化程度的增加而不断地增强。我们不愿意与大多数人的看法相左，而且我们的潜意识里存在“越多人认可的东西便越正确”的思想。

在投资市场里，人们的情绪总是息息相关的。股价连续下挫之时，似乎每个投资者都陷入了悲观绝望的情绪之中。那些股票经纪人的悲观往往较他人更甚，因为他们受影响的程度最大，甚至连生计也会受到影响。那些依照账面资金计算本来比较富有的人，这时眼看自己的财富缩水，当然也感到心痛。而那些股价在高位时没有舍得卖出的投资者，眼看着本应该到手的财富转眼间化为泡影，更是后悔不已。这样一来，人人都感到不安，对市场顿时失去信心，于是股价开始狂跌。美国历史上有名的几次大崩盘，并不是经济运行情况的真实反映，而都是由于投资者集体丧失信心所致。

大多数投资者看好某只股票时，常常就此征询别人的意见，如果被你问及的这个人恰巧也看中了这只股票，那么即使他并没有提出什么更令人信服的理由，你也仍然感到自己的信心明显地增强了。相反，如果你得到的是相反的答案，你就会对自己的看法产生怀疑，变得犹豫不决，以至于错过最佳的买入时机。投资大师巴菲特指出，投资者在任何时候都应当秉持独立判断的能力，不能让他人的看法影响自己。如果你的选择建立在对企业认真细致的考察之上，你便大可不必理会他人那些十分主观的看法。事实上，你的看法越独到，你购买该股票的风险就越小。当你与朋友们交换看法时，他们越是表现得不屑一顾，你就应当越受鼓舞。可是，要真正做到这一点是十分不易的。实际上，大多数人往往会受到他人的影响，把自己原有的想法束之高阁，而努力和他人保持一致。

聪明智慧的古希腊人留下了一句著名的谚语：“在痛苦中学习。”意思就是说，一个人若非天生具有控制自己情绪的天赋，那么他就得和大多数人一样，只有通过不断的学习才能达到这种境界。不过，学习控制情绪一事注定不是轻松的过程，因为你要让自己的习惯与人类的本性作斗争。学习控制情绪的方法只有一个，那就是犯错误，然后再去分析这种错误。但大多数人都做不到这一点，因为一个人长期形成的性格是很难改变的，正所谓“江山易改，本性难移”。

但是，在投资领域有这样一个奇怪的现象：人们不但不会从自己过去的错误

中吸取教训，反而常常“信心十足”地犯下同样的错误，原因在于他们认为自己已经从原先的错误中得到了教训。这样一来，虽然你交了昂贵的学费，可你还是什么也没有学到。

在投资领域，学会控制情绪的目的是为了不犯相同的错误，但它的难度可能超出了我们的想象。许多成功的投资者发现，记录投资笔记是控制情绪的好方法。你要认真记下你所选择的每一只股票，包括你当初选择它们的原因以及后来为什么要卖掉。你要经常性地回顾整个交易的过程，并且客观地审视情绪给你造成的困扰。经过一个漫长的学习过程之后，相信你能够摆脱情绪的困扰。

投资中的“阿 Q 精神”

投资中人们存在着很强的“阿 Q 精神”，即人们的信念会因行动的成功与否而改变。如果投资行动失败，人们将向下修正自己的信念，人为地降低由于后悔带来的损失；如果投资行动成功，人们则向上修正自己的信念，以期显示自己决策的英明。

其实，一个决策的成功与失败还有很多其他方面的原因，比如下属贯彻领导意图得力与否等。人在考虑一个决策问题的时候，经常会将问题分解成一些相对习惯和简单的科目，并在头脑中相对独立地保持并跟踪这些科目的损益情况，而其感受的效果则分别来自于这些科目的得失带来的感觉，这种考虑问题的方式就是心理账户。在心理账户中，金钱常常被归于不同的账户类别，不同类的账户不能互相替代。比如一对夫妻外出旅游钓到了好几条大马哈鱼，这些鱼在空运中被丢失，航空公司赔了他们 300 美元。这对平时勤俭持家的夫妻大喜之下，到豪华饭店吃了一顿，将这笔钱花了个精光。在这对夫妻年收入只有 150 美元的时代，这顿饭实在太奢华了。这笔钱显然被划入了“横财”与“食品”的账户，所以这对夫妻的决策行为才一反常态。

有时当某笔开支属于不同的心理账户时，人们宁可出高额利息去贷款，也不愿挪用存款；而当某笔钱被划入临时账户时，它将不受终生收入的影响。对心理账户的研究还发现，人们普遍认为两笔盈利应分开，两笔损失应整合。这条规则给我们的启示是：在你给人送两件以上的生日礼物时，不要把所有礼物都放在 1 个盒子里，而应该分开包装；若你是老板，给人一次性发 5000 元，不如先发 3000 元，再发 2000 元；开会收取会务费时，务必一次收齐并留有余地，否则若有额外开

支再一次次增收，虽然数量不多，会员仍然会牢骚满腹。

投资中的错位效应

在投资中存在这样一种现象：有些投资者在股价上涨时马上果断地抛出自己手中的股票，以求稳妥，而在股价下跌甚至被套牢时仍迟迟不肯抛售自己手中的股票以减少损失。有研究者将这种现象称为“错位效应”。

错位效应是投资者中普遍存在的一种行为障碍。对这一行为障碍的理论解释之一是前景理论。该理论由诺贝尔经济学奖获得者卡内曼和他的同事托维斯基提出。他们认为产生错位效应的原因在于投资者是损失厌恶型。损失与收益具有不同的价值函数：损失的价值函数是凸的，并且相对陡峭；而收益的价值函数是凹的，并且相对平缓。这说明个体对一定损失的感觉要比一定收益的感觉要强烈。这也就难怪投资者获得微薄利润时会按捺不住获利了结，而跌得很惨时又迟迟不肯抛售。投资者迟迟不肯止损的现象也得到了所谓“禀赋效应”的验证。

投资者往往会高估自己手中持有的股票的真实价值。人们往往会根据参考点来评价他们选择的结果的好坏。对投资者而言，购买价或者心理价位也许是比较通常的参考点。但是，有时候参考点并不一定就是购买价或心理价位。股民通常会将现在的结果与假如当初不这样做会有的结果进行比较。因此，对错位效应的另一种理论解释就是后悔理论。根据后悔理论的观点，涨了怕再跌，跌了怕再涨，这就是投资者为什么获微利时立即了结，而套牢时却迟迟不肯解套的原因。对于投资者来说，克服错位效应最有效的办法就是制定止损点和结利点。因为即使再高的命中率，也并不一定会导致高的利润，也许你一次的损失量已远远超过了多次盈利的总和。因此，结利点一定要定得比止损点高一些，这样才能使你避免损失。有研究者指出，目标利润最好是准备承担风险峰的 3 倍。

众所周知，“止损”可分为两种完全不同应用机制的止损，即保护性止损和跟进性止损。由于止损多发生在十分不利的情况下，总令人联想到不愉快的事，因此，人们往往不愿意谈论这一话题。但是，在实际操作过程中，任何人都不可能保证不出任何差错。如何将损失限定在较小的范围内，或尽可能使既得利益最大化，很现实地摆在每一个投资者面前。特别是入市不久的中小投资者，更需要合理地运用止损。下面简要谈一下止损点设置的有关问题。

（1）在任何情况下，用百分比而不是价位来表示止损距离，5% ~ 10%是通常可以接受的合理幅度。尽管不同承受能力或不同操作风格的人会采用不同的比例，但是，对于不同价位和不同敏感度的个股，仍需设置不同的止损距离。一般而言，股价较低或股性较为活跃的个股，止损幅度应适当放宽，反之则应较小。需要注意的是，不能将止损空间定得太狭窄，否则交易就会过于频繁。

（2）在买入的情况下，止损价位一般设在上一个局部小底部以下，而且以收盘价为准，以避免被盘中震荡过早地清理出局。

（3）在股价已朝有利方向运动的情况下，采用跟进性止损，建议使用5日均线（较趋势线发出信号早一些）或前一日收盘价下方3%来设置。

（4）当出现异常的成交量而未形成突破时，取消原来的保护性止损，将之置于该日收盘价下约2%的地方。

最后，建议投资者一旦进入市场，就首先设置好自己的止损水平，准备付出一点讨厌但数量较小的损失，从而避免一场较为严重的灾难。尤其需要注意的是，永远不要抱有侥幸心理，保护性止损价位永远不能向下移动，这应作为基本原则来牢记。

过度自信影响决策

许多心理研究表明，人们发生判断失误是因为总体来说人们过于自信。如果选一群人做样本，问他们有多少人相信自己的驾驶技术是高于平均水平的，有70%以上的人会说他们是极佳的驾驶员—这就留下一个问题：谁是差劲的驾驶员？另一个例子出现在医疗行业。当问及医生时，他们说他们对肺炎的诊断成功率能达到90%，而事实上他们只有50%的准确性。

就信心本身来讲，这并不是一件坏事。但过度自信则是另一回事。当我们处理金融事宜时，它就尤其有害。信心过度的投资者不仅会让自己作出愚蠢的决策，而且会对整体市场产生巨大的负面影响。

投资者一般都表现出高度的自信，这是一种规律。他们想象自己比别人都聪明而且能选择获利的股票，或者至少他们会选择聪明的券商为他们打败市场。他们趋向于高估券商的知识和技巧。他们所依赖的信息也是能证实他们正确的信息，而反面意见他们则置之不理。更糟糕的是，他们头脑中加工的信息都是随手可得的信息，他们不会去寻找那些鲜为人知的信息。

如何证明投资者是过度自信的人呢？按照有效市场理论，投资者本该买股并持股。然而在过去的几年里，我们却经历了交易量的大幅度上升。理查德·萨雷认为投资者和券商都被赋予了一种信念，即认为自己掌握着更好的信息，自己比别人更聪明，所以自己能获胜。

信心过度解释了为什么许多券商会作出错误的市场预测。他们对自己收集的资料自信过度了，而如果所有的券商和投资商都认为他们的信息是正确的，他们知道一些别人不知道的消息，结果将会导致更大的交易量。

投资者趋向于认为别人的投资决策都是非理性的，而自己的决定是理性的，是在根据优势的信息基础上进行操作的，但事实并非如此。丹尼尔·卡尔曼认为：过度自信来源于投资者对概率事件的错误估计。人们总是对于小概率事件发生的可能性产生过高的估计，认为其总是可能发生的，这也是各种博彩行为的心理依据；而对于中等偏高程度的概率性事件，人们则易产生过低的估计；但对于 90% 以上的概率性事件，则认为肯定会发生，这是过度自信产生的一个主要原因。此外，参加投资活动会让投资者产生一种控制错觉，控制错觉也是产生过度自信的一个重要原因。投资者和证券分析师们在他们有一定知识的领域中过于自信。然而，提高自信水平与成功投资并无相关性。基金经理人、股评家以及投资者总认为自己有能力跑赢大盘，然而事实并非如此。有研究者在此领域作了大量研究，发现男性在许多领域（体育、领导、与别人相处）中总是过高估计自己。他们在 1991 ~ 1997 年中研究了 38000 名投资者的投资行为，将年交易量作为过度自信的指标，结果发现男性投资者的年交易量比女性投资者的年交易量总体高出 20% 以上，而投资收益却略低于女性。该数据显示，过度自信的投资者在市场中会频繁交易，总体表现为年交易量的放大，但由于过度自信而频繁地进行交易并不能让其获得更高的收益。在另一个研究中，他们取样 1991 ~ 1996 年中的 78000 名投资者，发现年交易量越高的投资者的实际投资收益越低。在一系列的研究中，他们还发现过度自信的投资者更喜欢冒风险，同时也容易忽略交易成本，这也是过度自信的投资者投资收益低于正常水平的两大原因。

如果市场是有效的，人的投资行为也服从理性的话，那么人们就应当认真选择股票，并在一定期间内持有它，而不是一有风吹草动便着急动作。正因为大多数机构投资者与个人投资者都有过度自信的通病，他们认为自己能够战胜市场，将别人丢在后面，所以他们不断地买卖股票，认为自己能抓住市场波动的规律而大获其利。这也就是为什么市场的交易量总是很大、股票的换手率通常很高的重要原因。这些人认为他们比其他人更聪明，他们掌握着被别人忽略的信息，所以他们能够获胜。

过度自信使许多证券商对市场作出了错误的预测。作为专业机构与人士，他们自认为比别人更了解股市，也更能把握它。他们可能搜集了大量的信息，可能对市场的变化有很强的敏感性，但这都不应当是他们自认为聪明的原因。因为事实上，他们知道的东西别人也同样知道，而且别人可能还注意到了被他们忽略的信息，他们的自信在事实面前最终将被粉碎。

心理学家指出，那些对自我有客观认识的人并不多，更多的人认为自己比别人聪明。可真实的情况是，大多数人都是资质平平的，天才当然有，但可惜你不是。盲目自信对投资者可谓是有百害而无一利。当你觉得自己有百分百的把握去购买某只股票时，切记不可将这种信心当成是理由。别忘了，全世界像你这样满怀信心去做傻事的人不计其数。

“赌场的钱”效应

我们先来看一个利用投掷硬币进行赌博的游戏：如果是正面，你可以赢 20 美元；如果是反面，你要输 20 美元。你会参加这个赌博游戏吗？许多人在一种情况下即试赌赢钱时会参与赌博游戏，而在另外一种情况下即试赌输钱时则不会。

有专家研究发现，人们在盈利之后就愿意冒更大的风险，有研究者将这种现象称为“‘赌场的钱’效应”。这是因为盈利者认为这好像是在玩别人的钱。在赚了一大把钱之后，业余赌博者并不会认为新赚来的钱是他们自己的钱。你更愿意用自己的钱冒风险还是用对手的钱冒风险呢？因为赌博者并不将赢来的钱与自己的钱混为一谈，所以他们就好像在用赌场的钱进行赌博。

假设你赚了 15 美元，现在你有机会对一枚硬币正反面下注 4.5 美元，你会下注吗？研究者发现，在这种情况下，先前盈利的被试者有 77% 的人选择下注—在刚刚获得意外之财之后，大多数人更愿意冒险；但是，那些先前没有盈利的被试者在被问到是否会参与下注时，只有 41% 的被试者选择了下注。这就是说，人们在获得意外之财之后更愿意冒险，尽管在通常情况下他们并不愿意冒此风险。

“‘赌场的钱’效应”说明投资者在赚钱之后更愿意买入风险大的股票，换句话说，在卖出股票锁定利润之后，投资者更愿意买较高风险的股票。

风险厌恶效应

同样是赌博游戏，在经历了亏损之后，人们则更不愿意冒风险。研究者将这种现象称为“风险厌恶效应”，也叫“蛇咬效应”。研究者发现，人们在输钱之后通常会拒绝赌博，因为赔钱之后，被试者往往感觉被蛇咬了。

蛇通常并不咬人，但是人们一旦被蛇咬过，就会非常谨慎。同样，当人们不够幸运而输了钱之后，通常会认为自己接下来的运气也不会好，因此，他们会回避风险。

蛇咬效应会影响到投资者。新进入市场的投资者或者保守的投资者可能会试探性地进入市场。对一个长线投资者来说，在投资组合中加入一些股票可以更加分散化，从而提高预期收益率。然而，如果这些股票迅速下跌的话，第1次买股票的投资者可能会感觉像被蛇咬一样。假设一个年轻的投资者以30美元一股买入一家生物科技公司的股票，3天后，该股票下跌到28美元，他会非常恐慌并将这只股票卖掉，而且即便这只股票后来涨到了75美元，他也仍然会“害怕再次进入市场”。

在投资领域，有些投资者在经历了一次失败之后，就会对投资畏首畏尾，有些人甚至会拒绝再次投资。

尽量返本效应

在投资领域，失败者并不总是回避风险，人们通常会抓住机会弥补损失。通过实验研究发现，在赔钱之后，绝大多数的被试者采取了要么翻倍下注要么不赌的策略。被试者尽管知道赢的概率可能会低于50%，但是他们仍然愿意冒风险。此时，希望返本的愿望似乎比蛇咬效应更强烈一些。这种现象就叫做“尽量返本效应”。

尽量返本效应的例子可以在赛马中看到。经过一天的赌马而赔钱之后，赌博者更愿意参与赔率高的下注。15 ∶ 1的赔率意味着2美元的赌注可能会赢30美元，当然，赔率为15比1的马赢的可能性很小。赛马快结束的时候人们在赔率高的马上下注的赌资比例要比刚开始的时候高，表明人们更不愿意在一天的早些时候冒此风险。另外，那些已经赚了钱（“赌场的钱”效应）或者是赔了钱（返本效应）的赌博者会更愿意冒这种风险—赚钱的人愿意冒此风险是因为他们感觉他们在玩赌场的钱；赔钱的人愿意冒此风险是因为他们想抓住一个可能返本的机会，因为此时赛马快结束了，赔也不会赔得太多。而那些赔得不多赚得也不多的人则宁愿不冒此风险。

我们来看一下在芝加哥期货交易所专职进行国债期货交易的专业交易员的例

子。这些交易员在一天的交易中靠持有头寸及提供市场服务来获取利润，而这些头寸通常都要在一天结束时平仓。他们每天都会计算盈利，如果上午赔了钱的话，他们下午会怎么做呢？约斯华·卡佛和泰勒·沙姆威研究了 426 名这样的交易员在 1998 年的交易数据，他们发现这些交易员在上午赔钱之后，下午可能提高风险水平以期弥补上午的损失，而且，他们更愿意选择与对手交易员（而不是市场的一般投资者）进行交易，平均而言，这些交易最终都是赔钱的交易。这一现象显示了一个投资者在经历损失之后行为可能发生的变化。

这就验证了本文提到的研究发现：大多数人在赔钱之后采取了要么不赌要么翻倍下注的策略。那些选择翻倍下注的人是想抓住机会弥补损失，尽可能地将自己的损失减到最小。

心理价位的采纳和引导

心理价位是指投资者认为某种股票应达到的某个价位——上升时应该上到什么价位，下跌时可能跌到什么价位。它既是一个获利的目标，也是一个止损的界限，是投资者的判断力和承受力在心理上的尺度。群体心理价位的形成是广大投资者心理价位共同作用的结果。

在广大的投资群体中，既存在着相近的心理价位，也存在着截然不同的心理价位。由于投资者的个体素质差异，心理价位的判断难免产生差异。例如，对于同一股票的同一价位，你认为已近高峰，他却认为尚在谷底；你认为是熊市的开始，他却认为是牛市的起点。正所谓仁者见仁，智者见智。一般说来，有了正确的心理价位，才能在波动的股市中平稳心态，顺势操作，既不盲目跟进，也不随风抛售，而是能在山穷水尽时看到柳暗花明，在晴空晓日时觉察到山雨欲来，从而领先一步躲入避风港湾。

股市中没有常胜将军，但是一个合理的心理价位却能使投资者操作有序、进退有方。然而，要确立一个合理的心理价位，绝不是瞎子摸象，侥幸所得，而是取决于投资者对市场信息、企业优劣、供求矛盾、形势政策等系统性风险和非系统性风险的科学分析。它既是一个由表及里、由浅入深、去伪存真、去粗取精的思维方式，也是一个随股市变化而不断认识、不断调整的综合性过程，它从属于市场规律，也有其自身的特性。一般来说，个体心理价位只对个体起作用，对于股市的影响甚微；而群体的心理价位则不同，它可能会导致股市的暴涨或暴跌。

股价走势的高点和低点是个体投资者最关心的两个问题。一般来说，在股价上涨阶段，人们关心的是本次涨势的高点；而在下跌阶段，人们关心的则是低点何在。对于股价的高点和低点可从几方面确定，如经典的基本分析强调市盈率、净资产率、股息红利率与增长率，以此测定的是理论期望价格，不属于心理价位。纯粹的技术分析根据股价运行模式，把眼前的价格走势与成交量制成各种图表，以此推测价格变动，这样测定的价位也不属于心理价位。股市群体心理价位只存在于股市大众的感觉与期望中，并通过大众的口耳相传逐步形成。

心理价位是应市场的需要而产生的。不管哪一种投资者，在进行决策时，都总希望有所依据，有明确的目标可追，否则他们就会感到不踏实。而股市是人气聚散之地，当人气过于充沛时，基本分析往往退居幕后，技术分析也会武器钝化，一般投资者就会嘀咕：这个股价到底要涨到哪儿？尤其当股价连创新高，连最起码的横向比较也找不到较合适的参照系时更是如此。无方向、无目标是投资者最头痛的事。

这时，一些市场人士往往会因势而作，根据各自的经验、感觉提出各种价位，但这只是个人猜测阶段。各种价位出笼后，有的迅速被淘汰，有的几经流传、碰撞、筛选，终因较符合大多数人的感觉而被广泛接受，群体心理价位就这样产生了。它像同行之间的“自由议价”，一经产生就会成为同行间做生意的基准。所以，群体心理价位是市场态势十分明朗、人气十分充沛时的产物。而它的产生，又像茫茫夜海中的灯塔，隐现于波涛之中，顺应了夜航人的心理需求。这时众多的投资者因被其吸引而不顾一切地往这个目标奔去，而其效果则往往会“心想事成”。

在股市开创初期，投资者的心理价位起步较低，往往以高于债券利息作为获利标准，只求与溢价相平就满足了。但随着证交所的成立，分散的柜台交易转向了集中竞价的二级市场，投资者的心理价位也进入了一个新阶段。以上海电真空为例，从1990年12月19日到1991年6月，该股价位为365元、507元、373元、495元，呈现出波浪形起伏状，可见投资者的心理素质得到了锻炼，理智的成分开始提高，在确立获利目标的同时，也知道了确立止损的极限。而自1991年7月起，由于投资人群的迅速扩大，供求矛盾逐步突出，所以在人们金融意识提高的同时，心理价位的投机因素也逐渐增加，出现了脱离市盈率而狂热追涨的现象。可见，一定阶段的股市状况正是该阶段投资者的心理价位在市场上的反映。

一个股市的成熟稳定常取决于投资人群中合理的心理价位是否占主导地位。不稳定的心态一旦充当了主流，必然导致股市的不稳定。偏高的心理价位会引发

股市的暴涨，而偏低的心理价位则会引发股市的暴跌，由此可见心理价位对股市影响之大。但随着股市的发展成熟，合理的心理价位必将主导股市的起伏。

采纳心理价位是一件简单而又复杂的事情。其简单是因为一个数字，简捷明了，不费我们的脑子；其复杂是因为采纳心理价位除了要同股市人气状况进行对比外，还要掌握以下 3 个特点：

（1）适中性。在股价涨势的初期、中期和后期，心理价位往往会一高再高。一般来说，早期的大多会偏于保守，后期的会偏于激进，有时甚至是盲目乐观的产物。例如，1992 年初，延中的初期心理价位是 200 元，后来是 300 元、400 元和 500 元，可见投资者不掌握适中原则就会误入歧途。

（2）单纯性。好的心理价位至少是大多数人公认的，因此比较单纯，众口一价。如果同一时间内数价混行，则说明股民中分歧极大，这时，明智的投资者往往会择低者而从之，甚至干脆不理。

（3）近似性。依心理价位操作一定要有足够的提前量。因为心理价位是一柄双刃剑，在实际价位还低于它时，它会产生吸引力；当实际价位达到它时，它就会引力顿失，使股价跳水。所以，股价越高，提前量应越大。

在股市操作中，形成一个理性的心理价位，并使之成为投资人群的共识，并非一朝一夕所能办到的，这首先有待于股市机制的不断完善和证券机构的引导。为了防止暴涨暴跌现象的发生，必须经常不断地引导投资者增强风险意识，了解上市公司的经营业绩和发展前景，明确供需矛盾的解决前景，借鉴中外股市的经验教训，提高对股票投资的理性认识。其次则有待于投资者自身素质的提高，切实认识到股票不是储蓄，不仅需要财力，还需要智力和精力。股市既有收益也有风险，并且高收益与高风险是成正比的。如何趋利避害、顺势而为是一门科学，我们应该克服追涨时只听利多、赶跌时只听利空的偏执心理，增强对经济环境、股市情况的综合分析和判断能力。这样，一个既符合股市规律又有利于投资者自身的合理的心理价位才能不断得到确立。

小心股市流言

股市是流言的温床。大量公众的存在及他们对有关问题的共同关注是流言产生的必要条件。

个体在认识上的偏差，导致了流言的形成。个体平时观察事物、记忆事物时，往往不够细致，总会有所遗漏、颠倒，甚至混淆。而在与他人交往的过程中，个体也可能会单方面善意地对于对方的某些含糊言辞作出乐观的判断和理解，从而致使外界信息失真、失实或遗漏。此外，受自己希望、恐惧、忧虑、怨恨等各种情绪影响，当个体把自己耳闻目睹的事件转告他人时，也有可能在不知不觉中对信息进行加工。上述原因的可导致无根据的流言随之而起。

传播的流言往往是言过其实、耸人听闻，以致以讹传讹、误人不浅。有的流言则是个体根据自身的愿望、恐惧、怨恨而加以附会的结果。由于人们的愿望未被满足，人们的恐惧未能消除，人们的怨恨未能发泄，因此人们在传播流言时往往会加以附会，以图达到心理上的平衡。还有的流言是个体根据事实的因果关系作主观猜测的结果。人们总是认为凡事有因必有果，有果必有因，从而简单地把并非属于因果关系的事物强加联系，并进行“合理化”，以致混淆了事实的真相。

流言一旦形成并广为传播之后，就会成为一种社会心理环境。而个体处于这种社会心理环境之中，也就自然而然地会受到影响。正因如此，每当听到流言，尤其是被人们相互传播的流言时，人们才往往会信以为真。《战国策》中曾记载这样一则故事：

有一个与曾参同名者杀了人，有人去告诉曾参的母亲说曾参杀了人，曾母不信。过了一会儿，又有人去讲曾参杀人，曾母还是不信。而当第 3 次来人讲曾参杀人时，曾母却相信了。

这则故事说明，由于周围屡次发出相同的消息，在这一情境中的个体往往会听信流言。

流言对社会群体的影响不容忽视。群体中个体之间的相互接触能使流言不断变化，从而进一步增强它的力量。所以当关于股市政策变化的流言被传播时，往往会引起股民的恐慌心理，进而造成股市的剧烈波动。

社会心理学的研究表明：流言的产生常与社会动荡、突发事件以及某种社会危机状态相联系。社会公众的存在及其对有关问题的共同关注是流言产生的必要条件。证券市场就充分提供了流言产生的各种主客观条件—切身利益决定了广大股民对于股价涨落的密切关注，而证券投资的高风险性又使股民常处于高度紧张之中。为了消除这种紧张和不安，使自己的资本实现最大可能的增值，股民们迫切需要各种股市信息，因此，他们常常聚成马路股市沙龙，互通消息，共同探讨投资策略。

由于股民们在观察、理解、记忆等方面的个体差异，所以对于信息的误传、歪曲、讹传就在所难免。股民们心理紧张以及对各种信息的敏感与关注，更是降低了他们对流言的鉴别力，助长了流言的产生和传播。而证券公司的集中交易方式、股民的相互感染和暗示，也为流言的产生和传播创造了理想的环境条件。特别是在股市敏感期，如波动期、整理期以及某种经济政策、证券法规等即将出台的前夕，股民人群处于观望状态，而正式途径的消息无法满足股民的迫切需要，于是各种小道消息、传闻流言便成为股民们预测未来、消除恐慌的主要依据，这就使得大量流言一经产生便会迅速遍及整个股市。

随着股市流言的传播，信息日益公开化，流传的速度不断加快，不久便达到了“鼎沸期”。此时，传播网络纵横交错，接受者与传播者人数剧增，而主力大户则利用流言有意拉抬或打压股价，这就会引起股价的更大波动。就这样，流言所引起的股指波动作为一种反馈信息，既“证实”了流言，同时也造成了一种人为事实，迫使一些将信将疑者不得不顺势跟风。而这又反过来推动了流言的进一步传播。

流言与股指的交互作用是股市流言区别于其他种类流言的重要特征，它导致了股市流言以加速度方式达到传播的鼎沸期。鼎沸期过后，流言便开始走向衰退。衰退的方式主要有两种：一是被新闻媒体公布的事实真相所证实而很快消失；二是长期得不到证实而自行消失。但无论是哪种形式，股市流言独有的交互效应都常使它的衰退过程较其他流言更长。尤其是它对于股市的影响，即使在流言消失之后，往往还要持续一段时间才能彻底消除。

对于股市的稳定与发展，流言的影响是消极的。那么，作为一个投资者，面对流言纷扬的股市，如何才能透过流言的迷雾，使自己立于不败之地呢？以下两点对你十分重要：

提高鉴别股市流言的意识与能力

当流言传播时，每个人都有可能被它迷惑。但如果将这仅仅归因于股民们的鉴别能力不够，则不足以说明其实质，因为缺乏鉴别意识才是根本原因。某些投资者太容易相信他人了，他们几乎毫无怀疑地接受所获得的每一个信息，而其情绪紧张以及对信息的过分敏感则进一步降低了其本来就不强的鉴别意识，从而使得各种流言乘虚而入。

要提高对流言的鉴别，避免为股市流言所惑，投资者必须首先提高自己的鉴别意识，并在对流言的鉴别中不断提高自己的鉴别能力，消除紧张，稳定情绪。对股市进行全面分析，把握股市整体走势，认清当时的股市形势，预测可能产生的流言及其性质等，是保持头脑冷静、提高鉴别能力的关键。

分析与预测股市流言对投资的影响

投资者鉴别出流言后，就应对股市流言的性质、传播状况及其对股价的可能影响进行全面的分析和预测。即通过运用股市流言与股指股价的交互作用规律，结合当时的具体情况进行系统分析，以确保预测准确、投资成功。

股民常见的心理误区分析

投资者欲取胜于市场，必须首先征服自己的心理弱点。在市场中有效地进行自我调节，把握自我，培养一种健康成熟的心态至关重要。股市尤其是B股市场，风云莫测，危机四伏，在不断震荡的股海中，投资者要想获得成功，有雄厚的资金是必要的，但具有良好的投资心理更为关键。一些投资者由于缺乏正确的投资心理，难以适应风云变幻的证券市场，追涨杀跌，结果一败涂地，有的甚至倾家荡产。下面是几种股民常见的心理误区：

盲从心理

具有盲从心理的投资者在股票市场上缺乏自信，没有主见，道听途说，满脑张三李四的意见，唯独排斥了自我的见解，人云亦云，其结果只能是输掉股票。

在投资市场上，人们为什么常常重复犯盲目跟风、追涨杀跌的毛病呢？主要原因有两个：一是缺乏系统的股票证券等投资知识。知识储备不足，使投资者难以认清市场变化规律及实质，不能把握市场走势，从而只能以别人的行为作为参考模式。缺乏对股票知识的系统了解，就没有自信，只能老是跟在他人后面转，见涨就跟，这样必然会吃亏。二是从众心理的影响。盲从心理是证券投资的大忌。投资者要想克服盲从心理，首先必须系统学习，掌握证券投资知识和操作技巧，否则，投资股票就如瞎子摸象。一个掌握足够证券知识的投资者能透过市场出现的各种现象把握股市变化的规律，正确预测市场走势。一个人掌握的证券知识越充分，他就越自信，绝不会受别人所言影响自己的判断。而一旦他对股票市场的动向有了基本的见解之后，即使持相反观点的人很多，他也不会轻易地改变自己的立场。其次，投资者要养成独立思考和判断的习惯。因为股市上永远是先知先觉者太少，后知后觉者太多，“事后诸葛亮”太多。在股市上，总是少数人赚多数人的钱。所以要培养独立判断、逆向思维的能力，当大多数人“做多”时，自己应寻找“做空”的理由，因为真理往往掌握在少数人的手中。

贪婪心理

投资者想获取投资得益是理所当然的，但不可太贪婪，要知道有时候，投资者的失败就是由于过分贪心造成的。

贪心是人性的一个弱点。行情上涨时，投资者一心要追求更高的价位、获得更大的收益，而迟迟不肯抛出自己的股票，从而使得自己失去了一次抛出的机会；当行情下跌时，又一心想行情还会继续下跌，所以犹豫不决，迟迟不肯入市，期望以更低的价格买进，从而又错过了入市的良机。希望最高点抛出是贪，希望最低点买进也是贪，而贪心的最后结果不是踏空，就是被套牢。其实不论是做股票还是做期货，最忌的就是“贪心”。那如何克服“贪心”这一弱点呢？答案就是投资者要保持一颗“平常心”。因为想正确地判断出股价的顶部和底部是件极不容易的事情，要在每一次高峰卖出而在低谷买进更是“痴人做梦”。作为投资者，在预定行情达到八九成时就应知足了，毕竟从事证券投资应留一部分利润给别人赚。不乞求最高点卖出、最低点买进，保持“舍头去尾，只求鱼身”的心态，只有这样，致富的机会才能不断地光顾你。从事证券投资，收益目标不要订得太高，致富的欲望不要过于急切，不要乞求短时间发大财，成为巨富。应认清证券投资的规律，放弃空想，抑制贪念，只求赚取合理的差价。行情要一步步地做，利润要一点点地赚，稳扎稳打，步步为营，积少成多，这样你的财富才会像滚雪球一样越滚越大。

赌博心理

具有赌博心理的投资者在投资上的一个重要表现就是在大盘或个股的走势还不明朗，或在企业基本面的变化尚未明显改观之前，仅凭借自己的猜测就轻易买进或卖出，企图靠碰运气发上一笔。例如，在大盘下行趋势尚未改变之前，许多人为买到最低价，经常去猜测市场的底部，结果是常猜常买常套。高位博傻也是“赌”的一个重要表现。这种投资的指导思想是：不怕自己是傻瓜而买了高价货，只要别人比自己更傻，愿意以更高的价格进货，自己就可以将股票卖给后一位傻子而赚钱。之所以说这种做法是赌博，是因为这种投资策略面临的不确定性太大，因为别人是不是比自己傻谁也说不清楚。而一旦高价股拿到手后没有后来者来接货，后果就将不堪设想。这几年，重组股的炒作风起云涌，一浪高过一浪，多家企业在重组题材的刺激下，股价连连上涨。于是一些投资者就把大把大把的钞票“押”在了绩劣垃圾股上，希望有朝一日“乌鸦”能变成“凤凰”。然而时间一年一年的过去，“乌鸦”不但未变成“凤凰”，自己反而在亏损的道路上越走越远。

这正是“高位博傻”这种赌博心理失败的一大典型例证。

投资者若抱着赌博心理进入股市买卖股票，无疑是走向失败的开始，在股票市场行情不断下跌中遭受惨重损失的往往是这种人。因为这种人在股市中获利后，多半会被胜利冲昏了头脑，像赌棍一样不断加注，直到输光为止。而在股市中失利后，他们又往往会不惜背水一战，把资金全部投在某一种或若干种股票上，孤注一掷。结果，往往是股价一天天下跌，钱一天天减少，最后落得个“偷鸡不成反蚀把米”的下场。

每个投资者都希望自己买到最低价、卖到最高价，但这种过于完美的生意只存在于人们的幻想之中，因为你“不可能榨干最后一滴萝卜汁”，虽然许多人都在试图这么做—下意识地想从交易中赚到最后一点利润。从某种意义上讲，这种过于完美的要求等于是在说水不解酒、太阳不发光、地球不绕太阳转，这不仅不现实，而且属于贪得无厌。

常言道：“久赌必输。”从事证券投资，光靠运气是不行的，好运气不会永远跟着人走，存有任何侥幸心理所作的投资决定往往都是很危险的，损失也是惨重的。因此，投资者必须克服赌博心态，必须清醒地认识到，任何事物的发展都是有规律的，股市也不例外，虽然股价每日都在波动，但它的波动也是有规律的。要想在证券市场上取得成功，就不能靠侥幸，而必须靠丰富的证券投资知识、操作技巧、超人的智慧和当机立断的决心。透过市场价格不断波动的现象，把握股价走势规律，理性决策，这样才能在证券市场上取得成功。

股市上的胜利者往往具有高瞻远瞩的眼光和过硬的心理素质，能透过种种现象看本质，不抱“随便”和从众心理，并让每一次决定都源于深思熟虑。而这种平和淡然的心态，正是股海中人最难得的优势。

第十二章

社会心理学：看演唱会时，观众为什么会跟着唱

我们如何解释他人

热恋中的一对情侣，如胶似漆。相约见面时，男方发现有时候女方比约好的时间晚半小时或一小时，但他并不介意，可能是来的路上堵车了，或者是临出门发现忘带东西又折回去取了，他总能为女孩的迟到找到各种外部的理由。然而，甜蜜热恋期过后，两人的恋爱开始进入权利争斗期。这时男方发现女方依旧爱迟到，他开始厌烦她爱迟到的毛病了，不断数落女方。

你参加了某一个公司的面试，几天后，结果出来了，你没能进入下一轮面试。这时候，你会怎样解释这件事呢？是抱怨这家公司的领导没有眼光，不识你这匹千里马？还是认为自己面试时过于紧张，没有表现好呢？

人们对他人的行为进行分析和推论，并作出解释的过程，就是在进行归因。那么，人们是如何对他人的行为进行归因、解释他人行为的呢？归因理论能提供给我们一些答案。

海德是归因理论的创始人。他认为只要认真听一个人对他人的看法，就能够基本上了解这个人是如何理解他人行为的原因的。人们是有能力去分析和预测他人行为的原因的，因为人的行为必有原因。人们通常都试图将他人行为的原因或者归结为内部原因（个体的性格），或者归结于外部原因（当时所处的情境）。比如一个选手在演讲比赛中表现不好，我们可能认为是他的能力有限（内部原因），也可能认为他是由于对身处的环境感到陌生，紧张所致（外部原因）。

比起海德的归因理论，琼斯的理论更为系统，深入。他关注的不是归因本身，而是个体的归因过程。他认为我们可以根据个体的行为，轻易推断出个体

行为背后的特质。因此，如果我们对行为者的能力、性格等人格特征比较熟悉，就可以提高归因的准确性。比如有的公司老板注重员工的工作效率，有的注重员工的工作时间。如果一个员工喜欢把工作拖到下班后做，而且经常加班，在你了解到他有一个也很爱加班的老板后，就不难将他的行为归因为期待得到老板的赏识。

维纳认为人们对于成功和失败一般是按照能力、努力、任务难度和运气这四种因素来进行归因的，并从稳定性—不稳定、内因—外因、控制—不可控制这三个维度来考察上述四种因素。其中，能力和努力是内因，运气和任务难度是外因；努力和运气是不稳定的，能力和任务难度是稳定的；运气和能力是不可控的，任务难度和努力是可控的。比如一个人考试考得很好，他将其归因于自己的能力这种稳定不可控的内因，从而对自己更有信心。

人们或者根据情境，或者根据能力，或者关注行为者背后的特质，或者倾向于内部归因，总之都能对他人的行为作出解释。各种归因理论都假设人是理性的，能用符合逻辑的方式进行归因，但是，人们的归因方式并非完全是理性的，个体间也存在归因差异，容易产生归因偏差。

最常见的归因偏差表现是人们在解释他人的行为时，会低估环境造成的影响，而高估个人特质或能力造成的影响。比如，演员在演了好几个坏角色之后，观众虽然知道这是在演戏，演员所处的情境并不是现实情境，但还是会或多或少认为戏中的坏角色是演员个人特质的反映。在实际生活中，我们可能会觉得领导总是比下属拥有更广博的学识和卓越的能力。那是因为领导的控制地位、与下属相处时的情境等因素被忽略了。领导们总能将谈话的内容控制在他熟知的内容范围内。

为什么人们会出现归因偏差呢?

一种可能的解释是，自己和他人的突出程度不同。俗话说，当局者迷，旁观者清，如果自己是行动者，人们难以清晰地看见自己是如何行动的，自己显得不突出，而影响自己行为的外部环境因素却显得很突出，这样就容易将自己的行为归因于情境因素。反过来，对他人行为的观察是知觉的重点，情境只是知觉的背景，这样，将他人的行为归因于行为者自身也就不足为奇了。

了解了归因理论以及我们在归因过程中会犯的错误和犯错的原因之后，我们就能对自己和他人的行为作出更理性、更确切的归因。

我们怎样感知和回忆我们的生活

电视里正在放娱乐新闻，说到一个你喜欢的电影明星参加慈善活动。主播认为他（她）是在作秀，而不是真的想帮助那些需要帮助的人。你会觉得很生气，认为主播是在诋毁他（她）。你喜欢的一个球队输了比赛，作为球迷，你很可能会认为当值裁判在偏袒对方球队。

生活中这样的现象不胜枚举。我们在感知和评价事物时，总是不自觉地加入自己的感情，先入为主、想当然地作出自己的判断。尽管呈现在我们面前的信息是客观的，我们还是习惯于预先作出判断，而这种判断必然会使我们的知觉和解释产生偏见。也就是说，我们并不是对现实作出如实反应，而是依据自己对现实的解释作出反应。

这种“戴着有色眼镜”来感知世界的影响比我们想象的还要大。比如它能影响我们对法官审判案件公正度的看法。原被告双方都较容易接受与自己观点相同的证据，而极力反对和辩驳与自己观点相反的证据，所以法官无论判哪方胜诉，败方都无法心服口服。

研究者发现，预先提供的信息会影响人们解释和回忆自己所观察到的事物。也就是说，尽管事实摆在那儿，但我们的思维还是会根据我们已经获得的信息，来进行积极地解释。我们获得的信息形成了我们对各种事件的解释。

通常，不同的人对同一事实会作出不同解释，然后再据此做出不同行为。比如，上面例子中做慈善的明星，如果你知道他（她）以前也有过捐款的行为，你可能就会因此认为他（她）是真的在帮助有需要的人而不是在作秀。但是如果你之前获得的信息是他（她）根本没有过捐款的记录，则很明显地会倾向于主播的观点，认为他（她）是在作秀。既然人们习惯先入为主，作出预先判断，那么，如果控制先入为主，在人们作出判断之前先提供一些客观的信息，就可能出现不同的结果。

在人们感知世界的过程中，会有一种有趣的现象，那就是，明知自己以前一直坚守的某个信念是错误的，也不愿否定自己的想法；即使当支持这个错误信念的证据被否定时，人们仍会相信自己是正确的；如果你以前一直认为你走的那条路是从家到公司最近的一条路，某一天，一个同事告诉你其实还有一条更近的路，并且亲自带你走了一遍，你可能还是习惯走老路，虽然它被证明不是最近的。这就是社会心理学上的信念固着现象。人们总是不愿打破常规，更不可能轻易否定自己。

不仅如此，在回忆以前的生活时，我们也总爱将其美化。回想一些细小的令人愉快的事件时，将其想象得无比美好。或者是将一些不愉快的事件最小化，只留下让我们高兴的事情在脑海。比如我们在回想童年生活时，总是对那时吃过的玩过的东西特别留恋。其实那些东西在现在看来真的是微不足道。旅行归来，看照片时总觉得那里的风景特别好，旅行的经历特别愉快，却自动忽略了旅途的劳累。这些都是我们对自己记忆的美化。另外，我们也会在回忆里无意识地改变与他人的关系。两个相爱的人在回忆他们初次见面时，会倾向于认为他们是一见钟情，而那些已经分手的情侣则倾向于把对方回忆成自私的或是脾气不好的。

我们在回忆生活时，还可能犯的一个错误是将错误的信息整合进记忆。比如，和自己喜欢的人谈话会觉得时间过得很快，非常开心、自在；而和不喜欢的人谈话则会觉得时间过得很缓慢，拘束，浑身不舒服。事实上可能谈话的时间是一样的，但给人留下的回忆却是截然不同的。这是因为有错误的信息进入我们的记忆。

了解了这些感知和回忆生活的心理学原理之后，我们可以试着从对方的角度思考问题，避免信念固着、错误信念效应等的发生。最关键的，我们要力争做到：接受客观的信息，对发生的事件进行公正的判断。

我们怎样才能作出准确的判断

一幢大厦发生了火灾，一队消防人员进去灭火，在他们感觉火势已经基本被控制住时，这组队员的队长产生了某种奇怪的感觉，觉得有哪里不对劲，却又说不清到底是怎么回事，但是他还是果断地命令所有队员撤退。就在他们刚刚撤出去之后，里面就发生爆炸了。后来，他回忆当时的情景，记起有以下几个异乎寻常的现象：一是没有声音；二是火的颜色异于平常的火的颜色；三是本来着火会向外面喷热气，但当时却是往里边吸气。（这些都是爆炸的先兆。）那位队长凭借多年的救火经验，可能大脑在潜意识里已经判断出这种情况，但他自己当时也没有意识到，只是凭直觉下了撤退的命令，这才使众人躲过了一场劫难。

直觉就是潜意识智力的体现，比如，经验丰富的司机，不等前面的障碍物出现，只是凭直觉觉得有危险，然后立即刹车。这可能是大脑的潜意识已经觉察到危险的存在，然后向司机发出警报。这种觉察是毫无逻辑可言的。心理学大师弗洛伊德就非常重视潜意识的力量，他认为潜意识犹如冰山的底部，蕴含着巨大的能量，而人的大部分行为都是由潜意识控制的。

可以说，直觉是人类认知过程中的一种最直接、最有效的思维捷径。但是，仅凭直觉，我们不能准确判断所有事物，直觉有时候也会欺骗我们，直觉错误会造成一些不好的后果。

一种直觉错误的表现是对某个事物进行评价时，人们习惯用某一群体的特征来代表个体的特征。比如，一个人的职业如果是护士，就认为他（她）是温柔的、细心的。还有一种直觉错误是直接将要评价的事物和我们脑海中的现成例证比较。如果一个人的名字叫“李明”，我们就认为她是男孩，事实上她却是女孩。这可能是在我们的脑海中，已经存储着“有个男孩叫李明”这样的现成例证。

除了错误直觉外，人们也会人为地创造出一些错误观念，比如心理学上的过度自信现象——对于自己，总是给予更多的自信、更高的期望。制定减肥计划，尽管一开始就不能很好地执行，还是相信自己能坚持到最后。尽管我们知道自己过去出过错，但对于未来的预期仍然很乐观。有趣的是，那些能力不足的人反而会出现更多过度自信倾向。这可能与他们对自我的能力认识不够有关。对自己能力的认识本身也是一种能力，如果没有这种能力，对自己没有一个中肯的评价，可能就会出现过度自信倾向。比如说，一个总认为自己怀才不遇的画家，就很少考虑是不是自己的能力问题，而把责任推给外界。

另外，情绪也会影响我们的判断，世界在乐观者眼里是彩色的，在悲观者眼里是黑白的。快乐的人能从积极的方面去判断事物，看到事物好的方面。而在不快乐、爱抱怨的人眼里，谁都在跟他作对，更多看到的是事物不好的方面。

有时候，我们常常会为过去所做过的事情感到悔恨，想“假如……就好了”，并且在心里设想如果事情按自己期望的发生该多好，但这却是于事无补的。比如说，你准备赶一趟火车，结果却误点了，这时你可能就会在心里想，要是我出门早一点就好了，要是路上不堵车就好了，要是火车再晚点一会儿就好了……这么多“要是”，都是不可能发生的，是一种错误的信念。

另外，所谓的“志同道合”也是一种验证性的偏见，我们可能会无意识地选择和自己观点相同，或者支持自己观点的人做朋友，因为人们会倾向于寻找支持自己观点的信息。

以上的种种错误直觉、错误信念都会影响我们作出准确的判断。了解了这些，我们在平时的生活中可以有意识地加以注意，不要让直觉全部主宰我们的判断。譬如对初次见面的陌生人，仅凭年龄、身高、外表或职业等信息，我们不能对其有一个全面的有关人格特质的判断，而需要在进一步了解之后再下结论。另外，对自己、对他人的认识都应该更中肯一些，不过分自信也不过分自卑，不为过去的事情作假设，而应向前看。

我们的信念倾向于自我实现吗

1968年，美国著名的心理学家罗森塔尔做了一个实验。他从小学每个年级中抽出部分学生，进行一项所谓的预测未来发展的测试，然后把学生名单交给任课老师。实际上，罗森塔尔并未作任何真正实际的测验，只是随意抽取了部分学生。在这些学生中，有的是教师眼中的好学生，有的却不是，但都是罗森塔尔所谓的未来发展会很好的学生。过了一学期后重测，罗森塔尔发现那些随意抽取的学生各方面都获得了较大的进步，成绩明显提高。

上诉例子是一个典型的教师期望效应。教师对这批学生的期望更高，于是会给予更多的关注，比如上课时让他们回答问题，对他们的正确回答微笑点头表示肯定，或者花更多的时间指导他们的学业、家访等，这样学生会感受到老师的重视，并积极回应，自然而然地，学习的积极性更高了，学习也更好了。一般来说，教师喜欢并对其给予较高期望的学生，一旦感受到教师的积极期待之后，就会变得更加自信，并表现出强烈的学习热情，向着教师期待的目标积极努力，取得教师期待的结果。相反，如果教师厌恶某些学生，并对其期望值较低，学生感受到教师的冷漠和歧视，往往就会以更加消极的态度对待学习，结果这些学生可能会逐渐退步，学习成绩会变得越来越糟。

为什么会出现教师期望效应呢？这是我们的信念在起作用，信念影响我们的感觉和行动，从而改变现实。不仅如此，我们还有去证实自己信念的倾向。如果相信老师是重视你的，你可能就会更好地表现，让老师重视你。如果大家都相信某支股票会涨，然后一窝蜂地去买，相信股票会涨的错误信念有时竟然成为了现实。但是，这种错误的信念也会影响我们的人际关系，如果你认为一个人是不怀好意的，那么和他交往时的态度也不可能好到哪里去，自然而然，他的行为可能就真验证了你的猜想。相恋的恋人间同样如此，如果担心对方不够爱自己，就可能将对方微小的伤害解释成拒绝，导致关系的疏远，而那些亲密的爱人则较少出现错误的信念。

对于错误信念，除了我们自己有想去证实的倾向外，也能使他人采取行动，以支持或否定这些信念。也就是说，如果个体被预先告知了别人对他的期望，则可能引发他做出行动以验证或改变别人的期望。一个大家眼里的好学生，深知别人对他的期望很高，于是会不自觉地在各方面严格要求自己，做到最好，以支持别人的信念，即证明自己是优秀的。同样地，如果大家都认为你不行，你可能会不服气，偏要用行动证明自己，克服别人的错误信念。可见，我们的信念对行为的影响是无时不在的。

教师对学生有期望效应，相应地，学生对教师是不是也会有一些好的或不好的期望呢？在上某一门课之前，可能会听说一些关于任课老师的评价。如果大家都说他课上得好，人也很幽默，我们可能会抱有好的期望，上课时也会倾向于去验证自己的期望。

人与人之间虽然互相存在期望，这些期望也能一定程度上改变我们的行为，但是，它并不是起绝对作用的因素，较低的期望不会埋没一个有能力的孩子，也不会毁掉一个优秀的教师，相反，较高的期望也不会让一个学习困难的孩子成为天才，让一个不学无术的教师变得深受学生喜爱。

通常情况下，我们的信念都是建立在现实的基础之上，但是信念也有偏离轨道的时候。教师要关心每一个学生，对每个学生给予积极的期望和鼓励，这样会促进学生的发展和进步。所谓的一视同仁，应该是避免受信念左右的好方法吧。

看演唱会时，观众为什么会跟着唱

1985 年 5 月 29 日，利物浦与尤文图斯在比利时布鲁塞尔海瑟尔体育场的欧洲冠军杯决赛中相遇，欧足联赛前把一个球门后的看台分配给利物浦球迷，但是却有不少尤文图斯的球迷从比利时人手中买到该看台的球票。看台上，也没有足够的警察和工作人员将两队球迷分开。在比赛中，不断有双方球迷的辱骂和投掷行为。混在利物浦球迷里的足球流氓与尤文图斯球迷大打出手，导致看台坍塌，当场压死 39 名尤文图斯球迷，并有 300 多人受伤，而利物浦输掉了冠军杯。赛后所有的英国球队被禁止参加欧洲的赛事长达五年之久，利物浦是七年。这便是著名的“海瑟尔惨案”，足球流氓的经典作为。

上述惨案的发生，是因为在群体的庇护下，个体失去个性，失去责任感，也放弃了对自己行为的控制，导致了冲动行为的发生。这是心理学上的去个性化现象。去个性化指的是群体中的个体不是以个人的方式来行动，而是融于群体中，丧失个体可辨别性的一种状态。这种现象在群体中表现更为突出，由于群体的推动作用，使得个体能在群体中做独处时自己不敢做的事。比如，看演唱会时，疯狂呐喊，大声跟着歌手唱歌；看体育比赛时，高声为喜欢的运动员呐喊助威。这些都是无危害的行为，只是置身于群体中，个体能毫无顾忌地正常宣泄自己的情感，作出自己的选择。

但是，去个性化现象如果持续下去，也可能具有一定的危险性。许多社会学家就认为，去个性化是反社会行为的一个原因。上述足球流氓的挑衅闹事、学生集体起哄、毁坏公物、打架斗殴等，都是去个性化的消极面。

心理学家费斯廷格和同事对去个性化现象进行了实验研究。他们设计了这样一个实验：让两组学生去评价自己的父母。一组儿童在课堂上进行评价；一组儿童在昏暗的教室进行，并且每个人都套上一个布袋装用以掩盖自己。结果发现，后一组的学生比前一组的学生对自己父母的批评更多，且更激烈。

津巴尔多的现场试验也证实了群体中去个性化现象的存在。他将一辆看起来被抛弃的汽车置于一个热闹区域，然后躲在暗处观察，26小时后，汽车上的有用零件果然全被拆了，偷零件的都是一些衣冠楚楚的人，而且并没有人出来制止这种行为。把汽车置于一个人口较少的城市，零件则没有被拆掉。这说明在人口密集的地方会出现更高的去个性化，人们更容易忽略自己的身份和责任感，做出不遵守行为规范的行为。

那么是什么因素影响人们的去个性化行为呢？首先，肯定是群体情境所具有的匿名性。处于一个群体中，尤其是群体的成员不易被识别的情况下，个体觉得自己是能被忽略的，别人不知道自己的庐山真面目，因而能表现出平时不敢表现的一面来。大型演唱会上，谁也不认识谁，那些平时内向、不爱说话的人也开始变得“胆大”起来，大声跟着自己的偶像唱歌，形成万人大合唱的气势，当然，歌手也会受观众的感染，卖力演唱。这也是为什么大家觉得听演唱会比听唱片更有感觉的原因。另外，责任感的丧失也是导致去个性化的原因之一。当个体隐匿在群体中，不易作为特定的个体被认出来时，他会发现责任落到群体的身上，或者分散到个体身上，自己不用为群体行为承担责任，自己的责任感是模糊的。这也是所谓的责任分散效应。另外，情绪被激发的水平也能影响去个性化，个体被激怒时往往更容易造成严重后果。

对于去个性化这一心理现象，我们要辩证地分析看待，既要利用其积极的一面，也要克服其消极的一面。如果你是一个内向、胆小的人，希望改变自己的性格，可以多参加集体活动，置身于集体中，你会不由自主地跟随集体行动，表现

自己外向、开朗的一面。而如果你是一个管理者，事先一定要做好统筹安排工作，明确每个成员的责任，赏罚分明，防止他们产生侥幸心理，这样才能使工作进行得井然有序。

信用卡的目的就是为了让你过度消费

众所周知，美国是一个信用卡消费大国。有调查显示，在 1990 ~ 2004 年这 14 年间，美国中等家庭的收入增长了 11%，而支出却增加了 30%。1992 ~ 2004 年，美国的家庭债务增长了两倍，超过 10 万亿美元。这些债务是如何产生的呢？答案就是信用卡过度消费。调查还表明，与 1998 年相比，2003 年拥有一张以上信用卡的家庭所欠下的债务增长了 23%，平均为 9205 美元，尤其是中产阶级家庭，已经习惯了举债生活。为了保持与上层社会差不多的生活水准，他们使用信用卡购买住宅、汽车和家具等。这些年，中产阶级与上层社会的收入差距不断拉大，但消费水准却齐平，造成这种现象的罪魁祸首就是信用卡消费过度。

在中国，随着社会经济的发展，中国人，尤其是中国年轻人的消费观念正在悄悄地发生转变，超前消费，今天花明天的钱，已经成为年轻人的一种消费方式。而不少银行在开展信用卡业务时，也把更多的眼光投到年轻人身上。如今，大学生拥有信用卡已经不是什么稀奇事，而这个比例还在不断攀升。大学生在使用信用卡时，不知不觉尝到了超前消费的甜头，开始变得依赖起来。首先，比起携带现金，信用卡真的要方便许多。对没有收入来源的大学生来说，有时生活费入不敷出，就可以使用信用卡解燃眉之急，先透支再还上。毕竟比起向父母预支生活费，刷卡消费更能减少内心的愧疚感。

的确，信用卡消费已经成为时下的一种生活方式，甚至有些人开始“以卡养卡”，这也导致了债务的累积。有理财师就提醒，信用卡“以卡养卡”虽然可以在一定程度上暂时缓解持卡人的还款压力，但更容易助长持卡人过度消费的行为，这种方式非常危险，也是不值得提倡的。为了实现“以卡养卡”，持卡人每个月都要投入相当多的时间去周转每张信用卡的额度，而由此累积下来的利息也是惊人的，从长远来看，这是一笔不小的时间成本和金钱成本。此外，如果其中一张信用卡无法按时还款，其他信用卡就会受到影响，持卡人将在银行留下不良的信用记录。

从心理学的角度来看，导致信用卡过度消费有以下几个原因：首先，由于使用信用卡消费时，不需要付现金，这样，就不会亲眼看见有钱支出，也就不会感到心痛。刷卡消费比起现金消费，在心理上的警示作用要弱得多。于是，节制花钱的念头也就抛之脑后了。其次，由于信用卡的还款时间有一定的限期，在这个限期内，还不需要面临还款的压力。正是由于这段缓冲期的存在，导致持卡人放下戒备，一不小心就过度消费。尤其是购物、吃饭等消费行为发生时，人最容易冲动失去理智，导致产生一些不必要的花销。等恢复理智时，已经后悔莫及了。所以，为了避免这些情况的发生，建议多使用现金付账，消费时也要保持理性的头脑，不该花的钱千万要忍住别花。

花今天的钱圆明天的梦，是一种超前消费。但是，超前消费也要适可而止。超前消费的额度如果超越了自己的还款能力，无力还款所带来的经济和心理压力是巨大的。只有理性消费，才能避免这些不良现象的发生。

为什么在餐桌上的谈判容易成功

宋太祖登基后不出半年，先后就有昭义节度使李筠和淮南节度使李重起兵反宋。宋太祖亲自出征，费了很大劲才平定动乱，因此，心里对武将总不大放心。他既想建立中央集权的专制统治，又想让赵宋王朝长期巩固，不再成为五代之后的短命王朝，于是就想起了杯酒释兵权的计策。一日晚朝后，宋太祖将石守信、王审琦等禁军高级将帅留下，设宴招待他们。酒过三巡，宋太祖先感谢众将帅助其打下江山，功德难忘，又感叹皇帝难做，不如做节度使快乐。众将大惊，问其原因，还纷纷表忠心，称绝无二心。宋太祖于是说道："你们几位我是信得过，但难保你们的部下不三心二意，如果到时将黄袍加在你们身上，你们想不干都不行啊。"众将听出其话中之意，第二天纷纷上书称病，要求辞职解除兵权。宋太祖十分高兴，对他们赏赐了一番，随即免去他们的官职。

不仅在中国，世界各地都奉行"餐桌谈判"这一方式。政治家宴请来访宾客，生意人请客吃饭，在推杯换盏中吃出氛围，喝出交情，谈成事情，扩展人际关系。一些在正式场合不好说的事情，基本上可以从饭桌上，或者其他比较轻松的私人环境来谈。比如，各国领导人间的晚宴，就是洽谈合作、交流意见的重要场所；生意人通过宴请重要客户，谈成合作，甚至有人说 80% 的单子都是在饭桌上签的，也并非没有道理；普通朋友间聚会，一开始可能并不相熟，觥筹交错间，仿佛是熟悉已久的老友，熟悉感顿增不少。

为什么餐桌文化经久不衰？大家都习惯选择在餐桌这个非正式场合谈正事呢？这是人际交往中的情境因素在起作用。人与人之间的人际交往是在一定的情境因素下进行的。时空距离是影响人际吸引的一个因素。如果个体与个体之间的时空距离越近，自然容易激发人际交互关系，拉近心理的距离。俗话说远亲不如近邻，就是这个道理。餐桌这个场合，拉近了宾客间的距离，大家围坐在一起，互相交谈，必然能拉近距离。再者，餐桌是个非正式的场合，比起会议室等正式场合，人们更能卸下心防，保持一个相对轻松、愉快的心态，这样更能相信对方，听取对方的意见。

另外，人际交往时的情绪体验也是影响交往质量的一个重要因素。自己的情绪体验以及对方情绪带给我们的反馈都会影响我们的人际交往过程，如对对方印象的好坏等。那些对我们流露出喜欢情绪的人，我们总是会报以相同的反应；而那些给我们带来不好印象的人，可能就会避而远之。这样看来，个体的情绪体验确实能影响他对一个人的评价，虽然这种评价不可避免会带有主观色彩，但却真切地存在着。吃饭这项活动本身就能引起我们的快乐感，如果再选择一家客人喜欢的餐厅，安排客人喜欢的美食，让对方感受到你对他的用心，那么这样的安排必然会使他对你充满好感。有一个良好的情绪体验，在这样一个情境下，什么困难的谈判都会变得容易几分了。

除了这些交往的情境因素外，客观的环境因素也能起到不小的作用。不知道我们有没有发现，现在的餐厅多备有一定数量的包间供客人选择，这样可以避免互相打扰，尤其在谈重要事情时，包间具有很强的私密性。而餐厅的装潢，多以淡雅的颜色为主，能使人放松身心，充分享受美味的食物和有趣的谈话。

了解了这么多餐桌文化背后的心理原因，想必会给我们一定的启示。选择一个好的谈话环境是很必要的，其实除了餐桌，一些运动、娱乐等能让人放松的场所，也可以作为谈话的好地点。再就是启示我们在谈话时不能直接切入主题，聊聊家常、兴趣爱好，等有了一定亲切感之后再谈正事也不晚。

一个舒适的用餐环境，一段安心舒适的用餐时光，事已成三分了。

“三人成虎”与三对一定律

战国时代，魏国的太子被送到赵国的都城邯郸做人质，随行人员中包括了魏国著名的大臣庞葱。在临行前，庞葱对魏惠王说：“要是现在有个人跑来说，热闹的街上出现了一只老虎，大王您相不相信？”魏惠王立刻回答说：“当然不相信！”庞葱又问：“如果同时有两个人跑来，说街上有一只大老虎，您相信吗？”魏惠王答道：“我对这种说法是很怀疑的。”庞葱继续问：“那么要是有三个人异口同声地说街上有只老虎，这时您会相信吗？”魏惠王想了一会儿回答：“我会相信。”于是庞葱就劝诫魏惠王：“街市上不会有老虎，这是很明显的事，可是经过三个人一说，就好像真的有老虎了。现在赵国国都邯郸离魏国国都大梁，比这里的街市远了很多，议论我的人远不止三个。希望大王明察才好。”魏惠王说：“这一点我自己知道。”可是，庞葱走后，毁谤他的人太多了，庞葱陪太子回国之后，魏惠王果然再也没有召见他。

这是“三人成虎”的故事。这个故事包含了一个心理学效应——即使是一个很有主见的人，也常常会在众多相反意见的影响之下产生动摇。当三个人同时对一个人说事情时，那人再有主见，也常常会放弃原来的看法。这就是三对一定律。

在生活中，人们总是倾向于为自己的想法找到一种公认的背景，而一旦失去了这种背景的支持就会产生慌乱感，并对自己原来的想法变得怀疑，甚至会完全推翻自己原来的观点。

这种现象在纸牌游戏中很常见。一般纸牌游戏有四个人参加，在游戏中，如果有人建议导入新的游戏规则或者增加难度，也许会有人不同意。这时如果一方拉拢其他两个人，三比一，剩下的那个人就会因为寡不敌众而改变自己的主张。

试验表明，引发同步行为的人数最少为三至四人。当两个人劝说某个人采取某种行为时，说服的效果不够大。当人数增加到三个人时，被说服者的求同率就会迅速上升。效果最好的是五个人中有四个人意见一致。如果人数增加到八名以上，效果几乎不变。

通常情况下，多数人的意见往往是对的。服从多数，一般是不错的。但是缺乏分析，不作独立思考，一概服从多数，则是不可取的，是消极的“盲目从众心理”。因此，当自己是少数派时，也要注意避免盲从。

掌握这个定律之后，我们可以有意识地避免被别人影响，同时有效地影响别人。在生活中，要让别人接受自己的建议，或者提出令人为难的要求时，最好把自己的支持者扩大到三个人。当三个人同时对一个人说事情时，动摇对方立场的几率很大。

三对一定律也强调合作的重要性，没有人能够独自成功。俗话说“双拳难敌四手”，“三个臭皮匠，赛过一个诸葛亮”，只有通过合作，才能把工作做好。

第十三章

男性心理学：为什么男人讨厌陪女人购物

男人和女人有很大不同

男人和女人共同组成了人类这个大家庭。虽然同属一个物种，但男人和女人却有着很大的不同，在思维方式、感情倾向等方面有着很大的差异。男人常常对女人的想法感到费解，而女人也常常觉得男人的做法不可思议。面对同样的问题，男人和女人大多都会作出不同的反应。更要命的是男人和女人还经常相互误解，用自己的想法去揣测对方的心理。在现实生活中，有关两性的问题层出不穷，其原因就在于人们还没有认识到男人和女人之间的巨大差异。

男人的思维是单向思维，他们每次只能思考一件事；而女人的思维是网状思维，她们常常可以同时做几件事情。男人的单向思维决定了男人的专注性更强，他们可以一心一意地做一件事情，不容易受其他事情的打扰；女人的网状思维则决定了女人的想象力更丰富，这使得她们更具有创造性，但她们很难将全部注意力都集中在一件事情上。此外，在看待问题上，男人更善于从大处着眼，而女人则倾向于从细微之处入手。所以，男人更适合掌控大局，女人更适合做具体的工作。

男人更喜欢同男人聊天，女人更喜欢与女人交谈，因为同性之间有更多的共同语言。当女人对着一位女性朋友大谈电影中的精彩镜头时，她们可以聊得非常起劲儿，但如果同一位男性朋友说，则大多会换来对方的冷淡回应。为什么会出现这种状况呢？因为男人和女人在看电影时的侧重点不同。男人更注重整个故事的轮廓，对于其中的细节很少留意；女人则注重细节，她们不仅能记住剧情，而且还能将精彩的台词复述出来。

对于同一句话，男人和女人常常会解读出不同的意思。男人大多会直接解读，而女人则会根据一些非语言信息进行解读。比如有人对男人说了一句："你的衣服真好看！"男人常常会认为是对自己的真心赞美。如果有人对女人说了同样一句话，女人则会根据说话人的语气及表情等其他因素来判断对方是在真心赞美自己、刻意挖苦自己，还是另有目的。同样，男人说话时也大多会直接传达自己的意思，而女人则喜欢拐弯抹角，通过间接的方式表达出自己的真正意思。

男人的思维方式与女人的思维方式有着很大的不同。当男人沉默时，那是他们在思考问题，这个过程在女人看来是无声的，但在男人的大脑中却是有声的。也就是说，男人在用脑"说话"，他们在默默地自言自语。女人正好相反，女人的思考方式不是用脑，而是用嘴，当女人将一系列问题毫无逻辑性地说出来时，那正是她的思考过程的言语体现。

思考一件事情，男人更关注的是事情本身，而女人则会由此联想到很多其他的事情，有些可能与这件事根本就没有关系。当男人与女人共同讨论一件事时，开始时他们或许还能就事论事，可说着说着，女人就开始跑题了，到最后干脆脱离了主题。男人的思维可能还停在原来的主题上，但女人却可能已经更换了无数次主题了，所以交谈进行的时间越长，就显得越不合拍，有时男人甚至根本就不知道女人在说什么。

男人擅长的事物与女人不同，男人感兴趣的事物也与女人的有所差异，所以男人和女人经常出现话不投机的现象。当男人对着女人侃侃而谈国际时事和最新的军队装备时，女人虽然表面上在倾听，实际上心早就飞出很远了。此外，在生活习惯上，男人和女人也大不相同。比如说男人喜欢体育节目，女人则喜欢情感剧；男人喜欢不停地变换电视频道，女人则喜欢停留在固定的频道上；男人很少探听朋友的私生活，而女人却能将朋友的私人事情娓娓道来。

在对待情感问题上，男人和女人的表现也大不相同。男人追求女人，其目的是为了征服女人，满足自己的征服欲；女人追求男人，则是希望将男人占为己有，与男人确定关系。女人很容易坠入爱河，以婚姻为恋爱的终极目的；男人则对婚姻比较谨慎，将恋爱与婚姻分得比较清楚，时机未到绝不谈及婚姻。在确定恋爱关系以后，女人希望将男人拴得死死的，恨不得两个人一刻也不分开；男人则希望保持自己的自由之身，可以继续与朋友聊天喝酒，继续看自己喜爱的体育节目。女人更注重家庭，男人更注重事业。女人会用心经营自己的感情和婚姻，而男人却很少将时间花在这些事情上。

男人和女人的差异当然不止上面提到的这些，这里不再一一列举。只有我们认识到男女之间存在的巨大差距，才能进一步探索男女差异的原因，找到有关男女两性问题的真正答案。

男人和女人的差异绝非特殊现象，而是一种普遍存在的社会现象。男人的世界有男人的语言和生活方式，女人的世界有女人的语言和生活方式。所以，男人进入女人的世界会感到不适，女人走进男人的世界也会水土不服。

从不适应到适应需要一个过程，而了解对方世界的过程即是适应的过程。世界上只有两种人，男人和女人要在一起工作、生活，还要结婚生子，如果总是处于这种不适应和水土不服的状态，那么各种各样的问题就会接连发生，严重影响生活的质量。

差异并不可怕，只要尊重差异，理解差异，那么男人和女人就可以和睦地相处。当男人和女人都能轻松走进对方的世界而没有丝毫不适时，男女之间的问题也就彻底解决了。

男人为什么讨厌女人给自己建议

男人有一个共同点，就是愿意给别人出主意。很多时候，当女人向他们倾诉时，他们只要听就行了，可他们偏不，认真听着的同时还要不时地提出自己的建议，告诉女人应该怎么办。可想而知，他们的好心会换来什么结果——女人越来越激动，越来越愤怒，指责男人只会说风凉话，一点儿也不重视自己的感受。男人也被女人的话激怒了，自己好心帮助女人解决问题却遭到对方的无理指责，简直不可理喻。

生活中这样的场景并不少见。男人是关心女人的，女人是信任男人的，可为什么对彼此的关心和信任会演化成一场战争呢？原因就在于男人和女人互不理解，男人不了解女人渴望被人倾听，女人也不了解男人喜欢给人出主意。

男人喜欢给人出主意，是他们在漫长的进化过程中形成的天性。作为狩猎者，男人的任务就是要精确地击中猎物，为全家提供食物，这也是他们自身的价值之所在。也就是说，男人以击中目标的能力来衡量自身的价值。经过长期的进化，男人的大脑中出现了一个专门负责击中目标的区域，也是这个区域让男人有了存在的价值，而男人也变成了以结果为重的人。他们看重事情的结果，注重自己取得的成就和解决问题的能力，因为这是他们存在的价值。

男人之所以喜欢给人出主意，就是因为他们将解决问题的能力看得很重，并以此来衡量一个人的自身价值。女人如果接受了男人的建议，使自己的问题得到了解决，就是对男人自身价值的肯定。所以，当女人向男人提出问题时，男人也会将其视为一次展现自己解决问题能力的机会，并尽自己最大的努力去帮助女人解决问题。在男人看来，女人既然提出了问题，就是希望解决问题，而他们恰好可以给予女人这样的帮助。

男人喜欢给别人出主意，但却讨厌女人给自己建议，除非是自己主动请求帮助，否则他们绝不想听到任何建议。

生活中也常有这样的情景出现：当女人看到男人正在苦苦思索问题的答案时，就会提出自己的建议。女人觉得自己这样做是关心、体贴男人的表现，而且也可以帮助男人分忧，因此男人应该感激她们。可是，事实却恰恰相反，男人不但对女人的“好意”毫无感激之情，而且还十分讨厌女人的建议，他们认为这是女人不信任自己、看不起自己的表现。

对于男人的不满，女人往往无法理解，自己如此体贴、关心男人，尽自己的力量帮助他们，为什么还会招来男人的不满呢？如果不是深爱着男人，又怎么会主动提供建议和帮助呢？难道他们没有感受到自己深深的爱意吗？女人可能会觉得很委屈，站在她们的角度来看，她们确实是没有错，也确实有些委屈。不过如果女人了解了男人的心理，那就不会再以这样的方式去表达自己的爱意了。就像女人在倾诉时不想听到男人的建议一样，在男人苦苦思索问题时，他们也不需要非请自来的建议。

对男人来说，独立解决问题的能力是非常重要的，这是衡量一个男人自身价值的重要标准。如果有人怀疑男人独立解决问题的能力，那就是对其价值的否定。女人正是因为不小心犯了这样的错误，所以才造成了男人的误会。

当男人遇到麻烦时，女人应该表示出自己对男人的信任，因为陷入困境的男人是脆弱而无助的，在这种情况下，他们最需要的就是来自他人的信任和鼓励，尤其是来自自己心爱女人的。女人可以选择沉默，不去打扰男人，并相信男人可以依靠他们自己的力量来解决问题。男人会对女人的信任异常感动，这会激励他们的信心，增加他们的动力，更重要的是他们会更加宠爱女人。这就是说，即使女人已经有了解决问题的办法，也要克制住自己不给男人建议，这才是向男人展现爱意的最好方式。

男人希望在心爱的女人面前展现自己的能力，让女人以自己为荣。当男人的能力被认可时，那是他们最骄傲、最自豪的时刻。女人应该给男人展现能力的机会，让他们去证明自己，超越自己，这既是对男人的信任，也是在帮助男人进步。我们经常看到生活中很多能力出众的女人，她们的老公却窝窝囊囊，一事无成。出现这样的状况或许不能都怪男人，女人能力太强，处处挤压男人，不给男人表现自己的机会，这会让男人的信心大大受挫，时间长了自然也就毫无斗志了。

面对压力，男人选择把自己封闭起来

男人的压力反应机制与女人不同，当压力到来时，男人会选择做一些其他的事情，让自己放松下来。男人的压力反应机制是在原始社会长期的狩猎过程中形成的，并一直延续到了今天。自原始社会，当男人结束了一天的狩猎生活回到家里时，他们不会交流，更懒得关心妻子和孩子的感受，他们常常会一个人坐在火堆旁发呆，或者与其他男人一起做一些轻松的事情。对于奔波一天的男人来说，回到家最需要做的事就是休息，只有让身体和精神都得到了充分的休息，才能在第二天更好地进行狩猎活动。

原始时代男人狩猎后的表现与现代男人工作后的表现颇为相似。当男人工作了一天回到家里以后，他们或者拿着遥控器漫无目的地转换电视频道，或者去打游戏、看报纸，他们不想说话，更不想交流，有时还会直奔房间将自己关起来。男人不想把自己的问题告诉女人，更不希望与女人讨论问题，他们只想暂时逃离问题，让自己放松下来，也许第二天他们自己就可以找到有效的解决办法。

男人的这种表现很让女人不解。为什么不说出来呢？说出来不就没事了吗？至少也可以让自己轻松一些呀！所以，当女人发现男人的精神状态不太好时，总是试图与男人交谈，希望男人能将内心的烦恼说出来。女人以为自己这是在帮助男人，可实际上，男人根本就不需要这样的帮助，女人的一再追问只会让男人更加心烦。

男人为什么要这样呢？因为他们需要集中全部的注意力将问题尽快解决。男人不想用他们的问题去烦别人，也不想给别人带来负担，他们只想自己静静地思考，而不希望任何人、任何事来打扰他们。

当男人几乎把全部注意力都集中在正在思考的问题上时，根本就没有心思去应付其他的事情。如果女人在这个时候企图和男人交流，自然也不会有好的效果。即使女人关切地询问男人的情况，男人也没有心思去回答女人，只会用简短的“嗯”“好”等来应付女人。当然，对处于这种状态的男人来说，由于其注意力几乎全都在自己的问题上，因此他们很少意识到自己是怎样对待女人的，也不知道自己已经给女人造成了伤害。

男人的回答显然不能让女人满意，当她们发现男人总是心不在焉时，就会觉得自己不被重视，甚至认为男人心有他属，不再爱自己了。结果，女人在一边独自哀伤感怀，而男人却根本不知道发生了什么，想到了解决问题的办法后，又会恢复往日对女人的热情。

男人把自己封闭起来并不意味着对女人的爱有所减少，更不意味着不再爱女人了，这些不过是女人的自我臆断罢了。男人之所以会忽视女人的感受，在与女人交谈时心不在焉，是因为他们的思维正在被他们自己的问题牵绊着，而男人的思维又是单向性的，不可能一心二用，因此对女人的疏忽也是在所难免的。女人据此认定男人不爱自己显然是在自寻烦恼，与男人发生争吵就更是不理智，为什么不给男人一点儿时间，让男人安静一会儿呢？

不过，如果男人一直都找不到解决问题的办法，那么他们就会继续封闭自己，即使不沉默，也会做一些自己喜欢且不需要其他人参与的事情，继续沉醉在自己的世界里，以求得到解脱。这样的精神解脱往往很有效，在精神得到放松之后，思维会变得更加活跃，这对解决问题很有帮助。

如果女人真的希望帮助男人，就应该配合男人，给男人独立的空间，帮助男人尽快摆脱烦心事。

虽然说男人自我封闭是一种自然的反应机制，但男人却不能因此而将女人的感受完全置之不理，女人天生敏感很容易受到伤害。男人有自我封闭的权利，女人有享受倾听的权利，只有男人和女人相互谅解，彼此尊重，才能达成更多的默契，实现更好的配合。

男人为什么有那么多让人讨厌的习惯

在女人眼里，男人有许多坏习惯，很让人讨厌，比如，挖鼻孔、打嗝、长时间不换内裤等等。女人或许曾经就男人的某些坏习惯与男人进行过交涉，希望男人改掉这些坏习惯。但问题是男人并不愿意改变，而且他们也不认为自己有什么坏习惯。当女人总是指责男人的某些习惯不好时，男人就会认为女人又在想方设法改造自己，从而使男人产生抵触情绪，疏远与女人的距离。

早上，男人到卫生间小便，他习惯性地将马桶垫掀了起来，不过他忘了在方

便之后再将坐垫放下来。过了一会儿，女人也到卫生间方便，她习惯性地直接坐在了马桶上，却发现坐垫被掀了起来。女人气得向着男人大叫：“你怎么又把马桶垫掀起来了？总是这样，下次记得放下来。”女人的指责让男人也很恼火：“那你为什么不在你方便之后帮我把坐垫掀起来呢？”女人受不了男人总是将马桶垫掀起来，而男人虽然不介意马桶垫是掀起来还是放下来，但却受不了女人总是命令自己将马桶垫放下来。

为什么男人总要将马桶垫掀起来呢？难道他们不能在马桶垫放下来的情况下小便吗？当然不是。其实，男人在小便前将马桶垫掀起来也是为了女人着想，他们担心会尿湿坐垫，让女人坐湿屁股。如果是在公共卫生间，就不存在这样的问题。因为公厕中男厕和女厕是分开的，且在设计上也不相同，女厕只有座便器，而男厕则除了座便器之外，还装有靠墙的小便器。男人在小便时不用坐下来，这符合男人的如厕习惯。

在住宅中，一个家庭通常只有一个卫生间，而住宅设计为了让男人和女人在家里同样舒适，安装的全都是座便器。女人是习惯使用座便器的，但男人却不太习惯，在男人如厕的时间里，只有百分之十到百分之二十的时间是坐着的。男人习惯对着墙或者是树之类的物体撒尿，而不习惯对着马桶。此外，男人也不习惯像女人那样坐着小便，因为从古至今他们一直都是站着的。这就是说，在家里如厕，男人是处于劣势的。

男人的坏习惯真的比女人更多吗？答案是否定的。无论是男人还是女人，肯定都有一些不好的习惯是对方不太喜欢的，但为什么只听到女人抱怨却听不到男人的抱怨呢？那是因为男人不爱抱怨，而且也没有女人那么注重细节，所以才给人造成了男人的坏习惯比女人多的错觉。

人们常说“相爱容易相处难”，在谈恋爱时，女人肯定不会觉得男人有这么多让人讨厌的坏习惯，但结了婚后，所有的问题就全都暴露出来了。这并不是因为结了婚后男人和女人就不再相爱，而是因为每天的朝夕相处让他们真正走进了彼此的生活，看到了更多真实的东西。当理想的爱情变成现实的生活时，女人的心里就会产生一种巨大的落差，她们发现男人并不像自己想象的那样完美，而且还有很多让人讨厌的坏习惯，这让女人很难接受，于是，她们开始抱怨，并试图纠正男人的坏习惯。

女人会产生心理落差，难道男人就不会吗？其实，在长期的相处过程中，男人也会发现女人的一些坏习惯，不过男人更容易接受女人的这些坏习惯，因此男人很少抱怨。

一个人的天性很难改变，但一个人的后天习惯却并非不可改变。女人可以用自己的语言及行为去影响男人，这对于改正男人的坏习惯很有帮助，最重要的是这样做不会伤害到彼此的感情。同时，女人也应该明白，人无完人，男人的有些坏习惯实际上无伤大雅，女人不必太过计较。女人应该想到，自己身上也有很多坏习惯，男人不是也没有苛求自己作出改变吗？对于长期生活在一起的男人和女人来说，只有互相包容，互相理解，才能让彼此的相处更愉快，这是婚姻的真谛，也是生活的真谛。

为什么男人讨厌陪女人购物

说到购物减压，往往是女人的专有名词。哪怕只提到购物二字，人们也会在第一时间联想到女人。没办法，女人就是喜欢购物，几个女人可以漫无目的地在商场逛上一整天，而且无论买不买东西，心情都会变得轻松而愉快。

心理学家对女人购物给出过这样的解释：女人的确可以通过购物减压，释放压力，获得快乐，因为女人通过购物可以完成从工作的服务角色到“上帝”的转换，尊严感在购物过程中得到了极大的满足；购物时的高度专注，可以帮助女人忘记工作中的不愉快，有利于她们调整心态；买到一件满意的商品时，特别是买到一件满意的衣服时，女人会有很强的成就感，甚至是对自身形象直至整个自我的肯定。由此看来，女人购物的确是一种享受。诚如弗洛伊德说的，做出一些非理性（冲动消费）的行为，也是对自身心理能量的一种释放。

男人就不同了，他们不喜欢购物，通常都会由他们身边的女性代劳，比如说他们的妻子或母亲。即使男人外出购物，也会速战速决，绝不会在商场停留太久。大多数男人在商场停留二十分钟之后，就会感到大脑发胀。

对男人来说，购物简直就是一种折磨，他们不但不会因为购物而变得轻松，反倒会变得精神紧张。英国的心理学家戴维·路易斯博士经研究发现，男人在购物时的精神紧张度可以和警察处理暴徒时的精神紧张度一样高。

男人更讨厌陪女人购物。男人一般都会将购物时间控制在二十分钟以内，但这短短的二十分钟显然是无法满足女人的要求的。如果男人答应陪女人购物，那就意味着男人要花比二十分钟多得多的时间泡在商场里，这将让男人变得异常烦躁和沮丧。

男人讨厌陪女人购物和他们的进化过程有关。

原始社会中，男人最初的任务是狩猎，在狩猎过程中，男人的目光必须始终盯住猎物，并尽快捕杀猎物。他们的视野比较狭窄，往往是直线性的。他们喜欢沿着直线前行，而不喜欢七拐八弯地绕行。男人没有挑选猎物的经历，当他们发现猎物时，就会立即作出捕杀的决定，并迅速猎取，然后马上回家。现在，男人仍然在以同样的方式购物，他们发现自己想要购买的物品以后，就会迅速作出购买的决定，然后将其带回家。男人不喜欢货比三家，更懒得精挑细选。

可是女人不同。远古的女人在采集果实时需要四处探寻，找到最美味的果实，然后再带回家。女人今天的购物方式也与此相似，她们不愿意放过任何一家店铺，各种各样的店铺琳琅满目，女人喜欢在其间不断地穿梭，以寻找自己最喜爱的商品，但这对于习惯直线行走的男人来说显然是很难适应的，因为每次转弯他们的大脑都要作出清醒的判断。

从根本上说，男人讨厌陪女人购物是受不了女人在商场里长时间漫无目标地转来转去，因此，女人如果希望男人陪自己购物，那就要给男人一个确切的目标或一个时间表，而且要尽量压缩购物时间。当男人有了目标之后，他们就会更有动力，只有让他们为了实现既定的目标而努力，他们才不会感到忧虑和紧张；如果女人希望男人将某种商品买回家，那最好告诉男人具体的牌子和价位。当男人找到商品之后，别忘了表扬他们。男人本不擅长购物，所以女人必须不时调动男人的积极性才行。如果女人让男人陪自己买衣服，就一定要提前确定自己要买的款式和花色，不要让男人跟着自己到商场四处转，也不要一件接一件地试起来没完，更不要一个劲儿地询问男人的意见。男人的大脑很难把握花色和款式，他们不能给女人有价值的参考意见，而女人一再的询问却会让他们心烦意乱。

男人购物是讲究效率的，他们希望在短时间内选购到自己需要的商品。如果转了一圈后女人什么都没买，男人就会非常郁闷。所以，如果女人只是想随便逛逛，没有确切的目标，那就最好找自己的女性朋友陪着，而不要让男人陪着。

为什么男人不爱问路

男人的方向感要明显优于女人，很多男人都可以在一个空旷的地方轻易分辨出北方，而女人则大多做不到这一点。在现实生活中，迷路的也大多都是女人，男人则很少迷路。当然，男人不容易迷路是有前提条件的，那就是他们曾经走过这条路线或者他们手里有这个地方的地图。在一个陌生的地方，在没有任何帮助的情况下，男人也很难迅速找到目的地。

虽然说男人的方向感比女人强，但在一个陌生的地方而手中又没有地图的情况下，女人却往往会比男人更早到达目的地。

这是为什么呢？因为男人不爱问路，而女人则会主动问路。

男人为什么不爱问路呢？

在长达十万年的岁月里，出色的方向感一直都是男人的看家本领，让他们去问路那就意味着让他们承认自己的看家本领不行，这是男人无法忍受的。对于男人来说，证明自己的看家本领是很重要的，这也是他们自身价值的体现。所以，男人宁愿开着车在路上绕圈子，也不愿下车问路。美国《消费品营销杂志》刊登的一项由美国新罕布什尔大学酒店管理学教授尼尔森·巴伯及其同事完成的新研究发现，男人购物时也有同样的表现。他们研究调查了 543 名购买葡萄酒的顾客，结果发现，女性购物时多会向朋友或家人征求参考意见，而男人则会通过非人际渠道（出版物等），独自“研究”相关信息。

男人在迷路时的镇定自若完全是装出来的，他们不过是想给身边的女人信心，让她们相信自己完全可以找到路。但实际上，男人的心里并没有底，他们也不知道自己能不能找到路，只知道自己必须努力地寻找，而且绝不会在女人面前下车问路。如果在女人面前问路，男人就会觉得自己很失败，无法给女人信心和保障，这对他们来说是一种羞辱。

女人作为守巢者，准确辨别方向对她们来说并不重要，因此她们不需要发展这方面能力，而且在这方面犯错也是很正常的事。她们不需要像男人那样背负过多的责任和压力，即使表现出担忧和疑虑，也不会对男人产生太大的影响。由于女人没有这样、那样的顾虑，所以她们可以理所当然地迷路，也可以名正言顺地下车去问路，这并不会带给她们任何失败感，她们更不会因此而感到羞辱。

当女人发现男人在开车转圈时，千万不要当场揭穿他，也不要给他任何建议或催他下去问路，更不能批评指责他。女人可以什么都不说，默默地支持男人。当然，如果确实有很急的事情要做，而男人又迟迟找不到方向，那就不能任由男人来回兜圈。女人可以找借口下车去买东西或上厕所，这样，在女人离开时的这段时间里，男人就会跑下车去问路，既给了男人面子，又节省了时间。

为什么男人不停换电视频道

你信不信，许多家庭中的男人和女人都因为看电视争吵过。这是怎么回事呢？女人正在设想女主角接下来的命运，不料电视画面忽然转变了。原来，男人拿起了遥控器开始换台。

女人生气地说："快换回去！"

男人则不紧不慢地说："等我看一看其他台都在演什么呢！"

男人拿起了遥控器不停地换电视频道，女人实在是受不了了，对着男人大叫道："你究竟要看什么？"

男人答道："我没想看什么，只是想看看其他台在演什么。"

女人终于忍不住爆发了，与男人发生了一次争吵。女人说自己实在受不了男人的臭毛病，每当自己看得出神时，他总要拿着遥控器换来换去，更可气的是他自己根本就没有特别想看的。在女人看来，男人不停地换电视频道纯粹是一种怪癖，不是正常人的行为。

事实上大多数男人都有这样的"怪癖"。为什么男人喜欢不停地转换电视频道呢？因为他们需要通过思考其他人的事情暂时忘掉自己的烦恼，缓解自己的压力。当男人转换电视频道时，他们并不在乎电视节目究竟是什么，他们只想为电视节目中的人物寻求解决方案，或者是找到每个故事的结果。其实，男人的这种习惯早在原始社会就已经形成了。当男人狩猎一天，晚上回来之后，会静静地坐在火堆旁，一言不发地默默注视着火焰。他们注视火焰的过程就是他们休息和减压的过程。有些时候，男人疯狂地转换电视频道，但他们的眼神却在发呆，他们根本就不知道电视节目究竟在演什么，但通过这种方式，却可以使男人的压力得到缓解。

剧情拖沓的电视剧对男人是没有什么吸引力的，他们只是想知道结果和答案，至于其中有怎样精彩的故事情节，以及有怎样错综复杂的人物关系，他们并不感兴趣。相对来说，男人更容易被新闻和访谈类节目吸引，因为这些节目大多只介绍事情的大体框架，简单明了，可以达到转移男人注意力的目的。只有在遇到自己感兴趣的电视节目时，男人才会将注意力转移到电视节目上，所以男人必须不停地转换电视频道，寻找自己感兴趣的电视节目，并保证自己的注意力一直都在电视节目上，以达到最好的减压效果。

女人则不同，转换电视频道并不能给女人带来好处。因为男人的大脑是单向性的，所以当其注意力转移时，他们本身的烦恼就被暂时遗忘了。但女人的大脑是多向性的，即使她们做了其他的事情，她们的苦恼也仍然会在她们的大脑中徘徊。也就是说，女人不能通过转换电视频道的方式减压。相反，女人喜欢沉浸在某个电视节目之中，尤其喜欢剖析人物关系及男女主角的肢体语言，这才是她们的放松方式。

男人喜欢不停地转换电视频道，女人喜欢沉浸在某一个节目之中，这样一来，男人和女人在看电视的问题上就永远都不可能达成一致。如果双方都不肯让步，那么争吵就是不可避免的。

男人为什么爱炫耀，爱吹牛

很多女人都有这样的上当经历：

刚接触某个男人时，男人摆出的简直就是一副成功人士的派头。可是经过一段时间的相处，却会发现事情根本就不像男人说的那样，一切不过是男人故意作出来的假象罢了。女人觉得男人欺骗了自己，可男人毕竟是爱自己的，难道就因为男人目前还没有功成名就而与其分手吗？女人陷入了深深的矛盾之中。

男人确实欺骗了女人，但他们并没有恶意，或者他们也不是故意的，谁让男人骨子里就爱吹牛呢。每个男人都如此。男人所做的一切不过是为了给女人留下深刻的印象，让女人倾心于自己而已。

男人吹牛也好，炫耀也罢，都是为了夸大自己的成绩，赢得他人的赞赏和肯定。男人最怕被人说成是无能的，特别是被心爱的女人认为无能，那是男人最大的耻辱和悲哀。

在相当长的一段历史时期，男人都是女人生活来源的主要供给者，女人必须得到男人的照顾才能生存下去。所以，男人只有让女人觉得自己能给她们生活上的保障，才可能获得女人的青睐和信任。如果女人可以选择，那么她们当然会选择地位更高、能力更强的男人，因为这样的男人会给她们更可靠的生活保障。

在一夫多妻的时代，男人的地位越高，选择他们的女人就越多。男人必须在女人面前极力表现自己的强大与尊荣，以博得女人的好感。当男人自身的能力受到大多数人的质疑时，他们就会产生一种自卑心理，甚至会有轻生的念头。而在男人身边的所有人中，他们所爱的女人无疑是最有分量的。所以，男人极力维持自己的面子，尤其是在自己心爱的女人面前。

女人的择偶标准决定了男人之间始终存在着残酷的竞争，男人若想在竞争中取胜，就必须在短时间内向女人证明自己是有能力、有地位的。名车、名表、讲排场、出手阔绰……这些都是男人身份与地位的象征，他们希望通过这些可以象征至高地位的事物来打动女人，赢得女人的芳心。

男人的能力本来就是参差不齐的，即使具有同样的能力，也未必会取得同样的地位，也就是说，男人的竞争力本来就存在差距，但他们并不甘心于这样的差距，他们吹嘘自己的能力，炫耀自己的成绩，就是为了缩小差距，让自己更具竞争力。

男人不仅喜欢吹嘘炫耀，而且还特别爱面子，“死要面子活受罪”的大多都是男人。当女人有求于男人时，即使男人办不到，他们也绝不会说自己办不到，而是会先应承下来，然后再用尽浑身解数四处求助。等事情办好以后，他们又会轻松地告诉女人这点儿小事对他们来说不算什么，让女人大加赞赏。尽管自己在办事过程中受了很多苦，但是能让女人对自己刮目相看，他们就认为做什么都是值得的。

女人应该理解男人“虚伪”背后的动机，既不能一味指责，也不能盲目纵容。对于自己不了解的男人，不要轻易相信自己所看到的一切；而对于自己的丈夫，则要给他足够的面子。男人都爱面子，都喜欢夸大自己的功绩，这是男人的天性，就像爱慕虚荣、喜欢夸大自己的情绪是女人的天性一样。

为什么男人痴迷体育运动

绝大多数男人都痴迷于体育运动。每当足球世界杯的战火燃起，男人们的眼睛里就再也容不下其他的事物，他们白天在公司与同事讨论每天的精彩赛事，中午要抓紧时间看最新战报，晚上回到家或周末也是没日没夜地守在电视机前看直播或录播。在男人看球时，女人在他们面前就形同空气，女人说了什么、做了什么他们一概不知，除非女人挡住他们的视线或忽然将频道调走，否则他们就根本注意不到女人的存在。而且男人在观看体育比赛时是无法安静的，他们的情绪常常会变得异常激动，而原因可能只是裁判的一个误判。

每当男人沉迷于体育节目之中时，女人就只能独自打发时间，女人忍无可忍了，就让男人在自己和体育运动中作一个选择，要么选择自己，要么选择体育运动。在男人看来，女人的这种做法则是在无理取闹。不管这场闹剧以何种结局收场，有一点是可以肯定的，那就是男人和女人之间的感情受到了影响。

男人为什么会如此痴迷于体育运动呢？因为他们是天生的狩猎者，有过太长时间的狩猎历史，他们四处奔走，追捕猎物，每天早出晚归，这样的生活方式已经成为他们的习惯。虽然经进化后，男人结束了狩猎生活，但他们对狩猎的热情并没有退却，他们的狩猎者角色也并没有发生本质性的变化。由于男人们不再需要外出狩猎，这让他们很不适应，所以他们不得不将自己的狩猎热情投注到其他事物上，而体育运动就是最好的选择。

在现实生活中，男人参加体育运动的机会很少，但观看体育比赛也同样会让他们兴奋不已。他们将自己的热情倾注到自己喜爱的球队，将自己想象成自己崇拜的体育明星，这会让他们重新找回狩猎的感觉。

男人只有在体育比赛中，才能找到归属感。也只有在自己喜爱的球队赢得比赛时，他们才能找到成就感。而这种成就感，是在工作中无法获得的。

由此看来，男人痴迷于体育运动是为了找回他们的狩猎角色，延续他们的狩猎生活。了解了其中的原因，就不难理解男人在观看体育比赛时的种种过激反应了。当自己喜爱的球员进球时，他们会兴奋得大跳大叫，就如同他们自己射中了猎物；当拳击比赛中的某一方被对方击中时，他们也会露出痛苦的表情，就如同他们自己被击中一样。

女人应该明白，男人痴迷于体育运动并不意味着忽视女人的感受，更不是不爱女人的表现。如果女人硬要男人在自己与体育运动中取舍，那显然是在为难男人，而且与男人的本能“争风吃醋”，也不可能有什么好的结果。

女人可以试着陪男人一起观看体育比赛，这将为两人创造更多的话题，让交谈更愉快。如果自己实在不喜欢，那就在男人看体育比赛时做一些自己喜欢的事情吧。

男人不关心细节，更不关心别人的私生活

一对夫妇刚参加了一场朋友举行的舞会。回家的路上，女人显得很不高兴，对男人不理不睬。虽然男人不知道女人究竟怎么了，但他已经意识到一定是自己又让女人生气了，于是，一边讨好女人，一边试探女人的口风。终于，女人说出了自己的不满，她责备男人不关心自己，让自己被外人嘲笑。男人被女人说得一头雾水，他仍然不知道自己做错了什么，他整晚都在与女人一起跳舞，一直陪伴在女人身边，难道这还不够关心吗？看到男人一脸茫然，女人真是又委屈又气愤，

她开始数落男人的不是：那个在自己面前炫耀的女人，她已经对其厌恶至极了，可男人却对那个女人非常热情，更可气的是，男人竟然答应在舞会后将那个讨厌的女人送回家。女人越想越气，难道男人没有看到对方挑衅的眼神和讽刺的话语吗？难道男人看不出自己要和那个女人保持距离吗？在男人弄清女人生气的真正原因以后，他反倒变得更加糊涂了。两个女人明明在自己面前上演了一场没有硝烟的战争，可为什么自己会毫无察觉呢？

男人就是这样，总是这样粗枝大叶，不关注细节。这又是男人的大脑惹的祸。男人可以记住事情的主体和大致的轮廓，但对于其中的具体细节，则基本上没有印象，或者说印象不深。尤其对于一些非语言信息，男人更是很难察觉到。

远古时代，男人是狩猎者，他们的目标是捕获猎物，他们不需要关注猎物长什么样，更不需要关注猎物的表情，因为这些对于他们捕获猎物毫无帮助。如果他们整天关注这些无关紧要的细节，那么他们恐怕连一只猎物都捕获不到，这样一来，他们自己和妻儿就都要饿死了。他们真正需要关注的是猎物的速度和逃走方向，这才是能否捕获到猎物的关键。

男人更不关心别人的私生活。男人喜欢与自己的朋友在一起喝酒，聊天，做运动，他们与朋友相聚的时间并不短，但奇怪的是，他们对朋友的私生活状况却知之甚少。他们可以轻易地说出朋友最近在做什么新的项目、打算买什么牌子的汽车，但却说不出朋友的妻子和孩子们最近发生了什么事。女人则刚好相反，她们对朋友的私生活非常了解，但是对朋友的工作情况却不太关心。女人总是试图从男人的口中了解他们朋友的私生活状况，但结果却往往让女人大失所望，因为男人的回答不是“不太清楚”，就是“他没有说”。

为什么会这样呢？因为私生活向来都不是男人之间的谈论话题，这是在原始社会就已经形成的交谈习惯。对于整天外出狩猎的男人来说，探讨彼此的私生活状况显然对他们的狩猎活动毫无帮助。在狩猎过程中，男人需要长时间保持沉默，以免惊走猎物。也就是说，男人不需要太多交谈，即使要交谈，他们交谈的话题也会围绕狩猎而展开，以帮助他们捕获更多的猎物，至于彼此的私生活状况，则完全没有必要了解。正因为朋友的私生活对男人来说并不重要，所以男人才不会主动询问。

男人的确不太关心朋友的私生活状况，但那并不意味着男人不关心朋友。在男人看来，如果朋友的私生活遇到了什么麻烦或出了什么问题，那么朋友就一定会主动提出来的，因为他们自己也会这样做。如果朋友什么都没说，那就是不想说或者没什么可说的，当然也就没什么可问的了。男人是不会逼对方说些什么的，很多时候，男人们在一起只是打球、喝酒，很少说话甚至一句话都不说，但他们并不觉得有什么不妥。在男人看来，朋友的相聚更像是一种休憩，可以有效地缓解压力。

男人在厕所里讨论什么

女人喜欢结伴上厕所，她们一路上有说有笑，到了厕所里也收不住话匣子。男人忍不住要问：女人在厕所里到底说些什么呢？答案是什么都说。她们可以谈论当今流行的新款服装、自己喜欢的男人以及最新推出的化妆品等等。在厕所里，即使是互不相识的两个女人，也同样有话可说，她们还可以请不认识的女人帮忙递手纸。对女人来说，厕所就像是一个网络聊天室，可以谈论各种各样的话题，还可以结交很多新朋友。在英国，甚至有专为女性设计的超大隔间，里面放置两个马桶，方便女人们长谈。

男人很少结伴上厕所，他们喜欢独来独往，即便是和朋友同往，也很少听到他们在路上谈论些什么。女人也忍不住要问：男人在厕所里讨论什么呢？答案是什么都不讨论。男人的话本来就不多，他们不像女人那样永远都有说不完的话，也不像女人那样可以在任何地方与人交谈，他们会把想说的话放在合适的时间、地点，对着合适的人去说。在男人看来，厕所绝对不是一个适合聊天的场所，更不是结交朋友的地方。他们上厕所的目的很单纯，在厕所里他们也只会做一件事，这是由他们的大脑结构决定的。

男人希望在厕所里设立从地板到天花板的隔板，这样就可以保证他们处在只属于自己的独立空间里，不受其他人的打扰和影响，也可以避免与其他人发生任何交流。在厕所里，男人绝不会主动与其他人交流，也不会与陌生人对视。在男人看来，上厕所是一件比较私密的事情，不适合与其他人分享。即使与自己的朋友在一起，他们也不会在厕所里说些什么，有什么话他们可以到外面说，这也是男人上厕所从不让人陪伴的重要原因。

在厕所里，男人会刻意保持与陌生人的距离，以避免被人看到的尴尬。在选择小便器时，通常，第一个走进来的男人一定会选择最里面的一个，第二个走进来的男人会选择离第一个男人最远的一个，也就是最靠门口的那个，而第三个走进来的男人则会选择和第一个男人、第二个男人距离都比较远的一个，也就是中间的那个。

男人不会主动选择其他男人旁边的小便器，如果他们那样做了，就会被认为是不正常的，招来其他人异样的目光。如果男人在进入厕所后发现除了其他男人身边的位置已经别无选择，那么他们就会进入隔间，而不会站在一个陌生的男人旁边。此外，在男人小便时，他们的目光会一直注视着前方，绝不会斜视其他人，也不会与其他人的目光对视，更不会与其他人攀谈。

女人们设想了男人在卫生间的种种情形，但却很少有人能想到真实的情景。她们总觉得男人在厕所里一定会说些什么，说不定还会说些有关她们的话题。殊不知，男人在厕所里不但不会提起她们，而且也不会谈论其他的话题。在男人看来，在厕所里与人交谈绝对是一种不正常的行为，正常的男人是不会这样做的。

单身男人为什么不喜欢出国

有调查发现，单身男人大都不喜欢出国，且有明显排外倾向。而当男人结婚以后，一般就不再排斥出国。

究其原因，则是单身男人不能离开自己的文化。人类社会的繁衍机制决定了男人参与繁衍竞争的必然性，男人若想达到成功繁衍的目的，就必须努力提高自己的竞争力，博得女性的青睐。

从本质上讲，人类的文化都是相似的，但又都有自己的文化特征，比如说东方社会和西方社会在很多方面就都存在着差异，在东方社会被认为有价值的东西，到了西方社会就可能一文不值。

男人向来都是以资源和地位来吸引女人的，不过各个国家的资源和地位不是相通的，男人在其他国家不可能获得与在自己国家同样的资源和地位。所以，男人无法保证自己出国后仍然具有同样的竞争力。其实，到了其他国家的男人一般都会在繁衍竞争中处于劣势。

另一方面，语言障碍和价值取向差异也是很大的问题。如果语言不通，男人就没有办法向当地的女人介绍自己的成就。当他们展示自己的资源时，女人也很难判断出他们的真正实力。此外，男人自身的价值也会遭到否定，因为中国人和外国人的价值取向不同，我们认为有价值的不等于他们也会认为有价值。

由此看来，男人的个人价值只限定于某个特定的文化中，其个人魅力也只有在自己的文化中才能展现出来，才会有女人懂得欣赏。所以，在得到固定的伴侣之前，男人不能离开自己的文化。

结婚以后就不同了。男人有了固定的伴侣，不再需要进行繁衍竞争，固守自己的文化变得不是特别重要了。

成功繁衍的男人更喜欢在其他人面前展现自己的劳动成果，让大家看到自己是优秀的。虽然两个国家的文化是不同的，但让身边站着一个女人却足以在任何地方说明自己的魅力。也就是说，当男人和自己的妻子一起出现在国外的大街上时，就会有其他女人认为这个男人是有一定交配价值的，否则也不会有女人选择他。因为女人在选择嫁给男人之前通常都会对男人进行一系列的考察，所以经过一个女人层层考察的男人必然要比那些没通过考察的男人更具交配价值。

与男人不同，单身女人是不排斥出国的。在出国旅行的单身男女青年中，大多都是单身女青年。为什么单身女性喜欢出国旅行呢？因为女性的个人魅力是不受文化限制的。男人吸引女性依靠资源和地位，女人吸引男人则一定程度上依靠生理特征。年轻和有生理吸引力的女人无论走到哪里，都会成为男人瞩目的焦点，受到男人的青睐。

为什么男人热衷小团体

男人喜欢聚集在一起组成同性别的组织，这样的男性团体几乎随处可见。这和男人的进化有关。最初，男人作为狩猎者，一直都是以小团体的形式存在的。无论是外出追捕猎物，还是抵御外来敌对势力的侵犯，男人都不是孤军奋战，而是几个男人组织在一起，共同应对。换句话说，男人需要以这种团结的形式去面对局外人，让自己更加强壮，这是他们的生存法则。

男人这样做当然是出于人身安全的考虑。原始社会的自然环境十分复杂，凶禽猛兽随处可见，无论是在狩猎的路途中，还是在狩猎的过程中，遭遇猛兽的袭击都是很有可能的。如果男人单独行动，别说捕获猎物了，就连自己的性命可能都要搭进去。如果合几个男人之力，就可以在与猛兽的搏斗中占据优势，保住性命。为了能把猎物带回家，男人必须首先保证自己可以活着回来，所以说，他们需要与其他男人组成一个互相依靠的团体。

家也不是绝对安全的。猛兽不可能因为那是你的家就绕道行走，敌人也不可能因为那是你的家就不去侵犯，这就是说，猛兽和敌人随时都可能对他们的家进行袭击。当遭遇外来侵犯时，男人如果只依靠自己的力量，显然是无法击退对方的。

他们必须依靠周围的其他男人一起击退敌人。同样，当其他男人遭受外来袭击时，他们也会毫不犹豫地赶过去帮忙。因为他们是一个团体，只有紧紧地团结在一起，才能确保自己的利益。

集体的力量对男人来说尤为重要。现代男人仍然保有这样的观念，现代男人也同样热衷小团体，都有组成小团体的强烈愿望。

有些人可能会感到不解，大团体的力量肯定比小团体的力量大，为什么男人不热衷大团体而偏偏热衷小团体呢？因为他们不想与更多人分享他们的资源。既然男人捕获猎物要依靠集体的力量，那么获取的猎物自然也就归集体所有，每个人可以分到一部分。如果分享猎物的人数过多，那每个人分到的就会非常少，这样就无法养家糊口了。

男人通常只会信任自己周围的几个人，他们不会信任更多的人，因为太多的信任常常会让他们置于危险的境地。所以，他们只与自己周围的男人组成同盟，而不会轻易接受其他外来者的加入。在男人看来，只有几个人紧紧地团结在一起，劲儿往一处使，才能产生强大的力量。如果团体中有人生了二心，甚至背叛了这个团体，那就会让团体中的其他人处于危险的境地，而且很可能为这个团体带来灭顶之灾。所以，男人不敢冒这么大的风险随意让人加入自己的团体，除非他们可以完全信任这个人。

此外，由男人组成的小团体还可以产生重要的实际作用——提高团体成员的社会地位和政治地位。一个无坚不摧的团体必然会受到人们的尊敬和爱戴，而作为这个团体中的一员，自然也是十分荣耀的。

和男人相比，女人没有这样的需求。女人不需要小团体的保护，她们会与所有留守的女人为善，与其交流。当她们遭遇危险时，所有留守的女人都会团结在一起，共同抵抗外来的侵袭。她们不会排斥其他女人，也不会总是与固定的对象交往，她们享受大家庭的感觉，希望与所有女人都成为朋友。组成小团体只会让她们被更多女人排斥，这对她们显然是不利的。

第十四章

女性心理学：为什么女人喜欢长篇大论和喋喋不休

神奇的“女大十八变”

“女大十八变”，这一句俗语一般被理解为女孩长到 18 岁后，相貌就会越来越好看。的确是这样，女孩到了 18 岁时，就进入了青春期，青春期是最具有戏剧性变化的时期，女孩子先是身体长高，体重增加，胸部开始隆起，臀部变得浑圆，腋毛和阴毛长出，然后月经来潮，同时也呈现出女性特有的体态。

女孩身体的长高、变重和第二性征的发育、成熟，是受内分泌系统支配的。女孩子进入青春期后，脑垂体分泌的促性腺激素揭开了性发育的序幕，它促使卵巢发育长大，卵泡成熟，分泌出雌性激素。雌性激素导致第二性征的出现。卵巢一月一次地排卵，引发月经周期。促性腺激素如果过早活动，女性就会出现性早熟；如果过晚活动，青春期就会姗姗来迟。

脑垂体分泌的生长激素、肾上腺与卵巢分泌的性激素、甲状腺分泌的甲状腺激素等，都对骨骼的发育成熟和身高的增长，具有独特而又相互配合的作用。这些激素促使乳房、子宫、阴部的发育，骨盆软骨细胞的增殖，入口增宽，臀部变大，体内脂肪细胞增殖，皮下脂肪堆积等。内分泌激素的综合协调作用赋予了少女一副匀称的身材。

女性体内也有少量的雄性激素，主要是由肾上腺分泌的肾上腺素，少部分由卵巢分泌，它促进着腋毛、阴毛生长和阴部发育。脑垂体的活动还要受下丘脑与靶腺器官的影响。当然，脑垂体激素及靶腺激素的水平也反过来影响着下丘脑和垂体的分泌功能。下丘脑—垂体—靶腺（主要是卵巢）构成了青春期“十八变”的控制轴系，它们相互依赖、相互制约，使得女孩血液中的激素浓度保持相对稳定，因而能够满足“女大十八变”对激素的需要。

高级神经活动对内分泌起着重要的调节作用。如改变环境、焦虑可引起月经周期的变化或闭经，感觉器官（嗅觉、视觉等）刺激可促进性腺活动。此外，遗传因素、气候环境、文化教育、经济状况、青春期保健、健美锻炼等也影响内分泌，进而影响青春期发育。

除了生理的变化之外，十几岁的女孩智力和情感生活也富于变化。儿童时期，女孩只能幻想性地理解她们的世界。她们开始具备抽象思维和推理的能力。她们不再表面性地被动地接受事物，而能够在个人经验的基础上形成自己的观点。她们对很多问题有了自己的想法。家长会发现，以前特别听话的乖乖女好像突然变得难以管束。她们开始探索周围的世界，对家长的言行非常敏感，开始对父母和其他人的观点提出质疑。如果受到不公平的待遇，她们就会据理力争。比如，她们不明白为什么父母可以喝酒，自己却不能；为什么哥哥可以很晚回家，她却不可以。她们与周围的人攀比，开始认识到这个世界不公平、不完美。如果没有引导好她们，她们可能会犯错，甚至陷入绝望。因此，要引导她们学会接受这个不完美的世界。

青春期的女孩能够更深刻地体会自己的情感。她们对外部世界非常敏感，任何一件小事都能触动她们的情感。受到排卵周期的变化，她们的情绪会发生急剧的变化。她们好像处在一个情感滑轮上，随时都可能由一种情感转变为另一种情感。如果她们受到表扬或者对事情非常满意，就会情绪高涨。如果她们受到指责和否定，悲观和失望的情绪就会随之而来。她们的情绪变化太快，别人很难理解她们，这又使她们觉得孤独。青春期的女孩应该学会理智地控制自己的情感，恰当地表达自己的情绪，接受别人的观点，然后求同存异地表达自己的观点。

女人更擅长拆穿别人的谎言

很多人都认为男人比女人更爱撒谎，其实不然，女人和男人一样爱撒谎，只是男人的谎话更容易被女人拆穿，所以才给人们留下了男人说谎更多的印象。

为什么女人更擅长拆穿别人的谎言呢？这是因为女人对肢体和语音信号有着超强的辨别能力，这种能力可以帮助她们洞察其他人的真实心理。女人的这种能力是由先天的生理因素决定的，是在长期的进化过程中形成的，这既是她们的生存需要，也是她们的生活需要。

相对男人来说，这种能力对女人更重要。在人类漫长的进化过程中，女人一直都承担着繁衍后代和照顾孩子的重任，当男人外出劳动时，她们必须独立面对随时可能发生的紧急状况。在身体状况上，女人无疑是天生的弱者，所以她们必须能够迅速识别接近她们的人的来意，及时发现潜藏在身边的危险，这样才能更好地保护自己和孩子。如果不具备这样的能力，她们就会将自己和孩子暴露在危险之中。也就是说，女人的识别能力其实是对自己的一种保护，是生存的需要。另一方面，在相当长的一段历史时期，女人的主要职责都是照顾孩子，所以准确识别孩子的情绪，也就成为她们的生活需要。她们必须能够迅速判断孩子的真实情感，这样才能更好地与孩子进行交流。社会发展到今天，女人的生活模式已经发生了很大的变化，但在进化过程中形成的一些基本能力却被保留了下来。

女人表现出来的对肢体和语音信号的超强识别能力，主要是由大脑的结构决定的。脑部核磁共振显示，女人在交流时会有十四个到十六个脑部区域参与其中，而男人则只会动用四个到七个脑部区域。这就意味着女人在交谈的同时可以做比男人更多的事，察觉到男人察觉不到的信息。在女人参与交流的这些大脑区域中，有些用来解码语言，有些用来解码语调的变化，还有些用来解码肢体动作等，这是女人的额外优势，也是女人感觉敏锐的主要原因。男人觉得女人有“第六感觉”，其实只是女人的感觉更敏锐罢了。

谎话之所以会被察觉到，就是因为大多数谎话都牵涉到感情因素，而一旦牵涉到感情因素，就一定会以某种形式表现出来，比如说视觉和语言信号。对于具有超强识别能力的女人来说，要识别这样的信号可以说是轻而易举的，一个异样的眼神、一声轻轻的叹息、一次不经意的摇头等等，都会被女人察觉到。一般来说，谎话说得越大，牵涉到的感情因素越多，表现出来的说谎信号就越多，被人察觉到的可能性也就越大。所以，对亲密的人撒谎，尤其是对亲密的女人撒谎，谎话就很可能会失灵。

这也和女人对有关感情的事物有着更强的记忆能力有关。女人的大脑中有一个非常重要的组成部分，它的主要功能就是用来存贮、搜索记忆和使用语言。这个重要的组成部分就是海绵体。在男孩和女孩的成长过程中，海绵体的成长速度是不同的，这也就决定了男人和女人对事物的记忆能力是不同的。女孩大脑中海绵体的成长速度要快于男孩，所以，在那些涉及感情的事物上，女人比男人有着更强的记忆能力，她们总是记得谁曾经对她们说了什么样的谎话，所以，当男人再次对女人说谎时，就会被女人马上识破。由此看来，对女人说谎实在是太难了。

女人喜欢长篇大论和喋喋不休

有很多男人表示跟女人交流效率很低，也很累，因为女人总是跑题，而且从来都抓不住要害，这让他们浪费了很多时间。很多时候，男人甚至不知道女人究竟要说什么，以致于他们不得不打断女人的话，提醒女人回到主题上来。女人通常也会很配合，马上重返主题，但用不了多久，她们就又跑题了。因此，与女人交流，男人通常会感到身心疲惫，而且还可能根本就没有结果，这是男人最难以接受的。

难道女人是在故意和男人作对吗？当然不是。事实上，女人的跑题是女人自己无法控制的。女人不像男人，男人的大脑是单向性的，这就意味着男人可以将全部注意力集中到当前的主题上。男人的专注性决定了他们会直奔主题，且在交谈的过程中始终不偏离主题。

女人的大脑是多向性的，且左右大脑联系较为紧密，其感觉和思维的联系也比较密切，在交谈的过程中，当女人的感觉发生改变时，她们的思维就会随之改变，从而使她们的语言内容偏离原来的主题。

其实，女人跑题不是彻底的跑题，而是通过对其他相关事物的回想与分析，对主题作出更为合理的判断与分析。也就是说，女人会在交谈的过程中引申出其他的话题，但这些话题大多都是为主题服务的。女人更倾向于站在更高的角度，着手去解决一系列问题。她们往往会从一个点开始谈起，然后慢慢扩大到一个面，由一件具体的事物引出了很多相关的事物，也包括个人的想法和观点。换句话说，女人都具有“举一反三”的能力，她们的大脑总是不知疲倦地工作，将她们正在谈论的事物和在她们大脑中闪现的其他事物联系起来。所以，女人喜欢长篇大论，总是由一件简单的事情牵扯出很多其他的事物。当然，女人引申出的话题未必都对主题有所帮助，但她们必须通过这样的方式来思考和分析。也就是说，女人的跑题其实是她们内心的分析和思考过程，只是她们用语言将其表达出来了。

可是，在男人看来，女人的长篇大论根本就是没有必要的，因为这其中的很多内容都对解决问题毫无帮助，直接挑有用的说不就行了吗？但对女人来说，长篇大论却是很有必要的，因为只有通过对各种情况的分析和总结，她们才能找到问题的解决办法，提出有价值的观点和建议。

男人思考问题时也会想到其他相关的事物，但不同的是男人有明确的目的，他们的思考都是围绕主题进行的，所以，在交谈中，他们自然也希望女人直奔主题，抓住问题的关键发表自己的看法，这样他们的交谈会更有效率。

殊不知，这真是难为女人了。女人的大脑根本就抓不住要害。遇到一个问题，男人希望尽快解决问题，所以他们首先会考虑问题的关键在什么地方；而女人则不同，她们并不急于解决问题，而是要马上说说问题，在说问题的过程中，自己会想到很多其他的事情，解决问题的办法也往往会在此过程中产生。

男人还有一个困惑，就是女人为什么总能喋喋不休地说个不停。让两个女人在一起说上一整天是绝对没有问题的，她们不需要什么确定的主题，也不需要什么特定的目的，仅仅是漫无目的地聊天，她们就可以聊很久。为什么女人总有说不完的话呢？这是因为女人的语言中枢非常发达，词汇储备也异常丰富，对于一个女人来说，每天说出六千到八千个词语是轻而易举的事。男人却没有这个本事，一个男人每天说出四千个词语就已经是上限了，所以男人绝不可能像女人那样喋喋不休。

女人每天都有很多话要说，如果在工作时说不完，她们就会带到家里去说，或者是在下班后找朋友一块儿聊天。两个女人逛街时总是唧唧喳喳，说得热火朝天，而两个男人则大多比较安静；女人打电话经常在一个小时以上，而男人打电话则讲究速战速决，一般在几分钟内就挂掉了电话。这些都是语言功能不同的表现。正是因为这种差异的存在，才使得男人在与女人交谈时经常处于被动的位置，男人才会意识到女人的喋喋不休。

喋喋不休其实是女人的一种减压方式。女人发达的胼胝体虽然为左右半脑的连接提供了更多的通道，但也同时给女人带来了麻烦：女人很难像男人那样轻易地专注于一件事情，即便放松时也不行。这就是说，女人没有办法通过放松的方式来摆脱压力，因为她们根本就无法完全放松下来。

当男人做运动或者是进行一些娱乐活动时，他们的注意力就会从左脑转移到右脑，这样就使得善于理性思维和逻辑分析的左脑得到了休息，所以他们也就可以走出日常生活的压力，让自己放松下来。但对于女人来说，要让左脑完全休息下来是不可能的，即使在她们进行娱乐活动时，她们那善于理性思维和逻辑分析的左脑仍然在高速地运转着，所以她们是不可能通过这样的方式来消除压力的。而在女人喋喋不休的诉说中，通过对各种问题的回顾，她们就可以从中解放出来，情绪也会随之好转。

当然，女人并不会跟每个人都喋喋不休。只有在面对自己喜欢的人时，女人才会喋喋不休。女人喋喋不休的对象可能是她的朋友，可能是她的父母，也

可能是她喜欢和信任的异性等等。总之，这个人必须是女人喜欢的。如果是面对自己不喜欢的人，女人是很少说话的。男人应该明白，如果有一个女人在你面前喋喋不休，说明这个女人不是喜欢你，就是信任你，她对你一定是有好感的，否则她是不会在你面前说这么多话的。在女人看来，讲话是一种奖赏，是一种信任，只有自己喜欢的人才配拥有这种奖赏，得到这种信任。

为什么女人喜欢拉着手走路

无论在大街上还是在商场里，手拉着手走路的女性几乎随处可见，而手拉着手走路的男性则很少见到。

为什么女性喜欢拉着手走路呢？因为女性的触觉更敏感，她们更喜欢通过触觉的方式去感受亲情、友情和爱情。无论是拥抱还是拉手，这些身体上的接触对女性来说都是非常重要的。当她们与自己的亲人、爱人或朋友一起行走时，她们通常都会拉着对方的手或挽住对方的手臂；当她们受到伤害或感到委屈时，她们更希望得到他人的拥抱。在女人看来，身体上的接触既是亲密无间的一种表现，也是对自己心灵的一种抚慰，因此是十分必要，也是必不可少的。

女人的这一特点是由其体内的一种激素决定的，这种激素即为催乳素。催乳素除了促进乳腺生长发育、引起并维持泌乳等作用以外，还具有兴奋触觉感受器的作用。在人体的器官中，皮肤是最大的一个，共分布着二百八十万个痛觉感受器、二十万个冷觉感受器和五十万个触觉感受器。在某种情况下，外界的刺激会促使大脑命令腺垂体分泌一定量的催乳素，从而造成触觉感受器的兴奋，使人产生一种被拥抱的欲望。男性体内也存在催乳素，但其含量非常小，因此男性的触觉不容易兴奋。

受催乳素含量的影响，女性的触觉要比男性的触觉敏感得多。一项权威的调查显示，即使对触觉最不敏感的女性，也要比对触觉最敏感的男性敏感。如果用数字来计算，女人对触觉的敏感程度大概要比男人高出十倍。给予男人和女人同样的拥抱，女人的感觉要比男人的感觉复杂得多。很多时候，男人甚至会对一般的身体接触毫无感觉，特别是当他们正是全神贯注地做一件事情时。在各种社交场合中，两个女人之间的身体接触通常都要比两个男人之间的身体接触多出四倍到六倍。

女人的触觉比男人敏感还有一个原因，那就是女人的皮肤比男人薄。女人的皮肤比男人更有弹性，但女人的皱纹也比男人多，这就是因为女人的皮肤下面有一层厚厚的皮下脂肪层，但随着年龄的增长，脂肪层就不会再向以前那样饱满，从而导致了皱纹的产生。男人的皮肤厚对他们的狩猎生活更有利，只有对伤痛不敏感，才能在穿过丛林、擒拿猛兽时发挥自己最大的力量。人们常说男人比女人的忍耐力更强，对一些小伤满不在乎，其实，那是因为男人根本就没有感觉到女人那么大的疼痛。

在出生时，女孩对触觉的敏感性也要比男孩高，但此时男孩的触觉也是比较敏感的。所以，对于孩子们来说，无论是男孩还是女孩，触摸都是非常重要的。孩子们渴望与爸爸妈妈进行亲密的接触，这既可以让他们获得安全感，也会让他们觉得自己得到了更多的关爱。在童年时期，男孩和女孩都喜欢和小伙伴们手拉着手一起玩耍，但随着他们的成长，男孩和女孩逐渐变得越来越不一样，女孩对触觉的敏感度会逐渐增加，而男孩对触觉的敏感度则逐渐降低。当男孩和女孩都长大成人之后，女人的触觉要比男人敏感十倍左右。

男人常常会误解女人对自己的接近，他们以为女人在向自己发出性暗号，其实，女人只是渴望一种亲密无间的抚慰，与性根本就没有什么关系。这时，男人只要给予女人适当的抚摸和拥抱，女人就会觉得特别满足。所以，男人如果希望获得女人的芳心，那就多给他们一些拥抱和爱抚吧！

女人能闻到男人的魅力

很多人都知道气味对男人的吸引力，但却很少有人知道女人也很容易受到气味的诱惑。其实，就连女人自己也可能意识不到自己正在被某种气味吸引，因为吸引女人的气息连仪器都探测不到，只有女人的大脑可以识别。

女人常常说自己喜欢有男人味的男人，可男人味又是什么味呢？没人说得清楚，但那必定是一种令人着迷，或者说很有魔力的气味。为什么女人会对身上弥漫着这种气息的男人着迷呢？因为她们的大脑认为这样的气味是健康的气味，全身散发着这种气味的男人必然拥有强壮的免疫系统。

尽管女人自己也说不清原因，但她们的大脑已经给出了最好的答案，所以，女人常常会不自觉地被这样的男人吸引，因为她们已经闻到了这些男人身上的独特魅力。

从进化的角度看，女人所喜欢的男人味应该是和男人的免疫力有关的。在原

始社会，女人必须依靠男人来供养自己和孩子，为了使自己和孩子得到更好的照顾，她们必须要找到身强力壮、不会轻易病倒的男人。此外，免疫力强的男人也具有很好的遗传基因，这样他们将来的孩子就会更适于生存。不管是出于哪方面考虑，男人的免疫力对女人来说都是非常重要的，因此，女人们必须准确识别出男人的免疫系统状态，为自己将来的孩子选择更好的基因，也为自己和孩子寻找更好的生活依靠。

正是基于这一点，她们才会将男人的免疫力看成择偶的重要标准。她们喜欢免疫力强的男人，也很容易被这样的男人吸引。女人对男人免疫力的判断是以自己的免疫力为标准的。如果男人的免疫力强于自己或与自己差不多，那么这样的男人在女人心中就是有魅力的；如果男人的免疫力不如她们，那么她们就不会被其吸引。

女人识别男人免疫系统状态的能力是不断增强的，并最终形成了女人的一种特殊能力。有研究显示，在男人与女人的初次接触中，女人的大脑可以在三秒钟内就分析出对方的免疫系统与自己的差异，从而判断对方是否是个有吸引力的人。这就是说，强壮的免疫系统会让男人具有一种独特的魅力，让女人着迷。这就是男人香水的设计初衷——人们将某种特殊的成分添加到了香水之中后，的确增加了男性的魅力。

虽然男人和女人都对彼此身上的气味较为敏感，但女人的鼻子可以探测到连机器都探测不到的气味，因此说女人的嗅觉要比男人的嗅觉更灵敏。女人嗅觉最敏感的时期是在每个月的排卵期，处于这个时期的女性对男人身上的气息尤其敏感。这可能是因为排卵期是女性最容易受孕的时期，女性为了自己和下一代着想，需要格外提高警惕，所以才会主动增强对男人免疫系统的识别能力，以帮助自己找到最合适的伴侣。

某电影中女主人公也对这个话题有过这样的解释：“一见钟情不是你一眼看上了我或者是我一眼看上了你，不是看，是味道，彼此被对方的气味吸引了，迷住了，气味相投，你懂吗？”而科学家的解释则是：人体相互间从生理到情感上的吸引，都是因为体内分泌的、能够对异性产生吸引的信息素的存在，这种化学物质就是“费洛蒙”。

看来男女之间的缘分竟然是由气味决定的啊。当然，这一结论是针对女人说的，因为男人的嗅觉可不像女人那么灵敏。

为什么女人如此喜欢聊天

女人的一大特点是喜欢聊天。女人喜欢聊天并不仅仅是因为她们长于言谈，更为关键的原因是聊天可以促使女人的生理和心理发生积极的变化，帮助女人更好地对抗压力。在聊天中，女人可以获得安慰和轻松感。

聊天对女人的重要性由来已久，大致可以追溯到原始社会。那时候，男人要外出捕杀猎物，而女人则大多守在家里，至多也就是到附近去寻找食物。在男人外出时，女人的精神支持就是孩子和其他女人，因此，在感情上，她们对孩子和其他女人有着强烈的依恋。独守空房的寂寞是可想而知的，所以，她们需要和其他女人交谈，以此来摆脱空虚和寂寞，当然，也有可能是为了减少恐惧。

当女人产生某种情绪时，她们也会以语言的形式表达出来，她们希望能与人分享她们的情绪，不管是正面情绪还是负面情绪。在交谈的过程中，女人的快乐会加倍，而悲伤则会减半。

跟男人的深沉相比，大多数女人都是沉不住气的。当她们心里有事时，就会将这件事与身边的人分享，否则她们就会被这件事压得喘不过气来。当然，她们并不介意对方能不能给她们提供好的建议，因为只要把这件压在心里的事说出来了，她们也就轻松多了，至于问题能不能得到解决，那是另外一回事。也就是说，她们只需要对方倾听她们，用语言安慰她们就足够了。在男人看来，这种没有结果的交谈是毫无意义的，无异于浪费时间，但女人却并不这样认为，因为在交谈的过程中，她们的心情已经轻松了很多。

从生理学看，女人喜欢聊天是因为交谈可以促进催产素的生成，帮助女人减轻压力。催产素是人体内一种重要的荷尔蒙，一般在女性分娩期、哺乳期和性高潮期会大量产生，在身心放松的情况下，催产素的含量也会增加。催产素可以消除焦虑感，使人更加平静，对于减轻压力很有帮助。有研究显示，交谈可以促进催产素的分泌，因此有助于女人对付压力。男人体内也有催产素，但不同的是，男人体内的催产素并没有缓解压力的作用，所以男人不能通过交谈来减轻压力。

聊天是女人生活的必需品，在女人的生活中发挥着至关重要的作用。对于这种重要性，男人可能会觉得很不理解，因为聊天对男人并没有这么重要。在原始社会，男人要外出狩猎，而在捕杀猎物的过程中，都要求他们是安静的，即使是在回家的路上，他们也不需要与其他男人进行过多地交谈。而到了封建社会，男人无论是为官还是经商，都需要面对官场和商场的尔虞我诈，因此，他们更不能

与其他人过多地交谈，否则就会将自己置身于危险之中。

男人绝不会像女人那样热衷于聊天，并不是因为聊天对男人不重要，更不是因为男人不需要交谈，而是因为男人没有那么多话可说，而且聊天对男人所起到的积极作用也非常有限。

面对巨大的差异，男人和女人之间应该互相理解。男人要懂得聊天对女人的重要性，必要时帮助女人减轻压力；女人也要体谅男人，不要总是奢求男人来配合。

女人为何喜欢刨根问底

生活中经常可以看到这样的情形：当男人和女人在交谈时，女人向男人提出了一个又一个问题，而男人在回答问题的过程中，变得越来越没有耐心，最后干脆找机会离开。男人或许会感到奇怪，怎么女人总是有那么多问题呢？这哪里是在交谈，分明是在拷问！如果你觉得女人是在拷问你，那可就冤枉她了，这不过是她的语言模式罢了，她只是想通过提问的方式来了解自己想要了解的状况，仅此而已。事实上，如果你能够主动说出事情的具体情况，她就不会一再追问了。

女人喜欢刨根问底，无论什么事情，都要问个究竟，一个细节都不肯放过。对于如“很好”“还行”“差不多”等模糊不清的回答，女人是不会满意的，她们想知道其中的每一个细节，而不是简简单单的一句总结。

当女人问你最近怎么样时，她其实真正想知道的是你这段时间都做了什么、家里都发生了什么、工作和爱情有没有新的进展以及现在和将来有什么打算等具体的情况。如果你只回答说你最近很好，那就会让女人感到很失望，因为在她看来，你根本就没有回答她的问题。如果女人第一次发问得不到自己想要的答案，那么她们就会继续追问下去，直到对方的答案让自己满意为止。

女人刨根问底的习惯是与生俱来的，基本上所有的女人都具有这样的特点。在人类进化的过程中，女人经常要独自守护家园，但女人毕竟是天生的弱者，自己的力量是有限的，所以她们必须结交更多的朋友，与这些朋友处好关系，这样她们才能在危难之时得到帮助。也就是说，女人能否生存主要取决于自身的交往能力。为了更好地与身边的朋友交往，她们必须要了解每个朋友的详细状况，这样才有利于整个群体的生存。所以说，女人了解细节的渴望其实是她们的生存需要。尽管时代已经变迁，但她们刨根问底的习惯却被一直保留了下来。

女人这种刨根问底的特点也和她们的大脑结构有关，女人的大脑更注重细节，所以她们希望探寻事物的细节，了解具体的情况。正是因为女人都喜欢刨根问底，都喜欢探讨细节，所以两个女人在一起才总有那么多话可说。在女人看来，跟女人交流要比跟男人交流容易得多。因为女人会主动说出事物的细节部分，不需要过多地追问，而男人则只能是问一句说一句了。

女人常常会想：为什么男人总是问一句说一句呢？为什么男人不能主动把事情说得详细具体点儿呢？她们并不明白，男人真的没什么可说的，尤其是那些细节，都已经忘得差不多了。男人自然可以理解男人的想法，但是女人并不理解，如果你对她的问题爱答不理，或者含糊其辞，她就会认为你不喜欢跟她说话，或者说你正处在某种负面的情绪之中。虽然你很确定你现在的状况很好，对她也没什么不好的看法，但女人却已经作出了判断，并理所当然地相信她得出的结论。

当然，女人并不介意帮助男人回想起事情的具体情况，她们可以通过一系列带有导向性的问题让男人将自己想要了解的情况说出来，并将男人的琐碎回答组织成一个完整的片段。如果男人能够配合女人，让女人了解到她们想要了解的情况，女人就会觉得很满足。不过要完全满足女人的需求并不容易，毕竟男人不像女人那样，可以记得事情的全部细节，如果女人一再追问那些男人已经记不清的细节问题，就会让男人很心烦。如果遇到这种情况，那么男人不妨直接告诉女人自己已经忘记了。

女人喜欢刨根问底，却并不会对所有事都刨根问底，只有涉及她们关心的问题时，她们才会刨根问底。女人一般都比较关心其他人的私生活状况，这与她们渴望维护关系的本能有关，是与生俱来的。对于其他如工作技术等方面的事情，女人则很少刨根问底。男人应该清楚，刨根问底是女人的天性。

女性因何喜欢夸大其词

一个女人在跟别人生气时可能会这样说：“他总是这样，我决定再也不理他了。”这样的表达显然就是在夸大其词，“他”肯定有不是“这样”的时候，这个女人也不可能永远都不再理“他”了。

女人就是这样，喜欢夸大其词，尤其喜欢夸大自己的情绪。这种语言习惯并不是某个女人的专利，而是所有女人通用的一种情绪表达方式。可以这样说，夸大其词的语言方式是女性社会的一部分，所有的女人都可以接受。当两个女人在一起交谈时，如果一个女人进行夸大其词的表达，另一个女人则很可能会附和对

方。比如一个女人说：“那个人总是跟我作对！”另一个女人就很可能会说：“就是！”

女人因何喜欢夸大其词呢？这是因为夸大其词会使得女人之间的谈话更有趣，更让人兴奋。在女人的大脑中，注意力的核心是人，她们更注重生活及人与人之间的关系，对这些事情大肆渲染，将会使她们谈话的兴致倍增。

有些时候，女人夸大其词还是为了引起对方的重视。比如当一个女人多次奉劝一个男人不要在办公室吸烟后，这个男人仍然没有要改的意思，于是，女人就会对他说：“你怎么总是把别人的话当耳边风，我真是再也不想看见你了！”这时，如果男人按照字面的意思去理解女人的话，就会将其看成是人身攻击，觉得自己受到了伤害，从而与女人发生争吵。其实，女人的真正意思是希望男人不要再在办公室里抽烟了，她已经被他的烟呛坏了。女人夸大其词不过是为了引起男人的重视，让男人停止这种不好的行为。

女人的夸大其词的确很可能引起男人的误会。女人的大脑更注重感觉，所以在表达时会更注重自身感觉的表达；而男人的大脑则更注重事实和数据，所以他们更倾向于从字面去理解女人的意思。女人在表达情绪，而男人却在解读文字，这样一来，就造成了男人对女人的误会。如果男人和女人都不肯退让，也都不肯作出合理的解释，误会就会进一步加深，并最终演化成两个人之间的矛盾，伤害彼此的感情。而这一切的根源，就是男人没能读懂女人的真正意思。

男人如果希望与女人相处得更加融洽，就应该了解女人在表达情绪时有夸大其词的语言习惯，这样才能避免只从字面上去解读女人的意思，造成对女人的误会。在表达情绪时，女人的夸大其词是为表达情绪服务的，因此不需要将语言内容本身看得过重，更不可信以为真，与女人就此争论。男人应该试着去适应女人这种夸大其词的语言习惯，在不涉及自己的情况下，以同样的方式与女人交流会让你们之间的交谈变得更加有趣，女人也会因此而认为你是一个很好的交谈对象。

女人也有不夸大其词的时候。在谈论事实或数据时，女人会有一说一，该是什么就是什么，而男人却会在这个时候夸大其词。比如说男人会夸大自己取得的成绩，夸耀自己的收入有多高、工作岗位有多么重要、女朋友有多么漂亮等等。这就是说，男人和女人都爱夸大其词，只是夸大的内容不同罢了。如果不了解这种差异，男人就会相信被女人夸大的情绪，而对女人所说的事实表示怀疑，这显然不利于交流。

女人说话总是喜欢转弯抹角

男人常常觉得跟女人交谈很累，因为女人总爱拐弯抹角，不直接说出自己的想法。女人说话喜欢拐弯抹角。男人说“我今天太累了”，那是他在诉说自己的真实感受；女人说“我今天太累了”，可能是她不想做晚饭，可能是她希望受到家人的重视，当然也可能是她真的累了。男人说“我不喜欢你”，那是他真的不喜欢你；女人说“我不喜欢你”，则可能是她一时的气话，她的心里可能根本就不是这么想的。

也许对于女人来说，这个习惯无伤大雅，因为女人都很敏感，都有着多向性的思维方式，也都习惯于使用非直接语言，要猜测其他女人的想法并不难。但如果换成了男人和女人之间的交谈，那就很容易出现问题，因为男人根本就不知道女人要表达什么。男人没有女人敏感，思维方式是单向性的，习惯于使用直接语言，也习惯于从字面上去解读对方的语言，所以男人很难跟上女人的思维模式，猜出女人的真正意思。

男人猜得很累，但又不愿意询问，只能不懂装懂，因为他们不希望自己看起来很愚蠢。男人不询问，女人就会以为男人已经明白了自己的意思，可是当男人没有作出她们期望的反应时，女人又会感到很失落。

女人为什么不直接说出自己的想法呢？女人拐弯抹角的语言习惯早在很久以前就已经形成了。女人使用非直接语言的目的主要是为了避免对抗和伤害，构建和谐融洽的人际关系。我们知道，在人类漫长的进化过程中，女人的主要精神支持并不来自男人，而是来自孩子和其他女人。男人常常要外出狩猎，女人必须和其他的女人和睦相处，以共同应对随时可能发生的危险。直接语言往往具有攻击性，很容易伤害对方，导致双方不和，而非直接语言则可以很好地避免这些问题，让女人之间和睦相处。

其实，就是在现代社会，使用非直接语言对女人来说仍然很重要，仍然是女人之间和睦相处的有效方式。女人都很敏感，直接语言很容易让女人受到伤害，影响彼此的感情。如果使用非直接语言，女人不但可以明白对方的真正意思，而且还避免了双方的冲突与尴尬，因此，女人更喜欢使用非直接语言进行交流。比如说一个女人向另一个女人询问自己新买的衣服怎么样，另一个女人则会这样回答她：“这件衣服很漂亮，但是我觉得你穿那件白色的更漂亮。”得到答复之后，这个女人就会从中解读出这件衣服并不适合自己，自己穿上它其实很

糟糕，而且她会觉得对方很在乎自己的感受，这会让她们的感情更好。

同样的情况，如果换一种回答方式，结果就完全不同了。比如说另一个女人的回答是这样的："你穿上它真的很难看，还是快脱下来吧！"这样的表达方式是大多数女人都难以接受的，会让大多数女人都觉得自己受到了伤害。尽管两种表达方式所要传递的意思是相同的，信息的接收者解读出来的意思也是相同的，但是产生的结果却是完全不同的，这就是使用直接语言和非直接语言的差别。

有的男人可能会说，既然女人使用非直接语言是为了避免冲突和伤害，那就只对其他女人使用好了，何必在与男人交流时还是拐弯抹角呢？男人会这样想是因为男人喜欢更为直接的方式，而女人不这样做是因为女人觉得使用直接语言会显得咄咄逼人，很容易造成与男人之间的冲突。也就是说，女人并不知道男人不会因为自己的直接语言而受到伤害，也不知道男人喜欢用直接语言进行交流。女人对所有人都使用非直接语言，是因为她们希望与所有人和睦相处。

女人倾诉时很反感男人走神

女人爱抱怨，爱诉苦，有了苦恼就必须说出来。当女人倾诉完自己的苦恼以后，整个人都变得比刚才有精神了，心情也似乎好了很多。

男人对女人的这个特点非常不理解。倾诉不可能改变客观事实，也不能左右其他人的言行，因此是解决不了实际问题的。既然倾诉解决不了实际问题，那么女人的倾诉还有什么实际意义呢？

只要将女人的倾诉看成是一种释放压力的方式，这个问题就迎刃而解了。女人天生感情丰富，且比男人更加敏感，所以同男人相比，她们更容易感到苦恼。在苦恼产生以后，她们也没有太好的排解方式，只有通过倾诉才能让自己好受一些。在倾诉的过程中，女人对自己苦恼的事物重新进行了分析和评判，从而得出新的结论。虽然原来的事物没有改变，但是女人对事物的看法却很可能已经发生了改变。

女人需要倾诉，但她们对倾诉对象的要求并不高，只要对方能够认真地倾听她们，并表示出对她们的关心就足够了。如果交谈对象同样是个女人，她们之间的交谈就会愉快而顺利。

可如果是女人与男人之间的交谈，就很可能会出现一些不和谐的因素。在大多数情况下，女人都不需要男人为自己出谋划策，也不需要男人作过多的回应，但女人却很反感男人在她们说话时走神。尽管女人大多数时间都在自言自语，男人完全可以不作任何回应，但如果女人在需要男人回应时男人没有回应或没有作出正确的回应，那就会惹来女人的不满，说不定还会引发一场战争。

为什么女人会如此反感男人谈话走神呢？因为男人的倾听被女人看成是对自己的关心和爱，如果男人在谈话时走神，女人就会认为男人对自己的关心和爱在减少，这就意味着自己在男人心目中的地位在降低。

男人又为什么会走神呢？因为男人谈论问题的目的通常有两种，一种是批评，一种是寻求建议。他们常常将女人的抱怨看成对他们的批评，也常常认为女人的倾诉是在向他们寻求建议。所以，当女人抱怨时，男人或者选择沉默，或者选择对抗；而当女人倾诉时，男人则不停地为她们献计献策。可是，男人发现无论怎样做都不能让女人满意，所以他们开始不去听女人说话，尤其在女人自言自语时，男人更是将女人的话当成了耳边风。在男人看来，如果女人既没有批评自己，也没有向自己征求意见，那么自己还有什么理由去听女人说话呢？

男人不愿倾听，尤其当女人说一些无关紧要的生活琐事而他们自己又感到压力时，男人更是一点儿也听不下去。在男人看来，女人每天的家长里短毫无新意，而且与她们交谈这些也不可能解决任何实际问题。所以，让男人整天配合女人的长篇大论是不太现实的。男人没有女人那么多话可说，也不想将太多的时间用在一些在他们看来毫无意义的话题上，所以他们没有办法不走神。

女人不能不说，男人又听不下去，这样的矛盾看似不可调和，实际上却不难解决。男人应该适当地倾听女人，让女人感受到关心和爱；女人也应该体谅男人，给男人一定的独立空间。既然有些时候男人是没有办法不走神的，那么女人就不妨另选时机与男人交谈，以免让双方都不愉快。

女人的浪漫男人不懂

女人常常抱怨男人没有浪漫细胞，不懂得制造惊喜和浪漫。男人尤其不明白女人究竟想要怎样的浪漫，或者说男人不懂女人的浪漫，更不清楚浪漫对女人的重要性。他们往往将关怀视为浪漫，当女人要求他们浪漫一些时，他们一般都会做一些关怀女人的事。这和男人女人的大脑结构有关。女人的大脑注重关系，她们进入一种关系是为了寻找爱和浪漫；男人的大脑则适于处理技术方面的问题。

这也和男人女人的进化有关。在漫长的进化过程中，男人的主要职责是养家糊口，他们整天为了一家人的生计而四处奔走，根本就无暇顾及其他的事情。他们不明白送鲜花、跳舞等行为的意义，在他们看来，为女人提供有力的物质保障、尽可能多地关心女人才是最重要的。

其实，女人的浪漫并不难懂。女人天生敏感，对外界刺激非常敏感。如果对周围的环境多加注意，用心布置，就会给女人带来浪漫的感觉。比如说可以将灯光调至昏暗，放一些轻缓抒情的音乐等。男人可能不太习惯昏暗的环境，因为他们更注重视觉上的享受，但昏暗的环境却可以使女人的瞳孔扩张，增加彼此的吸引力，帮助女人感受爱和浪漫。刚谈恋爱时，男人常常会请女人共进晚餐，他们这样做的目的或许只是为了找机会接近女人，殊不知，这也是让女人感受浪漫的方式之一，遗憾的是结婚之后就很少有男人这样做了。如果男人能够主动下厨做一顿美餐给女人，那对女人来说将更具有亲密的意义。

送鲜花是男人在追求女人时普遍使用的一种手段，尽管男人也不知道为什么，但他们知道女人喜欢收到鲜花。如果让男人自己选择，他们倒是更愿意送给女人一盆花，因为它可以在女人的照顾下存活下去。不过能打动女人的可不是一盆花，而是一束娇艳的鲜花。邀请女人跳舞也曾是男人向女人求爱的方式，不过在今天，这种方式已经很少用了。因为大多数男人的节奏感都比较差，所以喜欢跳舞的男人很少。但女人却喜欢通过跳舞来感受浪漫，如果一个男人能与其在跳舞的过程中配合得十分默契，那么她的芳心就很可能被对方俘获。有些时候，浪漫也可以由食品来创造，比如说香槟和巧克力。这两种食品之所以能给人浪漫的感觉，主要是因为它们特殊的化学成分。香槟中含有一种能够提高睾丸酮的化学物质，这是其他酒类饮料都没有的；而巧克力中则含有苯乙胺，可以刺激女人的大脑爱情中心。

对女人来说，最浪漫的事就是让她感到温暖和被保护，而让女人产生这种感觉的最好方式就是用男人坚实的臂膀紧紧地抱住女人。所以说，男人如果想制造浪漫，那就多多拥抱女人。要制造浪漫并没有那么复杂，只要用心去做，每个男人都可以成为制造浪漫的高手。

为什么女人总是试图改造男人

很多女人结婚后都有过失望的感觉，觉得男人的表现与当初或者自己的想象相去甚远。这是由于现实跟女人的想象所产生的落差造成的。每个女人心中都有一个完美情人，她们在现实生活中苦苦寻觅，就是为了寻找自己渴望的完美情人。工夫不负有心人，当她们终于将目光锁定在某个男人身上时，她们认为自己已经找到了一生的幸福。然而事情并不像她们想象的那样，甚至可以说与她们想象中的情形相去甚远。经过一段时间的密切接触以后，女人开始发现男人身上有很多坏毛病是自己无法忍受的。

失望之后，女人不甘认命，就开始按照自己心中完美情人的标准去改造男人。女人或许会想：如果男人爱自己，就会愿意为自己作出改变。可真实的情况是：即使男人很爱女人，他也不会愿意为了女人而变成另外一个人。当男人的耳边总是响起女人要他做出改变的声音时，男人就会对这个女人感到厌烦。男人会想："既然不喜欢我，当初为什么还要选择和我在一起呢？总是试图把我变成另一个人，那还不如去找另一个男人，又直接又省事！何必在这折腾我呢？"男人的想法似乎很有道理，只可惜大多数女人都没有意识到，她们已经习惯了改造身边的男人，而不是去选择另一个男人。

女人对男人的直接改造很少有成功的，因为男人都渴望被肯定，而不希望被否定。一旦男人觉得自己受到了否定，就会很快产生排斥心理。

看到男人对自己的态度越来越差，女人满心委屈：在谈恋爱时，男人明明说过愿意为自己做任何事情，现在不过是让他作一点小小的改变，他就这种态度，难道当初所说的一切都是骗自己的吗？女人对男人当初的甜言蜜语还记忆犹新，可男人却早就忘了。当初的话不过是为了哄女人开心，男人根本就没放在心上，只是女人太认真了。

相对于被改造，男人更愿意为所爱的女人付出。为女人付出，看到女人因为自己的付出而沉浸在幸福之中，男人们会觉得非常满足，这是对他们自身价值的肯定，他们有能力让自己所爱的女人快乐。如果要改变自己，那就完全不一样了。女人希望改变男人，一定是因为女人觉得男人还不够好，不能让她们满意，这会让男人觉得自己受到了否定，从而产生不快。

其实，女人也不是绝对不能改造男人。如果女人能够换一种方式，在肯定男人的前提下让男人不知不觉地改变，那就两全其美、皆大欢喜了。

比如说，女人喜欢男人穿衬衫，可男人却习惯了穿 T 恤衫，如果女人直接要求男人穿衬衫，男人一定不会听女人的，因为男人会认为女人在怀疑自己的审美能力。但如果女人在男人偶尔穿衬衫时对男人大加赞赏，称赞男人穿衬衫的样子多么潇洒迷人，男人就会觉得自己受到了肯定，以后也会逐渐增加穿衬衫的次数。

再比如，对于男人的某些坏习惯，女人则可以用自己的言行去影响男人。两个人长期生活在一起，受到彼此的影响是很正常的，这种影响应该说是彼此间相互适应、磨合的结果。有些男人在结婚后把烟和酒都戒了，就是因为受到了妻子的积极影响。人的本性虽然不容易改变，但是生活习惯和行为习惯却会随着生活环境的改变而发生变化。用自己的实际行动去影响男人或者用自己的真情去打动男人都是比较有效的，但一定别让男人觉得你在改造他。

女人如果希望男人作出改变，就一定要抓住男人的特点，策略性地改造男人。当然，女人也不能奢望男人可以变成自己想象中的那样，因为人的本性很难改变，再说女人心中的完美情人实际上也是不存在的。

为什么女人的情绪容易波动

有人说，女人的情感如同波浪，有波峰也有波谷。这话真对。有情感专家作过这样的阐述：女人的情感变化是呈周期性的，从波峰降到波谷，再从波谷升到波峰，如此不断反复。在诸事顺利的情况下，女人的情感波浪会迅速攀升到波峰；如果遭遇挫折和失败，又会很快降至波谷。女人的情感不会永远处于波峰，也不会永远处于波谷，她们停留在波峰和波谷的时间都很短。当她们达到波峰时，很快就会开始降低；当她们达到波谷时，也会很快向上升起。

这与女性体内的雌激素分泌水平有关。女性体内的雌激素水平是周期性变化的，在变化的过程中，有最高点也有最低点。当体内的雌激素水平达到最低点时，女人的情绪是最为沮丧和低落的，但随着雌激素水平的提高，女人也会随之走出低谷，情绪开始好转。当体内的雌激素水平达到最高点时，女人的情绪是最为愉悦和健康的，但随着雌激素水平的降低，女人的情绪也会随之下滑。无论是高潮还是低谷，都是女性情感的必经之路，并不受主观意识的控制。

女性情感的这一特点，很让男人捉摸不定。在最初的相处过程中，男人感受到了女人的热情和喜悦，可是没过多久，她们就开始变得意志消沉，沮丧失落。男人不懂女人为什么会说变就变，于是他们开始劝说女人，试图让女人的情绪好转起来，帮助女人摆脱困境，结果当然是做了无用功，而且还可能让女人变得更加沮丧和难过。有些时候，男人好心的劝慰甚至会引发一场战争，这让男人异常恼火。所以，对女人的情绪突变，男人常常会手足无措，不知如何是好，觉得女人是不可理喻的。

这完全是男人对女人的误解。当女人忽然变得敏感而失落时，那是她们的情感波浪需要下降的信号，男人的劝慰企图要阻止女人的情感波浪下降，但这一过程本身就是外力无法改变的，女人只有在到达波谷之后才能再次上升。

其实，这个时候的女人最需要关心和温情，她们需要男人的爱抚帮助她们顺利地度过谷底，而不是强行让她们不落入谷底。事实上，无论男人怎样努力，女人都不可能不落入谷底。落入谷底是女人情感变化的必然趋势，是不可逆转的。只有落入谷底时，女人的情感才会趋于平稳，谷底是女人梳理情感的最佳时间。

那么，作为男人，该如何应对女人的情感波动呢？

认识到女人的情感起伏是一种正常的生理过程，与自己并没有太大的关系是很重要的。有些男人误以为女人的情绪变化是自己造成的，因此其情绪也随着女人的情绪起伏而发生变化。当女人心情愉悦时，他们会认为是自己的功劳；当女人愁眉不展时，他们也会惭愧自责，认为是自己没有能力让女人开心。这就错了，女人的情绪不会完全受一个人的掌控，即使是她非常爱的人，也不可能对她产生如此大的影响。所以，男人没有必要将一切都归结到自己身上。

另外，男人也不要奢望女人的情绪会永远都那么高涨。男人应该有这样的心理准备，以免在女人情绪忽然发生转变时不知所措。

其实要应对女人的情感波动也很简单，男人只需要给女人关心、爱和支持就足够了，不要试图弄清女人情绪低落的原因，更不用费心地要改变女人的情绪。

女性为什么钟爱钻石

大多数女人都抵挡不住钻石的诱惑，在收下男人的钻石之后，就会接受男人的求爱。男人或许会因此觉得女人太过看重物质。

其实，女人喜欢钻石不是出于对物质的占有，而是想通过钻石验证男人对自己的爱情。因为女性一生能够生育的后代数目是有限的，且女性要负责孕育胎儿，所以她们对伴侣的选择是非常慎重的。她们必须找到拥有足够资源且愿意将资源投注在她们和孩子身上的男人，以保证自己和孩子可以得到很好的照顾。在她们确定追求者是这样的男人之前，通常是不会与其发生性关系的。

换句话说，男人要赢得女人的放心，就必须想办法证明自己是女人想要寻找的好男人，而送女人一枚钻石则是最快捷、有效的方式。因为钻石的价格比较昂贵，男人愿意将如此贵重的礼物送给女人，一方面说明男人拥有足够的资源，可以承担得起钻石的费用；另一方面也说明他们愿意在女人身上投资。

事实上，不仅是女人，其他雌性动物在与雄性交配之前也会要求类似的礼物。我们可以将这种礼物称为求爱礼物，用这种礼物求爱，成功的几率将会大大增加。

女人之所以把钻石看做是最理想的求爱礼物，是因为钻石是一件没有实用价值的礼物。昂贵的东西很多，比钻石更昂贵的东西也不只一件两件，但像钻石这样既昂贵又无用的东西却并不多。男人可以送女人一辆车，也可以送女人一幢别墅，车和别墅的价值绝不低于钻石，但作为求爱礼物，它们的价值可就要大打折扣了。如果有三个求爱者，分别送女人一枚钻石、一辆车和一幢别墅，那么大多数女人都会选择那个送钻石的求爱者。

女人的大脑中长存有这样的一个逻辑：如果男人自己是个爱车的人，他很有可能会买一辆自己喜欢的车送给女人；如果男人对房产很感兴趣，他就可能买一幢自己看上的别墅送给女人。也就是说，男人送车或送别墅完全可能是因为他们自身的爱好，而与女人没有太大的关系。但男人本身是不喜欢钻石的，他们如果送女人钻石，显然与自己的兴趣无关，而是完全为了女人，这样的礼物自然更能让女人动心。另外，车可以驾驶，房子可以居住，这些都是有其他用途的物品，可以和男人共享。换句话说，男人送女人车和房子，名义上是送给女人，但实际上他们自己也可以享用。这就意味着他们并没有将自己的财富完全投资在女人身上。但钻石就不同了，钻石只能作为女人的装饰品，没有任何实用的价值。男人送女人钻石，就是将自己的财富完全投资在女人身上，他们自己是不能共享的。

与将财富部分投资在自己身上的男人相比，女人当然会选择愿意将财富完全投资在自己身上的男人。有些女人喜欢在别人面前炫耀自己的钻石有多大，其实也是在炫耀自己的老公有多爱自己。

第十五章

爱情心理学：酒吧的灯光为什么都很昏暗

爱情是被荷尔蒙冲昏头脑的结果吗

有些人认为，爱情本质上不过是一种动物本能，是在荷尔蒙作用下的两性相吸。事实果真如此吗?

意大利帕维亚大学研究显示，处于热恋期的男女的大脑会发出指令，使人体分泌出一种化学物质，研究人员将这种物质称为“爱情荷尔蒙”。这种化学物质令恋爱中的人相互吸引，但是它在人体内仅仅能够存在大约一年时间。与此同时，研究人员也表示对爱情荷尔蒙究竟是如何对人体进行调节的原理还不太清楚，但是，可以肯定的是，爱情荷尔蒙肯定在调节和控制恋爱中男女的一些生理和心理的行为，比如，爱情荷尔蒙分泌最多时爱情最浪漫，恋人之间的关系也最亲密。

科学家经过研究发现，爱情之所以令人神魂颠倒，完全是因为人脑中“恋爱兴奋剂”在起作用。美国精神研究专家里伯慈和科莱恩认为，这种“恋爱兴奋剂”包括苯乙胺、多巴胺、异丙肾上腺素、内啡肽等，其中以苯乙胺最突出，它是神经系统中的兴奋物质。当相互吸引的男女相遇时，人脑下部的神经便突然受到激发，产生电化学活动，于是，神奇的“爱情物质”随血液循环流遍全身，形成一种激素，马上引起诸如心跳加快、手心出汗、颜面发红等反应，产生一种眩晕感。恋爱中的男女在生理上的反应和常人不一样，一项让大学生评定自己在恋爱中的感受及其强度的研究表明，79% 的人有强烈的幸福感，37% 的人注意力难以集中，29% 的人有飘飘然的感觉，22% 的人有狂奔、大声喊叫的冲动，22% 的人在约会时会感到紧张，20% 的人在恋爱中有陶醉感，20% 的人会出现双手冰冷等生理上的反应。

俄罗斯专家梅奇科夫斯基用一种特制的仪器测试发现，女性在恋爱期间，身上出现强大的生物场并产生辐射，吸引周围的男性，有时这种生物场能量很大，使人迷迷糊糊，同时也使其容光焕发，娇媚异常；而恋爱中的男性则会出现体力增强等表现。

虽然，爱情的确与我们体内的某些物质的分泌有关系，但是这些物质的作用也是有时间限度的。一般来说，如果两个人的恋爱时间超过两年，内心就不会分泌能感受爱情的荷尔蒙了，爱情就会慢慢冷却，从而使得爱情进入平淡期。

也许起初我们是被荷尔蒙冲昏了头脑，受到对方外表、身体上的吸引而产生生理上的冲动，迅速坠入爱河。事实上，根据爱情的三阶段理论，这仅仅是爱情的第一个阶段。也就是说，我们在被荷尔蒙冲昏头脑之后进入恋爱的第一个阶段，而后来对恋爱关系的维持则不是荷尔蒙所能控制得了的，因此，说爱情是荷尔蒙冲昏头脑的结果并不成立。此后，恋爱进入第二、第三阶段，随着双方了解的深入，我们会被对方内在的东西所吸引，如性格、价值观、思维方式等。

伟大的思想家罗素对爱情有如下定义：“爱，如果这个字眼能够得到正确应用的话，并不是指两性间的一切关系，而仅仅是指那种包含着充分情感的关系以及那种既是生理又是心理的关系。”心理学家斯滕伯格认为，爱情包括激情、亲密和承诺三个基本成分。可见，除了荷尔蒙引起的生理反应或激情之外，爱情还有更丰富的内容。

是什么让恋爱的女性光彩照人

人们常说因为有爱情的滋润，恋爱中的女人是最美的，可爱情又是怎样滋润女人的呢？难道也是爱情荷尔蒙？

虽然大多数人都意识到了恋爱可以增加女人的吸引力，但却很少有人能说出其中的原由。既然爱情与荷尔蒙有关，那么让恋爱中的女性变得迷人的也就应该是荷尔蒙。究竟是什么让恋爱中的女性光彩照人呢？是催产素。女性恋爱期间，催产素的分泌量就会有所增加。而催产素具有改善女人气色和精神状态的功效。催产素可以降低血压和皮质醇含量，并具有很好的镇定作用，当女性体内的催产素水平提高时，女性就会变得更加平静，焦虑感也会逐渐消失。在这种状态下，女性更容易接收到外界的积极信息，也更容易感受到幸福和快乐。此外，催产素的大量分泌对体内的血液循环也有着积极的促进作用。

恋爱是刺激催产素分泌的重要方式，但却不是唯一的方式。事实上，当女性感到自己被关心和照顾时，其催产素的分泌量就会有所增加。相反，如果女性觉得自己的感受被忽视或者是感到孤独、寂寞、无助，其体内的催产素含量就会减少。恋爱中的女人大多都会感到自己被伴侣关心和照顾，因此其体内的催产素含量就会增加。

人们往往认为是恋爱让女人变得光彩照人，而真正让女人光彩照人的是催产素。如果女人在恋爱中没有感到自己被关心和照顾，那么她就无法光彩照人。换个角度说，女人若想让自己变得光彩照人，就应该想办法提高自己的催产素水平。在这方面，男人可以给予女人很大的帮助。女人身边的人都可能对其产生影响，但对其影响最大的还是她的伴侣。如果男人能够给予女人更多的关心、照顾和支持，让女人感受到爱和温暖，那么女人体内的催产素含量就会有所增加，从而让女人看起来更加美丽动人。

当然，男人不可能永远都像刚恋爱时那样对女人呵护备至，毕竟他们还有很多其他的事情要做。而如果女人将男人精力的转移视作对自己的冷落，那就会导致催产素的含量减少。催产素的分泌量取决于女人的自我感受，而不是男人的做法。不管男人做了什么，只要女人感到自己被关怀和照顾，其体内的催产素含量就会增加，反之亦然。也就是说，相对于男人的做法来说，女人自身的感受更为重要，或者说女人对男人做法的理解和诠释更为重要。

有些女人很善于自寻烦恼，或者说她们极度消极悲观，她们不认为自己有什么值得男人去爱的地方，也许在恋爱之初她们会幸福一时，但当男人开始忙于其他事情时，她们就会认为男人并不是真的爱她们，当初的一切不过都是假象，她们伤心、失落，郁郁寡欢；有些女人敏感多疑，男人不经意的一句话都会让她们彻夜难眠，她们似乎总是在寻找男人变心的罪证，这让她们异常疲惫；有些女人对男人的要求过高，她们希望男人能将全部心思都放在自己身上，全心全意地爱自己，但却忽略了男人还有其他重要的事情要做；等等。在这样的心态的影响下，女人无论如何也感受不到男人对自己的关心和照顾，所以，她们体内的催产素含量不但很难增加，而且还可能下降。

积极的女人却不是这样的，她们能试着理解男人，信任男人对自己的爱，将男人的行为看成是关爱自己的表现，所以，她们就很容易感到被关心和照顾，体内的催产素水平也自然会有所提高。此外，当女人主动为男人付出且不计较回报时，或者是女人学会自我关心和自我照顾时，她们体内的催产素含量也会增加。

是催产素让恋爱的女人光彩照人，并且催产素水平的高低更多的还是取决于女人本身，只要她们的大脑产生被关心和照顾的概念，就会刺激催产素的分泌。由此可见，女人完全可以通过自己的努力让自己变得更加光彩照人。

爱情更容易让男人变得愚蠢，而不是女人

人们常说恋爱中的女人智商为零，果真如此吗？事实证明，恋爱中的女人有时的确很愚蠢。女性的情感中枢比较发达，比男人更容易产生强烈的情感，而当女性处在强烈的情感之中时，就会失去应有的理智，变得有些愚蠢。但女人并不会永远处在强烈的感情之中，当激情退却之后，她们就会重新回归清醒与理智。

倒是男人，更容易让爱情弄得丧失了思考的能力，变得愚蠢。男人很容易坠入爱河，沉迷于爱情之中，尽管他们可能还弄不清什么是爱情，也分不清欲望、迷恋和爱，但他们却非常确定自己不能放弃眼前的这个女人。男人的这种状态会持续一段时间，等他们走过这段时期之后才能确定自己是否在谈恋爱，而在男人坠入爱河的这段时间里，他们的大脑几乎是停止思考的。

让男人失去理智、变得愚蠢的主要原因还是其体内过高的睾丸酮水平。睾丸酮是重要的性动力因素，也是让人产生欲望、坠入爱河的关键因素。男人的睾丸酮水平本来就比女人高很多，所以男人比女人更容易产生欲望，坠入爱河。处于爱恋之中的男人，其睾丸酮水平进一步提高，这将使他们的大脑被睾丸酮所蒙蔽，无法正常地思考。此外，由于男人大脑的情感中心和逻辑中心没有连接，当情感中心发挥作用时，逻辑中心就不能正常工作，因此，男人无法准确评估他们与女人之间的关系。

过高的睾丸酮水平让男人常常稀里糊涂地坠入了爱河，在他们还不确定什么是爱情时，就已经爱得轰轰烈烈了。也就是说，男人坠入爱河常常不受自己的控制，连他们自己都不知道怎么会产生如此强烈的爱。

女人并不存在这样的问题，女人可能会出现短暂的迷惑和冲动，但很快又会恢复正常。因为女人体内的睾丸酮水平比较低，即使在爱恋阶段，女人的大脑也不会对睾丸酮失去控制。在女人的大脑中，情感中心和逻辑中心有很好的连接，在情感中心发挥作用时，逻辑中心也不会完全失去作用，所以，女人可以很轻易地评估她们与男人的关系，确定自己的真实感受。

对待爱情，女人要比男人清醒得多，她们清楚自己正处于哪个阶段，也确定

自己与男人正处在怎样的关系中。女人不会轻易坠入爱河，只有当她们确定对方是自己想要的人，而自己又处于依恋阶段时，她们才可能坠入爱河。

因为处在爱情中的男人是迷惑而糊涂的，他们弄不清自己与女人的关系，所以他们一般不会主动结束一段恋情。即使他们与女人的相处不太愉快，他们也会一直维持现状，直到自己清醒的那一天。女人则不同，当她们发现对方并不是自己要找的男人以后，就会选择结束这段恋情。正如我们看到的那样，大多数关系都是由女人来结束的，而男人则大多在与女人结束关系时还不知道究竟发生了什么事。

在与女人谈恋爱的过程中，男人很难意识到女人的情感变化，他们不明白女人为什么会忽然提出分手。尽管男人也不确定自己有多爱女人，但他们却很难接受分手的结局。虽然他们之间发生了一些不愉快，但男人认为他们之间的爱情还在，自己仍然是爱对方的。其实，他们之间的爱情已经不存在了，只是男人的大脑意识不到这一点，而女人的大脑意识到了，所以才由女人来结束这种名存实亡的恋爱关系。爱情会让人变得愚蠢，这句话是对的，但更多时候应该是指向男人的。

就爱情而言，女人是专职的，男人是兼职的

有爱情专家说过这样一句话："就爱而言，女人是专业的，男人是业余的。"这句话的通俗解释是，男人只把感情当做人生的重要部分之一，他们只不过是想把女人据为己有，从一开始就谋划着以各种手段，去俘获女人的芳心；而女人却把爱情当做人生的全部，爱情在女人的心目中是伟大而又神圣的，女人常常在爱情中倾其所有，把自己一生的幸福维系于爱情之上。

所以，男人失恋后，只会在短暂的沉寂之后卷土重来，以更大的胆子、更厚的脸皮、更华丽的手段去追求下一个女人。而女人失恋后则往往心灰意冷，痛彻心扉，不再对爱情抱有任何幻想，恨不得将自己与整个世界隔离起来，暗自舔着滴血的伤口。伤口逐渐愈合之后，有的女人会彻底对爱情失去信心，从此过上孤独而清高的生活，表面上对俗世的情爱冷嘲热讽，内心却隐隐作痛，不是滋味。有的女人则会迫于工作、生活、家庭的压力以及生理和心理的需要，重新找到一个伴侣，结婚生子，共度一生。然而，此时她们选择伴侣的标准不再是爱，而是合适，就像买东西一样，根据自己的本钱，来挑选与自己档次相匹配的商品。生活将她们变得现实，也变得庸俗不堪，然而她们已经不愿再去计较这些了。即便

在以后的日子里，她们也能产生很深厚的感情，但那已经不再是单纯而又神圣的少女之爱了。

这些女人之所以心灰意冷，并不是因为命运的不公和男人的“堕落”，而是自己的心态。爱情犹如一场舞剧，要想取得成功，除了要有一个好的剧本外，演员的默契配合也是重要因素。任何人要想拥有一份美好的爱情，都要先把自己的角色演好，但谁也无法保证自己的搭档是默契的。因此，在有了一定的经历后，女人大多也变得现实了：在选择生活时，留好退路才是明智之举。

尽管女人是个爱情动物，是爱情专家，也不能因为爱而失去理智，毕竟现实很残酷，生活不是童话。即便爱情取得了成功，也万万不能将自己的收入、生活、工作、思想全部托付给男人。因为双方的感情一旦出现裂痕，当爱情或者婚姻走到尽头时，就意味着女人要失去经济基础、工作能力，甚至独立思考问题的能力，导致工作、生活杂乱无章，濒临绝望的边缘。

明智且理智的女人，在对爱情尽最大努力的同时，也要作最坏的打算。女人应该拥有一份适合自己并能满足自己生存的工作，这样就不至于在婚姻发生不测时遭遇生存危机；培养一些兴趣和爱好，以便一个人生活时不会感到百无聊赖，寂寞空虚。

此外，女人也应该积极完善自我，做一个让男人尤其是自己心爱的男人着迷的有内涵的女人。毕竟青春和美丽只能是暂时的，知识和内涵才具有永久的魅力。

为什么高级宾馆的酒吧都设在高层

提到酒吧，总让人有不好的联想，觉得那是一个吵闹嘈杂的场所，形形色色的人穿梭其中，你印象中的只是那些很普通的设在地下的酒吧。而在很多的大城市中，那些高级宾馆酒吧的环境却大不相同，它们往往被设在最高层，对此很多人都百思不得其解。直到最近，心理学家们才为我们揭开了其中的奥秘。

将酒吧设在很高的大厦的最高层，可以俯瞰整个城市，令人心旷神怡。尤其是在晚上时，可以看到灯火辉煌的城市夜景，漂亮的景色总能让人感觉到心情舒畅，处于良好的情绪状态之中。而在这种心境状态下，觉得周围的一切事物都是美好的，自然对身边的人也会有好的印象。这就是心境的弥散性作用，即当人具有了某一种心境时，这种心境所表现出的态度体验就指向周围的一切事物。比如，一个在单位受到表彰的人，觉得心情愉快，回到家里同家人会谈笑风生，遇到邻居会笑脸相迎，走在路上也会觉得天高气爽。同样，置身于高级宾馆的酒吧中的人，当看到漂亮的夜景时，内心感到心情舒畅，进而将这种愉悦的情感体验指向周围的人，觉得自己身边的人和这夜景一样让人陶醉。再加上美酒、美食带来的味觉上的刺激和享受，使得这一效果就更明显了。

除此之外，酒吧中桌椅的摆放也比较有特点。座椅之间的距离都比较近，能够拉近彼此之间的距离。一般情况下，和对方的距离大概在七八十厘米之间，这种近距离的接触使得双方可以进入到彼此的私人空间。相关的研究表明，如果长时间地待在对方的私人空间中，双方则很容易发展出一段恋情。美酒、美食、美景以及私密的个人空间，无疑会给约会的双方带来美好的感受，从而促进恋情的发展。而且酒吧的灯光一般比较昏暗，据说在这种昏暗的条件下更能创造恋爱的机会。其实，将酒吧中的照明条件弄得很昏暗是有一定的原因的。首先，包括人类在内的很多动物都有趋光性，眼睛都会不自觉地往明亮的地方看，而在酒吧这种昏暗的环境恰好可以阻隔别人的视线，这样约会的双方就可以不用担心别人的眼光而专心地谈情说爱了。其次，对于那些选择在酒吧中约会的男女来说，昏暗的环境能够让他们感到惬意。心理学家卡根曾做过一个有趣的实验，调查在明亮和昏暗的房间中男女双方的行为会有什么差异。结果显示，与在明亮的房间中的男女相比，在昏暗的房间中男女身体有更多紧密接触的机会，增加双方的亲密感。也就是说，在昏暗的环境下，可以使男女双方之间的关系变得非常亲密。此外，进入酒吧的男女必然要喝酒，往往在喝了酒之后视力就没有清醒时好了。因此，很多女生都会拉着自己的男朋友来酒吧，因为男生在喝醉酒之后，看对方会有一种扑朔迷离的感觉，反而比平时更美了，这时更会“情人眼里出西施”了。如果再加上酒吧中昏暗的光线，这种美感就会更加强烈了。

同时，这种高级宾馆中的酒吧往往会有很多的外国客人出入。通常有外国人在的地方，会让人觉得这是一种国际化的象征，让人感觉这是一种很时尚和高级的场所，更是一种身份和品味的象征。这样更能提升对方在自己心目中的形象，有利于双方关系的进一步发展。

可以说，酒吧是男女谈情说爱的圣地。因此，如果男生想向自己心仪已久的女生表白的话，为了增加表白的成功率，可以邀请她到这种高级的酒吧中。在酒吧美妙的环境中，男生若能够不失时机地进行真情告白，一定能够俘获女生的芳心。但是，作为女生的话，一定要有自己的判断力，不要被这种暧昧的环境和心术不正的男生所迷惑，要时刻提高自己的警惕，在适当时懂得保护自己。

约会时为什么要看电影

很多情侣约会时都会选择看电影，这不仅仅是为了消遣，从心理学的角度来说，约会时看电影是有很多心理学依据的。

我们知道在人际交往中，第一印象是非常重要的，因此我们总是试图给别人留下好的第一印象。那么，为什么第一印象如此重要呢？这是因为最初印象对于后面获得信息的解释有明显的定向作用。也就是说，人们总是以他们对某一个人的第一印象为背景框架，去理解他们后来获得的与此人有关的信息。甚至日后他们接收到与第一印象完全相反的信息，他们也会刻意扭曲信息，使之与第一印象相符合。费斯廷格将这种现象称为“认知失调”，为了避免认识失调所带来的不安，人们只愿意接收那些符合自己要求的信息。

恋爱中的人同样如此，总是希望给对方留下好的印象，而良好的第一印象可以掩盖很多缺点。约会时看电影能够给对方留下深刻的印象，尤其是第一次约会时看电影，则更能加深与意中人之间的关系。

研究者们对第一印象进行了很多研究。1946 年，心理学家阿希以大学生为研究对象做过一个实验。他让两组大学生评定对一个人的总体印象。对第一组大学生，他告诉这个人的特点是“聪慧、勤奋、冲动、爱批评人、固执、妒忌”。很显然，这六个特征的排列顺序是从肯定到否定的。对第二组大学生，使用的仍然是和第一组相同的词语，但排列顺序正好恰好相反，是从否定到肯定的。研究结果发现，那些先接收了肯定信息的第一组大学生，对被评价者的印象远远高于先接收了否定信息的第二组学生。这说明，第一印象一旦形成就具有高度的稳定性，后来接收到的信息不能使其发生根本性的改变。

另一位心理学学家做过这样一个实验。他让两个学生都做对 30 道题中的一半，但是让学生 A 做对的题目尽量出现在前 15 题，而让学生 B 做对的题目尽量出现在后 15 题，然后让被试者对两个学生进行评价。两个学生中，谁更聪明一些？结果发现，多数被试者都认为学生 A 更聪明。这就是第一印象效应。

在受到第一印象的影响之后，会形成先入为主的观念，即使是两个水平一样的学生，在进行评价时仍然会出现差异，进而扭曲事实，在心理学中将这种由第一印象所带来的偏离客观事实的现象称为“晕轮效应”。美国心理学家戴恩等人对晕轮效应进行了研究，让被试者看一些照片，照片上的人分别是有魅力的、无魅力的和魅力中等的，然后让被试者从与魅力无关的方面去评价这些人，如他们的职业、婚姻、能力等。结果发现，有魅力的人在各方面得到的评分都是最高的，无魅力者得分最低。

在人际交往过程中，有一个被称为“人际相似律”的现象，即那些在思想观念和社会生活方面相同和相似的人，更容易产生人际间的相互吸引和好感。在亲密的恋爱关系中也是如此，只有那些在态度、观念、兴趣等方面相似的人，才更容易产生好感而萌生爱意。彼此之间相似的地方越多，越是有更多的共同话题，产生共鸣的地方也就越多，从而加深两人之间的亲密关系。而约会时看电影这一行为，无形中给双方提供了更多的可以交流的话题，他们可以就电影的内容、共同喜欢的某个影星进行交流，为双方创造更多的共同话题，有助于增加气氛。当然，除了相似律之外，很多人认为互补律也能够让双方产生好感，因为这种差异的存在，可以达到“取人之长，补己之短”的目的，使双方的关系更加牢固。

此外，双方之间的自我暴露对维持恋情的发展也很重要。随着两个人交往的不断深入，亲密程度不断增加，适时地向对方倾诉自己的秘密、烦恼等，则会迅速提升彼此之间的亲密度。倾诉的一方出于信任而倾诉，而倾听的一方也会因为自己被对方信赖，而沉浸在愉悦的感受之中，同时还会以相同的程度向对方进行自我暴露。但是，如果只有一方一味地倾诉，而另一方毫无回应，只会导致两人关系的疏离，从而使两人的关系更加冷却，反而不利于亲密感的建立。因此，在恋爱的过程中，及时地对对方的倾诉进行回应是很必要的。

被拒绝的不安是可以克服的

生活中，总是会有这样的人，他们明明喜欢一个人，却因为担心被对方拒绝而不敢表白，内心受到思念和痛苦的折磨；还有这样一些人，虽然他们已经开始和自己心仪的对象交往了，但是仍然担心会失去对方，从而陷入担心失去恋人的不安之中。为什么会出现这种感觉呢？究其原因是他们缺乏自信，认为自己在对方面前缺乏魅力，不能吸引对方，所以担心表白会被拒绝或交往后会分手，内心深感不安。

相反，另外一些人则不会受到这种不安的折磨。即使表白被拒绝，或坠入情网后双方又分道扬镳，他们也不会感到惶恐不安，而是用自我解嘲的方式来安慰自己。为什么在面对恋爱这一问题上，两种人会有如此大的差异呢？心理学家试

图从不同的角度去寻找问题的答案，对这一问题作出了解释。

首先，成年后这种害怕被拒绝的不安与幼儿期的亲子关系有密切的关系。英国心理学家波尔比认为，幼儿期的亲子关系将影响其日后人格的发展，进而影响到成年后的恋爱关系。美国心理学家谢弗等人将幼儿期亲子之间的依恋关系分为三种类型，即安全型依恋、焦虑抵抗型依恋和回避型依恋。

安全型依恋的儿童在母亲的支持下，能够很好地进行探索活动，学会如何在将来应付同类问题，有一定的安全感。一些心理学研究者认为，当母亲能够以响应和适宜的方式满足儿童的需要时，儿童就会成为安全依恋型。心理学研究者认为，焦虑抵抗型依恋的儿童其依恋风格的形成主要源于母亲的这种养育风格，即儿童的需要有时被忽视，直到完成其他某些活动，并且有时，更多是通过双亲的需要并非儿童的主动要求来关注儿童。回避型依恋的儿童在母亲离开或返回时几乎没有情感反应，无论是什么人在场，儿童都很少有探索行为。对待陌生人及母亲的态度没有什么不同。无论室内是否有人或有何人，儿童的情绪都不会有多大变化。这种依恋关系源于父母漫不经心的养育风格。儿童的需要经常得不到满足，使得儿童相信对需要的传达不会影响到母亲。

心理学家认为，成年后的恋爱模式能够反映出儿童时期的依恋风格。研究者在成年人与恋爱伴侣及配偶的关系中发现了类似于儿童依恋的行为模式。安全型依恋的人能够信任自己的伴侣，而这也意味着他们能够自信地各自独立活动。焦虑抵抗型依恋风格的人会因为他们的交际行为，而被伴侣看成是过分依赖，而引来麻烦。他们易于担忧伴侣是否爱自己、伴侣是否珍重自己。回避型依恋风格的人有时会难以与他人亲近。他们难以信任他人，也不喜欢依靠他人。

其次，父母的教养方式同样影响着将来的恋爱模式。婴幼儿时期，如果父母能够对孩子的要求作出积极的回应，比如当孩子想要被拥抱、想要吃奶或希望父母陪同玩耍时，父母满足其需要。这时他们内心会感到有安全感，认为父母是值得信赖的人，进而信赖周围的其他人。直至成年之后，他们同样认为自己的恋人或伴侣是值得信赖的，形成健康的恋爱关系，从而不会出现害怕被拒绝的不安。

尽管被拒绝的不安受到儿时亲子之间的依恋关系和父母教养方式的影响，但是并不能武断地认为恋爱中遭遇的挫折就与父母有关。即使幼儿时期你与父母之间没有形成安全的依恋关系，或是父母的教养方式有问题，但是在成长的过程中我们可以通过其他的方式进行弥补。比如，亲人的呵护、朋友的关怀、老师的鼓励等等，这些人际关系中的各种经验同样可以帮助我们逐步建立自信，被更多的人接纳，并有助于我们恋爱关系的发展。

此外，由于受不同社会规范和社会期望的影响，男性在恋爱中往往比女性辛苦。传统观念认为，在恋爱关系中，男性应该主动，女性应该矜持。这就对男性提出了更高的要求，在约会、接吻、求婚这些恋爱中比较重要的时刻，男性必须时刻表现出自己的男子气概，扮演着主导者的角色。这些有时对他们来说是一种负担，他们甚至会觉得无所适从，在这种情况下，也很难建立其自己的自信。因此，与女性相比，男性在恋爱中很容易出现不安和焦虑。

喜欢一个人，需要理由吗

俗话说，没有经历过爱情的人生是不完整，没有经历过痛苦的爱情是不深刻的。爱情使人生丰富，痛苦使爱情升华。可见，爱情对于我们来说是非常重要的，是我们生活中不可或缺的一部分。那么，你有没有想过，到底是对方身上的哪一点吸引了你，从而使你们坠入爱河了呢？或者说你为什么会喜欢这个和你恋爱的人呢？

很多人认为，喜欢一个人是不需要理由的，而心理学则认为，喜欢一个人并不是毫无理由的，而是有一定原因的，并对此进行了很多的研究。研究表明，喜欢一个人的理由是多而复杂的，在这里就不向大家一一介绍了，主要举几个比较典型的恋爱的理由。建议读者在阅读时，不妨结合自己的恋爱经历，分析一下自己喜欢他或她的理由。

首先是来自对方身体的吸引力。在我们没有条件对对方进行深入了解的情况下，往往会先从一个人的外表作出我们的判断，比如，对方的长相、身材等。那些长得漂亮或帅气的异性总是能够得到更多的人的关注。心理学的很多研究也表明，那些在身体上有吸引力的人更容易获得异性的青睐。当然，这并不是绝对的，外表的吸引力并不是我们选择恋爱对象的唯一条件。

一般情况下，我们在选择恋爱对象时，都会选择那些在身体的吸引力上和自己条件相当的人，因为这样，成功的可能性就会大一点，这种心理在心理学中被称为“匹配假说”。事实上，没有哪一个人不希望和那些在身体上很有吸引力的人恋爱，比如男性都喜欢那些长得漂亮、身材窈窕、体态丰满的女性，而女性则喜欢那些长得帅气、体格健壮的男性，但是除非自己的条件同样出色，否则被拒绝的可能性会很大。因此，想提高恋爱的成功率，要尽量遵循“匹配假说”的原则，寻找那些在身体的吸引力上和自己匹配的异性。

其次是相似的价值观、兴趣、爱好等。在寻找恋爱伴侣的过程中，人们通常很容易对那些与自己很相似的人产生好感。双方的价值观、行为模式等的相似性越高，就越容易对对方产生好感。美国的心理学家经过研究得出，对于那些都喜欢体育运动的情侣来说，如果他们各自喜欢的体育项目不同的话，最终步入婚姻殿堂的可能性就小得多。双方相似性比较多的话，就很容易找到共同的话题，随着了解的不断深入，也就很容易产生好感。

但是，另有一些研究表明，差异同样也可以产生爱情。人有时候也很容易对与自己存在差异的异性产生好感，他们能从对方身上感受到一种异样的东西，而正是这种异样的东西能使人保持对爱情的新鲜感。

第三，在恋爱的过程中，性格也是很重要的因素。不论是男性还是女性，都希望找到一位性格好的人作为伴侣。但是，究竟哪一种性格好呢？对于这一问题，每个人都有不同的理解，因此对性格的具体要求也就不一样。美国学者安德森对人们喜欢的性格类型进行了研究，研究中提供给 100 名大学生 500 多个形容性格的词语，要求他们对这些词语分别给予 0 ～ 6 级的评定。结果表明，诚实、正直、善解人意、可信赖、心胸宽广等词语的得分较高，而爱撒谎、卑鄙等词语得分较低。这说明那些符合社会期望和规范的性格才是人们所认为的好的性格，这对我们选择伴侣有很好的借鉴意义。

此外，自己的心理状态、能否理解对方的心情、环境等因素同样影响着我们对伴侣的选择。当自己处于良好的情绪状态时，面对一个可爱、漂亮的异性时，就会有想和她谈恋爱的冲动，如果心情比较烦躁，这种冲动就会迅速下降；在恋爱过程中，如果能够及时了解彼此心情的起伏和所思所想，对恋情的顺利发展很有帮助；如果身边的朋友都开始恋爱了，在这样一种环境下，受到从众效应的影响，你就会降低对恋爱对象的评定标准，很容易就恋爱了。

吊桥上产生的爱情

通常情况下，我们认为爱情的产生是不受时空条件限制的，只要是相互吸引的两个人不论身处何地都会擦出爱情的火花。虽然爱情和场所之间没有直接的或必然的联系，但是与一些地方相比，那些危险的或刺激性的情境更能促进爱情的产生，比如让人感到害怕和不安的高空吊桥。

吊桥效应来源于心理学上一个非常著名的实验。实验中，研究小组让一位漂亮的年轻女士站在高悬于山谷之上的吊桥中央，吊桥距离下面的河面有几十米高，而且左摇右晃，这位漂亮的女性站在吊桥上等待着 18 到 35 岁的没有女性同伴的男性过桥，并告诉那些过桥的男性，希望他们能够参与正在进行的一项调查，她向他们提出几个问题，并留下了自己的联系电话。然后，同样的实验在另一座横跨了一条小溪但只有 10 英尺高的普通小桥上进行了一次。同样有另外一位漂亮女士向过桥的男士出示了同样的调查问卷。

结果发现，数日后给这位女士打电话的男士中，过吊桥的远比过木桥的多。为什么会有这样的行为呢？因为他们把过吊桥时那种战战兢兢、心跳加快的感觉误认为是恋爱的感觉了，从而非常乐意和女士进行进一步的联系与交流。而事实上，恋爱也能让人产生同样的感觉。这就是所谓的“吊桥效应”或“恋爱的吊桥理论”。

众所周知，事实上当人居于危险的情境中时，会不由自主地心跳加速、呼吸急促，形成相应的恐惧之情，这是不受我们意志控制的。对于上述实验中的那些男性而言，那些在吊桥上参与调查的男性更容易在生理上有所反应。对于自己心跳和呼吸的异常表现，在吊桥上接受调查的人可以作出这样的解释，一是因为漂亮女性的无穷魅力让自己意乱情迷，二是因为吊桥的危险让自己胆战心惊，这两种解释似乎都有一定的道理。于是，在这种模糊的情境下，那些在吊桥上的男性对自己的生理反应进行了错误的归因，本来是危险的环境致使他们心跳过速、胆战心惊，他们却误以为是调查者的魅力所致。于是他们对漂亮的女性调查者产生了兴趣，进而拨通了她的电话。

换言之，比如，当你和一位心仪的异性看恐怖电影时，你感受到自己的心在怦怦乱跳，呼吸也变得急促起来，那么，这是电影情节太过恐怖呢，还是身边的异性令你心动呢？很多情况下，我们难以准确地指出自己生理表现的真正原因，所以才会对我们的情绪进行错误的归因。在一些电影和电视剧中，我们也可以看到这样的镜头：危难之中，英雄救美从而喜结良缘；为了躲避危险动物的追赶，一对恋人携手狂奔，于是彼此情感进一步得到升华；等等。从这些镜头中我们可以看出，首先是相应的场景导致了人们的生理反应，如心跳加快，呼吸急促，于是人们有意无意地将这种生理上的反应看做是由身边的异性所引起的，最终导致了更进一步的相亲相爱。

但是，我们并不能否认即使是这样“误擦”出来的爱情火花，同样可以缔造

出美丽的爱情。如果你真的倾心于某位异性，不妨约她去看看恐怖电影、做做爬山运动，去游乐园一同乘坐过山车，自己动手去制造一场由“误擦”产生的浪漫爱情。

“一见钟情”的心理原因

“一见钟情”恐怕是世界上最浪漫的爱情了，两个人只是看了一眼就被彼此深深地吸引，然后坠入爱河，相信这是世上最美妙的事情。

古代有很多描写一见钟情的字句，伟大词人辛弃疾的“众里寻他千百度，蓦然回首，那人却在灯火阑珊处”对一见钟情的描写让人陶醉：我在人群中苦苦追寻，却寻而未果，当我感到沮丧而无望时，你突然出现在我的面前，让我的眼前突然一亮，相信这是世界上最奇妙的感觉了。而唐朝时期唐玄宗和杨贵妃的爱情故事也是对一见钟情的最好诠释，白居易在其长诗《长恨歌》中对这段爱情作了这样的一段描述：“杨家有女初长成，养在深闺人未识。天生丽质难自弃，一朝选在君王侧。回头一笑百媚生，六宫粉黛无颜色。”可见，杨贵妃国色天香的容貌和气质，令唐玄宗一见倾心，这种一见钟情的感觉是如此的神奇和美妙。

可是，人们为什么会产生这种“一见钟情”的感觉呢？到目前为止，学者们仍然没有完全揭开其中的秘密。人们试图从各种角度来解释“一见钟情”产生的原因，但是并未达成共识。

从心理学的角度来说，人往往会对与自己相似的异性产生一见钟情的感觉。当人们看到一个和自己长得相似的人，就会立刻产生一种亲近感，而这种亲近感是爱情发展的基础。另一种说法则认为，人容易对与自己存在差异的异性一见钟情，他们会对与自己的免疫类型完全不同的人产生好感，能从对方身上感受到一种异样的东西，而这种异样能够促进爱情的发展。

另一种来自心理学的解释认为，当你见到一个人时，你看到的是他的容貌、气质和神情，而这些表象恰恰是一些令你心仪的特征，因此你就会一见钟情。可见，这种一见钟情的感觉是一种处于认识初级阶段的感性认识，主要是凭借自己的感觉和印象进行判断的阶段。认知心理学认为，感觉、知觉和表象是感性认识的三个基本形式，而我们的感性认识是在实际的生活中产生和发展起来的，在感性认识中我们所得到的是直观的、形象的认识，是认识的来源和一切认识的基础。而感性认识只能认识事物的局部、现象和外部联系，却不能认识到事物的全局、本质和事物间的内部联系，当然，这种说法也不是绝对的。在现实的生活中，很多人在作决定时会依照自己的感觉进行判断，不会拖泥带水，而是非常果断地确定自己的目标，而且这种做法并没有出现什么大的失误。这种凭借感觉进行瞬间判断的功能让他们很容易地就能通过现象看到本质。从这个角度就很容易理解，那些一见钟情的人为什么能够厮守一生。其实，仔细想来，一见钟情并不是什么奇怪的事情，因为我们的潜意识服从于表层认识，因此会在瞬间作出很大的决定而不会让自己后悔，与其说一见钟情是一种感觉导致的冲动，不如说这是一种理性的深思熟虑，是一种让人不可抗拒的诱人魅力。

以上种种说法分别从不同的角度对一见钟情进行了解释，虽然没有形成统一的认识，但是各有各的道理，使我们对一见钟情有了更深入的了解和认识，为我们解读一见钟情提供了全新的视角。

求爱的姿势与信号

在爱情中，除了在言语上表达对对方的爱意之外，适当地利用身体的姿势则同样会给对方提供爱的信号，让对方感受到你的爱意。

动物学家和行为科学家以动物为研究对象，发现不论是雄性动物还是雌性动物在求偶时都会使用一系列复杂的求爱姿势，有些姿势相对明显，而有些姿势则比较微妙，但是大多数的姿势则是无意识做出的。在动物世界，每一种动物都有不同的求爱姿势，比如在鸟类中，为了能够引起雌鸟的注意，雄鸟通常会抖动自己的羽毛，发出优美的叫声，故意趾高气扬地从雌鸟身边走过。其实，人类的求爱姿势与鸟类很相似，只是人类的情感更复杂，在求爱的姿势上可能比鸟类的更多变和难以捉摸。

但是，一名男士如果想引起自己心仪女士青睐的话，大抵也会像雄鸟那样尽力表现自己。比如，他们会用手梳理一下自己的头发，整理一下自己的衬衣、领带等等，还会拍拍身上的灰尘，如果那位女士对他也刚好感兴趣的话，就会对他求爱的姿势进行回应，这的确是一个奇妙的过程。通常情况下，女性对各种求爱姿势比较敏感，她们能够理解其中的含义，但是男性往往就比较迟钝。在这些求爱姿势中，有些是经过深思熟虑的，而另外一些则完全是受到我们无意识支配的，有时候我们甚至意识不到。

在男性的求爱姿势中，他们还会刻意做出动作来装扮自己，以表示对面前

的女性有高度的兴趣。比如，拉拉他们的领带，整理一下衣服的领子和纽扣，等等。如果是面对自己很在意的女性或是心仪的对象时，他们会把自己全身上下都检查一遍。如果你观察得足够仔细的话，还会发现男士们在拉直领带后，通常都会接着扭动一下身体，然后挺直腰杆，有时拉完领带后还会扭动一下脖子，以充分显示出他的男性魅力，无非是想把他最好的一面呈现在自己心仪的对象面前。有些男性的求爱姿势比较大胆，他们会长时间地凝视对方。

而与男性相比，女性的求爱姿势就比较多样化了。她们的求爱姿势是变化多端、不一而足的。不过她们也会像男性那样，梳理梳理自己的秀发，整理一下自己的衣服。在镜子面前转个身子，不停地打量镜子中的自己。有时候甚至会扭动自己的臀部，向男性展示自己身体的曲线，尽力表现出自己妩媚迷人的一面。有些女性还会不时地抚弄自己的膝盖、腰部或身体的其他部位，以这种姿势向面前的男性表达自己愉悦的心情，让男性感受到自己的热情。

如果一位女性对面前的男性很感兴趣，她会把两只脚都搁在椅子下面，同时一只脚盘在另一只脚的下面。有些女性还会将自己腕部平滑柔软的肌肤露出来，因为这一部分是她们身体中非常性感的一部分，在说话时还会露出自己的手掌。这些姿势对那些有经验的男性来说无疑是一种鼓舞。也就是说，此时的她想和你交往的意向已经非常明显了。如果这时她再目不转睛地注视你，那更表示她对你很有兴趣。

可见，这种求爱的姿势中的确包含很大的学问。利用这些姿势发出求爱的信号时，能否获得对方的青睐主要取决于你表达的能力和对方对这一信号的理解能力。与男性相比，女性对求爱信号的理解能力要更好。如果你想了解对方对你的满意度，你甚至不用言语上的交流，可以尝试着用求爱的姿势去探测对方的内心。

酒吧的灯光为什么都很昏暗

有一位男子钟情于一位女子，但数次约会下来，效果都不够理想，他总觉得双方的谈话很不投机。一天晚上，他偶然约那位女子到一家光线比较暗的酒吧，结果意外地发现这次约会非常成功，他们交谈得特别融洽。此后，这位男子便将约会的地点每次都选在光线比较暗的场所。而几次约会之后，两人的关系有了很大的进展，终于结下百年之好。

心理学家经过分析发现，在光线较暗的场所，人们彼此之间看不清对方的表情，这会令人因为心理戒备减弱而获得一种放松感，在这种轻松的感受下，相互的交往就会取得较好的效果。也正因如此，许多餐厅、酒吧、咖啡厅等餐饮娱乐场所都会设置较暗和较为柔和的灯光。这恰恰是人们喜欢的氛围。

一般来讲，人们在讲话时总是会根据对方的反应来决定自己应当说什么和怎样来说，又将话说到什么程度，特别是对还没有深入的了解但又愿意继续与之交往的人。这时，在心理上既有一种戒备感，又会倾向于自然而然地把自己好的方面尽量展示出来，在试图遮蔽缺点的同时又想表现出自己的优点，因而往往不免有些矜持。可是较暗的环境恰好提供了这样的便利，相互之间不会看得太真切，心情和举止就会更加的自然。这就是“黑暗效应”的原理。

实际上，“黑暗效应”并非只是在较暗的环境下才发挥作用。有些人更喜欢在网络上与人交流，或者通过短信、电子邮件等不直接见面的方式进行来往。这也可以看做是“黑暗效应”的另一种体现。

但是，在网络上交流有一点却需要注意，那就是虚拟空间人们的表现很多时候和他们的本来性格是不相符的。

这涉及口头语言和书面语言的区别。语言是一种社会现象，是人类通过声音、书写符号或手势等构成的一种符号系统，是我们交际和思维的工具。语言活动通常分为两类，外部语言和内部语言。外部语言包括对话语言和书面语言，这两种语言都可以成为我们与外界交流的方式。其中，对话语言是一种情境语言，与对话时所处的环境有密切关系。比如说，两个人刚看完电影出来，一个人对另一个人说：“怎么样？”另一个回答：“很不错。”不需过多解释，他们都知道对方是在讨论电影的剧情。通过情境语言，双方能直接交流，灵活反应。在交流的过程中，双方能根据对方的反应来调整自己的说话方式，选择合适的语气、语言。本来是一场很开心的谈话，如果你听出了对方语气的不对劲，肯定会关切地询问他怎么了，然后再给予合适的安慰，可能谈话就偏离了你们原来的主题，更具灵活性。

书面语言指的是人们借助文字来表达自己的思想或通过阅读来接受别人的思想。电子邮件、纸质信件或者书籍等都是书面语言的表达形式。在写的过程中，我们可以反复思考、推敲用词的准确性和表达的合理性。由于远离了阅读的一方，得不到他们的即时反馈，在写作的过程中，作者只能根据来自自己的反馈不断修正内容，使之趋于完善。而以这样“自我”的表达方式传递给阅读方，必然会使原有内容的表达感染力不够。比如说，想表达对对方的赞美，邮件写出来的内容可能是“你真棒！我很佩服你！”之类的溢美之词，比起面对面的夸奖，少了语调的惊喜、面部的笑容等更具感染力的表达形式，这样的赞美必然失色不少。

书面语言与口头语言表达的差异性，以及虚拟世界的“安全感”，能让我们卸下心防，畅所欲言，有利于恋爱双方关系的进一步发展。

接触越多越喜欢对方

相信很多人都憧憬过一见钟情的恋爱，觉得这才是恋爱的最高境界，两个人在看第一眼时就被对方深深地吸引。在很多的言情小说中，也有很多对于一见钟情的描写，浪漫得让人神往。然而，事实并非如此，谈恋爱并不是只看一眼就好，而是随着双方接触次数的增多，才会慢慢地喜欢上对方。

在与人相处的过程中，我们每个人都有自己的私人空间，并且不希望别人进入到这个领域，因为这会让我们觉得没有安全感，感到不舒服、不自在。但是，对于自己喜欢的异性也许就大不一样了。我们总是期待他或她能够进入到自己的私人空间。即使是一开始我们毫无兴趣的异性，可是如果他或她在我们的私人空间中存在很久，我们渐渐也会对其产生好感。在心理学中，这一现象被称为“单纯接触原理”，也被称为“多看效应”，即初次接触某人时，我们没有产生什么感情，但是反复见上几次之后就会不知不觉地喜欢他（她）。

20 世纪 60 年代，心理学家查荣茨通过实验证明了这一现象。实验中，首先向被试者出示一些照片，有的呈现了 20 多次，有的呈现了 10 多次，有的只呈现一两次，然后请被试者评价对这些照片的喜爱程度。结果发现，被试者更喜欢那些呈现多次的照片，即看的次数增加了喜欢的程度。社会心理学家也做过类似的实验，在一所大学的女生宿舍楼里，随机挑选了几个寝室，分别发给她们不同口味的饮料，然后告诉这几个寝室的女生，可以以品尝饮料为理由，在这些寝室间互相走动，但是见面时不得进行交谈。一段时间后，对她们之间的熟悉和喜欢程度进行评估。结果发现，见面的次数越多，互相喜欢的程度越大，见面的次数越少或根本没有见过面，相互喜欢的程度也就较低。

此外，在交往过程中，如果对方和你的距离比较近，时间长了，我们也会对其产生好感。比如，我们生活中所说的“办公室恋情”就是对和自己距离比较近的人产生了好感。在心理学中，这一现象被称为“靠近效应”。随着双方接触的机会越来越多，对彼此的脾气和秉性也就了解得越多，这种相互之间的了解同样能够增加好感，这被称为“熟知性法则”。以上所说的“单纯接触原理”“靠近效应”和“熟知性法则”在恋爱中有很重要的作用，如果能够理解并加以利用则会使你的恋情顺利发展。

但是，以上所说的恋爱中的原理，并不适合于所有的情况，只限于你对对方的第一印象是肯定或中立的态度时。如果最初你就对对方没有什么好印象，持否定的态度，那么见面的次数越多就会越觉得厌恶。也许你想寄希望于尽量多接近对方，从而让对方多了解你，改变其最初的态度。这种方法也许有效，但是如果对方的拒绝非常强烈，这些效应只会起到相反的作用。如果你还不识相地死缠烂打，只能让对方更加厌恶。

生活中有很多人由于坚持不了异地恋而分手，这并不是毫无道理的。如果恋爱的双方很少有见面的机会，在空间上距离也很远，感情就会逐渐变淡。有种说法叫“距离产生美”，认为双方离得远了，就会使恋情保持新鲜感。而事实并非如此，空间上的距离远了，双方接触的机会少了，相互交流和沟通的机会也会变少，最终两个人变得越来越陌生，物理上的距离同样也会导致心理上的距离感。在心理学中，有一个被称为“爱情与距离成反比”的法则。美国心理学家专门对这一法则进行了验证，对5000对已经订婚的情侣进行了调查，结果发现，与那些在同一个地方的情侣相比，那些身处异地的情侣最终结婚的比例很低。看来，有时候距离不一定会产生美，反而会产生距离。距离对于爱情来说，并不是保鲜剂，有时候更是一种潜在的危险信号，是无法逾越的障碍。

恋爱达人的秘诀

在恋爱的过程中，学会说话也是一门很重要的技巧，尤其是在向对方表达自己的赞美之词时，怎样做才能让对方倾心呢？

我们来看看恋人达人的做法。所谓的恋爱达人并不是指那些仪表堂堂、帅得惊人的人，也不是那些有丰厚的物质条件的人，而是指那些懂得如何在恋爱中俘获对方芳心的人。我的朋友就给我讲述过她所认识的一个被称为恋爱达人的男士。这个人长相一般，也没有什么过人的本领，可就是懂得如何套牢女生的心。他特别懂得把握说话的分寸和技巧。在和女性谈话时，他不会表现得特别殷勤，更不会一直赞美。比如，他会说“你今天的衣服没有搭配好，像你这么有品味的女性穿这套衣服实在和你的气质不相符合”，或者会说“你今天的妆化得有些淡了，不过你那么漂亮的脸蛋，即使不化妆也一样好看”。我们可以看出，这位男士说话的特点是先贬低对方，在贬低之后，总是不失时机地加上一句褒扬的话。通常女性在听了后面的褒扬的话后，不禁会笑逐颜开，对他产生好感。这就是恋爱达人的秘诀。

那么，这到底是一种什么样的现象呢？心理学家对这一现象进行了研究。研究主要请四组人分别对某一人给予不同的评价，借以观察这个人对哪一组最具好感。第一组始终对之褒扬有加，第二组始终对之贬损否定，第三组先褒后贬，第四组先贬后褒。实验后，发现绝大部分人对第四组最具好感，而对第三组最为反感。这一现象被称为“阿伦森效应”，是指人们最喜欢那些对自己的喜欢、奖励、赞扬不断增加的人或物。

从上面的实验中我们可以看到，最能让人感到开心的并不是一味地夸奖和表扬，而是先贬低之后再进行褒扬。如果在与对方的交谈中，你自始至终一味地赞美对方，对方难免会怀疑你言语的真实性，甚至会觉得你虚伪，不够真诚，反而会适得其反。因此，要想获得女性的芳心，可以尝试着用这种先贬后褒的方法。

第十六章

性心理学：女性的友善为何被男人误解为性诱惑

细腰丰臀的女性因何受欢迎

从古至今，女人们为了追求完美的身材，可谓煞费苦心。她们不惜绑束腹带，甚至用更为苛刻的方法来束腰，有时还要付出肋骨畸形、呼吸窘迫、流产等代价，只求能拥有纤细的腰部。19 世纪，女人们为了拥有浑圆的臀部，还用穿裙撑的方法来突出臀部，以达到以假乱真的效果。男人喜欢细腰丰臀的女性，当女性的腰臀比例超过 80% 时，男人就开始不感兴趣了。如果女性的腰臀比例接近百分之百，那么男人就会兴趣全无。所以，为了博得男人的喜爱，女人们都想方设法将自己的腰臀比例尽可能降低。

男人为什么会对细腰丰臀的女性情有独钟呢?

有人总结出了女人身体的黄金比例，即 36、24、36，分别对应胸围、腰围和臀围。这些数字并不是毫无根据的，德州大学的演化心理学家德温达曾指出女性的腰臀比例是吸引男性的关键，并通过实验证实了男性更偏爱腰臀比例低的女性。女性的腰臀比例大多介于 0.7 ~ 1 之间，最受男性青睐的女性即是腰臀比例为 0.7 的女性，而最受女性青睐的男性则是腰臀比例为 0.9 的男性，这样的结果是具有普遍意义的。

德克萨斯大学研究进化心理学的教授德文德拉 · 辛通过自己的研究也得出了相似的结论，即腰臀比例在 67% 到 80% 的女性最受男性欢迎，而且相对于体重来说，腰臀比例更为重要。辛教授做了一个实验：他将三种类型（偏胖、匀称和偏瘦）的女性照片给不同的男性看，让男性根据自己的喜好进行排序。结果发现体形匀称、腰臀比例在 0.7 的女性最受欢迎，而在偏胖和偏瘦的女性中，则是腰

最细的女性最受欢迎。即使女性的体重偏重，但只要她的腰臀比例为 0.7，也同样会受到男性的喜欢。

德温达教授还从心理学角度进行了分析，腰臀比例低的女性比较健康，这是因为女性的腰部本来是不容易堆积脂肪的，这是由女性的生理因素决定的，但如果患上了糖尿病、高血压、心脏病、中风等疾病以后，体内的脂肪分布就会被改变，纤细的腰部自然也就不存在了；腰臀比例低的女性也具有较强的生育能力，因为腰臀比例低的女性生殖器官更健康，可以分泌更多的荷尔蒙，因此这样的女性比较容易受孕且怀孕时间较早。相反，那些腰臀比较高的女性，其子宫和卵巢周围必然会堆积过多的脂肪，而女性的母性特征决定了这些器官周围是不应该堆积过多脂肪的。出于繁衍后代的考虑，男人当然会比较青睐健康的女性。在男人看来，细腰丰臀的女性是性感诱人的。每当看到这样的女性，男人们就会情不自禁地被其吸引。男人以为自己爱的是身材完美的女人，但实际上，男人爱的是健康和生殖能力旺盛的女性。早在很久以前，从男人开始认定这种身材的女人更健康、更具生殖能力时起，细腰丰臀的女性对男人的吸引力就已经形成了，并一直延续到今天。

所以，细腰丰臀被人们看成是年轻、健康、生育能力强的象征，也是性感的代名词，因此，女人们想尽各种办法让自己的腰更细一些、臀更翘一些。生活中我们常常看到一些年轻的未婚女性穿着露腹上衣，而成年女性却很少穿这种衣服。这就是因为年轻的少女可以将自己的身材尽情地展现出来，以吸引更多男性的目光。

为什么大胸女人更吸引男人

男人天生有一种乳房情结——无论什么样的乳房，男人都喜欢看，而且他们还非常喜欢看乳沟。当然，男人虽对女人的乳房大小及形状不太挑剔，但相对来说，男人还是更容易被胸部丰满的女性所吸引，更喜欢大胸女人。

这和人类的进化有关。人类在直立行走以前，雌性都是用丰满的臀部来吸引异性的，那时的乳房还很小。在人类能够直立行走以后，女性的乳房才开始慢慢变大，以吸引迎面而来的男性。准确说，男人的臀部情结应该是早于乳房情结的，所以，男人喜欢女人的乳房，也是因为乳房很大程度上很像臀部。也可以说，女人的乳房和臀部一样，就是为吸引男人而生的，在大部分时间里，乳房的功能之一就是向男人发出性信号。现在的生活环境虽然发生了很大的变化，女性的乳房也不再裸露于外面，但乳房对男性的吸引力却并没有减小。男人很少与女人进行眼神交流，但却常常会不自觉地注视女性的乳房，这并不是因为男性好色，而是因为男性向来都是被女性的乳房所吸引的。

丰满的胸部除了因为酷似臀部而吸引男人外，还因为它意味着健康和较强的生育能力而让男人关注。在远古时代，人们不知道怎样计算年龄，就连女性自己也不知道自己到底几岁。男性为了寻找到更具生殖价值的伴侣，就只能通过女性的外在条件来判断女性的年龄。大胸的女人有一个特点，就是胸部会随着年龄的增长而逐渐下垂，因此，根据女性胸部的下垂情况，便可以判断出女性的年龄。那些胸部丰满坚挺的女性，就是男性追求的理想对象。

这并不是说小胸的女人就是不年轻的，就不讨男人喜欢，只是男人无法通过小胸而判断女人的年龄。因为小胸女人的乳房比较轻，随着年龄增长而出现的下垂现象并不明显，要准确区分显然是很困难的。男人可以确定胸部丰满坚挺的女人一定是值得自己追求的，至于其他女人则不好说。为了避免判断失误，男人只好将目光聚集在大胸的女人身上，长期下去便形成了这样一种自然倾向，即男人喜欢大胸的女人。

胸部丰满的女性生殖能力更强，这也是男人喜欢大胸女人的理由。这种女性体内的生殖荷尔蒙（雌性激素和黄体素）分泌更旺盛。男人都希望娶到生殖力强的女人，因此胸部丰满的女性才会大受男性的欢迎。

还有人认为男人喜欢大胸女人，是因为大胸女人哺乳能力更强而更容易成为一个好母亲。这样的观点是不符合科学的。从哺乳能力上看，大胸女人与小胸女人之间并没有差别，大胸女人分泌的乳汁与小胸女人分泌的乳汁量基本相同。这就是说，大胸女人未必会成为一个好母亲，男人对大胸女人的青睐当与此无关。

男人还喜欢将头埋在女人的胸部，这是因为乳头周围有一圈粉红色或褐色的乳晕，会散发出一种气味，在性交时可使男人的大脑产生反应。

丰满的胸部是女人性感的体现，是女人吸引男人的重要手段。很多女人都喜欢穿低胸的衣服，并用胸罩将乳房向上托起，展现出迷人的乳沟。女人们或许不知道自己为什么要这样做，只是知道男人喜欢，而男人也不知道自己为什么喜欢，只是情不自禁地会被其吸引。其实，这就是因为这样的胸部看起来酷似臀部，符合男性最原始的审美观。

男人是燃气灶，女人是电炉子

有人将男人的性冲动比作燃气灶，一点即燃；将女人的性冲动比作电炉子，需要一个过程才能达到最高的温度。这是一个非常贴切的比喻，符合男人与女人的性冲动特点——某种情况下，男人和女人都会产生性欲，但相对来说，男人的性欲要比女人的性欲来得更容易一些。在性欲产生以后，男人会表现得更加热烈和冲动，甚至会出现失控的情况。女人则比较慢热，必须经过一段时间的调情才能产生强烈的性冲动，而且女人很少出现失控的情况。

那么，是什么造成了男人和女人的这种差异呢？

一方面，人的大脑中，有一个专门控制人类的性冲动和性行为的性中心，就是下丘脑。下丘脑约有一只樱桃大小，但男人的下丘脑要比女人的下丘脑大一些；另一方面，性欲的产生要受到人体内激素的刺激，特别是睾丸酮的刺激。男人体内的睾丸酮水平远远高于女人体内的睾丸酮水平（大约高出十倍到二十倍），所以男人的性冲动要比女人强烈得多。男人产生性冲动后，目标十分明确，几乎是失去理智的，他所做的一切是不受他的主观意志控制的，也许连他自己都不明白自己为什么会有如此迫切的欲望，但他确实很难控制自己。女人常常觉得男人不顾自己的感受，随时随地都可能提出性交的要求，根本不管自己是不是也有同样的需求。

在性方面，男人为什么如此迫切呢？从进化的角度看，受环境影响，男人要尽快将自己的种子播撒出去，繁育出更多的后代，所以，才养成了迫不及待的习惯。在原始社会，我们人类无论从外形上还是攻击能力上，都不占什么优势，因此常常遭到猛兽的侵袭。古生物学家曾在南非发现了一堆尸骨，是几个小动物的骨骼和一名幼儿的骨骼，距今已有三百多万年了。而且科学家们还惊奇地发现，在这名幼儿的骨头上，有鹰嘴一样的痕迹。所以，科学家认为，这名幼儿是被鹰叼到鹰巢里面去喂小鹰的。由此我们也可以想到，在那个时代，其他猛兽对人类的侵犯也是经常发生的。也就是说，我们祖先的生活环境是十分危险的，随时都可能遭受袭击。在这种随处都有潜在威胁的条件下，要选择生存环境显然是不太现实的。为了尽可能多地将自己的种子播撒出去，男人必须抓紧时间，在任何有性爱机会的地方，在尽可能短的时间里增加受孕机会。

从生理方面讲，当男人产生性欲时，会分泌出大量的性激素，在性激素的作用下，体内（前列腺、精囊、尿道球腺）就会有自然充满的东西，从而使人产生一种胀满感，并渴望把充满的东西排泄出去或把胀满感消除掉。这是一种自然的生理过程。如果男人的生理冲动一直受到压制，那就必然会导致一连串的问题，尤其是婚姻生活中的两性关系问题。

从古至今，男人一直承担着“传宗接代”的重任，为家族增添更多的子孙既是他们的责任，也是他们的光荣。所以，男人渴望与更多的女性发生性关系。古人说：“不孝有三，无后为大。”可见古人对“传宗接代”的重视。男人长期在这样的舆论中生活，如果不能为家族添丁，就会被视为不孝。因此，男人们必须争取身边的一切机会，完成添丁的重任。这就是为什么男人的性欲表现得更加强烈和冲动的重要原因之一。

男人为什么那么喜欢看美女

男人天生好色，只要一看到美女，就总是忍不住看上几眼，有时甚至会目不转睛地盯着人家。无论是已婚男人还是单身男子，都会将欣赏漂亮的女人看成是一种享受，而且在他们看来，这是一种再正常不过的行为了，对于伴侣的大惊小怪，他们倒觉得有些莫名其妙。

男人好色，是由男人的大脑结构决定的。在大脑两侧的前端，眼睛正后方的位置，有一种杏仁核状的结构组织，叫做杏仁核。杏仁核是边缘系统的一部分，共有两个，大脑的两边各有一个。杏仁核的运转方式决定了我们在接受外界刺激以及应对紧急状况时所作出的反应。在男人和女人的大脑中，杏仁核的运转方式是不同的，因此，男人和女人对外界刺激的反应方式也是不同的。在男人的大脑中，右侧的杏仁核更为活跃，与大脑其他区域的联系也更为紧密；在女人的大脑中，则是左侧的杏仁核更加活跃。左侧的杏仁核与感觉功能相关的大脑区域联系更为紧密，而右侧的杏仁核则与视觉皮层有着更为密切的关联。所以说，女人更注重感觉，而男人则更注重视觉。

对于外界的视觉信号，男人要比女人更敏感。当男人看到漂亮的女人时，其大脑的杏仁核就会受到刺激，并迅速活跃起来，这将使男人的视觉皮层被激活，情不自禁地盯着漂亮的女人看。

有一点需要注意，就是不能将男人好色等同于男人花心。当漂亮女人的形象进入视野时，男人的大脑就会产生能量，并激活视觉皮层，让男人盯着漂亮的女人看。这个过程是男人无法控制的，所以，女人不能因此而判定男人花心，更不能将其视为男人移情别恋的表现，否则只会伤害两个人的感情。有些夫妻就是因为丈夫喜欢偷瞄美女而吵得天翻地覆，结果不仅解决不了问题，而且还伤了夫妻感情。如果女人能了解这是男人的本能反应，如果男人能尊重和体谅女人的感受，那就没有这些问题了。

女人或许可以转换一下看待问题的角度，男人容易被别的女人吸引，那就说明他的视觉皮层很容易被激活，这意味着他的妻子也可以通过视觉上的诱惑去吸引他。如果男人对美女不感兴趣，那只能说明他的视觉皮层很难被激活，那么他的妻子在他的眼中自然也是没有吸引力的。从这个角度来看，男人喜欢看美女并不是一件坏事，甚至可以说是一件好事，因为这样的男人往往更懂得欣赏他的妻子，也更容易被他的妻子所吸引。

虽说男人喜欢看美女是一种正常、健康的本能反应，但男人不能因此而无视伴侣的感受，否则就太过自私了。男人应该明白，对于一个女人来说，如果自己的丈夫或情人的目光始终不在自己身上，而是在其他的女人身上瞟来瞟去，那就说明她缺少魅力，不足以吸引男人的目光，这是一件让她非常尴尬的事情。

当然，男人也没有必要刻意掩饰自己的自然反应，因为你不可能每次都掩饰得那么好，如果掩饰不好，就很可能适得其反。男人可以控制的是注视其他女人的时间，要将其控制得尽可能短，这样才不会让妻子尴尬。女人则可以将自己的感受告诉伴侣，但要让对方知道你不会因此而排斥他、否定他。

对于公鸡效应，我们或许可以得出这样一个结论：男人喜欢看美女完全是一种本能的反应，不受主观意志的控制。如果你真的发现哪个男人在看到美女时没有反应，对美女视而不见，原因只有两个，一是他故意装的，二是他不正常。

女性的友善为何被男人误解为性诱惑

美国一家著名的连锁超市曾推出一项新的服务政策，政策要求所有员工在与顾客接触时要面带微笑，与对方进行眼神接触，并对使用信用卡或支票的顾客以姓氏称呼，比如说某先生、某小姐等。这项政策在男员工对男顾客、男员工对女顾客以及女员工对女顾客的执行过程中都没有发生问题，但在女员工对男顾客的执行过程中，却出现了问题。男顾客在享受到女员工的友善服务时，普遍认为女员工对自己有好感，于是他们开始骚扰女员工。最后，有五名女员工向联邦法院提起了诉说，而这家超市也不得不停止了这项政策。

生活中也常有这样的事情发生：女人觉得自己什么都没做，只是与男人在进行正常的交谈，但是男人却以为女人在对其进行性诱惑。结果，男人将问题挑明，非但没能如愿得到女人的青睐，却遭到了女人的无情拒绝，甚至被女人大骂无耻。女人或许认为是男人太过好色，所以才会将什么问题都与性联系在一起。男人也是一头雾水，对方明明在诱惑自己，可为什么又要矢口否认呢？

男人对女人的误会是有目的和根源的，只是女人不知道，男人自己也不清楚。除了进化和繁衍后代的需求促使男人权衡得失时会首选有利于自己繁衍的可能，演化心理学家哈叟顿和大卫·巴思还用“错误管理理论”对此作了更详细的解释。

“错误管理理论”的核心内容是：人们在明确状态下所作的决定，常常会导致错误的结果，但这些错误结果所导致的代价是不同的。人们需要做的是将错误导致的代价降到最低，而不是将犯错误的次数降到最低。也就是说，人们在做某些事情时，明明知道可能会犯错，但因为错误导致的代价并不大，而没错又会为自己带来很大的利益，所以就会明知故犯。以男人猜测女人是否被自己所吸引为例，男人可能会犯下两种错误：一种为错误肯定，一种为错误否定。错误肯定是指他猜测女人受到了他的吸引，但实际上女人并没有被他吸引；错误否定是指他猜测女人没有受到他的吸引，但实际上女人对他很感兴趣。

如果是错误肯定，那么男人需要付出的代价不过就是遭到女人的拒绝或嘲笑，严重一点儿也至多会赏他一记耳光。但如果他没有猜错，他就会为自己赢来一次宝贵的机会，这是男人非常看重的；如果是错误否定，男人就失去了一次可能为自己增添后代的机会。即使他没有猜错，他也不会得到任何好处。因为错误否定的代价要远远大于错误肯定的代价，所以，男人必然会选择对他们更为有利的错误肯定，这是他们容易误解女人友善的主要原因。也就是说，在面对女人的友善，男人更愿意高估女人受到他们性吸引的程度。

而在女人那里，错误管理理论则体现为：女人往往会低估男人对自己作出的承诺。如果女人误以为男人对自己作出了承诺，而实际上没有，也就是错误肯定，那么女人就会为这个男人生育但却得不到照顾，而且还会失去未来几年与其他男人建立忠诚关系的机会；如果女人误认为男人没有对自己作出承诺，但实际上有，也就是错误否定，那么女人付出的代价不过是接着寻找一个可以给自己承诺的男人。对女人来说，错误肯定的代价要比错误否定的代价大得多，所以，女人是绝不会高估男人受到她们吸引的程度的。

在社会交往中，异性交往是不可避免的，然而在异性交往的过程中，女性却

常常会处于一种很尴尬的境地，因为女性找不到与男人交往的恰当方式。如果她们对男人不冷不热，对方会认为自己清高孤傲，没有合作的诚意；如果对男人热情友善，对方又会认为自己在进行性诱惑。女人百思不得其解，为什么自己的友善总是被男人误解为性诱惑呢？为什么简单的交谈非要和性扯在一起呢？难道除了男女关系之外，男女之间就不能有正常的友情与合作关系吗？

这一般是不可能的，因为错误管理理论在男人女人那是错位的，男女双方在得失方面的算计也是错位的，没有形成同步。

为什么男人会用性去感受爱情

有人说男人是用下半身思考的动物，这话很有点道理，尤其在性和爱上，表现出了与女人太多的不同：女人是先有爱后有性，只有当她们爱上对方时才可能与其发生性关系；男人则是先有性后有爱，只有通过性才能融入女人的情感之中，感受到爱情的存在。也就是说，女人可以在没有性的情况下爱上男人，但男人却很难做到，在与女人发生性关系前，他还不能确定自己是不是爱这个女人。

这与男人体内高水平的睾丸酮有关。男人最初的冲动与激情完全是其体内的睾丸酮在作怪，他们的大脑被睾丸酮所蒙蔽，以致于他们无法正常地思考。他们因为渴望与女人发生性关系，而觉得自己已经离不开女人，爱上了女人。

男人和女人都需要性，但相对来说，男人对性的渴求更强烈，性对男人的意义也更重要，性是直抵男人心灵的快速通道。性能让男人重新学会感觉，并感受到自己灵魂深处的情感和爱意，让男人也变得敏感起来。只有在完美的性爱中，男人才会停止压抑自己的感受和情绪，将内心深处的情感释放出来；性是让男人身心放松的最好方式，只有在男人身心放松的情况下，他们封闭的心扉才会重新开启，与女人进行情感上的交流。通常情况下，男人出于自我保护的本能，将自己武装得严严实实，以防自己感情用事。当然，让男人放松下来的方法还有很多种，但这些方法却未必能开启男人的心扉，让男人重新学会感觉。

女人就不是这样，女人在性生活中也可以感受到男人的爱，但却不需要通过性来确定对男人的爱情。女人的感觉比较敏锐，可以通过各种方式去感受爱情，但绝不是性，因为在爱情中心开启之前，性中心是不会开启的。这就是说，在与男人发生性关系之前，女人就已经感受到了爱情，她们清楚自己是爱男人的，所以才会接受男人的性请求，与男人发生性关系。如果她们不确定自己对男人的爱情，就不会贸然与男人发生性关系。女人对性是比较谨慎的，不会随便选择自己的性伴侣，因为这关系到自己和孩子将来的生活。

男人对性的渴望其实也是对爱情的渴望，他们需要通过性来确定自己的真实感受，品味女人的爱情。当男人和女人发生性关系时，可以肯定女人一定是爱男人的，但却不能说男人一定是爱女人的。在欲望的驱使下，男人很快就会产生与女人发生性关系的冲动，他们误以为自己已经爱上了女人，但实际情况可能并非如此。只有经过一段时间的交往之后，男人才能确定自己是不是真的爱上了女人。

换个角度，也可以这样理解，两个人的性爱越和谐，越完美，男人所感受到的爱情就越深刻，对自己的性伴侣也会越忠诚。从某种意义上说，女人的性高潮最让男人陶醉。当男人发现自己可以让女人获得最大程度的满足，并且女人对此心存感激时，男人就会特别有成就感。而在接下来自己的高潮到来之时，男人会彻底敞开自己的心扉，感觉到自己刻骨铭心的爱情，并用心品味女人的爱情。他们会越来越爱女人，于是两个人结为百年之好，约定一生相守。也不否认，在发生性关系之后，如果男人始终没有感受到爱情，他们最终会得出自己不爱对方的结论，于是，可能很快与女人分手。所以说，女人如果希望男人更爱自己，构筑完美性爱是最有效、快捷的方式。

男人如何把性与爱分开

在男人看来，性与爱是没有必然联系的，性是性，爱是爱，虽然有时候它们会同时发生，但仍然可以将它们区分开。男人是如何把性与爱分开的呢?

这和男人的大脑有关。男人的大脑是单向性的，他们一次只能处理一件事情。在男人的大脑中，性中心和爱情中心没有连接的通道。在性中心工作时，爱情中心不工作；在爱情中心工作时，性中心不工作。正因为男人的大脑将性与爱划分为两种事情，所以他们才可以将性与爱区别对待。

女人却不具备这样的能力，女人没有办法将性从爱中分离出来。因为女人的大脑是多向性的，在爱情中心和性中心之间存在着网状连接，且只有在爱情中心开启之后，性中心才会启动。

正是这个原因造成了男人更容易发生婚外情。

有调查显示，90% 以上的婚外情都开始于男人，80% 以上的恋情都结束于女人。男人会主动发展婚外情，但却很少主动结束一段恋情。

女人则不同。女人把性看成是爱的延伸，如果她们与男人发生了性关系，那就是已经爱上对方了。当她们发现一段恋情只有自己的付出而没有对方的情感承诺时，她们就会选择结束这段恋情，因为她们无法忍受有性无爱的恋情。

女人无法理解男人。女人真正在意的并不是男人与其他女人发生了肉体关系，而是男人伤害了她们的感情，辜负了她们的信任。她们无法想象男人会跟一个自己根本就不爱的女人发生性关系。

在对待婚外情上，男人女人也有很大的差异。男人容易发生婚外情，但男人也很容易摆脱婚外情。如果男人没有爱上自己的婚外情对象，那么要他们忘记这段婚外情是很容易的。女人不容易发生婚外情，但女人也不容易摆脱婚外情。如果女人发生婚外情，那么她们一定是爱上了自己的婚外情对象，所以她们很难抽身，甚至会选择结束目前的婚姻生活，与情人生活在一起。

女人的拒绝让男人备受打击

在性生活中，如果女人总是拒绝男人，男人就会备受挫折和打击，对性爱的信心也会有所下降。在他们再次发出做爱的请求之前，他们就会犹豫不决，因为他们害怕再次被拒绝，这让他们很苦恼。也就是说，在男人主动发出性请求时，就是他最脆弱时。如果得不到女人积极的回应，他就很容易感到被拒绝，并产生失落、沮丧等消极的情绪。有些时候，男人甚至会因为女人的拒绝而勃然大怒，这在女人看来似乎有些不可思议，其实男人也不知道为什么，可是他们确实很想发火。

事实上，男人并不会因为所有女人的拒绝而备受挫折，只有当他们很在乎的女人拒绝他们时，他们才会产生如此复杂的感觉。如果这个女人是他们根本就不在乎的，那么即使遭到拒绝，他们也不会有受挫的感觉。所以，当男人总是被自己所爱的女人拒绝时，他们有可能会去寻找一个不拒绝自己的女人，让其他的女人来满足自己的生理需求。男人可以将性与爱区分开。

男人是在演化过程中养成这种习惯的。在那个以男性为主导的时代，女人为了让自己生存下去，必须处处服从男人，因为她们需要男人为她们提供生活上的保障。当男人有做爱的需求时，女人必须无条件地满足男人，男人和女人都认为这是天经地义的事。在征服女人的过程中，男人找到了他们的男性威风和自信。男人的这种心理特点至今也没有改变。

在性方面，女人的表现很容易让男人感到被拒绝，比如，当男人向女人提出做爱的请求时，如果女人给出的回应不是积极的，或者女人的回答是“我现在还有其他的事情”“我现在没有心情”等，男人就会觉得女人不愿意和自己做爱。有时候，女人口中的“不知道”也常常被男人误认为否定词，认为是女人拒绝自己的一种方式。但事实上，女人的“不知道”只是她们还不能确定自己需不需要。不过男人显然不懂这一点，只要女人没有作出积极的回应，他们就会认为女人在拒绝自己。事实上，当男人压抑自己性欲时，他们就很容易产生被拒绝的感觉。

女人必须谨慎对待男人的渴望。在男人提出要求时，尽量不要扫对方的兴，愉快接受或者巧妙地告诉对方自己的顾虑。女人应该让男人知道，自己和他一样对性爱充满了兴趣，并非常渴望，如果女人真的不舒服，一定要委婉地拒绝，切勿伤害了男人。

男人和女人想从性中得到什么

同样面对性，男人和女人的想法和需求截然不同：男人的想法比较简单，他们多数时候想通过性来释放自己的压抑和紧张，让自己放松下来。女人则将性看成是爱的延伸，她们希望通过性来感受男人的爱，与男人进行灵魂深处的对话。也就是说，男人更注重生理上的感受，而女人则更注重精神上的满足。

这样的差异造成了男人女人性生活的不和谐。现代社会激烈的竞争给男人造成了很大的压力，当他们碰到难题或麻烦时，就喜欢利用性爱来缓解紧张和压力。因为在做爱时，男人的注意力高度集中，可以将一切烦恼都抛之脑后，而在高潮过后，男人的激情迅速退去，他们的紧张被释放了出来，并很快就会进入梦乡。女人常常会因为男人的这种表现而感到生气，认为男人太自私，只想着满足自己，根本不顾伴侣的感受。女人觉得自己只是男人做爱的工具，当男人的欲望满足以后，就会对自己置之不理。所以，女人总有一种被利用的感觉，并因此而感到不快，开始怨恨男人。

女人与男人不同，她们希望通过性爱来加深彼此的感情。她们渴望与男人做更多的交流，尤其是心贴心的交流，她们希望男人长时间地关注自己，爱抚、拥抱自己，这会让女人有一种被呵护的安全感。女人需要足够的前戏和后戏，当男人在做爱后仍然抱着女人与女人交谈时，女人就会认为这个男人是深爱自己的，而且是值得信赖的，因为她们觉得自己的感受被重视。如果男人将前戏和后戏都

省略掉，那么女人就会产生一种被利用的感觉，这样的性爱是无法让女人满足的。

女人更注重情感上的联系，只有当她们的情感需求被满足时，她们才会享受性爱。男人常常因为女人要自己放慢节奏而感到扫兴，认为女人不理解自己，不懂得为自己排忧解愁。男人很少关注女人的感受，他们觉得如果女人爱自己，就会享受和自己做爱的过程，就会和他们一样急切。他们不理解女人为什么在做爱时还会有那么多话可说，更不理解女人为什么会对自己的速战速决感到不快。

男人和女人在性爱中的需求尽管不同，但却并非不可调和。如果男人和女人都能为对方多想一想，照顾对方的感受，那么双方就都可以在性爱中得到自己想得到的。男人有充分的理由不去做前戏和后戏，但他们必须顾及女人的感受，让女人也享受到性爱的快乐；女人也有充分的理由拒绝男人的快速性爱，但她们也应体谅男人的辛苦，让男人彻底地放松。

性爱既然是两个人的事，男人和女人就都有责任和义务去满足对方的需求，而不能只顾自己的需求。

为什么会有同性恋者

尽管现代社会已经出现了越来越多的同性恋者，而且也不断有专家为同性恋正名，希望公众以正常的眼光看待同性恋，但大多数人却仍然表示难以接受，甚至对同性恋者有歧视心理。其实，这不过是一种性取向问题，即使这种性取向与大多数人的性取向不同，也不应该被歧视和排斥。

有人可能会有疑问，既然人类的性行为本身的目的就是繁衍，那么没有繁衍价值的同性恋又有什么意义呢？为什么会有同性恋者呢？同性恋究竟是同性恋者自己的选择还是与生俱来的呢？

人类的性取向主要是受大脑控制的。通常情况下，女性的大脑更倾向于选择男人，因此女性更容易被男人吸引；而男性的大脑则更倾向于选择女人，因此男性更容易被女人吸引。但如果因为某种原因使得男人的大脑具备了一些女性特征，或者是使得女人的大脑具备了一些男性特征，那么情况就会发生改变。如果男人的大脑更具有女性特征，那么他们就会更喜欢男人而不是女人。同样，如果女人的大脑更具男性特征，她们也会更容易被女人吸引。也就是说，同性恋是大脑异常变化的结果。

是什么使得男人的大脑和女人的大脑发生了这种异常的变化呢？是激素。我们知道，让男人更像男人的是男性荷尔蒙，而让女人更像女人的则是女性荷尔蒙。如果男婴没有在正确的时间接受足够的男性荷尔蒙，那么其长大后就可能会成为男同性恋；如果女婴接受了过多的男性荷尔蒙，则可能在长大后会成为女同性恋。有研究表明，男婴或女婴的性取向早在母体的子宫内就已经形成了，大约在五岁时就会牢固地定型。显然，一个五岁的孩子还不能选择自己的恋爱对象，所以说同性恋并不是同性恋者自己的选择，而是先天就已经形成的。也就是说，在孩子的成长过程中，无论周围的人对其产生了怎样的影响，也不管他们生活在怎样的环境中，都很难改变孩子的性取向。

由于人们对同性恋的偏见，很多同性恋者都希望改变现状，尤其是他们的父母，更是希望他们能过正常的性生活，可就是在医疗技术已经相对发达的今天，也仍然没有找到一种有效的方法来治疗同性恋。其实，同性恋根本就不需要治疗，同性恋者真正需要的是接受和理解。同性恋并不是一种疾病，只是一种相对另类的性取向。同性恋者的生理健康和心理健康都没有问题，更不会对社会构成威胁。

尽管很多人认为同性恋是一种不自然的行为，但实际上，它与异性恋一样自然。有人担心同性之间不会产生爱情，这种担心根本就是多余的。

与异性恋者对性行为的渴望相比，同性恋者对性更为着迷，性动力也更足。因为其睾丸酮水平更高。人体内的睾丸酮水平是衡量性动力的重要因素，睾丸酮水平越高，性动力就越强。前面已经讨论过了，男人的性中心要比女人的性中心大，男人体内的睾丸酮水平也要比女人体内的睾丸酮水平高出十倍到二十倍。所以，男人的性动力比女人更强，他们可以随时进行性行为，但是女人却做不到。男同性恋者虽然在性取向上不同于男异性恋者，但在大多数情况下，二者的性动力却几乎是一样的。即使有差距，也不会太大。

既然性取向是天生的，那就没有所谓的对与错，那么真爱也就不应该有性别之分。异性间的爱情值得尊重，同性间的爱情也同样值得尊重。

第十七章

婚姻心理学：为什么婚姻会让男人安定下来

为什么女人不像以前那么温顺了

有对夫妻感情出现了问题，妻子发现丈夫有了外遇，于是，丈夫提出离婚。妻子受到了很大的伤害，但是她并没跟丈夫哭闹，也没寻死上吊的，她只是淡淡地说："我同意离婚，但要等一个月以后，让我们都好好考虑一下吧。"

或许是上天可怜这个女人，一周后妻子发现自己怀孕了。丈夫决定不离开她了，他的心里有了责任。妻子很高兴，再没提起过他的那场外遇。虽然没离婚，但他们的夫妻关系却失去了应有的浪漫和情趣，随后的几年，男人又有过几次外遇。夫妻俩相安无事地生活着，孩子已经长大成人。

某一年，丈夫去世了，妻子偶然发现了一张丈夫和另一个女人的照片。照片上的丈夫那么快乐，而且自由自在，照片上的女人那么美丽迷人，目光中闪烁着爱的烈焰。

看到照片，妻子流下了眼泪，丈夫活着时，她从未哭过。她对儿子说："我也曾像这个女人一样美丽幸福，我也从你父亲那里享受过这种爱情。"

儿子问母亲能接受父亲的不忠吗，母亲回答说："我不伤心，当我成了母亲时，我无法满足你父亲的需要，自然不能阻挡他和别的女人好了。其实，我很感激他作出的牺牲，他毕竟留在了这个家里，没抛弃我们。"

回望父辈们的情感之路，很多家庭都曾上演过这一幕亦悲亦喜的情感剧。

这个故事也从另一个角度阐释了那个年代或更早的年代离婚率不如现在高的一个原因。

那个时候，或者更早时，男人和女人的分工明显不同，男人为了妻子儿女的生计整天在外面奔忙，女人则负责在家操持家务，照料孩子。这时候的女人对男人的依赖性很强，她觉得负责养家糊口的男人已经把所有的爱都给了自己，自己就要更加尊敬他、爱护他，尽管很多时候男人并不懂得体贴和关怀。女人认为男人只要找到回家的路就可以了，绝不会为了什么“不忠”或“不体贴”跟自己的男人胡闹，发牢骚。当然，那时的女人并不是就没有情感需求，只不过情感需求不是她的最主要的需求，或者她根本不敢有那方面的奢求。

可是，现在却不同了。随着社会和经济的发展变化，传统的男女关系受到了极大的影响，也发生了本质的变化：女人走出了家庭，步入了社会，她们不再依附于男人，她们可以掌握自己的命运。这无形中削弱了男人在女人心目中的传统价值，男人不再以供养人和保护人的身份受到女人的重视和钦佩，尽管他们还在做着他们一直在做的事。这时的女人不再满足于男人的那种原始付出，开始关注自己的情感需求，渴望得到男人的了解与同情。她们也希望在忙碌了一天之后能得到丈夫的呵护。因为，她们自己也成了家庭和孩子的供养人和保护人。可是，男人不愿意接受这样的事实，他们仍然希望自己能享受到父辈们的待遇——有人伺候着。这也是前些年许多父母见不得自己儿子伺候、讨好媳妇的一个原因。于是，矛盾就出现了。女人不但不允许开篇的那种故事在自己的婚姻中上演，也不允许男人再当甩手掌柜的。男人心里也有了不平衡，开始嫌弃妻子不够宽容温顺，开始抱怨妻子对自己缺乏应有的尊重。男人没了原先的成就感。

从此，男人和女人的情感关系有了对爱、浪漫、幸福感、亲密感和持久激情的需求。这就像是一个课题摆在了男人和女人面前。面对这一课题，男人必须抛弃大男子主义，女人必须注重自己的传统角色；男人要给予女人尊重和体贴，女人要继续给予男人温柔和钦佩。只有这样，家庭才会充满爱意，才会保持健康与和谐。

遗憾的是，很多人不明白这个道理。这就造就了许多可怜的男人和女人，从早忙到晚，回家还要讨好女人、伺候男人，尤其当讨好和伺候变得很不情愿时，男人女人的内心就会充满不平衡、抱怨、失望，甚至悲凉。久而久之，男人女人的这种情绪就会产生对抗，进而使情感发生裂痕，直至最后破裂——既然谁离了谁都能活，既然谁都离得了谁，那就干脆离了算了。这或许就是婚外情、一夜情突增，离婚率提高的一个原因。

当女人不再是传统女人，她自身的需求发生了巨大的变化，向男性提出了更多的情感要求，可是，男人还沉浸在传统的丈夫角色中，于是，夫妻之间产生冲突则在所难免。

七年之痒

有资料表明，男女相爱激情一般只能维持 18 个月。在这 18 个月的时间里，双方能够如胶似漆，形影不离；18 个月后，双方“粘合力”则会大大降低。可以说，当今情侣分手、夫妻离婚的频繁发生，在很大程度上是“18 个月效应”在起作用。

“七年之痒”是个舶来词，出自梦露主演的影片《七年之痒》。影片故事很简单，一个结婚 7 年的有贼心而没贼胆的出版商，在妻儿外出度假时，对楼上新来的美貌广告小明星想入非非。在想象的过程中，他的道德观念和自己的贼心不断发生冲撞，最后他作出决定：拒绝诱惑，立刻赶去妻儿所在的度假地。

“七年之痒”最直接的意思是：随着时间的推移，存在于夫妇之间的新鲜感丧失，情感出现疲惫或厌倦，从而使婚姻进入了瓶颈。

有句顺口溜说：握着老婆的手，就像左手握右手。其实，夫妻相处久了，握着老公的手恐怕也会全没感觉的。这不能说不是婚姻的悲哀。幸福像花儿一样，你不精心地培育、浇灌、剪枝，那花就一定开不出你想要的鲜艳，弄不好还会在骨朵时就早早夭折了。

在婚姻的经营上，男人绝对不如女人，尽管男人也渴望拥有美满的婚姻，但他们却对此感到无所适从，因为他们不知道究竟该怎样做。既然男人不会主动作出改变，就由女人来安排一切吧。

首先，试着跟他保持距离并给他造成适度的危机感，这是把他重新吸引到你身边的一个致命办法。对于已经得到且其他人也不感兴趣的女人，男人常常会失去兴趣，当然也就不会有什么激情。这就要求女人一定要保持自己对异性的吸引力，千万不要因为只专注于操持家务而让自己变成黄脸婆。

其次，逃离现在的生活。现实生活的压力是导致激情消失的重要原因，当男人整天被工作搞得晕头转向，女人被家庭琐事闹得心烦意乱时，对性生活的激情自然就会减少。试想连仔细欣赏对方的时间都没有，还谈什么共度良宵呢？如果能换一个环境，逃离现在的生活，情况就会完全不同了。

每个月都进行一次浪漫的离家出走。即使不能到风景秀丽的景区，也要到郊区或附近的城镇走一走，或者去一家温馨舒适的旅馆度过一晚，总之一定要换一种环境，而且要保证新环境的安静和舒适。

女人注重浪漫，男人追求新鲜，一个充满浪漫气息的新环境恰好可以同时满足男人和女人的愿望，让女人享受浪漫，让男人感受新鲜。即使是已经失去激情的夫妻，也很可能在这样的环境中重燃激情。

当然，男人未必会答应你，但只要他不是强烈反对，你就一定要坚持你的主张，把他带入你精心设计好的计划之中。当他发现这次外出带给他的感觉是如此美妙时，他就会发现他对你仍然是非常感兴趣的，他还是像以前一样爱你，而且你们之间仍然可以是充满激情的。这些美好的回忆将让他对你的看法发生巨大的转变，对你们的婚姻也会有重新的定位，相信用不了多久，他就会主动约你外出度假了。

男人对女人有“亲密周期”

经常会听到女人抱怨男人对自己若即若离，时而亲近，时而疏远，这让女人很是苦恼。在女人看来，既然两个人已经决定相守一生，那就应该时刻保持亲密，即使不能形影不离，也要经常沟通感情。

男人的这种反应女人很难理解，女人自己从来都不会这样。她们如果要逃离男人，那一定是因为男人做了什么让自己伤心的事或者是自己不再爱男人了等等，总之一定会有具体的原因，而且一定是与男人有关的原因。所以，当男人想要逃离自己时，女人们就会想，是不是自己做错了什么事呢，还是他已经不再爱我了呢？

女人的烦恼全都缘于女人不了解男人。男人的离开根本并没有什么具体的原因，他们只是在整日与女人交往的过程中，觉得与女人太过亲密，有些失去了自我，所以他们需要离开一段时间，进行自我反思，找回失去的自我。男人害怕自己因为一种关系而变得不再独立，他们也害怕失去自由，几乎所有的男人都渴望在爱情中自由地出入。

也就是说，男人的逃避是他们的本能需求，女人们必须了解男人的这一本能需求，并满足他们的需求，给他们自由的空间，让他们有独立的空间去思考和反省。女人应该知道，男人的逃开是暂时的，在他们反省之后，就会自动回到女人身边，而且会对女人更加亲密。女人可以将男人暂时的离开看做是在积蓄爱的力量，在离开的这段时间里，男人会发现自己根本离不开女人，他开始想念和女人在一起时的快乐时光，所以用不了多久，他就会重新回到女人的身边，并对女人更加温情。

男人的暂时离开不但不会影响男人对女人的爱，反倒会让爱情升温。女人不懂这一点，就会一味抱怨或试图亲近男人，那就只能让男人逃得更快。当男人产生逃离的愿望时，他满脑子想的都是离开，此时女人的亲近举动和抱怨只会让男

人更加怀念一个人独处的生活。如果女人强行阻拦或者在男人返回后惩罚男人，就会影响夫妻间的感情，甚至导致感情的破裂。女人应该明白，适当地给彼此留出一定的空间，是让爱情升温和关系牢固的有效手段。

既然男人和女人要在一起生活，而男人和女人的天性又是不同的，男人和女人就必须懂得互相尊重对方。男人需要适当的独处，需要有时间进行反思，这是他们的本能需要，与其他的一切都没有关系，所以女人应该无条件地满足，就如同男人满足女人的本能需要一样。

女人应该了解男人对女人有一个亲密周期，每隔一段时间，尤其当男人发现自己与女人太过亲密时，他们就需要暂时离开一段时间。女人不能把男人抓得太紧，该放手时就要放手，让他们有自己的独立空间。当然，女人也不能太过放任男人的离开。如果男人离开的时间过长或者是经常不在身边，那么彼此的感情就很可能发生变故，这时男人就不会再回到女人身边了。女人也完全可以利用这段时间做一些自己的事情，比如说与好朋友一起逛街，与昔日的同窗一起旅游等等。女人不应该因为婚姻而失去自己的交际圈。

男人不像女人那样重视感情生活

仔细观察能发现男人和女人的生活侧重点有很大的不同。男人更重视物质生活，希望取得事业上的成功，创造更多的生活财富。在与人交谈时，男人则不喜欢谈论自己或别人的感情生活，他们喜欢聊聊商机、体育、政治等，或干脆讲讲笑话。女人则更重视感情生活，希望与男人经常沟通感情，多做一些可以增进彼此感情的事。在与人交谈时，女人们常常会围绕感情话题展开，她们不仅乐于分享自己的感情经历，而且对其他人的感情生活也很感兴趣。

为什么男人女人有这样的差别呢？因为男人的情感不像女人那样丰富、细腻，自身的感觉也要比女人迟钝。在原始社会，体力是衡量价值的重要因素，人们要靠体力劳动来创造生活的财富，而体力劳动的主力军当然是男人。如果男人的情绪不好，就必然会影响到生活财富的创造，所以，对于女人来说，识别男人的情绪好坏是很重要的；而对于男人来说，则没有必要去识别女人的情绪好坏。就这样，男人和女人在识别他人情绪方面走上了两条不同的发展道路，女人发展得好一些，而男人则发展得差一些。

通常情况下，男人是不会释放内心的情绪和感受的，这是男人在漫长的进化过程中形成的习惯，目的就是为了保护自己不受伤害。因为将自己的真实感受表现出来往往会将自己暴露于危险之中，所以男人很少向别人坦露心扉。渐渐地，男人变得越来越麻木，对幸福和爱情的感觉也要比女人迟钝很多。

不同的进化过程决定了男人和女人在大脑结构上的差异。女人的情感大脑要比男人的情感大脑更发达一些。在大脑两侧，各有一个大脑下顶叶，左侧的大脑下顶叶主要负责加工逻辑思维、理性思维和线性思维，而右侧的大脑下顶叶则主要负责处理情感、感觉和直觉信息。通过观察发现，女人右侧的大脑下顶叶要比男人的大一些，所以，女人更擅长处理情感问题，更善于观察、确认和体验内心深处的感觉以及人与人之间情感的微妙之处。不过女人左侧的大脑下顶叶却没有男人发达，因此，尽管她们能够识别出其他人的情感，但是却未必能准确理解产生这种情感的原因。

男人女人大脑中的杏仁核也有很大的差异。女人的敏感与杏仁核的运转方式有很大的关系，在女人的大脑中，大脑左侧的杏仁核更加活跃，这与男人是截然相反的。

杏仁核指的就是大脑中呈杏仁状的结构组织。杏仁核共有两个，大脑的两边各有一个，位于脑干的上端，紧贴头部的边缘，是边缘系统的一部分。杏仁核与人的感情密切相关，因为有了杏仁核，我们才具有对各种感情的认知能力和感受能力，否则就会变得冷漠而麻木。大脑左侧的杏仁核连接着包括下丘脑在内的大脑其他区域，而下丘脑又连接着与感觉功能相关的大脑区域，这就使得女人更容易体察到各种感觉信息，尤其对体内发生的各种反应更加敏感，因为下丘脑主要是用来接收身体内部信号的。每当遇到问题时，女人总是更喜欢探讨问题带给她的各种复杂感觉，就是因为她的杏仁核直接通向大脑的感觉区域的缘故。

此外，女人的大脑边缘系统比男人更发达，所以她们更容易接触到自己的感觉。以杏仁核为中心的大脑边缘系统是人类的情感中心，这个系统越发达，对情感的感知能力就越强。因此，女人比男人更容易感受到快乐和悲伤，触发女人情感的门槛也要更低一些。

在情感体验上的男女差异很大程度上也受“男尊女卑”思想的影响。封建社会，女人不能读书，不能为官，甚至不能到外面抛头露面，她们要做的就是伺候好自己的男人和公婆，并照顾好自己的孩子。女人为了照顾好孩子，必须要具备识别孩子情绪的能力。另外，在夫家，女人由于没有自己的生活来源，要靠夫家供养，所以在夫家是很没有地位的，经常要看婆婆和丈夫的脸色行事。在艰难的处境中，

女人的情感大脑得到了很好的发育，她们更能体会到别人的情感，也对自己的情感有了更深的认识。

以上都是造成男女对感情认知能力和感知能力差异的因素，了解了这些之后对男人女人的相处以及顺畅交往有很大的帮助。女人应该理解，男人不是不想过感情生活，而是他们不知道该如何去丰富自己的感情生活。男人也希望与女人的感情更进一步，可是他们不知道该怎样去做，他们能想到的大概就是给女人买衣服、戒指等礼物，或者是赚更多的钱给女人花。男人不喜欢与女人谈论感情话题也不是因为他们不在乎与女人之间的感情，而是他们不知道该说些什么。当女人将自己的感觉娓娓道来时，男人可能根本就无法理解，他们更不知该如何描述自己的感受，所以他们真的没什么可说的。有了理解，女人再遭遇男人的不配合时也就能保持心态平和了。

人类为何对情人那么痴迷

大多数夫妻都是从情人走过来的，当他们还是情人时，他们互相欣赏，彼此牵挂，认定对方就是自己魂牵梦绕的完美情人，如果失去彼此，他们就会觉得自己的生活失去了意义。但当他们终于成为夫妻以后，曾经的美好却似乎都化为了泡影，他们发现对方并不像自己想象的那样完美，而且还有很多让自己讨厌的坏习惯。于是，他们不再痴迷于对方，生活也开始恢复平静。他们不明白自己怎么会对曾经迷恋的对象逐渐冷淡下来。

人类为何会对情人那么痴迷呢？美国的人类学家海伦·费希尔博士经研究确定人的大脑中的情感可分为三个阶段：欲望、迷恋和依恋。当人们受到外界的某种刺激或吸引时，大脑中就会产生特别的化学物质，以证明人们正处在某种情感阶段。

人类对情人的痴迷即是处在迷恋阶段的表现。在迷恋阶段，大脑会释放出几种强烈的化学物质，其中包括苯乙胺、多巴胺、血清素以及去甲肾上腺素等。苯乙胺可以提高人的兴奋程度，使人更加兴奋；多巴胺负责大脑中的情欲，使人产生爱的念想；血清素可以创造一种情感稳定的感觉；去甲肾上腺素则可以使人产生能够达到任何目的的感觉。在几种化学物质的共同作用下，人们会感到异常的兴奋和陶醉，这种感觉让他们不能自拔，不顾一切地投身到这场疯狂的恋爱之中。费希尔博士说："迷恋是一个人梦魂牵绕不能自拔的阶段。你的大脑集中于你的甜心好的一方面而无视他们的坏习惯。”

迷恋是不理智的，但却又是大脑情感中不可缺少的重要组成部分，为什么这样说呢？因为迷恋是男人和女人的粘合剂，将双方紧紧地捆绑在一起，促使双方发生性关系，其最终的目的当然是为了繁衍，为了传宗接代。也就是说，男人和女人需要一段足够长的时间互相痴迷，这样他们才会愿意共同繁殖后代。一般来说，迷恋的感觉只会持续三个月到十二个月。也就是说，人类不会永远痴迷于情人，他们对情人的痴迷至多只会持续十二个月。

在迷恋阶段，男女双方会对彼此表现出莫名的好感，情不自禁地被彼此吸引着，并误以为对方的一切跟自己都是那样的匹配，其实，那不过是大自然刻意制造的一场骗局罢了，等他们清醒后就会发现，事情完全不是那么回事儿。当然，虽说是一场骗局，但也需要在一定的前提下才能进入骗局，互不相干的两个人是不可能进入骗局的。只有在两个人互生好感、产生欲望以后，才可能进入迷恋阶段。

当人们从迷恋中醒过来时，通常要面临两种选择，要么进入依恋阶段，要么就此分手。可以这样说，互相吸引是痴迷的前提，但一时的意乱情迷却并不意味着至死不渝的爱情，也不意味着两个人可以幸福地生活在一起。很多曾经爱得死去活来的情人最终却以分手而告终，其原因就在于他们不愿走出迷恋阶段，也不愿走进依恋阶段。

进入依恋阶段就意味着双方要建立长期的亲密关系，也就是成为真正的夫妻；如果双方不愿意长期生活在一起，那就会选择分开，并开始寻找另一段感情。

人的感情始终都在欲望、迷恋、依恋这三个阶段徘徊，从生物学的角度来看，这三种情感与人类的繁衍密切相关。不过一旦受孕成功，情感系统的活动就会迅速降低，爱的过程也随即停止，因为已经达到了目的。

男人为什么把婚姻叫做“围城”

最早把婚姻比作围城不知是不是在钱锺书的小说《围城》中，如果不是，那也一定出自另一个男人，因为只有男人才会把婚姻视为监狱，认为只要迈进了婚姻的大门，就永远地失去了自由。

男人对婚姻的恐惧可能和女人对婚姻的态度有关。女人一旦结婚就会把婚姻当做生命，用心呵护，小心经营，恨不得一天 24 小时都和他黏在一起，即使不在一起，也一定要知道男人的行踪，生怕不小心婚姻围墙出现裂缝让男人溜掉。

在她们的印象中，夫妻是关系最密切的两个人，越亲密越好，所以才会试图把丈夫拴在自己的身边，让他们时时刻刻都不离开自己。殊不知，婚姻监狱打造得越是固若金汤，男人越会使出浑身解数突破包围，甚至他的狐朋狗友也会两肋插刀，纷纷伸出援助之手。

有人说，人与人之间应该维持一种刺猬关系，就是不能太近也不能太远，太远了从别人那取不到暖，太近了又会被彼此的“刺”伤着。男女关系何尝不应该这样。女人如果一味地以男人为中心，就等于在用自己的爱情之刺伤害男人，男人自然不会珍惜你的付出，相反还会感到厌烦——女人牺牲了自己事业，男人却不感恩戴德；女人包揽一切家务，却并没有赢得男人的欢心。终于有一天，女人觉得自己吃亏了，开始不停抱怨：“我对你那么好，付出那么多，你怎么可以这样对我呢？你太对不起我了！”男人不喜欢面对怨妇，便飞快地离开了女人。

男人和女人不管感情多么深厚，都应该保持为两个互不相同的单行本，而不应该变成迷失自我的合订本。这对女人来说更加重要。那些指望依靠男人来实现自我满足的女人，最终都会发现，自己正在不知不觉中走向一个可怕的恶性循环：脆弱的女人因为怕受到伤害，常会让自己在情感上处于弱势依赖地位，即便在“找到丈夫成立家庭”这一人生终极目标实现之后，她们仍会把自己的一切，包括经济、精神、兴趣、精力等全部都放到自己男人身上，完全失去独立能力。岂不知，这样一来她们的依赖性更强，独立性更差，容易被男人操纵控制牵着鼻子走，更加容易受到伤害，甚至输掉爱情。

都说距离产生美，如果女人一定要把男人看得死死的，美又从何而来呢？监狱里的犯人还有越狱的念头呢，何况酷爱自由的男人？一把沙子你抓得越紧流失得越快，两个人拥抱得太紧就会让人喘不过气来。就算夫妻恩爱，如果整日形影不离，干什么都在一起，也会有腻烦感觉的。

任何人都无法承受两个人生命的重量，爱他就放开他，主动给围城留一个豁口，让男人时不时地能出去透透气，放放风。

当然，也不能放过头了，“两情长久不在朝朝暮暮”是一种自欺欺人的谎话。男人是适合放养的动物，但这放养也不是完全意义的“放”，而是有所控制地“放”，否则，就可能让暂时的放风变成永远的离去，因为断线的风筝是找不到回家的路的。

为什么家庭对女性更重要

在女人心中，家庭是最重要的，她们愿意为了家庭付出自己的一切。结婚之后，尤其在有了孩子之后，女人会将自己的大部分精力都放在家里，料理家务，照顾孩子，家里所有的事似乎都是女人在打理。为了家庭，她们甚至可以牺牲自己晋升的宝贵机会，有些女人还为家庭放弃了自己多年的梦想，在家里做全职太太。

女人的这种习惯和进化有关。在人类进化的大部分时间里，女人的生活都是以家庭为中心的，她们已经习惯了这种生活方式，而男人显然还没有习惯。作为守巢者，女人的任务就是要打点好家中的一切，不让男人有任何后顾之忧，她们料理家务，照顾孩子，这些事她们一直都在做。

女人需要一个完整的家庭，因为她们需要男人为她们提供生活上的保障。如果没有家庭，她们将失去生活来源，她们自己可能无法生存下去，而她们的孩子也可能无法长大成人。所以，女人特别看重男人的承诺。失去家庭对女人的打击是很大的，因为那意味着失去生活上的保障。尽管女人可以选择再婚，但那需要有另一个男人愿意娶才行。如果没有其他男人愿意娶她，那么离婚后的女人所面临的处境就是十分艰难的。离过婚的女人并不容易再找到可靠的伴侣，因为随着年龄的增长，女人的生殖能力降低，对男人的吸引力也随之降低，所以她们很难再吸引到条件较好的男人。也就是说，女人再嫁一般都没有第一次嫁的好。所以，不到万不得已，女人是不愿意让家庭破裂的。

女人比男人更需要家庭，这也是女人比男人更重视家庭的原因之一。

男人对家庭的重视程度却远远不如女人。在男人心中，家庭是重要的，但却不是最重要的，他们也不会为了家庭付出太多。大多数男人在结婚后仍然会把大部分精力放在自己的事业上，他们渴望成功，渴望名利和地位，即使成了家，也不希望家事来影响自己。他们不愿意将过多的精力放在家事上，更不会为了家庭而放弃自己的理想。人们常说男人对婚姻有恐惧症，其实是他们害怕被婚姻束缚，害怕自己有了家庭之后就不能再做自己想做的事。

男人的这种习惯也是进化过程中养成的。原始时代男人作为狩猎者，他们的任务是外出获取生活资源，他们的重心不在家里，而是在外面。对于家里面的事，男人很少过问，当然也很少去做。所以，男人习惯在外面打拼，而不习惯在家里做家务，事实上他们也不擅长做这些事情。男人对家庭的概念比较淡泊，他们与女人发生性关系的目的无非是为了传宗接代，只要达到繁衍后代的目的就可以了，

至于是不是和女人组成家庭，男人并不在乎。

失去家庭对男人固然也有影响，但却不会产生太大的影响，除非是政治人物。男人不需要女人为其提供生活上的保障，他们有独立生存下去的能力，而且他们也完全可以找到更好的女人。男人对女人的吸引力会随着年龄的增长而增加，所以他们并不担心离婚后会找不到妻子。家庭对男人来说是一种责任，他们希望通过自己的努力让家人生活得更好，以证明他们自身的价值和能力。但他们并不介意再次组织家庭，因为对男人来说，处在哪个家庭之中并没有太大的区别。

家庭对女人来说是一种保障，对男人来说则是一种责任，所以女人自然会比男人更重视家庭。在发生危机的家庭之中，如果责任在男人，女人大多会原谅男人的过错，因为她们不想失去家庭。

为什么男人憎恶闹情绪的女人

晚上十点钟，丈夫拖着疲惫的身躯回到家，刚踏进家门，坐在沙发上的妻子便对他说："我有件事想和你谈谈。"

"现在？这么晚？"丈夫放下手中的公文包，一脸疑惑地说。

"就是现在！"妻子啪地关掉电视，提高嗓门强调说。

"发生什么事了吗？"看到妻子好像生气的样子，丈夫有些奇怪地问道。

"最近你总是很晚回家。我知道你工作很忙。你总是忙，忙，忙！谁不忙呢？我也很忙。你忘了结婚时，你都说了些什么了吗？"妻子说完之后，望着丈夫，希望他能说些什么。

丈夫看了妻子一样。但他没有说话，懒洋洋地坐在了沙发上，然后打开了电视。

"为什么不说话？"妻子追问说。

"对不起。"丈夫似乎漫不经心地说。

"'对不起'三个字就够了吗？我每天和你一样上班，下班后接儿子，做家务，做饭，打扫房子！每天总有忙不完的事情。可是，你说过一句安慰的话吗？"妻子非常激动地说。

"我知道你很辛苦。可是我也很累。你就不能让我好好休息一下吗？"丈夫冷冷地说。

"谁不想好好休息！你以为我喜欢这样的生活吗？这样的日子，我受够了！我需要你，你却总是像个机器人一样坐在那边。整天说不到几句话。我有那么让

你讨厌吗？”妻子哭泣着说。

“你又来了。你就是不让我消停。我最烦你小题大作了。如果你再这样情绪化，我们就不要再讲了。”说完之后，丈夫就走进卧室，留下妻子一个人哭泣。妻子心里想：“我怎么嫁给这样一个冷酷无情的人？”

人都是有情绪的，尤其是感情细腻敏感的女人。多少有一些情绪会让女人显得更加可爱，更容易受到男人的青睐，但如果女人太过情绪化，就会让男人憎恶。由于不同的社会角色和生存环境，女人的情感要比男人丰富、敏感得多，她们产生情绪的门槛更低，也更容易产生强烈的情绪。男人的大脑无法理解女人的情绪化，当女人闹情绪时，他们常常会变得异常焦虑、烦躁，因为他们不知道自己该做些什么。处在情绪化中的女人常常会做出一些过激的事情来，并夸张地、用富有情感的形容词来讲述自己的感受。她们这样做的目的是为了让男人关注自己，倾听自己，而不是真的要怎么样。对于自己这种做法的后果，她们可能根本就没有想过，因为情绪化的女人总是冲动的。当她们处在情绪化的状态时，大脑基本是停止思考的，或者说是停止理性思考的，所以她们常常做出一些莫名其妙的举动来。其实在事后清醒时，她们也会因此而感到后悔，但当时她们真的是无法控制自己的情绪。

女人这个时候只需要被关心和照顾，让她们感受到男人的爱与温暖，她们的情绪就会渐渐平静下来。可惜的是，男人并不懂得女人的真实用意，他们只是在按照自己的思维方式去理解女人的情绪化。他们觉得女人给他们出了一大堆问题，急需他们去解决，所以，他们不时地打断女人，为女人提供建议和帮助。可是男人的话往往让女人更加激动，不但女人的情绪没有任何好转的迹象，反倒还有恶化的趋势。男人很生气，因为女人根本就没有听自己说话，况且事情本没有那么严重，为什么女人那么喜欢小题大作呢？男人的脸色变得很难看，不满地对女人说：“事情并没有那么严重，你反应过激了！”可是男人的话似乎对女人一点儿都不奏效，当男人不断向女人提供帮助但却始终不起作用时，男人就会变得焦虑，烦躁。

男人害怕失败犯错误，他们无法忍受自己解决问题的能力受到接二连三的否定。面对一个正在闹情绪的女人，男人就常常要经受这样的打击，这让他们十分苦闷。所以，男人憎恶闹情绪的女人，也不愿意接近情绪化的女人。大多数男人对自己解决问题的能力都是非常自信的，但他们却对付不了正处在情绪化中的女人，这不能不说是对男人自信心的一种打击。

也许女人的反应确实有些过激，但这也不能怪女人，毕竟女人大脑的情感区比较发达，而且情感区和大脑其他功能区的连接也比较紧密，所以她们很难控制自己的情绪。

男人憎恶闹情绪的女人，而女人又很容易情绪化，这看似不可调和的矛盾其实也并非不可避免。女人应该明白，自己过激的情绪将会给男人造成一种挫败感，让他们的自信受到打击；男人也应该明白，女人的情绪化不过是在倾诉感受，自己完全没有必要为其提供解决方案，只要表示关心就可以了。如果男人对女人多一些体贴和关怀，如果女人对男人多一些理解和尊重，那么女人的情绪化就不会愈演愈烈，而男人也不必再为女人的情绪化而头疼了。

为什么婚姻会让男人安定下来

婚姻有一种神奇的作用，那就是让男人安定下来。男人在步入婚姻以后，就像是打了镇定剂，不再像以前一样毛躁，也不再像以前一样冲动，好像变了一个人。很多犯罪分子，在婚后竟然也变得平和了许多。婚姻真的有这么大魔力吗？很多人对此百思不得其解。

男人的这些不理智行为只会出现在没有得到女性伴侣之前，而不会出现在得到女性伴侣之后。男人之所以会出现极端和暴力行为，是因为他们要面对残酷的繁衍竞争，他们所做的一切不过是为了让自己在竞争中取胜，得到与女性交配的机会。显然，婚姻可以让男人拥有一个属于自己的伴侣，繁衍自己的后代，所以，婚姻就成了让男人安定下来的主要原因。在争取到繁衍机会以后，男人接下来该做的就是将资源投到自己的后代身上，让其健康地成长，完成延续自己基因的重任。对于处在这种状况中的男人来说，安稳显然是最重要的。一方面，男人需要保证自己的身体健康，这样才能创造财富，为孩子的健康成长提供足够的资源；另一方面，男人也要保证现有资源的安全。所以，婚后的男人不会去做太过冒险的事，包括不会从事犯罪活动，也不会进行风险太大的投资。男人在婚后会变得畏首畏尾，就是因为他们有了顾虑，不再像婚前一样无所顾忌。

有一种情况例外，就是婚后一直没有子女的男人就不会像有了后代的男人一样渴望安定。尽管得到女性伴侣是男人的目的，但他们的另一重要目的是要繁衍自己的后代，将自己的基因延续下去。如果只是得到女性伴侣而无法遗传基因，那么他们的目的就还是没有达到。所以，婚后无子的男性也是很难安定下来的。

有人说孩子是夫妻之间感情的纽带，因为孩子有着父母两个人的基因，可以将父亲和母亲联系在一起。其实，真正的原因是孩子可以将父母二人的基因延续下去，使他们获得生殖上的利益。对男人来说，孩子才是让他们安定下来的真正原因。如果夫妻之间没有孩子，那么即使夫妻之间的感情再好，也很难长久下去，因为他们之间缺少共同的利益。让两个人长期享受的并不是空洞的感情，而是关系到两个人切身利益的孩子。在现实生活中，没有孩子的夫妻要比有孩子的夫妻离婚率高，就有力地说明了这一点。

所以，更准确地说，婚姻之所以能让男人安定下来，是因为婚姻能给男人带来孩子。当一个男人成为父亲以后，会很快变得成熟稳重起来，也更有责任感。

有人说，结婚后男人之所以安定下来和婚姻让男人丧失创造力有关。男人在结婚以后需要花费一定的时间和精力照顾妻子和孩子，不能像婚前那样将全部精力都用在创造上，因此创造力才会有所下降。这样的说法听起来似乎有些道理，但却是经不起推敲的。在古代社会，男人在婚后是不需要做家务的，照顾孩子也有妻子来做，所以说结婚并不应该影响男人的创造力。

生育儿子的家庭离婚率偏低

有调查显示：生育儿子的家庭离婚率偏低。

很多人都对此感到不解，难道夫妻是否离婚还与他们所生孩子的性别有关系吗？事实的确如此。一个有儿子的家庭要比一个没有儿子的家庭离婚率低得多。一个家庭是否破裂，其关键并不在女人，而是在男人。如果不到万不得已的地步，女人是不会主动选择离婚的，因为女人为离婚所付出的代价要远远大于男人。男人则不同，如果他们对现有的婚姻生活不满意，或者是爱上了其他比自己妻子更优秀的女人，他们就随时都可能产生离婚的念头。这就是说，在离婚这个问题上，握有绝对主动权的是男人，而不是女人。如果说孩子是家庭关系的粘合剂，可以让家庭关系更牢固，那么男孩无疑比女孩更能胜任这个角色。当婚姻关系出现问题时，儿子往往能让父亲放弃抛妻弃子的想法，而女儿产生的影响力却是非常有限的，她们很难阻止父亲的离开。

为什么儿子对父亲比较重要呢？这还要从两性本身的价值说起。人类繁衍的目的是为了将自己的优良基因遗传下去，其实也是为了间接证明自己的价值。这就是说，后代所具有的价值越大，繁衍就越成功。为了让自己的后代更具价值，父亲和母亲必须用心培养孩子，但这种培养主要是针对儿子说的，因为父母能为女儿做的事情很少，他们除了确保女儿的健康和生命以外，对于其他的事情则基本是无能为力的。我国古代的教育都是针对男孩的，这就证明了古人重视对男孩的教育，而不重视对女孩的教育。这是由男性和女性的价值衡量标准决定的。男性的价值主要以财富、权力和地位来衡量，女性的价值则主要以年龄和生理吸引力来衡量。男性的财富越多、权力越大、地位越高，其自身的价值就越大；女性越年轻、对男性的生理吸引力越大，其自身的价值也就越大。

女性的生理吸引力主要取决于先天因素，年龄更是任何人都无法左右的，所以，在女儿出生以后，父母对其产生的影响就比较小了。相对来说，儿子则更需要父母的精心培育，尤其需要父亲的陪伴和教导。男性是否能创造更多的财富、拥有更高的权力和地位，仅靠先天因素是远远不够的。在追求名利的道路上，父亲往往可以给儿子很多建议和帮助，这对于儿子实现他的个人价值是十分重要的。另外，父亲创造的财富主要靠儿子来继承，儿子继承财产的多少也可以反映父亲自身的价值。在人类进化的绝大部分时间里，财产的继承权都是儿子的，家里有什么绝活儿手艺也是传男不传女。女儿在出嫁以后，与娘家基本上就没有什么关系了，当然也不能继承娘家的财产。父亲可以通过自己的努力让儿子得到更多财产，帮助其迅速提升自身的价值。儿子继承的财产越多，父亲的繁衍就越成功。当然，父亲也可以将自己的权力和地位传给自己的儿子，这些都是女儿无法继承的。

妻子能帮丈夫减压

夫妻之间的相互影响是很大的，因为夫妻关系是人际关系中最亲密的一种。当一个人承受压力时，最希望得到的就是另一半的帮助。虽然说男人和女人都有各自的压力反应机制，但他们也需要伴侣的帮助，以达到更好的减压效果。每个人都希望为自己的另一半分担忧愁，帮助对方减轻压力，但真正做起来，却并不是每个人都能做得到。在帮助伴侣减压上，女人通常都要比男人表现得好，这并不是因为丈夫不想帮助妻子减压，而是因为妻子帮助丈夫减压要相对容易一些。

女人是天生的情感动物，感情丰富、细腻，她们很容易产生各种各样的情感和感受，并擅长用语言将它们描述出来。当女人感到压力时，她们就会与人交流内心的感受，如果她们的感受被理解和关注，其体内的催产素就会增加，从而达到减压的目的。女人的压力反应机制是需要其他人参与的，仅凭女人自己的努力并不能达到最好的减压效果。但对于男人来说，要给予女人有效的帮助却并不容易。因为男人不可能产生像女人那么多的情感，再加上男人识别他人情绪的能力有限，这就为男人了解女人的内心感受设置了重重障碍。如果男人连女人的真实感受都无法了解，那又怎么与其交流呢？即使勉强交流，也很难让女人觉得自己被理解，有时还会起到反作用，让女人变得更加烦躁。

当女人遭受打击时，男人的鼓励对她们往往起不了什么积极的作用，很少有女人因为男人的鼓励而振作起来。当然，这并不意味着女人不需要鼓励，而是男人选错了鼓励的时机。受伤的女人最需要疗伤，她们希望对方倾听自己的感受，并对自己表示理解和支持。当她们感到自己被关心、被爱时，伤口才会逐渐愈合。

男人减压却很容易，只要做一些轻松的事情或睡上一觉，就可以达到减压的目的。从女人的角度讲，女人只要陪他们一起放松或者给他们独立的空间，就可以帮助男人减压。女人要做到这些并不难，女人只要克制住自己的好奇心，别去追问男人究竟发生了什么就行了。

当男人遭遇挫折和失败时，女人的鼓励往往会给男人巨大的力量，让他们摆脱压力，重新树立信心。想一想男人拼命工作的原因，这种现象就不难理解了。男人最希望得到自己心爱女人的认可，这是他们衡量自我价值的重要标准。一个表面成功但却得不到心爱女人认可的男人，是不会有成就感的。可惜的是，大多数女人都不知道男人是怎样对抗压力的，更不知道自己可以做些什么。否则，男人会活得比现在轻松许多。

漂亮男人很难成为好丈夫

男人好色，女人也好色。人类的这种偏好绝不像有些人想象的那样肤浅，而是有其深层次的内在原因：外表俊美的男人要比长相一般的男人更健康，这是漂亮男人备受女性青睐的主要原因。出于对下一代基因的考虑，女人都希望与漂亮的男人结合，生出更健康的孩子。然而漂亮的男人毕竟有限，并不是所有女人都能嫁给漂亮的男人。但实际上，嫁给漂亮男人的女人大多都不幸福，大多数漂亮的男人都不是好丈夫。因为他们的选择较相貌一般的或丑陋的男人更多一些。

男人与女人交配的目的是为了繁衍，他们可以通过两种方式达到成功繁衍的目的。一种是与一个女人长期生活在一起，将自己的资源投注在他们共同的后代

身上；另一种是与多个女人做短期的性伴侣，不需要投注任何资源在他们与这些性伴侣共有的后代身上。如果可以选择，相当一部分男人都会选择第二种方式。

大多数女性都更倾向于同漂亮的男人发生性关系，因为这对她们的后代更有利。这就意味着漂亮的男人具备与多个女人发生性关系的条件，他们可以选择第二种方式来成功繁衍后代，这应该是所有男人都梦寐以求的。

当漂亮的男人选择第一种方式来繁衍后代时，他们会面临这样一个问题：能否在众多女人的诱惑下不为所动，只忠实于自己的妻子。男人天生就是喜欢追求性的多样性，渴望与多个性伴侣发生性关系。即使他们的妻子再优秀，他们也不会满足于只同妻子一人发生性关系。所以，任何男人都很难抵挡住女人的性诱惑，除非他的自制能力和责任感都很强。但一般来说，漂亮的男人都很难忠实于自己的妻子，也不会用心照顾自己的妻子和儿女。所以说，漂亮的男人很难成为好丈夫。

至于其他男人，虽然他们渴望用第二种方式繁衍后代，但没有更多的女人青睐他们，他们也只好与自己的妻子长期相伴，并用心培养好他们共同的后代。他们必须将资源投注到他们的后代身上，因为没有其他男人会帮他们做这些事情。所以说，不漂亮的男人一般都会成为好丈夫，至少会成为好爸爸。

漂亮男人在女人眼里其实并不是最有市场的。女人在选择配偶时除了长相，更注重的是男人所拥有的资源，因为她们需要男人为她们提供生活上的保障。漂亮的男人并不多，拥有丰富资源的男人也不多，两者兼有的男人就更是少之又少了，所以，女人很难选到让自己完全满意的丈夫。权衡之下，大多数女人都会选择资源丰富的男人，而不会选择长相俊美的男人，毕竟前者来得更实际一些。

第十八章

色彩心理学：为什么蓝色汽车发生交通事故的概率最高

不可思议的色彩魔力

心理学家对颜色做了很多实验，也得出了很多有趣的结论。比如他们发现，在红色的环境中，人的情绪会兴奋，伴随着脉搏加快，血压升高等生理表现。而在蓝色的环境中，情绪容易平稳，脉搏会减缓……色彩具有神奇的魔力，会对人的心理产生影响。

冷色和暖色就是由于人们的心理错觉而产生的分类。红色、橙色、黄色等波长较长的光给人暖和的感觉，可以称为暖色；相反，紫色、蓝色、绿色等波长较短的光给人带来寒冷的感觉，可以叫做冷色。这些冷暖的感觉，并非来自物理上的真实温度，而是与我们的视觉和心理联想有关。冷色和暖色可以使人对房间的心理温度相差 2 ~ 3℃。根据冷暖色原理，就可以在季节变化时，调整室内装潢或衣着的颜色。在夏天，多使用冷色的东西，会使人感觉凉爽。比如穿白色、蓝色的衣服，使用白、蓝色的窗帘或家居装潢等。而在冬天，使用暖色的室内装潢，会觉得整个家都非常温暖。同样，为了留住更多顾客，餐厅的装潢最好能随着季节而改变。夏天，商家在饮料包装上多使用冷色，在视觉上造成凉爽的感觉，必定会激起顾客更强的购买欲。如能灵活掌握暖色和冷色的用法，就可以通过它来调节人们的心理温度，减少其他消暑或取暖设备的运用，这也是节约能源，保护环境的好事。此外，人们的心理温度差还会受到颜色明度的影响。同一种颜色，明度高时会使人感觉凉爽或寒冷，而明度低时会使人感觉温暖。深蓝色比浅蓝色看上去就更凉爽。

除了冷暖色系有明显的心理区别外，色彩的明度和纯度也会引起人们的心理

错觉。譬如，明度低的暗色系能使人们感觉物体变重了，而明度高的明色系给人以物体变轻的感觉。比如说，不同颜色但重量相同的箱子，黑色看起来最重，其次是黄色；再其次是白色。有人通过实验比较过黑白这两种不同明度的颜色给人造成的心理重量差异，发现黑箱子与白箱子相比，看上去要重 1.8 倍。“重”只是人们的主观感觉，大多数物流公司的包装箱都是黄色的，就是为了减轻搬运工人的心理重量的感受，感觉搬起来很轻。事实上，相比黄色纸箱，白色纸箱的心理重量更轻。

大家可以观察到一个有趣的现象：无论是在影视作品还是实际生活中，保险柜使用的颜色几乎都是黑色，明白了黑色所具有的重量感之后，也就不难理解生产商的意图了。与白色、黄色的包装箱能使人们产生可轻松搬动的心理错觉的原理一样，为了防止被盗，涂上黑色这种让人感觉很沉重的颜色，大大增加了保险箱的心理重量，让小偷望而却步。

冷色和暖色除了给人带来心理温度和心理重量的感受外，还有其他一些心理感受。比如，暖色有密度强的感觉，冷色则有稀薄的感觉；两者相比较，冷色的透明感更强，暖色则透明感较弱；冷色显得湿润，暖色显得干燥；冷色有很远的感觉，暖色则有迫近感。淡的亮色使人觉得柔软，暗的纯色则有强硬的感觉。一般说来，在狭窄的空间中，若想使它变得宽敞，应该使用明亮的冷调。

色彩还有一个不可思议的魔力：让时间变快或变慢。以红色和蓝色为例，红色会使人感觉时间比实际时间长，而蓝色则感觉时间比实际时间短。蓝色不仅能让人感觉时间过得很快，而且也有放松的作用。等人或开会时，需要打发冗长的时间，如果在以红色为主的餐厅或会议室，很容易心情烦躁。所以，公司管理人员不妨考虑把会议室设计成以蓝色为主，蓝色的窗帘、桌椅、会议记录本，这样员工会觉得开会时间过得很快，也能以一种放松的心态投入讨论，提出建设性的意见。而选择在冷色调的餐厅等人也会觉得时间过得很快。

在了解了色彩的这些心理效应后，我们就能灵活地加以运用。

为什么蓝色汽车发生交通事故的概率最高

美国和日本曾对车辆事故进行过统计调查，发现蓝色汽车相比其他颜色的汽车，发生交通事故的概率最高。其他依次是绿色、灰色、白色、红色。汽车发生交通事故与车身颜色有关？这听起来确实匪夷所思。车身的颜色、明度、亮度等虽然不是造成交通事故的直接原因，却也扮演着一定分量的角色，它与交通事故的发生率是有关联的。颜色的前进与后退性、膨胀与收缩性以及不同明度造成的不同视觉效果，都影响着司机的判断，造成交通事故的发生。

首先，颜色具有前进与后退性，也就是说颜色可以分成所谓的前进色与后退色。有些颜色看起来向上凸出，称为前进色，比如红色、橙色、和黄色等暖色；而有些颜色看起来向下凹陷，称为后退色，比如蓝色、绿色等冷色。假如有同样型号，不同颜色的红、黄、蓝、绿色的 4 部车并列排成一排，人们在视觉上会感觉红色和黄色的车离自己较近一些，而蓝色和绿色的车离自己较远。这就是颜色的前进与后退性造成的视觉效果。

前进色能比后退色带来更强的视觉冲击力。它运用于生活中的很多方面。比如，我们常常看到的超市、商场打折促销单，最常使用的就是醒目的红色和黄色。尤其是折扣比、优惠价格和活动日期等重要信息，都采用大大的红色或黄色字体突出显示。这对顾客形成的诱惑无疑比冷冰冰的蓝色或绿色字体要强得多。前进色在广告宣传中也得到了广泛运用。一到晚上，街上的霓虹灯、广告灯箱都亮起来，多数采用的是红色、黄色等醒目的标志，人们在大老远就能注意到，感觉离自己非常近。后退色在装修中如果能得到合理的运用，可以使得狭窄的空间变宽敞，凌乱的空间变整洁。如果将墙壁涂上蓝色等后退色，看起来比实际位置后退了，显得空间更宽阔。同样，如果楼层的高度不理想，涂上后退色可以使楼层看起来比实际更高，减少压迫感。此外，后退色在将空间变大的同时，还能使其看上去更整洁、清爽。但对喜欢家里温馨、物品丰富的人来说，红色、橙色等前进色倒可以帮上忙。巧妙利用前进与后退色，可以打造一个温馨的、错落有致的、富有立体感的家。

其次，颜色还有膨胀与收缩的特性。不同颜色给人带来的体积感觉是不一样的，像红色、黄色、橙色等暖色，可以使物体看起来比实际体积要大，无论远近都容易引起注意，这是膨胀色。而像蓝色、绿色等冷色，则使物体看上去比实际体积要小，也就是收缩色。这也是为什么在发生事故的车辆中，蓝色和绿色的最多，而红色最少。尤其是傍晚和下雨天，视线不好，收缩色的车常不为对方车辆和行人注意，从而引发事故。

颜色的膨胀与收缩性同样可以运用于室内装修中，如果要使房间显得宽敞，整齐，多使用收缩色的家具；如果喜欢家里温馨、丰富的样子，则可以多使用暖色系、膨胀色的家具。另外，收缩色的服饰还能打造苗条的身材，使人显瘦。这也是为什么女性喜欢穿黑色丝袜的原因。

再者，不同明度的颜色带来不同的视觉效果，也是蓝色车交通事故率最高的原因之一。颜色可以分为明色与暗色。前者包括红、黄等色，后者包括黑、蓝等色。明色的视觉效果比暗色好。暗色系的车看起来不仅小一些（收缩性）、远一些（后退性），也更模糊一些。而明色系的车看起来不仅大一些（膨胀性）、近一些（前进性），也更清楚一些。但如果能将一些视觉效果不太好的颜色进行合理的搭配，也可提高其安全性。如蓝色和白色相配，效果就大为改善。

了解了颜色的前进与后退性，膨胀与后退性，以及明度对汽车交通事故率的影响，我们在买车时可以将这一因素考虑进去，不妨选择暖色系车身的汽车，增加安全性。平时在驾车的过程中，要特别留意自己前方的或者对向行驶过来的蓝色汽车，以防交通意外的发生。

何谓色彩心理学

所谓色彩心理学，顾名思义，就是研究色彩与人类心理活动之间关系的学科。色彩在我们的生活中是不可或缺的，缺少颜色的生活将是单调乏味的。客观上，各种色彩是对人们的一种视觉刺激，而主观上又是一种反应与行为。受到什么刺激后能产生什么反应，都是色彩心理学将要讨论的内容。

从色彩学上来讲，色彩的三要素（即物理属性）包括色相、明度和纯度。色相是指一种颜色区别于另一种颜色的表面特征，例如人们对红、绿、蓝等颜色的区分；明度是指色彩的明亮程度，从黑色到白色，明度从最高到最低；纯度是色彩所具有的鲜艳程度，一般来说纯色的纯度最好，混合色的纯度更低。而人们对颜色的知觉很大程度上受心理因素的影响，从而形成心理颜色视觉。心理颜色视觉的要素与色彩的物理属性相对应，但并不是简单的一一对应。例如，我们通常认为白光的纯度为0，各单色光的纯度为1。但是，心理颜色视觉在分辨各单色光与白光的差别时，却认为各个单色光的纯度是不一样的。红、蓝单色光与白光相比，差异显著。而黄、绿单色光与白光相比，则差别不大。所以在心理上，人们认为黄色光尽管也是单色光，但纯度却比蓝色光更低一些。这些心理上的颜色与白光的区别，通常称为饱和度，以区别色度学上的纯度。

我们都知道，红、绿、蓝是色彩的三原色，很多颜色都是由这三种颜色混合而来。我们看到紫色时，会觉得它是由红色和蓝色混合而成的。看到青色时，会觉得它是由蓝色和绿色混合而成的。但是却不会觉得黄色是红色和绿色的组合，而倾向于将黄色当成一种原色。一般认为，颜色有绿中带蓝的青绿，绿中带黄的草绿，却没有黄中带蓝或红中带绿的颜色。所以，红、绿、黄、蓝、黑、白也被认为是心理颜色视觉上的六种基本感觉。这些颜色作用于人们的心理，产生不一样的心理效应。

红色一般被认为是象征热情、自信和性感，是一种充满能量的色彩。喜欢红色的人大都非常自信、很有野心，会积极地去争取想得到的东西，属于精力充沛的行动派。对于任何事情都是激情高涨、永不言败。不过有时候也会给人以攻击性、暴力、控制的印象，容易给他人造成心理压力。因此，如果你想表达自己对红色的喜爱，还是得先分清场合。在一些需要给自己力量和自信的场合，可以让红色穿着助你一臂之力。但在一些需要心平气和坐下来谈判的场合，则不宜穿红色。

绿色是一种给人无限安全感，代表自信心、稳健与优越感的颜色，它可以在人际关系的协调上扮演重要角色。喜欢绿色的人，一般都比较稳重，忍耐力很强。也会很注重与周围环境的协调性，努力维持和谐的氛围。但这并不意味着他们是中庸的，在认为有必要说出自己意见时，也能冷静地表达出来。不过绿色有时候也是隐藏、被动的代名词，在团体中容易失去参与感。绿色属于一种随意、休闲、代表人与自然和谐的颜色，许多环保活动都喜欢选用绿色作为标志颜色。个人如果担心穿着绿色失去个性的话，可以搭配其他一些色彩来调和。

黄色代表尊贵、活泼、明快与温暖，喜欢黄色的人一般性格开朗、外向，具有远大理想。在封建社会，黄色是皇室的象征，尽显高贵气息，对普通老百姓来说属于禁色。现代社会，黄色的运用已经极为普遍。最典型的是，作为一种明度极高的颜色，黄色具有警告的效果。所以夜行衣、小黄帽、交通提示牌等多使用黄色。喜欢黄色的人一般希望能显示出他们自己的性格，但有时候做事会有些不稳定、招摇，甚至带有挑衅的味道。和红色一样，也是不适合出现在需要控制情绪的场合。

蓝色是一种理性与知性兼具的色彩，代表着博大的胸怀和沉稳的气质。喜欢蓝色的人大都性格沉着稳重，而且独立、诚实。他们重视人与人之间的信赖，乐于照顾周围人，也非常宽容、理性。几乎没有人会讨厌蓝色，在美术设计方面，蓝色也是使用范围最广的颜色。如果想给对方留下沉稳、冷静、理性的印象，不妨选择蓝色系的穿着。

黑色代表高雅、低调和权威等特质，同时也与屈服、拒绝、执著、冷漠等特

质相联系。喜欢黑色的人一般独立性较强，也十分努力、上进，但同时也可能是刻板、迂腐的。黑色一般为大多数白领人士所喜爱，当你需要表现出你的专业、同时又不想引人注目时，黑色是最安全的颜色。

白色一直被认为是纯洁、善良的代表。白衣天使是救死扶伤的象征。喜欢白色的人一般都比较单纯、善良，乐于帮助别人。但是白色也会给人梦幻、不切实际的感觉。白色同样也是都市白领最爱的颜色之一，能给人留下干练的印象。

掌握色彩带来的心理颜色视觉，可以更好地运用颜色，减少色彩使用不当的情况发生。也能根据色彩来判断他人的性格，帮助认清他人的行为和本质。目前，色彩心理学已经广泛应用于实践中，比如商家的宣传促销单、广告牌的设计等。它使我们的生活更加丰富多彩。

人类探究色彩的历史

人类在很久以前就能灵活运用色彩了。对色彩的运用最早出现在新石器时代，运用于彩陶上。另外，从古印第安人遗迹的壁画中，也能发现人类早期对色彩的运用。那时候人们就能赋予色彩以特有的意义，或者根据想表达的意境，有针对地选择使用对应的色彩。公元前 500 年左右，亚里士多德等哲学家就已经开始对色彩有了较系统的研究。在欧洲文艺复兴时期，莱昂纳多·达·芬奇也曾详细阐述过色彩的调和以及补色效果等色彩所具有的不可思议的效果。1666 年，英国科学家牛顿发现了七色光谱，认为各种色彩是不同波长的光产生的效果。另一方面，德国诗人歌德则致力于色彩对人情感的影响的研究工作。这些都是现代色彩心理学的基础。

法国人类史学家米歇尔·帕斯图罗从色彩的历史出发，探讨了我们熟悉的那些颜色的历史，帮助我们打开了一个闻所未闻的色彩世界。

红色是人类最早发现和使用的颜色。大约在 3 万年前，史前艺术中就出现了红色，这从遗留至今的壁画上能够得到考证。从古代开始，红色一直被视为权力的象征，地位尊贵，象征着宗教和战争。直到现在，红色因为它的傲慢和权力，仍然很少被用于日常用品，像红色的电脑和红色的冰箱就极为罕见。但作为警示标志却随处可见。

从 1890 年开始，在法国、意大利、美国等国家，蓝色一直占据着“最受人们喜爱的颜色”这一宝座。但在受人宠爱之前，在相当长的时间里，蓝色是被遗忘和厌弃的色彩。从史前洞穴期到后来的新石器时期，染色剂初现于世时，蓝色并没有一席之地，在色彩的谱系里依然只有白、红、黑三种。在古代拉丁文中从来没有固定出现过“蓝色”这个单词。古罗马人也认为它是野蛮人和外族人才使用的色彩。在他们看来，女人如果有一双蓝眼睛，则意味着不幸的命运。直到12、13世纪，蓝色的命运才出现了转折点，由于等级制度的出现，各个有权力和威望的家族需要设计能象征他们的社会等级和身份的家族名称、标徽等标志，而由于红、白、黑三种基础色的组合已经不足以应付他们追求与众不同的需求，于是蓝色、黄色和绿色等冷门色得以受到重用。到了18世纪，蓝色已经成了欧洲人青睐的颜色。

很久以前，在大部分国家，绿色都给人以古怪的感觉。在欧洲封建社会时期，穿绿色的只有杂耍艺人、打猎人和小丑。在16世纪和17世纪，绿色还曾一度运用于赌桌的颜色，威尼斯大赌场里的牌桌就是绿色台面。而到了18世纪，一些化学家提出了三原色理论：红、绿、蓝为三原色，这一观点对19和20世纪的艺术家影响很大。那时候绘画学校大都提倡学生用原色来进行创作，必要时才用一点白色颜料。这使得绿色的地位得以提高。而西方社会对绿色的接纳一直到19世纪下半叶才实现，在民意测验中，它受喜爱的程度仅次于蓝色。

另外，其他颜色也经历了漫长的历史。有些是一直受到人们的推崇，例如白色一直受到东西方文化的共同推崇，认为它是纯洁、和平、公正的象征。而有些颜色则从高高在上的地位打入冷宫。在古罗马，人们并不排斥这种颜色。在中国，黄色长期以来也是皇家的颜色。但是到了中世纪，黄色却成了贪婪的象征，这种颜色长期以来似乎充满了下流和无耻的含义。

那么，色彩在中国的历史有多久呢？纵观中国历史上的艺术作品，可知中国的色彩基本上是属于单调的世界观。以中国陶瓷史为例，从殷商时代的雷纹白陶瓷到隋、唐时代的凤凰白瓷瓶，还有北宋和元代的各色器皿等，都能使人们感到：大量的白瓷和青瓷，黑釉壶都因其单调的色彩而独具魅力。在这些青瓷和白瓷面前，就连早已闻名于世的唐三彩，也稍逊一筹。在宋代达到全盛时期的水墨山水画，也是使用单调色彩的作品，但却能使人们感到它们闪烁着的光彩。各种各样的水墨山水画，虽然没有采用山水所呈现的丰富色彩，但黑色所具有的凝聚力却使人感受到了山水的生命节奏。在盛唐时期，红、绿、蓝、紫等颜色盛行，很多瓷器、戏服的色彩组合大胆而强烈，极好地表达了那个时代的趣味。色彩点缀了我们的生活。在一定程度上，色彩的历史也是人类历史的真实写照。

色彩心理学的实践

一提到医院，许多人心中立马就会浮现这样的景象：白色的墙壁、白色的床单、白色的制服……德国的某家医院却打破传统，装扮得色彩缤纷，充满“艺术气息”。门诊大楼内，各种颜色和谐搭配，还配以小型盆景和艺术壁画。而住院部更是根据科室采用不同色彩：外科以蓝、绿色为主；急诊室则采用浅蓝的冷色调；手术康复科以棕色为背景；儿童病区采用大地、海洋、森林等自然色彩格调；消化科与心理科以黄色为主；孕妇房间的座椅、窗帘，就连用于供氧的管道都以紫色调为主。自从医院对色彩进行重新设计后，5 年来就诊人数增长了近一倍，医生的工作效率也显著提高。

在前面我们曾提到过，色彩能引起人们的情感和心理效应，产生冷暖感、轻重感和快慢感等效应。依照传统习惯，手术室应该使用白色，其实不然，由于医生长时间实施手术，面对的是殷红的鲜血，这容易引起视觉疲劳，而且还会产生残象幻觉，即白色的墙壁出现绿色幻觉。绿色的墙壁能使医生感到安宁，也避免了残象幻觉。另外，蓝色能给人宁静、深邃之感，具有明显的镇定效果，所以急诊室和病号服使用蓝色。而棕色能促进细胞的增长，促进病人的术后恢复；多彩的颜色能吸引儿童的注意力，减少疼痛；黄色能促进血液循环，增加唾液腺的分泌，刺激食欲；紫色则有安慰情绪的作用。这些色彩的合理运用，使医院的面貌焕然一新。

色彩心理学的实践领域非常广泛。在电影圈，长期以来，色彩仅仅发挥着再现客观事物的写实功能，后来在实践中，导演们逐渐意识到色彩的象征和表意功能。运用各种色彩，不仅可以起到烘托环境、塑造人物形象的作用，也有助于人物内心情感的表达以及制造出各种各样的心理效果，引人入胜。

中国电影导演在色彩上的不断探索，已经取得了显著成果。陈凯歌导演于 1984 年拍摄的《黄土地》是对电影色彩的早期尝试。黄色基调贯穿了整部电影，黄河、黄土高坡和黄色脸孔，画面简单厚重，却不显得粗糙。影片中黄色的使用不仅是一种文化象征，也强烈地表现了自我意识和审美理想。在张艺谋导演的《英雄》中，对红色的使用匠心独运。红色一般代表的是活力、激情等正面情感，而影片中，张艺谋使用红色突出了人物猜忌、怀疑和绝望的情感。香港导演徐克的作品《青蛇》，将色彩运用发挥到了极致，服装和场景运用了大量大红、靛青等中国传统色彩，成功展示了一个富有中国传统特色的浮华世界，华丽的风格和诡异妖娆的神鬼故事情节极为相衬。同时，根据剧情变化而精心设计主色调的变化，给观众以强烈的色彩刺激和情绪感染。

在儿童领域，色彩心理学也有其市场。儿童对颜色非常敏感，对幼儿来说，颜色比形状更有意义。因此，新生儿的父母可以在婴儿床前挂上各种颜色的玩具，或者给儿童穿上颜色鲜艳的衣服，刺激他们的大脑发育。另外，儿童能运用绘画来描绘自己的心理世界，大部分儿童都会通过绘画中人物的肤色和太阳的颜色来投射自己的心情。通过儿童的绘画作品，能洞察他们的性格，分析他们的心理状态。如果儿童把太阳或人脸涂成灰色、黑色，这可要引起家长的警觉了，要多花些时间陪陪孩子。另外，儿童过度使用红色，是充满敌意或缺乏关爱的表现。过度使用黄色，同样也是缺乏关爱的表现。

儿童房间的装修，一般以色彩丰富、充满童趣为主。但是对于学龄期的孩子来说，丰富的物品和色彩刺激，可能会分散他们的注意力。国外的色彩专家分别用白、黄、橙、蓝等颜色再配上各种颜色的光照在教室里进行实验，发现橙色会使训练项目成绩下降，蓝色会使某些学生的智商提高，而且蓝色也具有提高注意力的效果，在房间里适量使用蓝色的物品，比如蓝色窗帘、蓝色书桌等，能使孩子集中注意力，专心学习。另外，墙壁涂成几何图案或者抽象图案，能激发孩子的想象力。

除以上提到的这些，色彩心理学在体育竞赛中、书籍的装帧、企业工作环境的布置上也有运用。如足球守门员的球服区别于其他球员，且以黑色或红色为主，这是因为只有足球守门员能用手碰球，可以帮助裁判作出区分。黑色使守门员看上去像在门前驻了一道铜墙铁壁，红色是前进色和膨胀色，都能给对方球员制造心理上的震慑感。在书籍的装帧中，推理侦探小说多使用黑色系封面，给人以悬疑、恐怖之感，而爱情小说则多采用淡色系，制造浪漫的氛围。在企业，办公用具大概有 5 种色调：黑、灰、棕、红以及蓝色。通常，灰色用于办公桌，黑、棕色用于老板椅或会客室桌椅，而蓝和红色多用于办公室用椅。

我们所赖以生存的世界是一个神奇的色彩世界。因为有了色彩在各个领域的运用，我们的生活显得更加美好。

人们对颜色的偏好有所不同的理由

如果随机访问人们喜欢的颜色，相信每个人给出的答案都是不一样的。这既有先天的因素也有后天的原因，既可能是由于个体差异也可能存在地域

差异。

有研究者认为，人们对于颜色的偏好其实是天生的，与人类的演化有关系。他们让多名男女在一间黑暗的房间里观看电脑屏幕上显示出的1000组彩色矩形，然后快速选择自己最喜爱的矩形。随后，研究人员将被试的选择结果标绘在色谱上对照，结果发现，两性都偏好蓝色系，蓝色是不分性别普遍受到喜爱的中性颜色。但是女性偏向选择蓝色系中偏粉红的那端，而男性则偏向选择偏绿色的那端。为了了解这样的差异是否与文化背景有关，研究人员又找了两组在不同文化背景下生活的学生作比较，结果得出同样的两性颜色偏好差异，显示了这样的差异与文化背景无关。研究者推测，这样的差异是由男女在人类演化过程中的劳动分工不同造成的。女性多半负责采集，男性负责狩猎。因而女性逐渐对与成熟圆润的果实相关的红色系事物产生偏好。而对于男性来说，他们只需要在发现深色的东西时马上发射。

也曾有人调查过儿童的颜色偏好。结果显示，红色在儿童心目中的绝对地位不容动摇。儿童对红色和黄色的喜爱不存在地域差异，这两种颜色是世界各地儿童都最喜欢的颜色。但是对成人的调查却发现，成人对颜色的偏好存在比较严重的差异，说明后天因素对人的影响还是很大的。由于颜色与性格的关系，人们赋予颜色更多代表意义。随着人们成长经历的分化，对颜色的偏好也开始出现分化，并不会像儿童时期那么集中。此外，大自然赋予了世界无尽的色彩，每个人都对色彩有不同的感受，对于颜色的喜好也具有较大的个体差异性。

不同地区、不同国家的人，对色彩的感觉并不相同。色彩在人们心中的形象以及人们对色彩的偏好，都存在地域差异。蓝色、白色和红色占据着韩国人最喜欢的颜色排行榜的前三名；蓝色、黄色和红色是德国人最喜欢的三种颜色；白色、黑色和蓝色是中国人的最爱。此外，荷兰人最喜欢的是橙色、蓝色和黑色；美国人最喜欢蓝色、红色和绿色。造成这种现象的原因除了地域因素外，也与历史文化、宗教背景等因素有关。归纳起来，主要有以下 4 个原因：

太阳光照射的角度不同

由于地球的纬度不同，阳光的照射角度不同，于是人们对颜色的感受也不同。在赤道附近，即热带地区居住的人们喜欢明度和彩度较高的暖色，是因为太阳光在赤道附近呈现出红色、橙色和黄色。而到了高纬度的亚寒带和寒带地区，太阳光则呈现出蓝色和蓝紫色。居住在这个纬度带的人们比较喜欢中等明度、彩度的颜色，比如绿色。

空气透明度不同

与纬度一样，空气中的尘埃和水分也可以影响太阳光的照射角度，使人们对颜色的感受有所不同。在干燥地区，空气中阻碍光线传播的障碍物少，因此太阳光可以以原有的波长到达地面，看起来干净而透明。相反，在湿度高或积雪多的地方，比如北欧和俄罗斯北部等空气潮湿的地区，云层较厚，太阳光受到空气中障碍物的影响，看起来昏沉而浑浊。当地人习惯了低彩度的光线，因而倾向于喜欢低彩度的颜色。

文化、历史和宗教背景不同

历史对人们色彩感的影响很大。比如在中国，黄色自古以来就是皇室的象征，是权力和高贵的象征，地位尊崇。所以，人们喜欢黄色。

背景色不同

一种颜色看上去是否漂亮，还和当地的风土、环境等有着重要的联系。在靠海的国家，白色受到欢迎，是因为白色和碧蓝的大海、湛蓝的天空之间形成强烈的对比，形成一道美丽的风景线。

由于上述原因，即使是同一种颜色，也会让不同地区的人在心中产生不同的感受，在各个地区受到的待遇也是不一样的。某个地区的人喜欢，别的地区也许非常厌恶。当然，这其中的原因并不止前面列出的这些。人的喜好本来就很复杂，理解了这一点，我们会变得更加包容。

通过喜欢的颜色看性格

人的性格与喜欢或讨厌的颜色之间有着奇妙的联系。不同颜色反映不同的性格倾向，喜欢或讨厌同一种颜色的人大致有着相似的思考方式和行为模式。在这里，我们将介绍一些颜色所反映的性格特点。

在前文中曾提到，黑色代表高雅、低调和权威。喜欢黑色的人一般独立性较强，精明而干练，他们似乎拥有一种令人信服的力量，别人能感到他们的理性与智慧。还有一类人，他们喜欢黑色实则是一种逃避心理的表现。他们比较在意别人的眼光，害怕别人对自己指指点点。而用黑色的服饰把自己包裹得严严实实，希望给人以神秘、理性之感，实则是不自信的表现。黑色也与屈服、拒绝、固执、冷漠等特质相联系，讨厌黑色的人，大都是讨厌黑色给他们带来的这些负面印象，他们不喜欢封闭、压抑和冷漠的感觉，向往更自由开放的生活。一个有趣的现象是，

爱神往往不眷顾喜欢黑色的女人，她们的爱情大都不怎么顺利。黑色在保护自己、增加神秘感和吸引力的同时，似乎带来了厄运。喜欢黑色的女性不妨选择一些亮色的服装，以增加自己的爱情运势。

喜欢白色的人以完美主义者居多，他们不能接受有瑕疵的生活，要求尽善尽美。即使做不到十全十美，也希望能朝着目标努力。因此，喜欢白色的人会留给他人非常有理想、有抱负的印象。如果他们没有做到这些，至少也是对这样的状态充满了向往，并希望给他人留下志向高远的印象。白色还是纯洁、善良的代表，喜欢白色的人大多都有一颗纯洁而善良的心，家庭观念很强。“白衣飘飘的年代”是用来形容美好的校园青葱岁月，喜欢白色也是留恋青春的象征。基本上，很少有人会讨厌白色这么美好、纯洁的颜色，除非它曾经带来过痛苦的经历。比如医院的住院经历。白色是单纯的象征，如果喜欢过度，可能会给人留下幼稚、不成熟的印象，有时候可以用其他色彩来加以点缀，使人看起来单纯又不失理性。

灰色一般做点缀之用，突出其他颜色的美丽。喜欢灰色的这类人在性格上也是这样，他们善于平衡局面，把握大局，甘做绿叶点缀和突出他人，也不愿自己出风头。年轻人中似乎很少有人喜欢灰色，喜欢灰色的人一般是成熟稳重、生活稳定、低调的中年人。他们已经经历了很多生活的历练，处世也更加圆滑，善于用巧妙的手段化解生活中的各种障碍。因而这类人也是比较受欢迎的。与讨厌黑色一样，讨厌灰色的人一般也是不喜欢单调、封闭、冰冷的生活，而向往自由、没有压力的状态。

喜欢红色的人性格外向、活泼，乐于表达，行动力也强，但是，却容易冲动，情绪波动较大，做事前也不会深思熟虑，属于没头脑的行动派。这类人虽然行事莽撞，说话没边，内心却是热情而富有正义感的，这点不容质疑。那些理性、低调的人可能会讨厌红色的高调、醒目。对喜欢红色的人来说，如果想避免性格中情绪不稳定的一面，可以多使用其他代表理性、沉稳的颜色做点缀，也会显得更时尚。

蓝色一直是最受人们喜爱的颜色之一。与喜欢红色的人相反，蓝色代表着理性。喜欢蓝色的这类人属于谨慎的行动派，做事前会有一套缜密的计划，严格按计划实行，并且具有很强的协调能力。当然，喜欢蓝色的人也有缺点，他们比较固执己见，不容易听取他人的意见。

与白色一样，喜欢黄色的这类人也是理想主义者，但是他们却更理性。他们绝不是空想主义者，制定了计划就会朝之一步步前进。他们拒绝一成不变，喜欢创新，对事情都有自己的想法。同时，黄色也是幽默感的象征，喜欢黄色的人讨厌沉闷，善于搞活气氛，是大家的开心果。相对应地，那些没有幽默感、循规蹈矩的人可能会讨厌黄色。

另外，喜欢绿色的人个性率直，基本不会掩饰内心的想法。好奇心强，却不会独自采取行动，不愿当领头羊。他们还很敏感，会把问题分析得很透彻。虽然能与周围人和睦相处，在心底却不愿相信任何人。喜欢橙色的人活泼开朗，无拘无束，乐于表达自己的情绪。他们有很强的竞争心理，不愿服输。喜欢粉色的人性格温柔，懂得照顾人，以女性居多。

其实，人们的性格不完全是“纯色的”，还是以混合色居多，通常是以一种颜色为主，同时混合着另外一种、两种或三种颜色。人们的性格也没有好与坏之分，能扬长避短地发挥它们，才是我们所追求的。多彩的性格让我们的生活更美好，更幸福。

配色的基础知识

我们生活在这个丰富多彩的世界，多种颜色的搭配让生活五光十色。所谓配色，简单来说就是将几种颜色搭配在一起，作一个最好的安排，从而得到想要的效果。色彩是通过人的印象或者联想来产生心理上的影响，而配色的作用就是通过改变空间的舒适程度和环境气氛来满足消费者的各方面要求。配色主要有两种方式，一是通过色彩的色相、明度、纯度的对比来控制视觉刺激，达到配色的效果；另一种是通过心理层面感观传达，间接性地改变颜色，从而达到配色的效果。

配色是在红、黄、蓝这三种基本颜色以及其他单色的基础上，合理搭配，配出令人喜爱、符合色卡色差要求的新的色彩。通过配色还可达到某种应用上的要求。比如，设计吸引人眼球的产品包装，搭配出时尚新潮的服装。在前文已经提到过，颜色的种类非常多，不同的颜色会给人不同的心理效果。比如说，红、橙、黄色被称为暖色，是因为这些颜色能让人感到温暖；蓝、绿、紫色能让人安静和清新，因此被称为冷色。但这些都是单一颜色产生的心理效果。可以将这些单色互相混合，产生不同的新颜色。配色需要遵循以下几个基本原则：

1. 主色与配色的搭配。色彩搭配可不是件容易的事。在作配色计划时，我们应该考虑主色与配色应该如何搭配以突出视觉效果。主色即需要重点突出，占有优势的颜色。色彩的搭配应该围绕主色进行，重点突出主色所具有的特征。在搭

配时，主色与配色要有一定的对比度，这样才可以很明确地传达我们要表现的东西。我们要突出的主色必须让它能够吸引观者的主要注意力，如果不是这样就会喧宾夺主。一般来说，主色应该使用比其他颜色的色调更强烈的色，且不能大面积运用。

2. 整体色调的把握。整体色调能决定最后搭配的效果。只有控制好构成整体色调的色相、明度、纯度关系和面积关系等，才可以控制好我们设计的整体色调。首先，要决定在配色中占大面积的颜色，即主色。并根据主色来选择不同的配色方案，以得到不同的整体色调。比如，如果整体色调是暖色，则会呈现出温暖的感觉；是冷色，则让人感到清冷、平静。如果整体色调是明度高的颜色，则会呈现轻快、亮丽的感觉；是明度低的颜色，则会呈现庄重、肃穆的感觉。搭配的颜色之间的色相和明度是对比关系，则显得活泼。而类似的色相和明度则显得稳健。色相数多则会华丽，少则淡雅。当然，对整体色调的选择要根据我们所要表达的内容来决定。

3. 配色的平衡。颜色的平衡就是颜色的强弱、轻重、浓淡等关系的平衡。一般来说，同类色配色比较容易平衡。处于补色关系且明度也相似的纯色配色，如：红和绿的配色，会因过分强烈感到刺眼，成为不调和色。可是若改变其中一个颜色的明度或纯度，以取得平衡，则可以使这种不调和色变得调和。将明色与暗色上下配置时，若明色在上暗色在下则显得安定。反之，若暗色在上明色在下则显得动感。

4. 渐变色和分割色的调和作用。搭配时，两个或两个以上的颜色不可调和时，可在其中间插入阶梯变化的几个色，使之调和。根据色相、明度、纯度组合的渐变，把各种各样的变化作渐变的处理，从而构成复杂的效果。这些渐变色都是调和的。另外，如果两个或两个以上的颜色由于互相处于对立关系而成为不调和色，为了调节它们，可用其他色将这些色划分开来，即分割。白、灰、黑是最常用的分割色，金色、银色也具有分割的效果。

另外，为了使配色显得整体统一，可使用一个色调来统调整个配色。包括色相统调、明度统调以及纯度统调。色相统调是在各色中加入相同的色相，使整体色调统一在一个色系当中，从而达到调和。明度统调是加入白色或黑色，以使全体色调的明度相似，这样也可以达到调和。而纯度统调是加灰色，以使全体色调的纯度相似。

合理的色彩搭配，能让我们创造出很多新的视觉效果，也让生活更加丰富有趣。

配色给人的印象

协调的配色，不仅能让事物更美观，还能给人们带来健康和谐的生理和心理感受。

为了给人“奔放”的印象，可以使用朱红色或是它众多的明色和暗色中的一个颜色。中央为红橙色的色彩组合最能创造出有活力、充满温暖的感觉。这种色彩组合常常出现在广告中，展示精力充沛的个性与生活方式。把红橙和它的补色——蓝绿色搭配起来，就具有亲近、随和、活泼的效果，可应用于广告和包装上，非常有效。

为了表达“传统”的主题， 可使用蓝色、绿色、褐色和暗红色等保守的颜色加上灰色。例如，绿色配上金色或是黑色，能表示稳定与富有。这种色彩常出现在银行和律师事务所的装潢上，因为它们代表恒久与价值。

灰紫色调合了红紫色、灰色和白色，是个少见的彩色。任何颜色加上少许的灰色或白色，都能表达出柔和之美。

黄色代表带给万物生机的太阳，活力和永恒的动感。能制造“动感”效果的色彩组合通常中央都有原色——黄色。高度对比的配色设计，像黄色和它的补色紫色，就含有活力和行动的意味，尤其是出现在圆形的空间里面。

强烈的宝蓝色是任何一个古典色彩组合的中间装饰色。它是如此地醒目，就算和其他的色彩搭配在一起，也毫不逊色。又因为它接近绿色，宝蓝色会唤起人持久、稳定与力量的感觉，特别是和它的分裂补色——红橙和黄橙色搭配在一起。

任何色彩搭配淡紫色，最能诠释怀旧思古之情。在紫色系中，淡紫色融合了红和蓝，比起粉色较精致，也较刚硬。淡紫色与其他色彩相配后，可见其清丽出众。粉红代表浪漫。粉红色是把数量不一的白色加在红色里面，造成一种明亮的红。像红色一样，粉红色会引起人的兴趣与快感，但是以比较柔和、宁静的方式进行。

而表达活力的色彩必定要包含红紫色。红紫色搭配它的补色黄绿色，将更能表达精力充沛的气息。较不好的色彩是红紫色加黄色，或红紫色加绿色，这两种色彩也许暂时给人振奋的感觉，但其实已削弱了整体的效果。唯有黄绿色融合加上红紫色，才是充分展现热力、活力与精神的色彩。

在任何充满压力的环境里，只要搭配出一些灰蓝或淡蓝的明色色彩组合，就会制造出平和、恬静的效果。中间是淡蓝的配色设计，会给人安心的感觉，因为它看起来诚实、直接。带着明色的寒色可保持安宁、平和的感觉。补色和这些强

调平静的色彩在明暗度方面一定要类似，这点很重要，因为要是色彩太鲜明，会制造出不必要的紧张。

绿色拥有同样多的蓝色与黄色，带着欣欣向荣、健康的气息，只要配上少许的红色（它的补色），即能创造出一股生命力。

当我们要设计出柔和的色彩组合时，使用没有高度对比的明色，是最明智不过的了。桃色表现出开朗、活泼的个性，同时也表现出平和大方的气度。

紫色透露着诡异的气息，所以能制造奇幻的效果。如果紫色配上黄绿色或黄橘色，色调不合、怪异，而且俗不可耐，但如果配上它真正的补色——黄色，便能展现怪诞、诡异的感觉，令人不禁要驻足，欣赏一番。

纯蓝和一些红结合在一起，产生蓝紫色，这是色相环上最深的颜色。和这类色彩搭配，可象征权威，表现出皇家的气派。蓝紫和它的补色——黄橙搭配起来，就创造出最惊人的色彩设计，有皇室的雍容。

深色、鲜明的红橙色叫赤土色。和白色搭配起来，就会像散发出自然灿烂的光，令人联想到悠闲，舒适的生活。少许的黄色加上白色会形成粉黄色，这种色彩的组合能产生高雅的感觉，会给全白的房间带来更温馨的感觉。在服装设计上，米色色调高雅的亚麻、丝绸、 羊毛和丝绒能轻描淡写地表示古典、高贵的气质，给人一种雍容华贵的印象。

服装颜色传递的信息

前文讲到，不同的颜色会有不同的心理效应，它能传递一些有关情绪、心态及素养方面的信息。如果能了解颜色所包含的这些信息，就可以借服装的色彩扬长避短，巧妙地表达自己。同时，根据不同场合的需要，给对方留下不同的印象或向对方传递不同的信息。

黑色传递的信息：与对方保持距离；权威；品位。黑色是权力与距离的象征，它不是一种亲和、友好的颜色。穿着黑色系的衣服，容易在着装者与对方之间造成一种感情上的距离，并且有居高临下的压迫感。也许，这就是法官、公司高层、政客们为什么总是穿戴黑色的原因。对于任何类型的会谈、会议来说，黑色服装可能是一种糟糕的选择，除非你处于对别人作指示、下命令的地位。

灰色传递的信息：冷漠；事不关己；高高在上。灰色是一种冷色调，意味着力量和冷漠。人们穿着灰色服装，很难将自己友善的本性表达给他人。灰色将一切笼罩上一种冷生生的阴影，让人的心情变得低沉，这样就使得人与人之间的联系变得不融洽。因此，朋友之间聚会应该避免穿灰色系的衣服。但是，假如你是一位需要去解决争端、调节纠纷的律师，穿灰色的服装是非常适合的，因为灰色意味着权威、中立的态度，也在当事双方之间设下了一道无形的屏障，有助于使各种事情平息下来。为了避免灰色产生的冷漠、距离感，在选择灰色系穿着时可以补充一点别的颜色，这能在冷漠中保持某种平衡。

蓝色传递的信息：理性；冷静；信任感。蓝色有镇定的效果，在对方激动时恢复冷静。所以，客户投诉部的工作人员适合穿蓝色制服。深蓝色可以给对方一种可靠感，使自己看起来也更富有理性。同时，它和黑色一样，也代表着力量和权力，但又不会像黑色和灰色那样令人感到隔阂与冷漠。因此，深蓝色是很多手握重权的成功者所喜欢的颜色。

与蓝色、黑色、灰色相比，棕色也意味着一定的权力与力量，但是它是一种友好而富有同情心的颜色，比其他三种颜色都更温和，在体现控制力的同时不会让对方有压迫感。

另外，所有淡而柔和的颜色，都会让对方认为你是软弱无力的。比如，粉色传递的信息是：敏感；请爱护我；请保护我。黄色传递的信息是：请说吧；做你想做的。白色传递的信息是：我在认真听你说话；忠厚老实；纯朴。这些颜色让你看起来不那么强势，自然在竞争中处于弱势。即使你穿了一套表现强势的深蓝色或灰色服装，再试图佩上淡柔色的领带或别的饰品，以便使色彩鲜亮些，那也是错误的选择。记住，服装上任何淡柔色的点缀，都将格外突出醒目，从而削弱了你的态度，不利于你坚持自己的立场。此外，粉红色还可以激发对方的保护欲；黄色在你试图想改善与对方的关系时，特别有效；白色能给人整洁、清爽的印象。

而有些颜色是那么的鲜艳夺目，以至于你如果穿戴上它们的话，对方的注意力将完全放在颜色上面，而忽视了你这个人本身，他们对你的印象将是模糊的，有喧宾夺主之嫌。比如，红色传递的信息是：我需要刺激；我想引人注意；我喜欢华丽的东西。为了让对方把注意力放在你本人身上，一个好的办法是避免在服装上采用强烈对比的颜色，而是坚持采用单色的配置。

另外，橙色传递给对方的信息是：我很快乐；可以和我轻松交往。当你想邀请别人一起享用美食时，适宜穿橙色衣服。绿色传递的信息是：保持平衡；和平共处。想与周围的人和谐共处时，穿绿色衣服可以营造出和谐的氛围。紫色传递的信息：我与别人不同；请认可我；我很有魅力。想向对方表白感情时，穿淡紫

色衣服比较好。

通过服装颜色的选择，能传递给对方你想传递的信息，给对方留下好的印象。不过，颜色搭配并不是万能的。它给对方留下的印象和带来的心理效果，具有两面性。因此，当你为重要的会议和会见选择服装的颜色时，不单要考虑颜色本身的含义，而且要考虑自己所面临的局势，二者是同等重要的。

服装颜色与个人心理密切联系

据媒体报道，有一位妈妈花了 4 年时间调查发现，她女儿穿浅色衣服去参加考试，得到的平均成绩，要比穿深色衣服多 2.7 分！这位妈妈是做会计工作的，统计是她的强项。她将女儿从初一到现在近千份试卷进行了统计，发现女儿穿深色衣服考试，平均分是 81.77 分，而穿浅色衣服时是 84.47 分。色彩心理学家认为，白色、淡绿色容易让人变得安静，做起事来也更细心。而像红色、黄色这类亮眼的颜色，往往能让人情绪亢奋，在行为举止上也更毛躁，不够细腻、安静。尤其是在考试时，一旦答不出题，很容易心情烦躁，影响发挥。因此，专家建议考生在考试时最好穿浅绿、浅蓝、白色的衣服，以保持心态的稳定，冷静应考。

色彩和人类的心理之间有着十分密切的关系。一个人对色彩的选择，不仅会影响给他人留下的印象，也会影响自己的心理状态。

穿黑色衣服：有助于保护自己免受外界的干扰和伤害，也有显示权威的作用。想要获得控制对方的力量，可以选择黑色衣服。

穿白色衣服：有助于调整心情。当你想有一个崭新的开始时，可以穿上让人精神焕发的白色。白色还有助于显示你健康向上、充满活力的一面。

穿灰色衣服：有助于做出谨慎的行动。灰色不是友好的、富有活力的颜色，需要小心处事时，穿灰色衣服较好。

穿黄色衣服：有助于提升自信，激发人的进取心。感觉不安时，穿黄色衣服可使人镇定；想解决问题时，穿黄色衣服可以使自己获得动力；另外，穿黄色衣服可以促进肠胃蠕动，所以改善便秘时，可以考虑黄色衣服。

穿红色衣服：有助于激发情绪，振奋士气。无精打采时或想打起精神的时侯，穿红色衣服；和黄色一样，红色也能获得解决问题的动力；另外，红色衣服尤其是红色内衣，还可以提高生殖器活力。

穿绿色衣服：有助于平稳情绪，提高决断力。在情绪焦躁或者需要作出决定时，可以穿绿色衣服；绿色还有缓解头痛紧张等症状的功效。

穿蓝色衣服：有助于集中注意力，缓解压力和疲劳。另外，穿蓝色衣服可以激发创造力；可以刺激新陈代谢，想抑制食欲时，穿蓝色衣服，不光使人看起来更苗条，还能减肥。穿淡蓝色衣服则可以缓解疲惫，还有改善体质、治疗腹泻的作用。

穿橙色衣服：能促使人采取积极行动，可以刺激荷尔蒙的分泌，加速人体新陈代谢。需要提高行动力时，就选择橙色衣服。

穿粉色衣服：可提高内分泌系统的活力，也可以使自己对他人的态度变得更温柔，性格变得更温厚。

穿紫色衣服：能刺激人的直觉，使人感觉变得敏锐。另外，也能促进女性荷尔蒙分泌，使女性更显女人味。

另外，在恋爱的过程中，色彩心理学也可以助男性一臂之力。女性常常会抱怨男性不了解她们，不知道她们心里的所感所想。其实，女性所穿衣服的颜色，大多可以反映出她们当时的心情，根据色彩心理学教我们的，就可以了解她们的一些想法。如果女性穿鲜艳的衣服，可以约她进行大家都感兴趣的娱乐活动；如果女性穿深蓝色的衣服，可能是想寻找倾诉的对象，这时男性应该认真倾听她的心声；如果女性的服装是以黑色为基调的无彩色，则说明女性需要倾诉对象或是希望得到别人的赞美；如果女性穿暗淡色调的衣服，则适合一起去美术馆等让人心情平静的地方；如果女性穿可爱的浅色调衣服，则可以进行一些户外活动。

不同色彩的衣服不仅能对别人的视觉产生影响，一件颜色鲜丽的衣服可以使一个很普通的人，立刻变得不同起来，穿着怎样颜色的衣服主要还是会影响一个人的心情，也可以展现一个人的不同性格。

个人色彩系统

每个人都想在出席各种重要场合时，给对方留下一个好的、难忘的印象，于是会特别注意在不同的时间、不同的场合选择穿不同颜色和款式的衣服。但他们往往却忘了想一个问题，这种颜色到底适不适合自己呢。如果选择了一个不适合自己的颜色，效果只会适得其反。因此，如果你想轻松驾驭色彩，就必须了解什么颜色是适合自己的。

个人色彩系统能帮助我们找到最适合自己的色彩体系。它是由美国人率先提出来的。日本人也较早引用此体系。现在，在日本已经有很多为他人提供个人形象诊断和设计的机构。

在前文中曾提到，色彩包括三要素，即色相、明度和纯度，个人色彩系统就是在此基础上确立的。不过，个人形象色彩里多了一项——底色。在个人色彩系统里，人都是有底色的，分蓝底和黄底两种人。要想知道自己适合哪种色彩系统，首先要知道自己属于哪个底色。那么，如何辨别自己属于哪个底色呢？方法很简单，先找两个色彩样本，一个是发蓝的白色样本，一个是发黄的米色样本，这些样本可以是衬衣或者其他的布料等，只要能起到对比的作用就行。然后，站在明亮的镜子前面，将不同的颜色样本分别与自己的肤色、脸色、眼睛的颜色等作比较，看哪个颜色样本让自己显得格外的亮丽、自信、富有生气。选定了之后告诉大家答案：适合米色样本的人，属于黄底，皮肤的颜色偏黄色。适合白色样本的人，属于蓝底，皮肤的颜色偏蓝色或粉色。黄底的人不仅适合米色，也适合橙色、绿色、乳白色等。而蓝底的人不仅适合白色，也适合蓝色、柠檬黄、紫色等。

其实在个人色彩系统中，人不仅分蓝底和黄底，也分春、夏、秋、冬四种人。由有“色彩第一夫人”美称的卡洛尔·杰克逊女士发明的“四季色彩理论”，对此有比较详尽的阐述。

“四季色彩理论”把生活中的常用色按照基调的不同，进行冷、暖和明度、纯度划分，进而形成四组色彩群。由于每一组色彩群的颜色刚好与大自然四季的色彩特征相吻合，因此，杰克逊女士就把这四组色彩群分别命名为“春”“秋”（暖色系）和“夏”“冬”（冷色系）。我们可以根据每组色彩群的特征进行自我诊断，看看自己的个人色彩系统属于哪个季节，亦或者是哪几个季节的组合。

春季型

肤色特征：浅象牙色、暖米色，细腻而有透明感。

眼睛特征：眼珠为亮茶色、黄玉色；眼白有湖蓝色。

发色特征：发质柔软；发色偏茶色，柔和的棕黄色或栗色。

春季型人在选择最适合自己的颜色时要注意，颜色不能太旧、太暗，过深过重的颜色会与春季型人白色的肌肤搭配不和谐，使整个人看上去显得暗淡，尤其黑色是最不适合的颜色。在色彩搭配上可以大胆一些，多选择明亮、鲜艳的色彩，这样会比实际年龄显得年轻。服饰基调以暖色系中的明亮色调为主。这个季节的人使用范围最广的颜色是黄色。

夏季型

肤色特征：粉白、乳白色，带蓝色调的褐色或小麦色皮肤。

眼睛特征：眼珠呈茶色、深棕色；目光柔和。

发色特征：发质柔和；发色为黑色、灰黑色、棕色或深棕色。

夏季型人适合以蓝色为底调的柔和、淡雅的颜色，不适合穿黑色或藏蓝色，因为过深的颜色会破坏夏季型人的温柔、恬静的感觉。这个季节的人适合穿深浅不同的各种粉色、蓝色和紫色，在色彩搭配上，最好避免反差大的色调。他们穿灰色会非常高雅，但注意选择浅至中度的灰。

秋季型

肤色特征：象牙色、黄橙色、深桔色或暗驼色。

眼睛特征：眼珠呈茶色、深棕色；眼白为象牙色。

发色特征：褐色、棕色或者巧克力色。

秋季型人最适合的颜色是金色、苔绿色等浓郁而华丽的颜色。这些颜色可以衬托出他们成熟、高贵的气质。同样不适合穿黑色，会显得皮肤发黄。服饰基调以暖色系中的沉稳色调为主。

冬季型

肤色特征：青白色，略带橄榄色、黄褐色。

眼睛特征：眼珠为茶色、深黑色；目光锐利。

发色特征：发质乌黑发亮。

冬季型人最适合颜色鲜明、光泽度高的颜色以及各种纯色。在四季颜色中，只有冬季型人最适合使用黑、纯白、灰以及藏蓝色这几种颜色。选择红色时，可选正红、酒红和玫瑰红。冬季型人着装一定要注意色彩的对比。

一般人的个人色彩系统并不仅仅属于某个季节色，属于复合型的较多。人们如果知道并学会运用自己的个人色彩系统，清楚什么颜色最能提升自己，什么颜色是你的“排斥色”，就能把自己独有的品味和魅力最自然、最完美地显现出来，科学而自信地装扮出最漂亮的自己。

第十九章

图画心理学：随手涂鸦的作品就是人生成长的记录

随手涂鸦的作品就是人生成长的记录

想画什么就画什么，是一个艺术家经过千锤百炼才能达到的境界。而图画日记能让我们一开始就处于这样一个创作的最高点，随心所欲地表达自己内心的所感所想。如果信手涂鸦成为每天的生活习惯，也不失为一种成长的记录、一笔宝贵的人生财富。

图画日记，顾名思义，就是以图画的形式来记日记，再配以极少量的文字说明。和传统的纯文字日记一样，借助图画日记，也能记录生活的点滴，宣泄压抑的情感，反省过去的所为。图画日记的特点不仅限于这些，更重要的是，它能记录你内心的历程，反映你在经历每个事件之后的情绪、感受。

图画日记的要求很简单，可以以任何形式进行表现。只要几张白纸，一些简单的线条、色块，再加上适当的文字补充就能完成。绘图的工具可以是铅笔、水彩、绘图软件等工具，图画可以是单幅的，也可以是多幅的，加入的文字可以是寥寥的几句话，不必有明确的目的性。总之，记图画日记，不必拘泥于绘图的形式和技巧，也不必约束自己的情感，我们需要的是通过色彩、线条来表达自己的心声。当然，也可以在每张图的背后简单记录自己绘图时的心情。我们可以定期或不定期地记图画日记，在白纸上画出自己的想法。然后把这些画稿保存起来，隔一段时间拿出来作一次回顾，把回顾时的感想再补记在后面。这不失为一份珍贵的个人成长心理历程记录。

据一项调查显示，爱写日记的人更容易有自闭倾向。也许文字的表达给人感觉过于严肃，那么图画日记，是不是能提供一个更活跃的空间呢？

儿童天生就喜欢画画，画画是他们的本性。尤其是在语言和文字能力还有待提高的情况下，画画无疑是记录他们成长的最佳选择。儿童在 3 岁左右时就能以极具象征性的线条将现实事物画出来，可以凭自己的想象自由作画。此时他们的生活经验非常少，很多事物即使有过经验也不可能都留下深刻印象，更别提用语言和文字记录下来。而那些他们常见的人、常到的地方、常吃的食物、常看的动画片、常听的故事、常玩的玩具等，是他们经常体验的，因此他们可以通过绘画的形式将其记录下来。这些场景会一再地被他们描绘在画面上，反映他们当时的心情。图画日记可以满足儿童爱涂鸦的天性，尽情享受表达自我感受的乐趣。虽然可能只是乱画一通，画的主题永远只是他们感兴趣的那几样事物。但通过图画日记，有利于增强儿童的观察力、分析力、想象力和创造力。不仅如此，图画日记还能增强儿童的语言表达能力，在画完日记之后，父母可以要求儿童口述画的内容，锻炼其口才。作为童年生活的积累，长大后，孩子再回过头来翻看当年的这些图画，回忆起童年的点点滴滴，将是件很幸福的事情。

图画日记不仅能表达自己的所思、所想、所感，还不用受制于生活中真实的事物，可以用夸张的方式改变或是创造新的形象。在图画日记中，你可以用一些简单的线条表达你的喜怒哀乐。

什么是图画心理学

图画心理学是图画学与心理学的交叉学科，也是心理学的一个新的分支学科。它是一门研究图画与人类心理之间的内在联系的科学。根据图画心理学的基本原理和理论，我们能通过绘画者所画的图像，从线条、图画大小、位置等角度来帮助绘画者认识自我的内心想法，或者考察他们的人际关系、心理状态和性格特征等。绘画时的氛围是轻松愉快、没有压力的，这样绘画者才能将最原始的一面展现出来，得到的心理分析也是最真实可靠的。

众所周知，图画的基本要素是线条和色彩。线条或流畅或生涩，或遒劲或软弱，色彩或浓烈或淡雅，或暧昧或清冷，通过这两个要素的变化，能传递出比语言丰富得多的信息。此外，我们在画图时，脑海中会很自然地浮现出一些联想、记忆或片断，这些情绪、感受会很自然地通过线条或色彩融合在图画中。这样一来，就赋予了图画某种象征意义。也就是说，图画能反映我们潜意识中的某些信息。我们对于图画，欣赏的不仅仅是绘画的功力和技巧，更重要的是图画背后包含的

情愫是否能直达人心，反映出绘画者最原始、最本能的一些对生活的思考。

如何利用图画心理学来分析一幅图画？可以从三个方面进行：一是从整体上进行分析，包括图画的大小、下笔力度、构图和颜色等；二是从绘画者绘图的过程进行分析，包括先画什么，再画什么，是否有涂擦，花了多长时间等；三是从画的内容上去分析。不同的图画分析的侧重点不同。总之，图画心理学的奥秘就是：即使是一幅信手涂鸦的作品，心理学家也可以据此解析我们的内心世界。

图画心理学利用的其实是心理学的投射原理，通过使用简单模糊和不确定的指导语，让人们把深层次的焦虑、冲突、动机、情绪、价值观和愿望等，于不知不觉中投射到图画作品中。对图画的解释一定要由受过专业训练的人员来进行。即使是专业人员，对图画的解释也应该谨慎，需要综合考虑各项指标和要素，以及来访者的年龄、社会文化背景、情绪状况、主要心理问题等。先仔细倾听他们自己对于图画的解读，然后根据咨询的需要进行分析。

图画心理学的基本理论

前文已经提到过，图画心理学就是根据绘画者所绘图像的线条、大小等角度去分析绘画者的心理。画图不拘泥形式和技巧，通过简单的画人、画树、自由绘画等，就能考察绘画者的心理状态、性格特征以及人际关系等。其基本理论依据有以下三个方面：

首先，画画的过程是一种心理学的投射技术，它能够间接反映人们潜意识层面的信息。画画是直观表达人们内心的一种工具，在画画时，大部分人不会有很多的防御心，而是很自然地将内心真实的想法和愿望通过图画流露出来。它能直接通向人的内心，当人们把自己心中的想法落笔到纸上时，图画就不仅仅是图画，它还承载着人们内心的种种信息，只要仔细加以分析，就能获取最主要的那部分信息。我们有时候会有这样的感觉：想表达自己的一个想法时，语言显得非常匮乏无力，别人也总是一知半解，但是如果能以图画的形式将想法画下来，即使是寥寥几笔简单的线条，别人也能很容易领会要传达的信息。所以，有时一幅画胜似千言万语，它能传递非常丰富的信息。在孩子的笔下，这个特点非常明显：太阳公公笑眯眯地看着大地，花朵小草都在跳舞，小动物穿着漂亮的衣服在一起玩耍……在孩子的眼里，任何事物都和人一样是有生命的。有些在现实生活中不能达到的愿望，孩子们便通过图画来满足自己的需求、寄托情感，以此求得心理平衡。

图画有利于人们的表达与沟通。人类祖先通过图画来交流日常生活的信息，这从已发现的一些岩画中可得到证实。在以后的进化过程中，才逐渐赋予其美学意义。不仅如此，儿童在具备一定的语言和文字能力之前，也是通过涂鸦和画画的方式来表达自己的。可以说，图画是表达自己内心意愿和感受的最主要方式之一。与文字相比，图画更具象征性和随意性。人们在画图时，会自然放下内心的防御，不自觉地将内心的一些情绪和想法投射到图画中，使得图画具有象征意义。

再者，图画能传递比语言更丰富、表现力更直观的信息。而且，在画图的过程中，我们能进一步理清自己的思路，把无形的东西有形化，把抽象的东西具体化。图画的表达能力比语言要强得多，虽然只是线条和色彩的组合、变化，却能传递丰富的信息。需要用很多文字表达的一个意思，可能只需要一幅寥寥数笔的图画就能把意思表达清楚，而且更加形象、生动。此外，通过图画，也能表达出绘画者的情绪、想法。比如说：线条是图画的基本元素之一，不同的线条能传递不同的信息。长线条表示绘画者能够较好地控制自己的行为，但有时会压抑自己的想法，显得较为保守；短而断续的线条表示绘画者较易冲动行事；曲线可能代表的是绘画者厌恶常规，希望有独立的想法；强调横向的线条表示无力与害怕、自我保护倾向、女性化等特征；强调竖向的线条代表自信与果断，坚毅和勇敢；线条过于僵硬，代表的是固执或攻击的倾向；线条不断改变笔触的方向，则代表绘画者缺乏安全感。此外，无论是线条朝向什么方向，只要过长，或者是很僵硬，反映的是绘画者的刻板与固执，甚至是攻击性倾向。在传递一些复杂信息时，言语往往是匮乏无力的，有嘴说不清，听者也感觉云里雾里，但如果借助图画来表达，往往能使双方一目了然。画图的过程，本身就是人们思维再加工的过程。用最有效地方法，把复杂的东西简单化，把无形的东西有形化，把抽象的东西具体化，这是图画能赋予我们的意义。

图画能最有效地表达自我，能直观地传递比语言丰富得多的信息，还能投射出我们潜意识的想法。透过图画，我们能更加了解自己。

常见的图画技术

绘画作为个体表达内在心理的一种方式，不仅是一种认知活动，更是一种情感的宣泄。具体操作过程是，给来访者铅笔、橡皮以及几张白纸，要求他们在白纸上描绘一些图画，然后根据一定的标准，对这些图画进行分析、评定和解释，

以此来了解来访者的心理现象，判定心理活动的状况。目前，常见的绘画测验包括画人测验、画树测验、屋—树—人测验、自由绘画以及绘画讲故事等。

现在广泛使用的画人测验是古德伊纳芙·哈里斯画人测验。该测验适用于4～13岁的儿童，主要指导语是让儿童在一张白纸上画一个人物的全身。对画人测验的结果进行解释时无需考虑绘画的技巧，只围绕图画的各种属性展开，包括大小、位置、身体的细节、面部表情、姿势等。图画中的各种细节都可能反映出绘画者的人格特征或某些心理状态。最早的画人测验是用于测量智力的，后来逐渐被用于对人格的评估。

画人常用来考察以下方面：智力、成熟度；情绪状态；人格特点等。对儿童来说，画人测验还可以了解其听力障碍、适应性问题以及个性问题等。由画人测验可衍伸出画自画像（考察对自我的评价）、画一位异性（考察性别认同度）、画雨中人（考察如何应对外界压力）、画一个家庭（考察家庭成员的互动情况）等绘画投射技术。

画树技术也叫树木人格图，一棵树由幼苗长成参天大树的过程就好似一个人的成长过程，通过画树，可以了解一个人的成长历程以及其在成长过程中的一些感受，尤其是负面的感受。

屋－树－人测验是在画人和画树测验的基础上发展而来的。测验的形式有多种，有的简单要求绘画者画出屋、树、人；有的要求绘画者在画完屋、树、人后，再用蜡笔对画涂抹上色；另有一种为统合性屋－树－人测验，要求被试者在同一张纸上画屋、树、人来进行测试，在画的过程中会把情绪状态在画面上描绘下来，甚至通过画面来反映他们的愿望。

绘画者所画的屋、树、人，部分与部分之间的组合、比例、结构，各部分在画面上的位置等，都具有特别的意义。画屋－树－人可以考察以下几个方面：智力；人格的整合程度；对待自我、家庭的看法等。

以上几种绘画形式虽然给予简单的指导语，但是绘画的主题还是受到限制的。而自由绘画能满足绘画者想画什么就画什么的需求。自由绘画可以考察绘画者内心被压抑最深的情绪、最迫切需要解决的问题等。由于自由绘画表达的信息丰富多样，不能像画人、画树测验那样按照一定的标准计分，这就要求解释者具有较高的专业水准和丰富的经验。涂鸦比起自由绘画，它能创造更愉快轻松的创作氛围，能充分调动绘画者的主观能动性，激发潜意识的表达。

绘画讲故事是一种强调绘画者与咨询师之间互动的图画技术。有些人可能会抗拒咨询师提出的问题和要求，咨询师要求他们画人或画树，但得不到他们的配合。这时候，有很强互动性的绘画讲故事技术可以发挥作用。首先，咨询师会告诉绘画者：“我们来做一个互动游戏。我们轮流画画，讲故事。由我先开始。”然后他(她)在纸上画一根简单的线条，问来访者一些问题。“你觉得它像什么”“它代表什么含义”“你怎样解释它”，让来访者表达自己的想法。接着，让来访者在这根线条的基础上自由作画，完成之后也回答一些问题。这一阶段结束之后，再由咨询师和来访者轮番作画，讲故事。通过这样的互动，来访者能尽可能自由地表达内心的困惑，而咨询师也能了解他们面对的主要问题，并思考解决之法。

图画技术能投射出非常丰富的信息，经过多年发展，它已成为较为成熟的测评工具之一。

但由于绘画本身的自由性和任意性，即使有标准化的评价工具，在评价时也需综合考虑所有指标和要素，以及绘画者的基本信息和面临的心理问题等。对图画的解释不能生搬硬套书本上的知识，需由专业人员进行操作。

怎样分析人像画

人像画可以从以下几个方面进行解释：

人像的整体信息

人像的大小：人像过大，代表的是自我膨胀，脱离实际；过小则是没有安全感、不自信的表现。全身画像表示的是自我意识清楚，自我整合良好；相反，只出现脸部或上半身的画像，说明自我意识模糊，自我整合还不完善。画像如果是正面，自画像代表的是自信，愿意让别人了解自己，画别人则表示对画中人的情感比较正面；侧面的画像含义正相反：自画像是希望能保留自己的隐私，不愿意被别人了解，画别人时代表的是对画中人的接受度不高。另外，自画像如果是背影，表示的是对别人的防御心理，或不愿意面对真实的自我；画别人如果是背影，表明对这个人情感上的接受度非常低。

头部

头部占全身的比例较大：说明绘画者对自己的智慧和智力评价较高；但也有可能是不满意自己的体格。头部占全身比例较小：代表的是自卑感和软弱感，对于自己的智力和人际交往能力信心不足。画中人的头部左倾，代表的是理性；画中人的头部右倾，代表感性。重复描画脸部轮廓线条，说明绘画者注重别人对自己的看法。

五官

眼睛是心灵的窗户，它能透露非常多的信息，所以应该重点关注眼睛的画法。一般来说，目光的方向代表的是搜寻不同的记忆：画中人往右看，是展望未来；往左看，是回忆过去。非常大的眼睛：绘画者比较外向，喜欢用感性的方式了解世界；非常小的眼睛：绘画者是内向的，更加关注自我的内心世界。如果眼睛周围涂了阴影，代表的是焦虑和猜疑。眉毛的表现力非常强，代表绘画者对外表的关注。扫帚般的眉毛表示不修边幅，眉毛扬起表示态度的不屑。耳朵的基本功能是倾听，在图画中，它的意义是对别人意见的态度。耳朵大，表示对批评很敏感；没有画出耳朵，说明绘画者很少倾听别人的意见。鼻子的基本含义是有主见，画像中是否强调鼻子，是对绘画者有无主见的反馈。嘴巴的基本功能是说话和吃东西。在人像分析中，它与表达有关。画像中没有嘴巴，表示不愿意与别人沟通。露出牙齿的嘴巴则表示幼稚和攻击性（语言或身体的）倾向。

此外，五官模糊代表过度自我保护和退缩的倾向，漏画五官有逃避人际关系的含义。而过分强调五官，是在用攻击性来掩饰自己的软弱。

脖子和肩膀

一般认为脖子是智慧与情绪之间的联结。长脖子是想出人头地；短、粗脖子代表冲动、固执倾向；僵硬的脖子则是在人际关系方面的灵活度不够。如果绘画者内心感受到很大压力，会不自觉地把肩膀画成宽肩或方肩，小小的肩膀表示自卑感或无力承受压力。

四肢

如果两只胳膊不对称，代表的是发展中某些方面的不平衡；两手叉腰的动作表示绘画者自恋或对权力的迷恋。长而强壮的胳膊表示有雄心壮志，并且愿意付诸行动去实现自己的目标；短胳膊则相反，是缺乏雄心壮志和行动力的象征。没有画胳膊，表示内疚和罪恶感；如果画异性时没有画胳膊，表示感到被异性拒绝。手的画法值得关注，它能代表行动力以及做事的决心。非常大的手表示攻击性；手紧握成拳头表示攻击性和叛逆性；模糊的手表示在人际关系中缺乏自信；涂黑了的手表示焦虑和罪恶感。没有画手，代表缺乏行动力和做事的决心。手指还能表现出更多的信息，细致地画出手指，表示友善和开放，愿意与人接触。非常大的手指也表示攻击性、侵犯性。在现实中，腿和脚是用来支撑和站立的，它们代表的是踏实与稳定。长腿表示需要自主，细脚表示没有安全感。没有画脚，表示不稳定，或缺乏准确的定位。腿脚不对称则是没有确定感的表现。

躯干

大部分人在躯干的处理上都比较简单，勾画出近似方形或椭圆形的形状。圆圆的躯干表示性格上的被动，而棱角分明的躯干表示绘画者个性中的倔强。躯干过小，也是自卑和压抑的象征。

另外，阴影代表情绪困扰。把某个部位涂黑，说明对涂黑部位有焦虑感；把整个人像都涂黑、涂暗，可能是有情绪上的困扰。

怎样分析屋－树－人图画

屋—树—人图画和画人、画树测验一样，都是投射测验的一种。在图画中，每一样事物都有自己的象征意义。房屋一般代表家庭、安全感，也代表我们的生命实体。树象征着生命的能量和自我的成长。人代表着自我形象、人际沟通，也代表我们与家庭成员的互动关系。

首先，可以从图画在白纸中的位置来进行整体分析。图画居中，说明绘画者的自我意识较强，习惯以自我为中心；图画偏左，代表绘画者留恋过去；偏右，则是展望未来的表现；图画偏上，说明绘画者喜欢幻想，是个理想主义者；偏下，则代表对现实的关注。如果图画在白纸的某个角落，绘画者可能有某些病理性的疾病。

房屋是人们成长、生活的地方，投射的是内心的安全感。绘画者所画的房屋一般是自己现实的家，或理想中的家。从整体上看，画楼房，显示绘画者的智商较高；房屋画得像庙宇，绘画者要么是人才，要么行为怪异；房屋有烟囱，向上的烟代表绘画者内心的压力；房屋的侧面有楼梯，绘画者逃避与他人直接接触。门是房屋的出入口，它代表的是个体对外界的开放程度。房屋没有门，说明绘画者对外界有较强的防御心理，拒绝与他人接触；房屋有侧门，绘画者内心不认同家庭；低矮的门，代表绘画者表面上似乎很开放，内心却保持戒备；门上有猫眼，绘画者不会轻易相信他人，谨慎多疑；门没有把手，说明绘画者不希望别人走进自己的内心；另外，双扇门是渴望成双成对的表现。窗户同样也代表个体的开放性，“十”字型的窗户是最常见的一种画法，没有特别的含义；没有画窗户，表示绘画者退缩的心态；窗户狭窄，显示绘画者的羞怯，不能很快和别人打成一片；窗户像栅栏一样，代表的是缺乏安全感，内心封闭。大的单片玻璃窗户代表绘画者心态开放，愿意与他人沟通，愿意让他人了解自己的信息。很多窗户是渴望与外界接触和沟通的表现。

树木象征感情，投射的是人们对环境的体验。用单线条画成的树，说明绘画者内心忧郁；树枝上长出新芽，代表绘画者渴望或正在重新开始；树上有疤痕，代表绘画者曾受过心理创伤，疤痕在树干上的位置越低，受创伤的年纪越小；树上有果实，代表的是对金钱和权威的欲望；绘画者将树干涂黑，说明潜意识的攻击性较强；高山上画一棵树，绘画者可能有性行为问题或恋母情结。

人投射的是绘画者的自我形象和人格的完整性。一般绘画者都是画写实的人，如果画的人是符号化的，代表绘画者的掩饰性和防御心理较强。头画得越大，绘画者的心理年龄越小；脚代表人的活动力，叉开的双脚表示活动力强，反之则不善与人交往；手代表对环境的支配，伸得越开支配力越强，手放到后面说明绘画者有被动攻击行为；耳朵画得大，绘画者可能比较敏感，孩子不画耳朵则可能是逆反心理的表现；眼睛画得比较大的人比较敏感、多疑；不画瞳孔，绘画者在人际交往中有回避倾向；画眼睫毛代表对美的关注。

在作画时，绘画者往往还会添加一些附加物。通过分析这些附加物，也能找到一些线索。太阳是比较常出现在屋－树－人图画中的，尤其是在儿童画中。太阳代表的是温暖和能量，朝向太阳可能代表寻求温暖，而背着太阳表示的是拒绝温暖。花朵表示绘画者渴望得到爱或者其他美丽的事物。云朵和月亮都代表忧郁，云朵还代表焦虑。蝴蝶则代表难以捉摸的爱。

另外，作画的先后顺序也有不同的含义。一般来说，最先画的部分对绘画者是最重要的。先画房屋，可能表示绘画者对自己的身体或家庭非常关注。先画树，说明绘画者首先考虑的是生存问题，对生命力的关注。那些经常考虑“生还是死”问题的人，往往会先画树。先画人，表明对自己的特别关注。如果画的是别人，表明绘画者对所画人物有特别的情感。要综合考虑屋－树－人图画中三者之间的关系，再予以分析，才能更准确。

第二十章

音乐心理学：常听莫扎特的小提琴曲能变聪明吗

什么是音乐心理学

音乐是什么？音乐是人们用来抒发感情、表达感情以及寄托感情的一种艺术，通过音乐，能传达人们千丝万缕的情感。音符与音符的组合，产生了高低、疏密、强弱、敏感、起伏的节奏，这个节奏与人类的脉搏律动和感情起伏的节奏类似，能在人的内心产生共鸣，这些美妙的感觉甚至都无法用言语来形容。

音乐心理学，是以心理学理论为基础，采用实验心理学的方法，结合生理学、物理学、美学等学科的有关理论，用以研究与音乐相关的心理现象和问题，解释人类获得音乐经验和音乐行为的一门心理学分支学科。音乐心理学的研究对象非常广泛，截至目前为止，音乐心理学的研究主要包括以下方面：人类的基本听觉、知觉特征；音乐对心理的刺激及其效果；音乐感、音乐记忆、音乐与感情的关系；音乐天资的遗传；音乐表现的心理机制，音乐创作、欣赏等活动中的心理特征；音乐才能的定义分类及测定；音乐创造及表演的心理过程；音乐对社会心理的影响；音乐对疾病的作用等等，并已出现了更细致的分工，如音乐社会心理学、音乐教育心理学、音乐治疗学等。音乐心理学的研究不仅有音乐美学等方面的理论意义，在广泛的音乐实践领域中也有应用价值。

19 世纪中叶，在实验心理学流派的努力下，现代音乐心理学掀开了新篇章。实验心理学流派最初致力于音响与感觉之间关系的研究。例如，施通普夫研究了人们感觉的差异性；费希纳建立了心理物理法，进行了大量音响强度与感觉反应的试验；德国心理学家赫尔姆霍尔茨研究了音乐与感觉的问题；冯特也对视觉、听觉的生理及心理方面进行了研究；马赫分析了感觉与表象之间的关系，尤其是

时间及音乐节奏要素的感知。但是，这个阶段中所研究的内容主要是音响心理学，音乐心理学只占其中一小部分。直到20世纪初，音乐心理学才逐步从音响心理学中分离出来。这一时期，心理学家们开始着重研究音乐与心理的关系。如：西肖尔与他的学生发展了许多测验视、听和运动知觉的仪器，研究如何测验音乐才能。50年代以后，研究重点从声音的属性、音乐才能、天资等问题转移到音乐的感知过程及其本质的探讨等，并更多地利用科学仪器对音乐心理活动作出进一步的分析。

音乐对人的生理有影响。美国的医学家曾做过一个试验：通过对那些演奏古典乐曲的管弦乐队队员的脑电图、心电图的测试表明，他们比一般人更健康，健康率达95%以上；而从事爵士乐、摇滚乐的乐队队员中，心律不齐、脑电图异常者占93%以上，音乐损害了他们的健康。精神分析学家将情绪与认识、记忆联系起来，随后又发展起来“音乐疗法”。音乐疗法，就是用音乐来减轻或消除患者的病痛。19世纪末期，美国的一些医院和大学里已经有人开始研究应用音乐作为治疗疾病的手段。20世纪四五十年代后，音乐疗法得到更多实践应用。很多国家已经在手术室、分娩室和康复中心等地方开展音乐疗法，帮助病人减少痛苦，加快恢复。比如说，日本的医学家利用音乐促使母亲的乳汁分泌，约可增加20%的分泌量；瑞典有口腔科用音乐代替了麻醉剂。

音乐疗法，既简单又复杂。简单是指优美的乐曲往往很容易受到喜爱，即使人们对音乐不甚了解，也很容易陶醉在音乐中，产生共鸣。因此，一般情况下，优美的乐曲都能对人们的身心健康起到良好的作用。但是，由于每位接受治疗的患者气质性格有别，健康状况不同，而且音乐修养也不甚相同，对乐曲可能不会产生一致的反应，得不到同样的疗效。

了解了音乐心理学的发展历史、研究内容以及实践运用等，我们能更深刻地体会到，优美的音乐让生活变得更加美好。

什么是音乐感和音乐记忆

音乐记忆，泛指记忆所听过的音乐的能力，既包括一般的记忆，如知觉的、情绪的和运动的各种经验，也包括对音乐中特有的如节奏、旋律、和声、复调、音色以及绝对音高、相对音高，甚至整部乐曲的记忆能力。音乐记忆还是音乐想象的基础，优秀的音乐家一般都有丰富的音乐想象力。

记忆，“记”是识记和保持的过程，而“忆”是回忆的过程，两者相互联系，密不可分。因此，从心理学的角度看，音乐记忆还是一个心理活动过程。它包括音乐识记、音乐保持和音乐回忆三个基本环节。音乐识记，是已有音乐经验保持、回忆的前提条件，而音乐回忆则是对识记和保持结果的验证。

培养音乐记忆，可以从音乐记忆的这三个环节入手。首先，音乐识记是整个音乐记忆的开始。在这一阶段，视觉记忆起到关键作用。演奏者首先通过读谱，对作品进行初步的感知，在大脑中逐渐形成最初的记忆。训练音乐记忆，必须保证最初形成的记忆是完整、全面而准确的，因为它会直接影响以后记忆的巩固和再现。其次，在音乐保持阶段，要及时找出先前音乐记忆中的不足，通过多种方式改进。比如，将看、弹、唱结合起来，用多种形式的音乐信息刺激感官，这样记忆会更牢固。此外，还有一个训练记忆的方法：晚上入睡前闭上双眼，在头脑中将乐曲地从头到尾过一遍，同时大脑反映出手在键盘上的位置，手到音出，二者尽量做到一致，这样也可以巩固音乐记忆。音乐回忆是音乐记忆的最后一个阶段，也是记忆成果的展现阶段。或许你会有这样的经历：平时练得行云流水，但是到了正式表演时，发现自己不知道怎么弹了，先前的练习都失效了。其实，这并不是你的记忆力出现了问题。这是因为我们在练习时，会不自觉地将乐曲和许多与之无关的事物联系起来，可能是房间的摆设，也可能是练习的时间点等。到了正式表演时，音乐记忆一股脑儿涌现出来，包括那些无关事物。这样就干扰了正常的乐曲记忆。所以，在练习时，必须设法在不同的场所和环境中进行练习，这样，我们的记忆就可以将习惯了的环境与乐曲分离开来。

音乐感，是指一个人对音乐的感受、想象和表现能力，主要包括对声音的高低、节奏的感受、节拍的律动、音乐的快慢、和声的构成、音乐结构的形式以及音乐风格、音乐形象等的综合感受。通常，说一个人有较强的音乐感，指的就是他对音乐中的旋律、节奏、和声等有很强的表现力，并通过自己的演奏把这些感受和想象表达出来。具有较强音乐感的音乐家更具艺术感染力。

音乐感是表现音乐才能的主要因素。它在个体中的表现有早有迟，表现出来的深度和广度也存在个体差异。音乐感与先天的遗传有一定的关系，但是也可以通过训练来激发个体潜在的音乐感。它与音乐技能是两个不同的范畴。音乐感的表现不受乐曲所需技术水平的限制，一首很简单的乐曲也可以表现得很深刻。而音乐技能的高低与乐曲所需技术程度的高低是关联的，高难度的乐曲需要演奏者具备优秀的音乐技能。如果说音乐感与遗传因素有关，那么，音乐技能就必须通

过严格、刻苦的训练才能达到较高水平。

另外，音乐感的培养必须建立在音准和节奏准确的基础上。音准、节奏和音乐感这三者是相辅相成的。音准和节奏掌握得不好，就不能训练出好的音乐感。

什么是音乐才能和音乐创造

奥地利作曲家莫扎特，不仅是古典主义音乐的杰出大师，更是人类历史上极为罕见的音乐天才，有着“音乐神童”的美誉。他出生在一位宫廷乐师的家庭，3岁起显露极高的音乐天赋，4岁跟父亲学习钢琴，5岁开始作曲，6岁时在父亲的带领下到慕尼黑、维也纳、普雷斯堡作了一次试验性的巡回演出，获得成功。1763～1773年的这10年间，他们先后到德国、比利时、法国、英国、荷兰、意大利等国作旅行演出，均获成功。在他不到36岁的一生里，为世人留下了极其宝贵和丰富的音乐遗产。其中包括：以第三十九、四十、四十一交响曲为代表的交响曲41部；以《费加罗的婚礼》《唐璜》《魔笛》等为代表的歌剧22部；以第二十、二十一、二十三、二十四、二十六、二十七钢琴协奏曲为代表的钢琴协奏曲27部；以第四、第五小提琴协奏曲为代表的小提琴协奏曲6部；此外，他还写了大量器乐与声乐作品。

可见，莫扎特的音乐才能是不容置疑的。音乐才能，主要是指人们在音乐的节奏、音高和审美表现等方面的才能。心理学家舍恩认为，音乐才能应该包括：听觉感受力、音乐感情与理解力、音乐实现力、音乐智能、音乐记忆以及思考力、自信力与音乐气质等要素。

音乐才能是先天的潜能与早期环境影响的产物。它只有高低之分，没有有无之分。也就是说，音乐才能是相对的，一个人和他人相比较，可能有较多或较少的音乐才能。而音乐才能在儿童中间呈正态分布，大多数儿童的音乐才能都处于平均水平，少数儿童的音乐才能超常或低于平均值，像莫扎特那样极有天赋的儿童更是少数。在西方，心理学家编制了所谓的“音乐才能测验”，以评估儿童的音乐才能。最早出现的音乐才能测验是由西肖尔编制的，共100题，让测试者听一些音乐片段，然后回答问题，以测试其音乐才能。夸尔瓦泽编制的音乐测试法，只用到3个音，不断改变音高、时值、响度及节奏，让儿童判断其变化。而韦恩的“标准音乐智力测验”包括的测试内容有和弦分析、音高变换、音乐记忆、节奏重音、和声、力度等。这些测试都有一定的参考价值。

音乐才能包括音高才能和节奏才能两部分。音高才能主要是由音高意象组成的，不仅是听，我们在回忆、理解以及预期音乐时，都要通过音高意象。而节奏才能的主要特征是与音乐的音高和表现要素相互联系。速度和节拍感是节奏才能的基本要素。可以说，节奏才能是音乐才能的基础，因为如果没有充分的节奏才能，要想洞察不同的音乐风格就会受到很大的限制。

音乐，是一门极富创造性的艺术。在音乐教学中，音乐创造指的是即兴或者运用音乐材料来创造音乐的活动。而作曲家们的音乐创造历来被认为是神秘莫测的。他们的创作冲动从何而来，如何构思创作，又如何表现为具体的形式，这是为常人所不知的。音乐心理学研究的重点是作曲家们在创作过程中的心理活动特点，现实生活、灵感等因素在其创作中发挥的作用等。

从某种意义上说，音乐创造力是蕴涵在音乐鉴赏力、音乐表演力当中的。因为，无论是音乐鉴赏活动还是音乐表演活动，它们都需要音乐想象力作保证，而音乐想象力中也包含着创造的成分。所以说，创造离不开实践。要想创造出好的作品，必须学会鉴赏音乐、表演音乐，积累鉴赏和表演的经验。在培养儿童的音乐创造力时，不能忽视一些基本的启发性工作，比如，可以激发儿童探索音乐的兴趣，启发他们对音乐的感知等。另外，音乐的创造力与创造性思维有关，在培养儿童音乐创造力时，要重视创造的过程，培养和鼓励儿童的创造精神，启发他们创造性地进行艺术表现。

我们培养儿童的音乐创造力，目的不是为了让他们每个人都成为莫扎特式的天才，而是为了开发他们的创造性思维，成为一个勇于创新的人。

“莫扎特效应”的神话

相信莫扎特这个名字对于大家来说都不陌生吧，人们冠以他神童的称号。莫扎特出生于1756年，创作了世界上最著名的一些古典音乐，这也是几百年之后人们仍然能将这个名字铭记于心的原因。也正是因为他的音乐，在世界范围内也出现了一个神话——莫扎特效应。

1993年，加利福尼亚大学的研究者弗兰西斯·洛斯切等人进行了一项研究，他们将36名大学生随机分成三组，在正式的实验之前给予不同的处理：一组学生聆听两首钢琴弹奏的D大调的莫扎特奏鸣曲，第二组聆听相对随意和放松的音乐，第三组则没有听任何音乐，只是静坐，然后对他们操作空间信息的能力进行

测试。结果第一组的学生得分显著高于第二组和第三组。

后来，研究者们又进行很多类似的研究，结果都支持了莫扎特音乐能提高完成任务的成绩这一结论。一些媒体、记者纷纷对此进行了报道，并夸大了实验的成果。于是，莫扎特效应的神话开始蔓延。

所谓“莫扎特效应”，就是指听莫扎特的曲子，能让人们变得聪明，思维变得更加敏捷，活动效率也会更高，甚至对孩子出生前的胎教、出生后的智力等都有重要影响。这个术语在当今西方媒体、杂志中广泛被使用，随着对孩子教育重视程度的日益加深，莫扎特效应越来越多地和父母教育、学校教育等联系在一起。

那么，莫扎特效应是否真的存在呢？虽然很多研究结果都提供了肯定的答案，例如，对正在准备 SAT（Scholastic Assessment Test，学术能力评估测试）的学生进行研究，比较在考试之前听过古典音乐和没有听过的学生的 SAT 分数，结果那些先前听过古典音乐的学生的测试成绩要高于没有听的学生。不过，这一结论的推广也遭致了很多质疑，比如，有人认为参加音乐课程的孩子比其他孩子聪明，于是提出音乐能提高人的智力，但是，有可能音乐课程使孩子变得更加聪明，也有可能是本身就聪明的孩子或有天赋的孩子更喜欢去参加一些音乐课程。哈佛大学的克里斯托夫·查布里斯对所有类似洛斯切实验的研究进行了考察，他认为即使莫扎特效应真的存在，效果也远远没有公众认为的那么大，就更称不上是神话了。

随着人们研究的深入，莫扎特效应的神话渐渐回归到科学。一位研究者说，莫扎特音乐之所以对人们的活动产生了积极的影响，并不与钢琴演奏的 D 大调奏鸣曲有关，而是因为这类古典音乐能普遍引起快乐感。而且，莫扎特的音乐比较简单，总是让某一旋律多次重复，莫扎特音乐中旋律的重复模式与脑电波的时间长度和中枢神经系统的某些活动时间相一致，都大概为平均每 20 到 30 秒重复一次，这就是莫扎特效应的奥秘。

毫无疑问，音乐对人们的认知能力等有积极的作用，在学习音乐或听音乐的过程中，人们的注意力、记忆力等都能得到提高，还对人们的语言能力、阅读能力、空间思维能力、计数能力等都有帮助，而且，通过音乐还能改善人际关系。所以，在教育孩子时多为他们创造条件接触音乐，这对孩子的成长是有帮助的。但音乐的作用只是辅助的，像其他一切外在因素一样，并不决定着孩子智力发展的水平和高度。

现在，再来回答开头的那个问题，听音乐能使人变得聪明吗？大家应该就能辩证地看了：古典音乐确实由于其缓和优美的旋律能带给人们快乐，但将莫扎特音乐引起的效应视为神话则是不科学的。

日本人的“绝对音感”

日本某大学的教授为了研究绝对音感的地区差异，针对本国音乐专业的学生与波兰音乐专业的学生进行了调查。他让所有学生进行一个绝对音感的测试，结果发现，本国学生中，有 30% 的人能回答 90% 以上的测试题，而只有 12% 的波兰学生能达到 90% 以上的正确率。据此，他认为，在日本，拥有绝对音感的人比波兰要多。

绝对音感，又称绝对音准，是指在没有任何辅助工具或器材的情况下，听辨者能将耳朵听到的声音用音阶来识别的能力，也就是对某一声音实际音高的辨认情况。拥有绝对音感的人，能区别某一段旋律的调性，能指出任何乐器发出的音高，能辨别出某和弦中的所有音符，能在没有辅助工具的情况下唱出某特定的音高，甚至能说出日常生活中任何音响的音高，例如闹钟响声等。著名的音乐家中有很多拥有绝对音感。例如，莫扎特 7 岁就被人发现他拥有绝对音感，如果有人在他旁边用任意一种乐器奏出一个孤立的音，他闭着眼睛也能立即说出。李云迪也拥有绝对音感，他从小就能在很短的时间内记住歌曲和歌词，还能辨认音高、节奏以及调性与转调。

与绝对音感相对应的是相对音感。二者的区别在于是否有基准音。绝对音感指的是在没有给出基准音时，听辨者能辨认出任一种器物发音时的音高。这里的发音只包括那些音准和调律无误的音，不包含噪音或其他音准不对的音。相对音感需要给出一个基准音，然后辨别其他音与基准音之间的差异，它的着重点是将两个声音的音高进行对比，而不是判断实际音高。

与相对音感相比，想拥有绝对音感很难。因为，我们在现实生活中接触的大多数音乐都是建立在基准音上，都是有一定的音调的。相对音感是可以通过训练得到的，但是绝对音感的获得和训练就不是那么简单。虽然很少有人拥有天生的绝对音感，但实际上，人们是可以在不经意间拥有这种“神奇”的能力的。有一个科学统计曾指出，绝大多数拥有绝对音感的人都是从小接受训练的人，其中接受古典音乐训练的人占了大部分，尤其以接受要读谱的非转调乐器，如提琴、钢琴等的人最多。通过练这些乐器，慢慢获得对音高的敏感度。

然而，绝对音感也不是“绝对”的。音乐的音高，是人为定出来的，并非自然而成。具体来说，每个民族在每个时代，因为一些原因，都可能改变音高的制定。例如，莫扎特时代，西方的音高定音就比现在差了大约一个小二度，也就是说，现在的演奏家演奏的莫扎特曲子，都比莫扎特谱出来时转高了一个半音。至于西方的音高定音为何会越来越高，可能是由于提琴工艺、管弦乐的发展，甚至是歌剧院推崇飙高音等原因所致。所以，由于每个时代的音高制定不同，绝对音感的“天赋说”也就可以推翻了。另外，有研究还指出，一个国家使用的语言，与这个国家中拥有绝对音感的人的比例有非常大的关系。拥有绝对音感的日本人比波兰人多，就可能是因为他们的语言差异所致。

绝对音感并非“绝对”之处还表现在，拥有绝对音感的人，并不会因为听到音高与实际有一些偏差的声音而感到痛苦。在音乐中，重要的是“相对”音高，而非绝对音高。况且，绝对音高是不存在的。比如说，有一回莫扎特告诉其他人，他们的弦乐器略于半音和半音之间。但是，莫扎特并没有因为他们的弦乐器略低或略高于基准音而感到痛苦。他可能只是一开始觉得有不对劲之处，随后也就能适应了。实际上，乐器本身也因会其制作、乐器状况、故意的调律等因素而出现音准的偏差，但它们都是在一个相对的、非走音的范围里。如果没有绝对音感，不妨从训练我们的相对音感开始。

第二十一章

运动心理学：上场前，运动员为什么要击掌高喊

什么是运动心理学

我们常常通过一些媒体听到有关运动员发挥失常的报道，自己现场观看各种各样的比赛时也能发现这样的情况：运动员明明有很过硬的技能，完全有实力取得很好的成绩，却在比赛时屡屡出现意外。不过，无论人们对他们的失利有多么失望，却从来不会怀疑他们的能力。当人们议论时，总会说运动员发挥失常，是因为他们心理素质不够好才造成的。可见，心理状态对一个运动员的发挥有多么重要的影响。

人们在参加各种体育活动时，看似是身体的运动，其实无时无刻不受着心理因素的影响。尤其是在那些高手云集的大型比赛中，能参加比赛的人都是经过层层筛选、过关斩将的精英，他们在运动天赋、身体能力和技术水平上相差并不是特别大，这时候心理因素的重要性就更加突出了。

运动心理学就是专门研究人在体育运动中的心理特点和规律的科学，所研究的内容十分广泛，包括运动员的心理特点与体育活动的关系、不良的心理素质对比赛成绩的影响以及如何利用心理特点提高技能水平等。运动心理学通过对运动员心理特点的分析，能帮助他们调节自己的心理活动，在比赛时保持良好的心理状态，顺利完成比赛，并取得较好的成绩。

人们在运动中的心理过程和特点与体育活动有密切的关系。我们都知道自信心对运动员能力的发挥有重要的影响。如果一个运动员在比赛时对自己的能力有所怀疑，总是担心自己比不过别人，也超越不了以前的自己，那他在比赛的过程中就会分心，无法集中注意力，成绩自然不理想。而且，更为严重的是，受这种

心理的影响还会出现一种恶性循环：不自信引起比赛中的分心，导致不能取得好的成绩；让自己不满意的成绩又成了自我验证的证据，认为自己真的不够优秀，于是更加不自信。

除了自信心等方面的影响外，比赛时运动员的动机也会影响体育活动的结果。比如，在一些需要团队合作完成的比赛中，如果运动员的动机就是为了展现自己的能力、出风头，就会在比赛中无法顾及与队友的配合。很显然，这种动机不仅不利于运动员个人真正实力的发挥，还会影响整个团队的成绩。

不良的心理状态会对运动员产生短期或长期的影响，最为常见的就是焦虑、紧张。很多人在比赛之前都会紧张，虽然一定程度上的焦虑有利于激发运动员的潜能，但过度的焦虑会阻碍运动员的发挥，这在平时的比赛中也非常常见。如何才能既保持一定程度的紧张状态，又不至于影响到自己的发挥，是十分关键的。也就是说，运动员如果能处理好“唤醒水平和操作成绩之间的关系”，就能让紧张成为自己超水平发挥的动力了。

运动员借助心理学的分析，通过对赛前和比赛过程中心理特点的把握，还能提高自己的技能水平。我们都知道高原现象，它本来是教育心理学中的一个概念，指在学习或技能的形成过程中，出现的暂时停顿或者下降的现象，在成长曲线上表现为保持一定水平而不上升，或者有所下降，但在突破高原现象之后，又可以看到曲线继续上升。在运动心理学中同样会出现这一现象，运动员在达到一定的水平之后，无论自己怎么努力都不见提高，只有正确认识这种现象，并找到合适的方法突破，才能继续进步；否则，就可能被它打败。

此外，运动心理与技能提高的关系，还体现在迁移规律的使用上。我们在学习的过程中，总是会碰到类似的知识或技能，而对这些相通的东西来说，迁移就显得很重要了。运动员的技能学习也是如此，从类似的动作中找出规律，迁移到新的动作学习中会大大提高效率。

运动员为什么会不顾禁令和道德而服用兴奋剂

前文已经说过，对运动员来说，如何才能既保持一定水平的紧张状态又不至于影响到自己的发挥是十分关键的。这在运动心理学中说的是“唤醒水平和操作成绩之间的关系”。

唤醒水平是指人在生理性激活中的不同状态或不同程度，比如，你在熟睡时唤醒水平就很低，而当你迷迷糊糊快要醒时你的唤醒水平也随着慢慢升高，当你起床后听到了一件特别高兴的事情，这让你十分激动，这时你的唤醒水平就很高了。可以看出，人们在经历不同的事情时有不一样的唤醒水平，而且从我们的生活经验中还可以发现，不同的唤醒水平对任务的完成有不同的影响。也就是说，唤醒水平与操作成绩之间存在着密切的关系。

在一些体育项目的比赛中，常常会有运动员为了取得好的成绩不顾大赛的禁令和道德的谴责而偷偷服用兴奋剂。兴奋剂能使人唤醒和维持自己的觉醒状态，对运动员在比赛中的发挥有很大影响。

但并不是所有的项目都是唤醒水平越高操作成绩越好，唤醒水平和操作成绩之间的关系很复杂。倒 U 型曲线就很好地描述了二者的关系。

倒 U 型的理论假说最初由耶克斯·多德森创立，根据这一定律，唤醒水平特别高或特别低都会阻碍操作，只有中等水平的唤醒才对操作成绩的提高有帮助。而且不同难度的任务需要的最佳唤醒水平是不同的。对于简单的任务或需要力量、耐力和速度的任务来说，高的唤醒水平有利于完成任务，比如，俯卧撑、仰卧起坐、引体向上、跑步、跨栏、举重、拳击等。而在那些复杂的任务或要求协调、稳定性的精细运动中，高的唤醒水平反而阻碍运动员的发挥，例如，射击、射箭、乒乓球、体操、跳水等项目。

唤醒水平与操作成绩之间的这一关系在我们的生活中也普遍存在。比如，我们在解数学题时，如果题目很简单，这时不管唤醒水平是高还是低都能顺利地完成任务，但相比而言，高的唤醒水平能提高解题的效率，更快、更好地完成任务；当题目很难时，如果我们的唤醒水平特别高，就不容易冷静下来仔细思考问题，最终也就影响了解题的速度。

唤醒水平对操作成绩的影响效果不仅受到任务本身难度的制约，而且，随着对任务熟悉程度的增加，高的唤醒水平更利于任务的完成。比如，在射击比赛中，一个新手和一个技术娴熟的老手要取得同样的成绩就需要不同的唤醒水平。射击运动是一种需要精细动作的项目，要求运动员高度集中注意力。对于新手来说，唤醒水平高了就容易分心；对于老手来说，他们的技术已经达到了一定的水平，高的唤醒水平反而更有利于他们将注意力集中在射击的动作上，取得好的成绩。

可以看出，了解唤醒水平和操作成绩之间的关系对运动员调整自己的心态、提高自己的成绩有重要作用，但二者之间的倒 U 关系并不是绝对的，还受到运动员自身心理特质的影响，存在很大的个体差异。

上场前，运动员为什么要击掌高喊

喜欢球类运动的人一定对这一幕十分熟悉：比赛前运动员们围成一个圈，击掌高喊。对于这种现象，人们也许已经习以为常了，甚至把它当做比赛时的一个必要环节，而很少有人会去考虑其中的奥秘。其实，运动员们这么做是有原因的，而且，从一定程度上说，还是一种心理战术的使用。

在体育比赛中，尤其是在足球、排球、棒球之类的项目中，整个球队的士气是十分重要的。如果队友们不自信或思想不统一就会影响比赛时的成绩，而击掌高喊能帮助团队扫除一些前进的障碍，取得好的成绩。

不管运动员的比赛经验有多么丰富，技术有多么娴熟，他们在上场比赛前也总是会体验到紧张的感觉，尤其是在大型的比赛中更是如此。对于运动员来说，这种现象是十分正常的，但过分地不自信、紧张对自己比赛时的发挥是有很大阻碍的，所以，要在赛前将自己的状态尽快调整好。击掌高喊就可以作为为自己打气的一种方式，增加自己的信心，缓和过分的紧张。很多心理学的读物在谈到如何缓解压力时，都会提到一种发泄方式——大喊。可见，比赛前大喊是有利的，加上与队员相互之间的击掌，还能获得别人的支持，更有助于帮助运动员提高自信了。

在需要团队协作完成的项目中，整个团队的凝聚力是十分关键的。一个松散的团队，就算运动员个人的水平再高都无法主宰比赛的结果，而一个配合十分协调的团队，却能弥补单个队员的瑕疵，最后取得让人满意的成绩。但由于运动员各自价值观的不同，在他们之间可能会出现种种冲突，即所谓的“内讧”。很显然，队员之间的不和谐会影响整个团队的成绩。在比赛前击掌高喊能让团队中的每个成员牢记自己的责任，时刻提醒自己是团队的一员，尽量避免赛场上的冲突。虽然这种方式并不能从根本上解决队员之间的矛盾，但至少可以让他们的关系暂时得到缓和，不至于影响场上的发挥。

击掌高喊不仅能提高自己的信心，缓和可能存在的矛盾，还能给竞争对手带来压力。赛场就如战场，对手之间的较量不仅体现在技术、能力上，还体现在整体的士气上。赛前队员们围成一个圈，相互击掌高喊能给对方带去压力，精神越饱满给对方制造的压力就越大。

击掌高喊能鼓舞、振奋自己的士气，减轻赛前的压力，增强整个团队的凝聚力和战斗力；斗志昂扬的喊声也显示出了队员们对比赛的信心，在一定程度上给对方造成了压力。这样看来，运动员们在比赛前击掌高喊并不是随心所欲的行为，而是特意之举！

足球守门员的精神压力

足球被很多人认为是世界第一运动，它集合了人类各种活动的特点，以其大众化、参与度高等特点赢得了众多人的喜爱。越来越多的人开始关注并痴迷于足球运动，尤其是在像世界杯这样的大型足球赛事期间，不少人更是表现得近乎疯狂。

人们在看球赛时大多都处于高压状态，会随着球场上运动员的一举一动或大喜或大悲，当自己喜欢的球队取得胜利，或自己钟爱的球星成功踢进一球时，自己也会兴奋地大叫；当自己关注的球队或球星的表现差强人意时，则会十分失望，甚至做出过激行为来宣泄自己的不满。

看比赛的人尚且有着这么大的精神压力，就更不用说参加比赛的人了。在所有参赛的运动员中，足球守门员的精神压力无疑是最大的。

有学者对巴西的职业足球运动员进行过一项心理调查，结果发现不同位置上的球员所承受的精神压力是不同的，其中守门员的压力是最大的。

在整个比赛的过程中，守门员的注意力都必须高度集中，尤其是当对方的攻势很强时就更不能大意了。有时，一轮强烈的攻势刚刚被拦截，可能新一轮进攻又开始了。当场上几乎一大半的球员都在自己所守的球门附近争夺球时，守门员需要有敏锐的观察力，因为球可能从任意一个方向飞来。如果守门员稍有不慎就可能被对手攻破，所以，对守门员来说，他们处于时刻准备着的状态，与那些前锋后卫相比，他们可以用来放松的时间更少，赛场上的高压会一直伴随着他们直至比赛结束。

足球比赛是一项团体运动，仅靠个人的拼搏是很难取得胜利的，需要每一个球员相互协调，无论是位于前锋、中场，还是后卫上的球员，他们的一个小小失误都可能错过进球的机会，影响全局。但从他们失误的后果上来看，守门员的压力很显然也是最大的。对于其他球员来说，最坏的结果无非是被红牌罚下场，一般的情况也就是传球失误等，这些都是能通过努力补救的，对比赛的结果也不会产生直接的致命的影响。而守门员就不一样了，他们的一个失误就可能会让对方进球，而且这一球可能就决定了最后的胜负，也正是由于位置的特殊性，守门员

必须努力做到零失误，可想而知他们所承受的精神压力有多大。

除了高度集中的注意力、所处位置的重要性带来的压力外，比赛时场上的战况也对守门员也是一个很大的考验。这个道理不难理解，足球比赛就像是一场攻城之战，守门员就像是守城门的人，城门失守无疑就代表着战争的失败，所以守门员所坚守的是关乎胜败的最后一道防线，一旦失守就无法挽回。对方得分就意味着城门失守，而通常情况下，人们会将对方的进球与守门员没有守住联系在一起，在进球的一刹那所有的焦点都集中在守门员的身上，他们成功了就是对方失利了，反之就是自己失利了。所以与那些后卫、前锋等位置上的球员相比，他们与场上得分的关系更为密切，身上承担的责任就更重了。在整个比赛的过程中，人们可能更多的将掌声送给那些进球的球员，将嘘声留给这些守门员，而事实上球门能不能守得住是取决于多方面的原因的，可能是自己的队员防守不好，也可能是对方的进球确实很难扑到等等。所以，人们对比赛中得分或失分所持的这种不客观的看法可能会带给守门员压力。

虽然在足球比赛中，每个球员为了发挥自己的能力，为了能赢，都承受着一定的精神压力，但毋庸置疑守门员的压力是最大的。

关键时刻为什么会发挥失常

运动场上常有这样的现象发生：某运动员平时训练有素，实力雄厚，但一到赛场上就连连失利，让自己和他人失望。在一次重要比赛上，一位跳高运动员面临冲击金牌的最后一跳。教练鼓励他说："跳过这两厘米，那幢豪华别墅就归你了。"结果，他没能跳过这两厘米。

这主要是由压力过大和紧张过度所导致的。这种由于缺乏应有的心理素质而导致正式场合与关键时刻失败的现象在心理学上被称为"目的性颤抖"，即在做事的过程中因过于担心结果，不能从容有效地操作，就真的不能达到目的。曾经有一个名叫詹森的运动员就屡屡出现这样的状况，所以，"目的性颤抖"又被称为詹森效应。

相关研究表明，适度的紧张能够令人注意力集中的程度提高，会调动起更多潜能，因此，很多人在紧急的时刻会有较平时更为出色的表现。但是，紧张的程度必须适当，一旦过度则会产生反面的效果。人的心理紧张如果超过一定的限度，也会出现过犹不及的现象，应对能力不仅没有提高，反而会下降，甚至会造成崩溃的后果。这是因为，在人的情绪过度紧张时，会产生一系列复杂的心理和生理反应，使得人体失去灵敏的自控能力，从而导致很糟糕的后果。

运动员在赛场上、演员在舞台上、学生在考场上等情况下，最容易出现詹森效应。概而言之，越是关键的场合，詹森效应越容易出现，并且效应的强度也越高。这是因为当事者意识到事情的重要性，知道事情的结果对于自己有着重大的影响，一旦做得不够好，后果将很严重，所以一定要争取做到最好，可是心中越是这样想，实际情况就越是走向反面。正是这种患得患失的心理造成了过度的紧张，导致了詹森效应的发生。

那么，该如何避免詹森效应的发生呢?

解除沉重的心里负担，强调自己要以平常的心态来看待，持一种不过如此的态度来面对；尝试着在关键时刻到来之前转移注意力，去想一些其他的事情，而在事情进行当中，则全身心地投入于当下的行动，不去计较结果如何；在平时积极提高自己的实力，令自己获得充分的自信，使自己相信一定能够表现得令人满意；感到紧张时，还可以做一些松弛性的自我暗示：“不管事情多么困难，也必须一步步去做，焦急紧张是无济于事的。现在先放松下来！冷静地解决问题。”这样紧张会被驱散。当问题解决掉之后，成功又会成为良性刺激，使人得以进一步放松。

在奥运会跳水决赛中，受了伤的美国运动员洛加尼斯，同样面临冲击金牌的最后一跳。教练鼓励他说:“跳完这轮，你就可以回家吃你妈妈做的馅饼了。”结果，洛加尼斯用他的意志和良好的心理素质征服了自己，也征服了裁判。

第二十二章

犯罪心理学：为什么蓝色防范灯可以降低犯罪率

什么是犯罪心理学

相信很多人都对美剧中的刑侦、越狱、犯罪现场等情节记忆深刻，剧中尖端的仪器让人惊叹不已，而缜密的思维和高超的心理战术更是充满了魅力。娱乐之余人们常常会关注现实生活中的一些犯罪行为，并会不自觉地将它们与电视电影中的犯罪情节进行比较。人们在犯罪时的心理真的能被识破吗？能借助心理战术了解事实的真相吗？其实这些疑问都是犯罪心理学这门学科所关注的，而且除此之外，犯罪心理学还有更多更为广泛的研究内容。

简单地说，犯罪心理学就是研究人们犯罪时心理（包括意志、思想、意图、反应等）的一门学科，包括人为什么会出现犯罪行为、具有哪些个性特点的人更容易出现犯罪、在犯罪过程中的心理变化、犯罪之后的心理变化等。广义的犯罪心理学还包括预防犯罪、政治犯罪及教育改造罪犯的心理等。

我们知道，人们无论在做什么事情都会伴随着复杂的心理，做违法的事情时更是如此，而且即使犯罪人努力隐藏这些情感，也还是会露出破绽。这也正印证了那句话“天网恢恢疏而不漏”。犯罪心理是十分复杂的，但每一次的违法行为都是有原因的，最后锒铛入狱也不是偶然的。在下面的例子中能清楚地看到这一点。

李某因家庭贫穷没念完初中就辍学在家，游手好闲过了几年，一直以来也算是遵纪守法，没有做出格的事情。一天，他碰到小学时的同学王某，并被邀请去王某家做客。王某现在腰缠万贯，让李某甚是羡慕。在闲聊的过程中，李某无意间发现桌角下面有几张百元大钞，而且看上去是被人遗落很久了。李某很有捡起来带走的冲动，不过一想到自己的行为和偷没什么区别他就很看不起自己。自责之后，李某装作若无其事地继续和同学聊天。不过，王某在聊天过程中总是会有意地炫耀自己的财富，这让李某很是无地自容。李某看着王某略带鄙视的嘴脸，想着墙角的那几张百元大钞，心想：不就几百块钱吗，拿了他也不知道，而且说不定他都不知道自己掉钱了；再说了像他这种人能挣到这么多钱指不定是使了什么手段了，我拿了也算是解解恨吧。于是，李某趁同学出去接电话时将钱捡起揣进了自己的口袋。接下来的一连几天，李某都坐立不安，生怕被发现，那些钱也不敢用。后来见没什么事情，就用那些钱买了自己平时一直想买的东西，这种如愿的感觉让他很是满足，远远超过了当初捡钱之后的忐忑。至此以后，每当他看见自己喜欢的东西又没钱买时就会想到王某，最终控制不住自己走向了偷盗的道路，被捕入狱。

从这个事例中可以看出，李某从一个遵纪守法的人变成一个盗窃犯并不是一朝一夕的事，之中经历了很复杂的心理变化。这时对犯罪人及整个犯罪事件进行分析就需要犯罪心理学的知识了。犯罪心理学能帮助执法人员研究当事人的犯罪动机、犯罪过程等，通过了解事情的来龙去脉依法处理，并尽可能地帮助当事人改过自新，重新做人。例子中的李某刚偷钱后他也并不是心安理得地认为自己就该把钱拿走，而是坐立不安，这既是对自己行为的不满，也是对可能出现的结果的害怕。由于之前的这一次“偷”没有被发现，自己虽然受到了良心上的折磨，但与获得的利益相比，这些谴责显得微不足道，以致于后来发展到为了满足自己更大的欲望而有意图地盗窃。

导致一个人最终走向犯罪道路的原因是多方面的，而只有了解了罪犯的犯罪心理，才能对他们的行为进行矫正，这也正是犯罪心理学的研究内容之一。比如例子中的李某，让他在一番挣扎之后还是拿走钱的并不是因为自己穷，而是因为王某的炫富、鄙视让他的精神受到刺激，产生了一种报复心理。至于最后有预谋地去偷，则是我们后面会提到的“破窗理论”。了解了李某的犯罪动机及犯罪前后的心理状态，既能帮助执法者破案，还能在矫正犯罪心理时提供依据。

俗话说，“人非圣贤，孰能无过；过而能改，善莫大焉”。犯罪心理学的真正目的并不是通过对人们犯罪心理的把握协助相关部门找出罪犯，将他们绳之以法，或通过分析人们的心理找出他们为什么会走上犯罪的道路，而是希望能达到预防和抑制犯罪、矫正罪犯的人格缺陷的目的，从而帮助他们走向新生。

引导犯罪人走向新生的矫正心理学

在前一篇中我们已经提到，犯罪心理学的真正目的并不是找出犯罪人，让他们锒铛入狱、接受惩罚，而是通过对他们犯罪心理的分析，帮助他们迷途知返、悬崖勒马。对于犯罪人来说，矫正他们的心理是帮助他们走向新生的必要途径。矫正心理学就在这之中起着不可小视的作用。

一提到矫正，我们就会自然而然地想到生活中对视力、牙齿等的矫正。虽然这些矫正看似相差很远，但本质上都是要将不好的东西变成好的东西。本篇中所要提到的矫正心理学是针对那些已经有过犯罪行为的人，综合运用药物、心理等多种方法对他们进行矫正教育，改变其犯罪思想、情感与行为，帮助犯罪人重新适应正常的社会生活。要达到这一目的，就必须充分了解罪犯犯罪心理发展变化的基本规律、特点，这也是进行心理矫正的前提条件，而且在矫正的不同阶段上要掌握罪犯的心理状态，了解心理矫正的实际效果，分析存在的问题，对不同性质的犯罪以及不同特点的犯罪人要做到因人施教，对症下药。

虽然矫正心理学的思想源于“人性本善”，认为犯罪人是可以被感化的，但从现实生活中我们也可以看出，矫正并不是对所有犯罪人都适用的手段，否则也不会有死刑、死缓、无期徒刑这类判决方式了。我们更多看到的是对那些犯罪性质不是很恶劣的人，或者是未成年犯的矫正。

矫正的技术和方法有很多，比如精神分析法、行为疗法、认知疗法、现实疗法等。每一种疗法的理论基础不同，所采用的具体手段也有差异。下面就以一种认知疗法为例，说明矫正心理学是如何对青少年犯的心理进行矫正的。

理性情绪治疗模式是认知疗法中的一种，由美国临床心理学家埃里斯 1955 年创立，该理论又被称为 ABC 性格理论。A（activating event 的第一个英文字母）是既存的事实、事件，或一个人的行为或态度；B（belief 的第一个英文字母）是一个人对 A 的信念；C（consequence 的第一个英文字母）是情绪与行为的结果，或一个人的反应。该理论认为，并不是 A 导致了 C，而是 B 导致了 C。从这一理论出发，那些青少年的犯罪行为并不是由于某一件具体的事情引发的，而是由于自己对事件存在着非理性的观念，所以，要对这些犯罪人进行矫正就必须改变他们的不合理信念。

小明和女友分手之后一直情绪很低落，认为自己一无是处。有一天突然听说前女友又交了新的男朋友，小明就觉得肯定是因为这个男生的出现才导致自己和女友分手的，之后他就多次找这个男生的麻烦。虽然前女友一再解释他们是因为性格不合才决定分手的，与别人无关，但小明总觉得女友说的不是实话。于是，他不分青红皂白，用刀将这名男生砍伤多处，最终导致该男生下身残疾。事后小明不仅没有为自己的行为检讨，反而觉得自己的做法是正确的。他认为前女友只属于自己一个人，后来移情别恋肯定是受这名男生的诱惑，就该给予他严厉的教训，被砍伤也是“罪有应得”。

从这个例子中能很容易地看出，小明在犯罪的过程中有一系列不合理的信念，也正是这些信念导致他走向迷途。在自己与女友分手后认为自己很差、一无是处，在发现女友又谈恋爱后觉得导致分手的原因是另外一个男生的出现，在女友多次解释后仍然一意孤行。如果小明从一开始就能认识到谈恋爱有分有合是极其常见的事情，分手并不意味着自己是失败的，他也不会意志消沉了；而且每个人都是独立的个体，即使两个处于恋爱中的人也无法互相干涉对方的自由，更何况自己的女友是在和自己分手之后才与别人交往的，就更没有权利去横加阻挠，甚至发生暴力行为了。所以，并不是与女友分手、女友再交男朋友这些事件本身导致了小明犯罪，而是在这些事情发生之后，小明不能用正确的观念去对待，歪曲了事实。对于这类犯罪的矫正，可以分为以下四个阶段进行：

第一阶段：解说阶段，对当事人说明其问题是因为不合理的观念所引起的，而不是事件本身。

第二阶段：证明阶段，从犯罪的前后过程中找出存在的不合理信念，加以驳斥，证明这些观念的不足之处。

第三阶段：放弃阶段，在当事人意识到自己的不合理观点之后，加以驳斥，使他们放弃这些信念。

第四阶段：重建阶段，鼓励并引导犯罪人建立合理的信念，在出现类似事情时能用新的观念去对待。

引导犯罪人走向新生的心理矫正技术还有很多，但无论是基于什么理论，都是为了帮助犯罪人改变自己的思想、情感和行为，扫去他们内心的阴霾，以正确的态度和方式重新适应这个社会。

为什么蓝色防范灯可以降低犯罪率

颜色能产生不可思议的心理学效果，在色彩心理学中我们已经见识过其魅力，而且从生活经验出发我们也较容易接受和理解——暖色调能带给人舒适、温和的感觉，冷色调则会制造出一种严肃、庄重的气氛。更不可思议的是，不同颜色的灯光竟然与犯罪率也有关系。

在英国第三大城市格拉斯哥的一条商业街上，市政部门为了改善城市景观，将街上的路灯颜色由原来的橙色都变换成了蓝色，结果这一举措不仅美化了景观，还让一直居高不下的犯罪率降低了，这个额外的收效引起了很多人的关注。接着很多地方都效仿格拉斯哥的做法，当然他们的目的不再单纯是美化环境了。随着越来越多城市的效仿，这种灯被叫做防范灯，“蓝色防范灯可以降低犯罪率”的现象也变得十分常见了。

在日本，官方为了降低犯罪率，安装了大量的蓝色防范灯，住宅区、停车场、月台、高速公路入口处、垃圾箱等地方都随处可见，随之而来的是抢劫、自杀、车祸和其他违反规定的行为大大减少。

这种卓有成效的策略不得不让人诧异，难道是因为蓝色能驱魔吗？当然这种说法只是玩笑，学者们经过研究，对蓝色防范灯和犯罪率降低之间的关系给出了多种解释。

从蓝色本身的特点来看，它是光的三原色红、绿、蓝中的一元，在这三种原色中它的波长最短，为 450 ~ 500 毫米。蓝色的灯光在夜间显得非常亮，能见度高，所以，使用蓝色的防范灯一方面对于那些有犯罪倾向的人来说起到了一定的震慑作用，毕竟大多数的犯罪都是“见不得光”的；另一方面提高了人们自身的警惕，减少了罪犯“乘虚而入”的机会。比如，经常发生在住宅区的偷窃行为，如果周围能见度很高，小偷偷窃时就会有所顾忌，甚至怕被抓到而打消犯罪的念头；而居民自己也能借助光辨识周围的一切。

从蓝色给人们的感觉上看，蓝色常常让人联想到海洋、天空、水、宇宙等，表现出一种美丽、冷静、理智、安详与广阔，被人们赋予沉稳、理智、准确的寓意。所以，当人们有犯罪倾向时，蓝色的防范灯能让人们冷静、理智地思考问题，减少犯罪行为的发生，尤其是对于那些由于一时冲动产生犯罪念头的人来说就更有效果了。

一些色彩心理学的专家也对蓝色防范灯能降低犯罪率的现象进行分析，他们认为蓝色能够作用于人的副交感神经，具有令处于神经过敏状态的人安稳下来的镇静功效，在人们犯罪或准备犯罪时能转移他们的注意力，对其行为起到一定的抑制作用。而红色和橙色的灯光则会使人兴奋，不仅不利于人们冷静，反而还具有为自杀和犯罪推波助澜的倾向，比如对于那些试图自杀的人来说，他们可能是由于受到不公正的待遇一时愤怒而产生了轻生念头，这时如果看见红色的光，他们的内心会更加愤怒，加快自杀行为；但如果这时看见的灯光是蓝色的，他们就有可能慢慢冷静下来，为自己的行为感到不值，最终放弃自杀。

当然，并不是所有蓝色的东西都是有利的，蓝色所具有的优势也不是绝对的，比如，有研究发现蓝色的汽车发生车祸的几率最高，因为蓝色属于后退色，在夜晚行驶时看上去会比它实际的位置更远、更后，这就使对面驾车行驶的司机产生一种自己与对方相距很远的错觉。所以，在使用蓝色防范灯时也要考虑到其弊端。此外，虽然蓝色防范灯的使用可以降低犯罪率，但单纯依靠防范灯是无法杜绝犯罪行为的发生的。

导致犯罪的性格与环境

1870年12月，意大利监狱的狱医龙勃罗梭打开了著名土匪头子尸体的头颅，发现其头颅枕骨部位如同低等动物一样有一个明显的凹陷处。后来，他得出结论：犯罪是由基因决定的，这些基因通过遗传而获得。因而犯罪是天生的，并不是由人们的自由意志所决定的。这些天生的犯罪人具有一些共同的生理特征和精神特征。比如，在生理上，具有扁平的额头，凸出的大脑，隆起的眉骨，深陷的眼窝，巨大的颌骨，非常大或非常小的耳朵，不对称的头骨等；在精神上，痛觉较迟钝，喜欢纹身，没有羞耻感和怜悯心，易被激怒等。这就是十分具有代表性的“天生犯罪人”理论。

罪犯怎么可能是天生的呢？相信很多人都会对“天生犯罪人”的理论产生怀疑，毕竟这与人们习惯的思维观念有很大不同。在日常生活中，当人们听到有人犯罪时，总是会从很多方面进行解释，比如心情不好、生活条件太差、内向，不爱交流、压力太大等等。很少会有人从遗传的生理特征方面找原因，即使有时候谈到外貌等因素，也是和其他方面联系在一起的。比如，一个长得很丑的人对盯着他看的路人大打出手。人们并不会把这种行为归为长相本身，而认为是路人的侮辱才导致人身攻击的。可见，将犯罪的原因归为遗传的特征是不被理解的。的确，不仅老百姓觉得“天生犯罪人”的理论说不通，很多专家学者也对这种观点提出了质疑，他们大多是从性格和环境两个角度剖析导致人们犯罪的原因。

“性格决定命运”，我们暂且不去看这句话是不是完全正确，至少它对性格的重视是值得我们去关注的。从定义上看，性格是指那些比较稳定的、具有核心意义的个性心理特征。性格在人对现实的态度和相应的行为方式中都有所表现。我们常常会在形容别人性格时用到“英勇”“刚强”“懦弱”“粗暴”等词，从这些不同修饰词的使用上，我们也能分辨出哪些性格的人是容易犯罪的，哪些人是不太容易出现犯罪行为的。比如，对于性格粗暴的人来说，他们容易被激怒，在受到不公正的待遇后更可能引发内心的不满，并可能将这种愤怒通过过激的行为发泄出来。而对于那些性格温和的人来说，他们更懂得忍耐，在遇到挫折或其他不愉快的事情时，能冷静地思考，因此不容易出现犯罪行为。

一直以来，性格都被看做是天生的，且不易改变的，常常与天性混淆在一起。如果以这种观点来看，性格就是影响人们犯罪行为的先天因素，而环境就是后天的因素了。环境对行为的影响是毋庸置疑的，每个人一出生就不可避免地会受到周围环境的影响。出生环境、家庭环境、学校环境、社会环境等都可能成为人犯罪的一个因素。比如，有很多抢劫犯都是因为家庭条件极差，不甘永远这么生活下去才走上极端的。恶劣的生存环境让他们连最基本的需要都满足不了，吃不上一顿饱饭，穿不上体面的衣服，更不用提住上大房子了；而有的人却有车、有房，过着奢侈的生活。这种环境上的鲜明对比就容易激起他们的不满，造成他们心理上的失衡，从而走向极端。

关于究竟是性格还是环境引发了犯罪的争论从来没有停止过。过去一直是更重视天性对犯罪行为的作用，例如，所提到的“天生犯罪人”理论，但环境的影响渐渐受到很多心理学家的关注。可以肯定的是，性格和环境在人们走向犯罪道路上的影响都是不可忽视的。

正常就是符合平均状态吗

人们常常会对生活中的其他人或事情进行评判，对正常和异常也有着不同的判断标准。比如，有人会认为同性恋这种现象是正常的，同性恋者也是正常的；但另外一些人就会觉得不能接受，认为他们是异常的。有人认为离婚是正常的，而另外有人就觉得不正常。所以，在作出判断时所依赖的标准不同，得出的结果就不同。

一般来说，人们的判断都基于个人的价值标准。人们所持的人生观、价值观不同，对事物和人的看法就不同，在作出判断时自然就会有差异。这也是人们在评价一件事是正常还是异常时会众说纷纭的原因。

虽然依据个人的价值标准界定正常和异常是无可厚非的，但如果没有一致的、大家公认的标准就无法真正作出客观的评价。比如，在心理测评时，由于咨询师的个人价值观是不同的，对同一案例的看法也存在差异。这样一来，就无法判定来访者是正常还是异常了。可能出现这个咨询师的诊断结果和另外一个咨询师的诊断结果完全相反的情况。所以，仅仅依据价值标准作出判断有时是无法满足需要的。

为了有效地界定正常和异常的状态，施耐德提出了两个标准：价值标准和平均基准。他认为，只有偏离了平均基准的人才是异常的。需要注意的是平均基准并不是指数量上的平均状态。比如，在对于同性恋的问题上，很多人都认为“绝大多数人都是异性恋，少数的同性恋肯定就是异常的了”。也就是说，他们在作出判断时看的主要是数量。很显然，这种观点是很容易被推翻的。比如，在一家公司中大多数人都是心胸狭隘的，那么如果依据平均状态来看，心胸狭隘就是正常的了。施耐德的平均基准与数量的多少无关。比如在一所精神病院中，精神病患者的数量占绝对的优势，但他们依然不是正常人。

人们之所以努力对正常和异常作一个清晰的界定，就是因为这种界定对人们后续的行为会产生深远的影响。很多研究都表明，患有心理疾病的“异常人”容易出现犯罪行为。那么，当发现有人患有与犯罪紧密相连的心理障碍时，人们可能会更多地关注他，减少其犯罪行为发生的可能性。

但是，不是所有异常的人就都会犯罪，也不是那些正常的人就不会犯罪。生活中常常会有一些让人意想不到的犯罪分子。那些无论是从个人的价值标准还是平均基准出发，都觉得是正常的人，也有可能干出令人发指的恶行。而那些看似背离了正常的标准的人，也可能一辈子与别人生活得相安无事。所以，最终导致犯罪的并不是有没有偏离正常的标准，而是性格、环境等一系列的因素。

模仿犯罪的心理

第一眼看这个题目你可能会觉得奇怪，模仿，谁没有过，只是谁会傻到去模仿犯罪！的确，从小到大我们都会去有意无意地模仿周围的人或事，小时候我们会为了像大人们一样拥有权威而模仿他们的言行举止；后来上学了就模仿那些天天被老师表扬的人，渴望着也能受到赞美；再后来上班了模仿自己心中的偶像，把他们当做自己奋斗的目标。这些模仿都是再正常不过的了，而且很多心理学家都认为

模仿对人类的生存和进步有很大的作用，它能让我们从他人的反复尝试中获得好处。不过，不理智的模仿行为也能导致罪行的发生，出现模仿效应。

“模仿效应”是西方社会学中的一个概念，指那些因为新闻报道或者小说电影中描述的事件，而导致出现一连串类似事件。其实对于这种效应，人们最熟悉的并不是模仿犯罪，而是自杀事件的发生。

在一些电视、电影或文学作品上映或出版以后，作品中的犯罪行为对观众或读者的行为有一定的影响，例如就在 1972 年库布里克的电影《发条橙》上映后，社会上出现了一系列模仿片中暴力行为的现象，因此被取消发行。很多罪犯在事后称自己犯罪的灵感来自于所接触到的影视作品中的犯罪行为，尤其是对于青少年来说，他们的思想还没有完全成熟，喜欢模仿别人的行为，并且在模仿时不能正确辨别是非，容易受到作品中不良因素的影响。例如，很多青少年对于一些犯罪行为的具体细节并不清楚，甚至从未听说过，而在影视作品中，为了达到引人入胜的效果，制作方往往会将犯罪细节刻画得十分清楚，并会使用一些手法去吸引人们的注意，这样一来青少年在好奇心的驱使下可能会有效仿的倾向。

人们除了对影视作品中犯罪行为的模仿外，还经常会出现由于媒体对真实事件的报道而引发的模仿犯罪。虽然西方犯罪学家的研究结果表明，媒体对生活中发生的犯罪行为的报道和模仿犯罪之间没有直接联系，人们不会因为媒体的披露就去犯罪，大规模的罪案报道之后也不一定会引起多起类似案件发生；但是他们也指出，媒体在报道罪案时如果处理得不够妥当，可能会使得那些一直有犯罪倾向但没有付诸实践的人走上犯罪的道路。对这些人来说，他们可能有着积蓄已久的犯罪动机，但碍于某些原因一直没有真正干犯罪的事情，看完报道后，觉得既然和自己有一样想法的人都这么做了，自己也理所应当地要行动起来，尤其是当犯罪分子没有被绳之于法时更让他们有效仿的冲动。

无论是受到哪一种情况的影响，模仿犯罪更多的是发生在青少年身上，他们容易冲动、被激怒，自我约束能力较差，做事也很少顾及后果，可能在犯罪时并没有真正的犯罪动机，而只是觉得电视电影中的某个偶像做违法的事情时很帅；或者媒体报道中罪犯的行为让自己觉得不可思议，羡慕他们的“勇气”；还有人为了出名也会模仿犯罪，一位心理学家曾经说过，哪怕是被描述成魔鬼，这样的出名对有些人仍然很有吸引力。所以，青少年在犯罪时可能自己并没有意识到自己正在干什么，而只是一种盲目的模仿。

可以看出，不加以辨别的模仿不仅不利于获得某种经验，还会为人们犯罪提供鼓励和支持，做那些以前想做而不敢做的事情。巴尔的摩大学犯罪学家杰弗里·罗斯就认为：“当下发生的事情具有暗示的力量。对于有某种挫折感或者是想要算什么账的人来说，当他们听说别的地方发生了什么事情，这会让他们变得大胆。”

十大精神病质类型

在前面我们已经提到，患有某些心理障碍的人更容易犯罪。虽然它们之间并不是一一对应的关系，但二者之间的联系却是确定的。德国精神病学家施耐德就曾经在《精神病质的人格》一书中具体分析了各种精神病质与犯罪行为的联系。他发现易于导致犯罪的精神病质类型主要有以下几种：

激奋型：具有这种精神病质特征的人容易兴奋、被激怒，在遇到事情时不能冷静地去对待，而是由着自己的性子行事。他们只顾着自己的一时痛快，不会顾及别人的感受，很容易与人发生纠纷。由于缺乏自制力，只要受人唆使就容易发生强、抢、盗之类的犯罪行为。

爆发型：具有这类特质的人情绪十分容易被激起，并且一发不可收拾。当没有外界刺激时，他们可能表现得十分平静，与正常人没有什么明显的区别。但是一旦他们稍受刺激，便会暴怒。为了平息自己高涨的情绪，他们就极易选择用暴力手段攻击他人。

自我显示型：这种人具有强烈的虚荣心和表现欲，为了吸引别人的眼球，什么事情都可能做得出来。由这种精神病质引起的犯罪十分常见，有很多人就是为了得到别人的关注才做出过激行为的。此外，有这种特质的人常常会表现得温文尔雅，并利用这一假象进行诈骗行为。

偏执型：具有偏执型精神病质的人最明显的特征就是非常顽固。他们会对某一种观点或看法坚信不疑，即使所有人都告诉他们这种观点是错误的，也不会让其放弃。而一旦他们所坚守的信念是违背道德法律的，就很可能会出现犯罪行为了。比如，一些人认为那些大富豪的钱都是靠榨取别人的血汗换来的，所以应该对他们予以惩罚，并坚信即使自己做出了违法的事情也是在替天行道。

忧郁型：这种人整日情绪低落、消极，无论碰到什么事情都会和不好的结果联系在一起。他们将自己封闭起来，不愿意与外界交流，容易产生悲观厌世的念头。在他们眼中没有美好的事物，做出的事情常常显得冷酷无情。

情绪易变型：与上一种一直低落的状态不同，易变型的人反复无常，难以捉摸。他们可能在上一秒钟还能正常地与别人交流，但马上就像变了一个人一样反应强烈，让人无法理解。这种喜怒无常的性格很容易在与别人交往时出现矛盾，进而引起犯罪。

情感缺乏型：这种人冷酷无情，缺乏羞耻、同情等情感。他们大多数是反社会性的人，具有攻击性。而且由于他们没有同情心，根本无法理解别人的感受，在犯罪时的手段惨不忍睹。

意志薄弱型：对于精神病质上属于意志薄弱型的人来说，虽然他们自身的品质没有其他一些特质的人恶劣，但由于他们缺乏对外界诱惑的抵抗力，很容易受别人的引诱发生犯罪行为。尤其是对青少年来说，他们本来就缺乏坚定的意志，如果再有一定程度上的人格缺陷，就更容易受人唆使，被人控制了。

软弱型：软弱型的人没有自己的主见，甚至连最起码的人格尊严都没有。看上去他们没有胆量去做违法违纪的事情，但也正是由于这种软弱才容易被人控制。有时即使他们自己并不想去做违法的事情，但迫于别人的威胁或压力，也会屈从。

自卑型：与自我显示型的人不同，这类人不仅不会极力表现自己，而且极度自卑。他们会一味地否定自己的能力，不管做什么事情都小心翼翼的，生怕会出错。和软弱型的人一样，自卑型的人大多数时候虽然自己没有胆量去犯罪，但容易受人影响。而且，由于他们会认为自己在一些方面不如别人，为了引起别人的关注，会考虑采取极端的手段达到目的。

虽然有这些精神病质类型的人比正常人更容易发生犯罪行为，但并不是具有某种或某几种精神病质特征的人就一定会犯罪，只是更具有犯罪的倾向和可能性。

人格障碍与犯罪的关系

在上一篇中我们提到了十大精神病质类型与犯罪行为的关系，虽然具有某些精神病特质这种异常心理的人更容易犯罪，但它们之间的关系并不是确定的。异常的心理可能由精神病导致，还可能由人格障碍导致。可能对于人们来说，“精神病”这个词比“人格障碍”更容易接受，但人格障碍也是一种很常见的异常心理，与犯罪行为有极其密切的关系。

人格障碍是指表现在个体身上的人格特征与正常状态有偏离。患有人格障碍的人有自己特有的行为模式，不能很好地适应环境，容易与周围的人发生冲突，从而影响正常的生活。人格障碍通常在儿童后期和青春期出现，并会一直持续到成年期甚至伴随一生。与精神病相比，人格障碍并非病态，而只是一种不正常的状态，它比精神病更常见。有人认为患有人格障碍的人介于正常人和精神病患者之间。

根据美国精神病学会制订的《诊断与统计手册：精神障碍》，人格障碍可以分为十种类型：反社会型人格障碍、偏执型人格障碍、分裂样型人格障碍、分裂型人格障碍、强迫型人格障碍、自恋型人格障碍、边缘型人格障碍、表演型人格障碍、焦虑（回避）型人格障碍、依赖型人格障碍。每一种人格障碍都有各自的特点，在临床上的表现也有差异。根据它们之间的共同特点，可以将这些人格障碍分为三类：奇特或怪异组（偏执型、分裂型、分裂样型）、表演性或情绪性组（反社会型、边缘型、表演型、自恋型）、焦虑恐怖组（回避型、依赖型、强迫型）。

虽然引起犯罪人犯罪的原因有很多，但如果已经证实了人格障碍在犯罪过程中有很关键的作用，那么从这些犯罪人身上可以发现，具有某一类人格障碍的人更容易出现类似的犯罪行为。例如，具有表演性或情绪性特点的人格障碍患者，他们的犯罪更多的是与反社会性质的行为联系在一起的，包括攻击、破坏等。接下来让我们从一些例子中看看三类人格障碍是如何影响不同的犯罪行为的。

小张性情孤僻，身边没有几个好朋友。并不是周围的人不答理他，而是小张总是怀疑他们的用意，别人对他越好，越让他觉得是有阴谋，久而久之就没有多少人愿意和他交往了。这让小张愈发地认为自己的猜测是正确的，别人的疏远正好说明了他们的心虚。由于小张总是对别人的话产生怀疑，很少能与别人建立相互信任的感情，总觉得对方充满恶意。身边的人基本上都了解了他的性情，很少会去招惹他，一直以来也就相安无事。有一天，小张独自出门，在公交车上时，几位乘客在他身后压低声音说着话，还时不时地发出笑声。这让小张无法忍受，认为他们就是在嘲笑自己，这是对自己尊严的侮辱，应该给他们严厉的惩罚。终于，他拿出钥匙凶狠地掷向身后的那几个人。

从这个例子可以看出，小张身上具有第一组类型的人格障碍特征，对人与人之间的关系不信任，总是妄想别人正在计谋伤害自己，把别人很普通的行为都看做是具有敌意性的。很明显，患有这种人格障碍的人情感冷漠，具有很强的攻击性，很容易出现伤害他人或杀人的犯罪行为。

具有第二种人格障碍的人最明显的特征就是情绪不稳定，而且比较自恋。由于这种人的自我表现欲较强，总觉得自己是独特的、优秀的，所以会想方设法地

找机会吸引别人的注意。而一旦通过一般的途径不能够满足自己的需要时，就会做出一些过激的行为，比如酗酒、飙车、自残等，甚至会通过反社会的形式吸引更多人的注意。

具有第三种人格障碍的人属于自我不确定型，他们对人际关系持有一种回避的态度，缺乏自信。这类人常沉迷于自己的世界中无法自拔，但在行动时又过度依赖他人，一旦受到伤害就难以独自前进。还有一部分人对自己的想法过分执著，按照既定的模式行事，不容许有一丝的改变。自我不确定型的人会因为一时得不到别人的帮助就内心不安，犯下罪行；也会因为固着自己的某一个想法就随心所欲地做事，不达目的誓不罢休。

可见，一些人格障碍本身与犯罪并无直接的联系，但具有这种人格障碍的人更容易走向极端，出现犯罪行径。

社会规范导致的犯罪

橘树生长在淮河以南就是橘树，生长在淮河以北就变成枳树，它们的叶子相似，但果实的味道却大为不同。对于橘树来说，淮南、淮北不同的水土条件就是它们的生存环境了，而对人们来说，受各种规范约束下的社会就是他们生存的环境了。不同的社会规范对人们的影响是不同的，而松散的社会规范不仅不会帮助人们过上美好的生活，反而会为各种犯罪活动创造条件。

社会规范是在人与人的交流互动中逐渐发展而形成的有关社会生活的准则和规矩。我们平常所说的风俗习惯、道德规范、宗教规范、法令、条例、法律等都是社会规范的一部分。社会规范对我们的影响无处不在。比如，当我们去少数民族聚居的地方旅游时，总是会尽力做到入乡随俗，这就是受当地风俗习惯的影响；当周围的某个人做了违法违纪的事情时，我们总是会从道德和法律两个方面进行评价……虽然各种各样的社会规范限制了我们很多的自由，但也正是这些约束才使得我们能和谐地生活在一起。然而，社会是时时刻刻都在发生变化的，社会规范却是相对不变的，两者之间就可能会出现矛盾。当社会规范比较完整、和谐时，那些具有犯罪倾向的人可能会受各种规范的影响，尽力地约束自己的行为；而一旦社会规范比较松散或与实际不符时，这些人就可能将犯罪倾向变成实际的犯罪行为了。不合适的社会规范的确是引发很多犯罪的原因之一，比如贪污受贿、网络犯罪等。

说到贪污，人们一定会马上联想到一系列的词去形容贪污者，“贪得无厌”“目无法纪”“嗜钱如命”“行为不检”“滥用职权”……总之，那些贪污者就是坏到骨子里的人。当媒体将一宗重大的贪污受贿案披露出来后，贪污者就成了千夫所指的对象。而关于贪污者为什么会贪污的问题似乎就显得与自己无关了，人们会认为那是执法部门的事，自己一个普通老百姓知道了也没啥用。事实上，导致贪污的原因与时时刻刻都在影响着人们的社会规范有很大的关系。比如，对于行贿的人来说，他们的想法可能很简单，“为什么有着和自己同样能力的人能获得比自己好很多的机会，肯定是因为他上边有人。要是这样，自己何不贿赂有权势的人，就当做是一种投资了”。而对于贪污受贿人来说，他们拥有一定的权力，能为行贿的人带去便利，更为重要的是能得到可观的钱，这些自然让他们心动了。正是分配方式的不均导致了人们的行贿，而官员身份、地位与占有财富的不均又导致了人们的受贿。可以看出，无论是行贿还是受贿都体现了社会规范的不完善。

网络犯罪也是人们熟知的与社会规范不完善有关的犯罪。科技的进步大大提高了人们的生活质量，网络的使用就是最突出的一点。但网络在给人们带来巨大方便的同时，也使人们对其产生了过度的依赖。在网络上几乎有人们需要的所有信息，那些电脑黑客能通过病毒程序盗取人们的个人信息，包括身份证号、银行卡号、密码等等，对人们的人身、财产安全提出了挑战。甚至这些网络高手还对国家的安全造成很大的威胁。对于这类网络犯罪分子来说，缺乏严厉的道德规范约束，也没有十分成熟的法例、条例等加以限制，这些使他们的行为日益猖獗。

可见，社会规范对于人们的正常生活有着极其重大的作用，与时代发展相适应的规范能帮助人们约束自己的行为，减少犯罪的发生；跟不上时代发展的规范则为那些犯罪分子提供了可乘之机。

青少年犯罪的原因在于环境还是性格

越来越多的青少年犯罪现象让人们疑惑不解。家庭、学校、社会都在为了孩子们的健康成长努力营造着良好的生活环境，但这些好像并没有起多大的作用，难道是现在的孩子本来就比以前坏？到底是环境因素还是性格因素让青少年犯罪层出不穷？为了解开这些谜团，让我们先来看看对于青少年犯罪现象都有哪些理论解释。

由美国学者谢尔登提出的体型理论认为，青少年犯罪的产生与他们的体型和性格有关。谢尔登将人的体型分为四种，并认为每种体型都有与其相对应的性格特征：内胚层体型。这种人的身体圆润肥胖；性格外向，表现出对娱乐的喜爱，对体育活动和其他冒险活动不感兴趣。中胚层体型。这种人骨骼发达，肌肉健壮；在性格特征上表现为争强好胜，喜欢冒险，爱好运动。外胚层体型。这种人身体单薄，身材瘦长；性格内向。均衡型。这是一种综合型体型，没有任何单一类型的突出持征。谢尔登还通过实际的研究支持了自己的理论，他研究了波士顿的200名少年犯罪人，发现有60%的人属于中胚层体型，而在一般少年中仅有30%的人属于中胚层体型。可见，中胚层体型的人比其他体型的人更容易犯罪。很明显，这种理论强调了体型和性格对少年犯罪的影响。

美国社会学家戴维·马茨阿提出的漂移理论认为，大多数青少年犯罪人是一些漂移者。他们的行为在犯罪与守法之间漂移，既有可能犯罪，也有可能守法。而他们最后选择实施的行为取决于行为当时的情景和他们自己的心理和情感。可以看出，这种理论本身具有很大的灵活性，但这种不确定性也正说明了青少年心理发展的矛盾性。对于青少年来说，他们的发展还不完善，对好与坏、应该与不应该的判断并不成熟，在思想和行为上有很大的波动性。此外，优越的生活条件让他们很少有机会面对挫折，一旦碰到不顺心的事情，就有可能产生冲动，从老师、家长眼中的“乖孩子”变成“犯罪人”。

萨瑟兰提出的差异交往理论认为，一个人的行为主要是由他的社会交往所决定的，一个人犯罪行为的形成，主要是由于同有犯罪行为的人交往的结果。根据萨瑟兰的这一理论，青少年的犯罪行为如其他行为一样，是从其他人那里学来的。不可否认，一个人在成长的过程中同时受到违规犯法思想和遵纪守法思想的影响，但是他们所接受到的影响是有差异的，对于那些犯罪的少年来说，显然是受到了更多不良思想的影响。他们在与其他犯罪人交往的过程中，学习了别人的犯罪、技能行为、动机等。这种理论更多地强调了环境的影响，即所谓的“近朱者赤，近墨者黑”。与差异交往理论不同，克雷西提出了差别认同理论，他认为即使有的青少年与犯罪人交往了，也不一定会同样成为犯罪分子，强调了在交往中认同的重要性。

美国犯罪社会学家赫西提出的社会控制理论是西方学者在研究青少年犯罪方面运用最多的一个理论派系。与其他众多的理论不同的是，社会控制理论从人们为什么会犯罪的反面着手，关注人们为什么要遵守社会的行为规范，不违反规章制度和法律。而对于这个问题，社会控制理论认为主要是因为他们受到了社会的有效控制，如果这种社会控制一旦失效，人们就会违规犯法。比如，如果青少年所看到的都是将犯罪分子绳之以法、严厉惩罚的情况，他们效仿犯罪的几率就会下降，而一旦他们觉得社会规范无法控制犯罪行为时，自己就很容易出现犯罪行为了。

从这些理论中可以看出，不管是强调性格因素还是环境因素对少年犯罪的影响，都有一定的根据，但要想更合理地解释青少年犯罪，还必须综合考虑多个方面。除了所提到的几种理论之外，还有机会理论、亚文化理论、标定理论、心理分析理论等，众多理论的推出也体现了社会对青少年犯罪现象的关注。

不良行为与性格有什么关联

“人在刚出生时，本性都是善良的，性情也很相近。但随着各自生存环境的变化和影响，每个人的习性就会产生差异。”无论是开篇的原文，还是对它的解释，《三字经》中的这句话人们一直熟记于心。人生来是善良的，但却会在慢慢成长的过程中出现很多不良的行为；随着环境的变化，有的人会保持如一，而有的人却养成了很多坏的习性。性格的变化与不良行为的产生之间有着千丝万缕的关系，比如盗窃、强奸、杀人等行为与犯罪人缺乏自制力、冲动、自我表现欲望强烈等有关。

在青少年中，盗窃是十分常见的不良行为之一。香港在多年前的一项调查就发现，有四分之一的被访青少年有盗窃行为，其中一半的人在 12 岁或以下就有了第一次的盗窃经历，最年轻的只有 5 岁。虽然有专家认为盗窃这种不良行为与性格没有必然的联系，但从这些青少年犯罪者身上，还是能发现一些共同点的：这些盗窃者的目的大多不是为了“战利品”本身，他们只是在享受盗窃的过程。他们喜欢冒险，热衷于寻求刺激，盗窃时的紧张感能让他们获得满足。有时，即使他们知道盗窃是不对的，却无法控制自己的冲动，缺乏意志力。

聚众斗殴、故意伤害、杀人等攻击行为越来越受到人们的关注，而且随着生活节奏的加快，这种不良行为有增长的趋势。与女性相比，攻击行为更多地是与男性联系在一起的。在现实生活中，可能每个人都会有偶尔想打人的冲动，尤其是在自己遇到不顺心的事情、脾气暴躁时。所以，一般而言，那些容易被激怒、情绪波动大的人更可能出现攻击行为。他们将对他人的攻击当做是一种发泄自己情绪的方式。此外，那些自我表现欲望强烈的人也容易发生这类行为，他们极力希望在公众目前展现自己，想尽各种办法吸引别人的注意，而聚众斗殴、杀人等行为能满足他们的这种欲求。

除了盗窃、攻击外，与人们的性格联系紧密的不良行为还有一系列的性犯罪，包括强奸、偷窥、暴露狂等。有这种犯罪倾向的人通常属于两个极端，过度放肆和过度压抑。从心理学的角度来看，性的需要也是一种本能，正常的性行为是有利于人们生活的，但如果人们仅仅将性当做展现自己的一种手段，就容易出现强奸行为；如果人们过度自卑，就可能通过阴暗的方式来满足自己的欲求，比如那些偷窥狂、暴露狂等。其实通过多种途径的生活经验积累，人们在自己的头脑中已经形成了一种对性犯罪者的刻板印象。比如，在提到偷窥狂时，常常会用“内向”“自卑”“胆小”等来形容；在提到强奸犯时，会用“残暴”“变态”“禽兽”等来形容，这些都是对其性格的描述。

性格与不良行为的关联还能体现在不同性别上，比如，男性比女性更暴躁，这种性格更容易使他们出现攻击等不良行为。

总的来说，那些在性格上容易冲动、易被激怒、自我控制力缺乏、情绪波动大，或者极度自卑、胆怯、没有主见的人更可能出现不良行为。

第二十三章

灾害心理学：见到火就觉得心脏要跳出来似的

为什么灾害时的情景会重复出现

从重大火灾中幸存下来的张先生原本以为自己逃离了火灾现场也就远离了灾害，但自从那次经历后，他总是会梦到相同的情景。在梦中，无论自己怎样挣扎都无法走出熊熊大火，看着周围的人一个个脱离危险，自己却全身软弱无力，怎么也迈不开步子。张先生经常会被这样的噩梦惊醒。而且，每当他看见火都会有过激的反应，比如，当他看到同事用打火机点烟时就会感到浑身紧张，内心十分恐慌，想马上离开。这种感受跟他在那次火灾中的经历一样，跟梦中的情景也很类似。

在地震中丧失儿子的赵老太以前很乐观，现在却变得郁郁寡欢，整天抱着儿子的遗像自言自语。自从儿子为了救自己而失去生命后，赵老太十分难过，一方面，地震的突然发生让她感受到极度的恐慌，更重要的是儿子又突然被夺去生命。这让赵老太很自责，她认为要不是为了救自己，正值壮年的儿子也不会死。事发之后，赵老太试图自杀过，但都被邻居及时发现，抢救了过来。经过家里其他人和社区的帮助，赵老太逐渐接受了现实，能回到正常的生活轨道上来了，但整个人的性情大变。而且，虽然事过多年，可每逢遇到儿子的祭日，赵老太还是会有自杀的冲动。其他的儿女也逐渐了解了赵老太的这种倾向，每年的那段时间他们都会日夜轮流陪伴赵老太，这才没有出现意外。

小涂是一名出租车司机，他已经有了很多年的驾龄，而且从来没有出现过意外。自从一次跟迎面驶来的小轿车相撞后，他就一直对此耿耿于怀。其实那次的事故责任完全在于对方，自己一点过错都没有，但车祸时的场景还是让他心有余

悸。要不是他刹车及时，恐怕会造成严重的后果，甚至会危及生命。虽然那次事故对小涂并没有造成过多的伤害，但现在只要他听到刹车的声音，就会全身极度紧张，注意力也会高度集中，似乎前面又是一辆即将撞上自己的车。本来对于出租车司机来说，由于在上班的过程中不能分心，工作一天下来就十分辛苦，而小涂在听到刹车声后又会异常紧张，这样他身心俱疲，每一天都过得非常煎熬，很不舒坦。

这样的例子数不胜数，例子中的主人翁都曾经经历过不同程度的灾害，表面上他们已经走出了过去的阴影，但每当类似的事情发生时，他们就会在过去和现在之间建立联系，在灾难发生时的恐慌、痛苦等情绪都会重新出现。即使在现实的生活中，外界的刺激并不具有伤害性，他们也会体验到同样强度的不愉快。例如上面提到的打火机，打火机的火对人们来说危险性极小，一般情况下不会给人们带来危害，但由于经历过火灾，张先生将对火的惧怕泛化了，只要是火，无论是大是小，反应都一样。

由此可以看出，虽然很多人在经历过重大灾害后，经过一段时间的调整能适应周围的变化，但只要有与灾害相关的情景出现，他们就会表现得无法适应，出现很多异常的反应。所以对这些人来说，他们并没有真正摆脱灾害的阴影，只要有条件，那些消极的体验总是会卷土重来，像一个噩梦一样缠绕着他们。

灾害时出现的那些糟糕的情绪和行为反应为什么就是无法摆脱？怎样才能走出心理危机的控制？人们在经历灾害时究竟有什么样的心理特点？对灾害的一般反应和异常表现之间有什么区别？怎样才能有效地对异常的危机心理进行干预？这些问题在接下来的内容中都会一一提到。

什么是灾害心理学

灾害，这是人们最不愿意碰到却又无法避免的现象，灾害事件通常具有突发性和紧急性。人们无法在灾害发生之前作出有效的准备，当灾害发生时不能积极地应对，这就很容易造成多方面的灾难。常见的灾害有地震、火山喷发、泥石流、水灾、旱灾、雪灾、传染病等。

一般来说，灾害带给人们的最直接的影响就是物质损失，比如水灾、旱灾、雪灾等自然灾害的发生对农作物的摧残很大，常常会导致粮食产量减少甚至绝收，这无疑让他们的经济收入大大减少。还有一些地质灾害的发生也会影响当地旅游业的发展，例如山体滑坡、泥石流等。所以，灾害威胁到了人们的经济利益，甚至可能是生命安全。

灾害不仅是一种自然现象，它还关乎着社会的安定，是一种社会现象。这一点从由古至今发生的各种动乱和媒体的大量报道中很容易得出。乾符五年（公元878年）至中和四年（公元884年）爆发的黄巢起义就是由自然灾害引发的农民运动，那时由于很多地方都发生了旱灾和蝗灾，农民的收成受到影响，连温饱都满足不了，而地方政府不仅没有采取有效的措施救灾，反而对灾情熟视无睹，继续征收赋税，这让本来就走投无路的农民雪上加霜，最终引起了暴动。

可以看出，灾害事件由于其突发性和紧急性，会给人们的生活带来很多伤害，不仅威胁着个人的生命和财产安全，也影响了社会的安定。除此之外，灾害对人们精神上的伤害越来越受到社会的关注。很多人在灾害中幸存下来，从表面上看他们是相当幸运，而事实上，这些幸存下来的人承受着巨大的精神压力，尤其是对那些在灾害中丧失了亲人的人来说打击就更大了。他们面临着承受灾害事件本身和丧亲的双重伤害，如果不加以疏导很难让他们从灾难的阴影中走出来。人们可能在经历过灾害后出现心理上的失衡，变得思维不清，情感紊乱，意志消沉，这些如果长久得不到解决就会引发多种心理疾病，最终可能导致神经衰弱、精神分裂，甚至轻生。

因此，研究人们在灾害发生时和发生后的心理机制、结构及其他相关内容，为有针对性地对人们进行心理干预、心理辅导提供依据，从而及时帮助他们梳理好自己的心理和生活，灾害心理学就是在这种需求下出现的。

总的来说，灾害心理学是揭示灾害与心理之间关系的科学，研究灾害心理的产生机制、类型、特点以及预防和矫正等。灾害心理一般分为五个阶段：

准备阶段。在这个阶段中主要关注的是人们对预警性的灾害所具有的反应，灾害意识十分重要。

冲击阶段。灾害刚刚发生时会对人们的心理产生一个冲击，受灾者往往会表现出短暂的恐慌。

防御、抵抗阶段。在冲击阶段之后，为了自我保护，人们会产生抵抗的意识，处于高度紧张的状态，尤其是在很危险的情景中，逃生意识就更强。

衰疲阶段。当人们所做的努力没有什么成效，而受灾者的体力也渐渐消耗殆尽时，他们就会进入疲软阶段，心理和生理都容易处于不利的状态。

恢复阶段。受灾者通过各种外界的帮助及自我治愈能力，逐渐恢复到正常的生活状态中。

这些阶段代表的只是一般情况，并不是每一个受灾者都会按顺序经历这些阶段，但不论如何，灾害发生后，卷入灾害的每一个人在心理和生理上必定会受到不同程度的影响，当人们的心理由于各种变化而失去平衡时，如果这种失衡的状态不能得到及时的恢复，便容易出现心理危机。

对灾害心理学的研究已经开展了很长一段时间，特别是在重大自然灾害的频繁发生后，灾害心理学的地位就更高了。实践证明，灾害心理学对现实生活中的灾害预防及抗灾救灾有重要的作用，它加强了灾害心理学知识的普及，能帮助人们更好地诊断自己的心理状态，也能为处于失衡状态中的人们提供很多行之有效的恢复措施，帮助他们尽快走出阴影，过上正常的生活。

应激的心理反应

从字面上看，应激就是对刺激的应对，在医学、心理学、生理学、社会学等很多学科中对应激都有研究，它是一种极为普通的现象。心理学中的应激就是指心理紧张或压力，当有机体由于种种条件的限制无法应付内外刺激时，通过认知评价后就会产生这种不适应的心理。例如，亲人的逝世、事业上的重创、与亲密的人断绝关系以及面对重大灾害等都能成为让人们紧张、不适应的导火索。引起紧张状态的事物或情境被称作应激源。不同的人对外部压力有不同的反应，所以，对于同一个事件可能由于认知评价的不同而出现不同的结果，它可能成为一些人的应激源，而对另一些人来说，只是极为普通的事情，或者至少不会产生很大的压力。当然，当人们面对应激源时，不仅会有心理上的反应，也会同时伴随着生理上的变化，在这里我们主要关注应激的心理反应。

人们在面对应激源时，会经历十分复杂的心理过程，包括对应激源相关信息的输入，对应激源的察觉、认知和评估等，对应激源做出反应，应激反应之后的结果。可以看出，应激的心理反应只是这些复杂过程中的一个环节。

应激的心理反应主要分为积极的反应和消极的反应两个方面，在面对应激事件时有清醒的意识、清晰的思维、迅速的反应、及时的行为等都属于积极的应对。相反，情绪紧张、压力过大、意识不清醒、思维混乱等就是消极的心理应对了。

应激的心理反应对人们能否适应新的环境有重要的影响。一方面，应激事件发生后极易产生不愉快的情绪体验，积极的心理反应能减少消极的情绪体验，为顺利度过这一时期创造良好的心理条件。比如，在水灾之后，人们可能由于房屋被冲毁、农田被淹等感到极其郁闷，为以后的生活担忧、焦虑。虽然在这种情景下，产生急躁、担忧、不安等情绪是十分正常的，但过度地沉浸在这些心理中不仅不利于恢复正常的生活状态，还容易滋生心理疾病。所以，理性、积极的心理应对，能让受灾者在灾难面前保持清醒的头脑，尽快地从悲痛中走出来；而一味地愤怒、伤心、绝望等只能让痛苦越来越深。

另一方面，应激的心理反应还会对行为产生重大影响。积极的应对能帮助人们采取正确的行为。一个小孩子在玩火时不小心点着了沙发，将家里的东西几乎全部烧光，幸亏邻居及时报警，没有造成无法挽回的局面。孩子的父亲听到这一事故时，生气到了极点，他找到本来就被这个意外吓得够呛的孩子，然后一顿毒打，似乎这样还不解气，以后经常都用此来训斥孩子。很显然，例子中的父亲在面对应激事件时并没有表现出积极的心理反应，虽然生气是正常的情绪反应，但在与孩子交流时并不理智，而是被愤怒冲昏了头脑，这不仅对解决问题无济于事，还可能在孩子心中形成无法挥去的阴影。

可以看出，在面对应激事件时，人们的心理反应是不同的。但可以肯定的是，积极的心理反应是有利的，它能更好地帮助人们走出灾难带来的痛苦，尽快地适应新的生活；消极的心理反应是有害的，过度的焦虑、愤怒、恐惧等可能使问题变得更糟糕，甚至酿成无法补救的恶果。

什么是心理危机

对于危机这个词，人们并不陌生，经济危机、金融危机、能源危机、婚姻危机等都经常会出现在人们的生活中。一般而言，这些危机对人们来说都是外在的，造成的后果也是比较直接的，比如，物价上涨、经济衰退、能源紧张、关系破裂等等，所以当这些危机出现时，人们都能明显地感受到。而另一种形式的危机就显得比较含蓄和内敛了，无论是从表现形式还是出现的后果上，都不易被察觉，这就是心理危机。

与突发事件所造成的危机不同，心理危机是指人们在遇到重大问题或情景时所感受到的一种失衡状态，他们原先的心理状态被打破，心理矛盾也增多，进而影响思想、情绪、行为等方面的表现。所以，心理危机并不是事件本身，而是对事件的感受。每个人在生活中都会或多或少地面临心理危机的干扰，但

并不是每个人都能正确地应对这些危机，这也验证了那句话，“面临危机，才知英雄无几”。

虽然心理危机与其他的危机事件是有区别的，比如，地震这种自然灾害本身就是一个危机事件，而心理危机却不是某一个事件，但大多数情况下心理危机出现在这种紧急的事件中。还是以地震为例，在地震发生之后，个体可能会经历一系列的打击和伤害，安全上的、财产上的、精神上的等，如果人们无法积极地应对这一事件，不能从伤痛中缓和过来，就容易出现心理危机。

影响心理危机的因素有很多，比如危机事件的严重程度，在地震中人们所承受的损失越大，产生心理危机的可能性就更大。但这种关系并不是一一对应的，最终决定人们会出现什么样反应的还是个人的认知。比如，一些人对所有的挫折和逆境都能坦然面对，在他们的生活中就没有大喜大悲，内心相当平静，这种人出现心理危机的可能性就比较小。而那些在平常的生活中就比较情绪化，对得失十分在乎的人就更容易出现心理危机了。除此之外，个体的人格特征、对事物的认知模式、生活中的经验、周围的文化和环境等都能影响心理危机的产生及程度。

心理危机是一种正常的生活经历，所以人们几乎都会碰到，但由于个体之间的差异，在面对危机时，最终出现的结果不同，有好有坏。

最好的结果是人们顺利地度过了心理危机，并在应对中学会了处理危机的方法，为今后碰到类似的情景提供了依据，这种经验的积累也提高了自己的心理健康水平，有利于今后更好地生活。

比较好的结果是人们度过了心理危机，但整个过程并不十分顺利，留下了心理创伤或阴影，当这种情况再次发生时，人们可能还是会体验到强烈的不愉快的情感。

比较差的结果是当出现心理危机时，人们无法承受这种危机带来的折磨，不能顺利渡过这一难关，在危机发生的过程中和危机出现之后，有较多的消极情绪体验及行为反应。

最悲观的结果是人们未能度过心理危机，而且受危机的影响出现了心理异常，严重影响了正常的生活，即完全被危机打败了。

对于后两种情况中所提到的结果，在现实的危机中有很多的表现形式，这在之后的内容中也会提及。虽然心理危机一般是暂时的，随着时间的推移会慢慢减退、消失，但当人们无法自己走出危机的阴影时，就需要周围的人给予帮助了，这就是通常所说的心理危机干预。所谓心理危机干预，就是对处于心理危机状态下的人采取一定的措施，使之逐渐恢复到正常的生活状态，适应周围的环境。这一过程也与后面会提到的灾后心理救助有些类似。

所以，对人们来说，出现心理危机并不可怕，它是一种正常的反应，但如果受一些因素的影响，无法克服心理危机，甚至出现心理障碍时就要引起重视了。由于心理危机的表现形式比较隐蔽，在一些重大的危机事件之后，关注人们的心理变化就显得尤其重要了。

灾难心理危机的一般性反应

如果你翻阅过前一篇的内容，应该对心理危机不再陌生了。简单地说，它是人们在面对一些自己无法控制的事件或情景时，内心所感受到的失衡状态。引起心理危机的因素有很多，最终导致的结果也有所不同。人们在经历灾难后可能都会出现心理危机，但有的人所面临的危机是暂时的、正常的，有的人却是异常的。只有正确区分了哪些反应是一般性的，哪些反应是异常、需要尤其引起重视的，才能及时地对那些需要心理干预的人提供帮助，使他们尽快渡过难关。

心理危机是一种不平衡的状态，从引起危机的事件发生到心理危机出现，再到人们对危机的应对，要经历一系列的过程。比如，最初发现于墨西哥，之后蔓延全球的甲型 H1N1 流感一度引起人们的高度恐慌。在甲流期间，大量的负面报道整日弄得人心惶惶，人们都不敢到热闹的地方去，生怕自己被传染，一旦自己周围熟悉的人也不幸感染上了，自己就更加恐慌了。这时，人们变得十分敏感，即使在很安全的环境中也会担心自己会被感染上病毒，影响了正常的生活。慢慢地，人们开始意识到只要防御措施做得好，通过努力自己是能避免被感染的，而且在生活中出现这种传染病也是能理解的，于是，虽然他们仍然会有恐慌，但能从心底接受现实。为了更好地做好预防，人们通过各种途径了解与甲型 H1N1 流感相关的信息。很多在甲流期间出现过心理危机并且顺利恢复正常的人认为，自己从这个过程中学到了很多，不仅了解了与流感相关的信息，使自己在今后类似的问题中有了丰富的经验去应对，更重要的是自己在心理上变得更坚强了，这对处理生活中的许多难题都是一次很好的借鉴。

从上面的例子中可以看出，当人们面对心理危机时，在心理和行为上常常会

有不同的表现，最开始可能是极度的恐慌，然后抵制、拒绝危机的事件，接着是慢慢接受现实，并积极地应对，最后是解决问题，恢复到正常状态。

危机意味着平衡稳定的破坏，会引起人们的混乱和不安，一般危机发生后人们的反应会维持一两个月的时间。心理危机的反应主要体现在生理、认知、情绪、行为等方面。

生理方面：食欲不振、肠胃不适，头痛心慌，容易犯困，睡眠质量差，入睡难、易惊醒，肌肉紧张等。

认知方面：认知上存在偏差，注意力不集中，缺乏自信，记忆力减退等。

情绪方面：情绪波动大，对外界刺激过分敏感，容易被激怒，并常常会出现极度恐慌、焦虑、怀疑等情绪。

行为方面：自责，退缩，尽可能地逃避与人接触。

在一次火灾中，小明丧失了自己的亲人，之后的一个月里他像完全变了一个人。他总觉得没有胃口，每天都吃得很少，睡觉也睡得不安稳，只要有一点动静就会惊醒，而且经常做噩梦。虽然火灾后，单位领导建议他先休息一段时间，但他认为自己忙起来了就不会去想这场灾难，心里也会好受些，所以没有休假。但是在上班期间，同事们都发现小明经常会出错，而且老是记不住重要的事情，因为大家对小明的遭遇十分同情，都没有去责怪他，而是尽量帮助他。他们会时常邀请小明一起出去活动，放松放松，但大多数情况下小明都不会出去。在他看来，如果那次自己一直在家待着，说不定就不会出现那么大的火灾了，亲人也不会发生意外，所以他一直对此耿耿于怀。

小明在经历灾难时，身心发生了一系列的变化，但幸运的是，他在朋友的帮助下，慢慢接受了既成的事实，最终走出了阴影。但并不是每个人都能像小明一样幸运，很多人在受到重大打击或变故后一蹶不振，他们最初的反应和小明在生理、心理各个方面的表现类似，但结果却令人惋惜。

心理危机的异常表现

在《灾难心理危机的一般性反应》中我们提到，面对灾难时，人们出现心理危机是正常的现象，他们所表现出来的一些情绪、认知和行为等也是一般的反应，经过一段时间的调整就会恢复到正常。但有些人却无法走出心理危机，出现了种种障碍及其他异常的表现。

与灾害有关的障碍主要有急性应激障碍和创伤性应激障碍，二者都是由应激性的事件或处境引起的心理障碍，不同的是急性应激障碍在灾害事件发生后立即发病，而创伤性应激障碍则持续的时间较长。

创伤性应激障碍是对具有威胁性的灾难事件的延迟或持久反应。这类事件通常为重大的自然灾害或人为灾害，比如地震、火灾、战争、严重的暴力行为等，每个人面对这些灾害时都会感受到巨大的痛苦，但并不是每个人都会出现创伤性应激障碍。只有那些随着时间的推移仍然无法平复自己伤心的心境，甚至情况越来越糟的人才是创伤性应激障碍的患者。他们有心理危机的一般反应，在程度上和时间历程上更加明显。

急性应激障碍是由剧烈的、重大的内外刺激所引发的异常，在灾害事件发生的同时，受灾者会出现极度伤心的心理反应及一系列的生理反应，比如呼吸急促、意识空白、注意狭隘等。这种心理危机的异常表现很少见，多出现在重大交通事故中。

当然，除了所提到的两种障碍外，还有很多异常的表现。虽然表现形式多种多样，不过，纵观这些心理危机的应对，它们在情绪、行为等方面还是有很多共同点的：

情绪异常、持续低落。有异常表现的人们会持续很久地表现出低沉的情绪，这与一般正常的反应最大的区别就在于持续的时间长。

丧失信心，封闭自我。在心理危机出现后，人们不能正确地认清现实，将所有的过错都揽在自己身上，极度自责，不愿意与外界交流；对以后的生活失去信心，无法适应变化了的环境。

无助感强烈。由于在灾害性的事件中人们体验到了强烈的无助感，这种感受在灾害结束后一直困扰着他们，认为自己在什么方面都显得势单力薄。

食欲不振，睡眠不规律。出现连续的厌食绝食或暴饮暴食现象，睡眠也出现障碍，很难入睡，一旦睡下就不愿意起来，但是睡眠质量很差，容易惊醒。

有自杀倾向。这种表现是极其危险的，无法应对心理危机的人，在体验到种种不愉快的经历后，渐渐感受到活着是没有意义的，他们产生悲观厌世的想法，总觉得最好的解决办法就是一死了之，常常会有自杀的念头。

经历过重大灾害的人们很容易出现消极的心理或生理反应，而警惕他们的异常反应，从其言行中找出极端的、危险的表现，才能给予帮助和干预，否则，将他们的异常反应视为正常的灾害心理，则可能造成无法挽回的后果。

第二十四章

发展心理学：人为何不在妈妈的肚子里多发育一段时间

什么是发展心理学

一直以来，人们都觉得发展心理学是专门研究儿童心理发展的学科，但近年来毕生发展的观点渐渐取而代之。不过，从发展历史来看，发展心理学是在儿童心理学的基础上产生的。19 世纪后半期，德国生理学家和实验心理学家普莱尔发表了《儿童心理》一书，这部书被公认为第一部科学的儿童心理著作，普莱尔也因此被认为是科学儿童心理学的奠基人。接着，随着人们对心理发展内涵认识的加深，毕生发展的观点逐渐被人们接受和重视。20 世纪后半期，研究毕生心理发展的发展心理学开始被确认，儿童心理学逐渐成为发展心理学的一个重要组成部分。1957 年美国《心理学年鉴》中的《儿童心理学》被《发展心理学》取代，从此确立了发展心理学在心理学中的地位。

心理学是科学地研究人类心理的科学，发展心理学就是科学地研究人类在发展过程中心理的科学。人的一生会经历很多的变化和发展，从在妈妈的肚子里开始，到呱呱落地，再到按年龄顺序经历一系列的发展阶段，直至最后离开这个世界。在漫长的几十年中，人们不仅在身体上会发生明显的变化，从弱小到强壮再到虚弱，而且在心理上也会有复杂的发展。究竟人们在不同的阶段上会有怎样的心理特征？哪些因素导致了这些心理变化的出现？这些都是发展心理学所要解决的问题。

人们在生命历程中所涉及的发展范围很广，既有身体方面的成长，也有知识能力等方面的提高，还有情绪以及与人交往方面的发展等。据此，发展心理学主要考察的也是人们在生理、认知、社会性方面的发展特征。

生理的发展为心理的发展提供了物质基础，所以虽然发展心理学是研究人们心理的学科，也不能忽视对生理机制的重视。生理机能的重要性从很多方面都能看出，尤其是从那些有生理缺陷的个体身上，很多心理疾病的发生都与大脑结构的缺陷有关。对生理发展的研究还能帮助人们创造良好的环境，比如，遗传对人们在各方面发展的重要影响是被公认的。

认知的发展包括很多内容，感觉、知觉、学习、注意、记忆、语言、思维、推理、创造性等都属于认知领域。人们的心理变化对任务的完成有着重要作用，所以研究认知过程中的心理发展对提高人们的认知能力和学习、工作效率有指导意义，比如，通过研究人们可以发现哪些心理过程是有利于推动认知的，那么，在以后类似的任务中就能依据这些结果提高工作效率了。

生理和认知上的发展都侧重于个体，但人们在社会中生存，就必须和别人交流，这就需要社会性的发展。社会性领域的发展包括情绪、人格、社会关系的变化和稳定性。这个领域的发展对人们的成长很重要，例如，对于婴幼儿来说，他们的社会性发展并不成熟，在与别人的交流中有很大的自我中心性，不管做什么都更多地考虑自己的感受。如果对这一特征不了解，就会认为这些孩子自私、冷漠等。事实上，这些都是这一阶段的儿童特有的、也是正常的现象。

发展心理学对人一生的发展有重要的作用，能帮助人们认识发展过程中在生理、认知、社会性等方面的特征，解释某些特定的心理现象；能通过与正常状态的对比，找出发展中存在的缺陷，并为努力矫正缺陷提供依据。这些不仅能促进个人的发展，还能帮助人们了解整个人类的发展规律。

一般来说，人的一生全程会经历胎儿期、婴儿期、学前期、儿童中期、青春期、成年早期、成年中期、成年晚期、生命结束几个阶段，每个阶段的心理发展特点是不同的，所以发展心理学考察的是在这些不同阶段中的心理变化。

人为啥不在妈妈的肚子里多发育一段时间

我们常常惊叹于人类生命的诞生，他们从一个小小的受精卵开始到逐渐成人形的胎儿，经历了漫长的十个月，终于带着清脆的哭声降临到这个世界。而人们在享受着这些可爱的精灵带来的欢笑时，内心也增加了许多不安，总是会担心小家伙太小无法适应周围的环境，担心他们会生病、会受伤。

与外面复杂的环境相比，妈妈的肚子里就显得更安全了，那为啥不让宝宝在

妈妈的肚子里多发育一段时间，等到他们能从容地面对世界时再降临呢？也许很多人都会为妈妈们抱不平了，怀胎十月就已经让她们累得够呛，如果再多待一段时间真是太辛苦了！其实，从宝宝的安全上来看，也并不是在妈妈肚子里待的时间越长就越安全。

让我们先来看看小生命在妈妈肚子里成长的历程吧。每个人的生命从受精开始，依次经历胚芽期、胚胎期、胎儿期，在每一个时期生命发展的特征是不同的。

胚芽期：从受精到第二周为胚芽期，它是生命开始的最早阶段，也是最短的阶段。在这个时期，细胞以很快的速度分裂着，而且细胞的作用也开始分化。人们所熟悉的胎盘、脐带等的雏形都是在这一阶段形成的。

胚胎期：从第二周到第八周为胚胎期，主要器官和基本的解剖结构在这一阶段开始发展。虽然这时的生命体还很小，人们都无法从体形上分辨出那些怀孕的妈妈，但这时的生命体已经有了各种器官的雏形。

胎儿期：从第八周到出生为胎儿期，这时人们能很明显地感觉到孕妇肚子的变化了，胎儿在妈妈的肚子里以惊人的速度成长着。不仅如此，妈妈们还能清晰地感觉到胎儿会动了。在怀孕早期，妈妈只能从一些身体的不适中感觉到自己身体中的新生命，而此时，胎儿为了表现自己的存在，用各种方式吸引着妈妈的注意，他们会踢腿、翻身、握拳、眨眼、吸吮手指，甚至还会打嗝、哭泣。这个时期的胎儿与新生儿的差异逐渐缩小，为呱呱落地作着最后的准备。

从生命的开始到诞生这个过程中可以看出，每一个阶段都有不同的发展特征。不论是受精，还是胚芽、胚胎、胎儿期，所有的发展都是在为出生积攒着条件和力量，是不能逾越和缺少的。很显然，这些小生命不能还没等到在妈妈肚子里发展好就出生。那么，是不是待的时间越长对发展就越有利呢？

医学上将在母亲预产期两周后还没出生的婴儿叫做过度成熟儿，这些婴儿和早产儿一样面临着很多的风险。比如，我们在前面提到的胎盘，它是连接母亲和胎儿的桥梁，胎儿成长所需要的营养和氧气都是通过胎盘传送的。而如果胎儿在母亲的肚子里过度成熟，胎盘提供的血液供给就无法满足需要了，这对胎儿的成长是很不利的。此外，胎儿在妈妈肚子里的成长速度是很快的，过度成熟的胎儿自然比正常的胎儿要大，在出生时就会增加分娩的危险。

所以，并不是在妈妈的肚子里待的时间越长就越安全。人们也正是认识到了这一点，在怀孕期间会定期做检查，当发现自己的宝宝没有在正常的时间出生时，就会征求医生的建议，选择人工引产，最常见的就是剖腹产了。剖腹产是一种分娩方式，它是通过外科手术将婴儿从母亲的子宫中取出来，而不是通过产道自然分娩出来。剖腹产并不是只针对过度成熟儿，在一些危急的情况下通常都会进行剖腹产，比如胎位不正、不易于自然分娩或者孕妇在分娩过程中阴道流血等。而且，随着剖腹产技术的完善，为了减轻分娩过程中的痛苦，越来越多的人即使在有条件自然分娩时也选择进行剖腹产。

为什么老幺都爱撒娇

在翻阅心理学的一些通俗读物时，我们会看到“出生顺序”这个词，它通常作为影响孩子性格特征的因素被提到。

关于出生顺序对人成长的影响的确会勾起家长们很多的记忆。比如，当他们之间发生矛盾时，不管错在谁，家长总是会护着年龄较小的那个，而去责备较大的那个；老大会觉得父母总是袒护着老二，老二又总是觉得父母更爱老大。可见，出生顺序不仅会影响到家长对孩子的看法，也会影响到孩子对父母的态度。

出生顺序对每个孩子的影响是不同的。一般来说，家里的第一个孩子身上更具有独立、责任感、忠诚等品质。当有了弟弟妹妹之后，他们可能还会承担一些照顾别人的角色，所以比较懂得体贴别人。家庭对第一个孩子的期望很大，常常会让他们觉得有压力。至少在一段时间内，家里几乎所有的关爱都倾注在他们身上，于是，当有了弟弟妹妹时，第一个孩子会表现出对家中新成员的排挤，不愿意与别人来分享父母的爱。

顺序居中的孩子常常会感到比较郁闷，因为他们可能既没有享受过像第一个孩子那样的待遇，也不能像最小的孩子那样受到宠爱。不过也正是由于父母的关注不是很多，排行居中的孩子能比较轻松地生活。

最小的孩子在家里的地位往往与众不同，这是很多人都认同的观点。很多人对老幺的性格特征都有一个刻板印象，认为他们都很爱撒娇，更任性、调皮。但并不是老幺天生就爱撒娇，而是这个出生顺序影响了周围人对他们的态度。

从父母的角度看，由于他们在老大身上投注了太多的期望，对最小的孩子可能就没有那么高的期望了。虽然望子成龙、望女成凤的愿望仍然存在，但他们不会施加给老幺太多的压力，而是会努力创造机会帮助孩子的发展。所以，在家庭教育中，对老幺的约束不是很大，相对轻松的家教风格更容易让孩子们形成任性的习惯。而且一般来说，到最小的孩子出生时，父母可能已经拥有了良好的收入能力，家里的经济状况有条件为老幺的发展提供更为充裕的资源。这种物质上的支持也为老幺的撒娇创造了条件。

从哥哥姐姐的角度看，不管他们大自己的弟弟妹妹多少岁，也不管最开始他们能不能接受这个后出生的家庭成员，在父母的教育影响之下，他们或多或少地会扮演照顾者的角色。当自己有好吃的东西、好玩的东西时，不管是自愿的还是出于讨父母欢心的目的，总是会分给自己的弟弟妹妹一部分；当弟弟妹妹受到别人欺负时，也总是会站出来保护他们。所以，相比而言，最小的孩子所得到的关爱更广泛，既有父母的也有哥哥或姐姐的。

在家庭其他成员的特别呵护下，老幺自己也渐渐感觉到了自己地位的优越性，也学会了如何去享受这种地位。他们经常会向家庭成员撒娇，得到别人的关注和支持。在父母和哥哥姐姐的眼中，他们就像是一个永远也长不大的孩子。虽然表面上看，老幺是最幸福的孩子，他们不用担负父母的期望，不用顾及有更小的孩子需要他们照顾。

但老幺也有自己的困扰，尤其在一些个性十分鲜明的孩子身上。对那些极其渴望独立的老幺来说，来自家庭的特殊关爱不仅没能让他们感受到幸福，还成为他们成长的障碍，因为无论他们做什么都会被看做是个孩子，这样自己就很少有机会独立地去进行选择了。

可以看出，出生顺序对孩子的影响是不同的，虽然父母在对待孩子时总是会努力一视同仁，但还是难免会有差异。对不同出生顺序的孩子来说，他们总是对父母的行为有所不满，认为父母更爱其他人。最先出生的孩子渴望更少的约束，居中的孩子渴望得到更多的关注，就连被人们认为最幸福、最爱撒娇的老幺也会有自己的烦恼。

发展中的男性与女性

男孩勇敢，女孩温柔；男孩喜欢深色，女孩喜欢粉色；男孩爱玩枪，女孩爱玩布娃娃……男孩和女孩在性格和爱好上的这些差异已经被人们牢牢地记在心中。而且，在对不同性别的孩子进行评价时，人们也往往会与刻板印象中的形象进行对比，比如，如果男孩在游戏中表现出很强的竞争性，则被认为是“小男子汉”，是值得鼓励的；如果他们对芭比娃娃之类的玩具表现出过分的喜欢，则会招致父母的担心，因为这些是与女孩联系在一起的。不过，似乎父母在性别的期望上并不一样，当男孩表现出女孩的特征时他们会显得很焦虑，而当女孩有男孩的特征时则没有那么紧张，这也体现出了不同性别上的差异。

发展中的男性和女性有很多不同的特征，除了上面所举的例子外，还有很多方面都体现出这一差异。那究竟什么是性别？与“性”所强调的生理特征相比，“性别”指的是一种与男性和女性身份有关的知觉和意识，比如认为男性与强壮有力相连、女性则与柔弱体贴相连、女孩比男孩更容易与别人建立亲密的关系等。造成这种差异的原因有很多，不同的理论对其的解释也不一样。

强调生理因素的观点认为，不同性别的孩子有不同的身体特征，这些身体特征又与性有关，所以，生理因素对性别差异的产生有影响。比如激素，我们都知道男性更多的是雄性激素，而女性更多的是雌性激素，所以如果依据这种生理上的差异对性别特征进行解释，更多地表现出男性特征的女性就是因为雄性激素水平高，而更多地表现出女性特征的男性就是因为雌性激素水平高。

以弗洛伊德为代表的精神分析理论认为，孩子在性别上的差异其实是对同性的父母在性别行为上认同的结果。在弗洛伊德的理论中，有两个与性别有关的词，“阉割焦虑”和“阴茎妒羡”，说的就是男孩对父亲的认同以及试图与父亲保持一致；女孩对母亲的认同以及试图与母亲保持一致。

社会学习理论认为，男孩和女孩在性别上的差异都是通过观察他人的行为学习而来的。比如，孩子们会受到电视中与自己同性别的人的影响，看见别人在玩着什么样的玩具，自己也会去玩这种游戏。而且，孩子在成长的过程中会受到来自家长的种种引导，家长们更多地会让男孩按照“男子汉”的形象去做事，而让女孩培养那些温柔、体贴的“小女人”气质。在这一过程中，家长的反馈十分重要。当一个男孩看到另外一个男孩因为玩布娃娃受到阻止时，他就会感觉到这种行为是不被鼓励的，而当男孩玩的是手枪时，家长们就会持相反的态度。

男性和女性的差异体现在很多方面，不同的理论也从生物、认同、学习等方面进行了解释。虽然性别差异是很常见的现象，也是不可避免的，但现在能明显地感觉到这种差异的缩小。越来越多的家长不仅鼓励男孩培养自己的男子汉气概，还很重视对他们友善、细心等品质的培养。对女孩来说，这种变化就更大了，从文学作品、电视、电影中随处可见那些完全颠覆了传统女性形象的人物，她们自信、勇敢、有竞争力，除了在生理上的差异外，和男性几乎没有什么不同。也许有一天，随着性别差异的缩小，人们心中的性别刻板印象也会慢慢消失。

一个家庭的小孩为何性格迥异

众所周知，孩子的基因一半儿来自父亲一半儿来自母亲。基因是决定性格的关键因素，那么，是不是一个家庭的孩子就应该具有相似的性格呢？事实并非如此。虽然出生在同一个家庭，有着同样的父亲和母亲，但这些孩子的性格却各有各的特点，甚至还会出现性格截然相反的情况。

一般来说，最先出生的孩子与父母的性格最为接近，最能认同父母的观点，长大后与父母也最为亲近；最后出生的孩子则与最先出生的孩子完全相反，他们的性格与父母的性格相差最远，叛逆性比较强，对父母的大多数观点都不太认同，长大后与父母也比较疏远。这就是说，孩子的性格与其在家中的排行有关，排行最大与排行最小的孩子之间性格差异最大。

这和父母的繁衍心理有关。无论是男人还是女人，对自己的第一次成功繁衍都是非常重视的。他们希望将自己身上的优良基因都遗传给这个孩子，然后再让这个孩子将他们的基因遗传下去。也就是说，父母一般都会将延续自己基因的希望寄托在第一个孩子身上。在父母的殷殷期望下，第一个孩子会传承最多的父母典型基因，这是他们与父母性格最为相像的主要原因。此外，当第一个孩子出生时，由于家中没有其他孩子与其竞争，所以他们与父母最为亲近。

当父母已经成功繁衍一个后代以后，其延续基因的渴望就不再像之前那么强烈了，且孩子越多，这种渴望就越不强烈。所以，越晚出生的孩子，与父母的相似度就越低。

孩子的性格差异还与决定性格形成的因素有关。人的性格形成主要取决于两个因素，一个是来自父母的遗传基因，另一个是后天的生活环境，这两者所占的比例各为50%。出生在一个家庭的孩子，虽然他们的基因全部来自同一个男人和同一个女人，但他们得到的基因却并不是完全相同的。这就是说，他们分别从父亲和母亲那儿遗传了不同的基因，第一个孩子得到的基因不代表第二个孩子也会得到。

后天生活环境造成的性格差异性就更明显了。虽然生活在同一个家庭中，但他们的成长环境却并不是完全相同的。通常来说，家庭环境是不会造成性格差异的，但如果父母存在严重的偏向行为，让孩子受了不平等的待遇，就可能造成孩子的性格差异。比如说受宠的孩子会更开朗一些，受歧视的孩子会更自卑一些等等。家庭以外的非共同环境才是造成孩子性格差异的关键。

对于孩子的性格差异，父母的影响其实是很小的。如果说影响，那也是基因上的影响，父母后天的培养并不会造成孩子的性格差异。当然，这并不是说父母的培养对孩子性格的形成不重要。事实上，对于处在成长期的孩子来说，家庭环境对其性格的形成是非常重要的。

同一个家庭的孩子既存在基因差异，又不可能在完全相同的生活环境中成长起来，因此，同一个家庭的孩子性格迥异也就不难理解了。

环境对人的成长与发展影响重大

孟母三迁在中国是个家喻户晓的故事：孟子幼年丧父，完全由母亲仉氏来抚养和教育，起初时，他们住在墓地的附近，孟子和一群小孩子见到举行丧葬的人们就跟着学起了号哭，他的母亲见了，觉得这里不是适合孩子成长的地方，就将家搬到了集市的附近，而这里有一些杀猪卖肉的，孟子又对屠杀牲畜产生了兴趣，前去观察和学习，孟母又觉不妥，这次是搬到了学校的旁边，从此，孟子也就效仿读书人，开始学习礼仪和文化知识。

孟母之所以一再地搬家，就是为了给孩子营造一个良好的成长环境，从而令孟子走上一条正确的人生之途。同样，孟子日后的成就，也说明了环境对人的成长成才的重要作用。俗话说“近朱者赤，近墨者黑”，能够“出淤泥而不染，濯清涟而不妖”的人毕竟是少数，对于大多数的人来说，多会“入芝兰之室，久而不闻其香；居鲍鱼之肆，久而不闻其臭”。

在通常情况下，一定时代和一定地域的人们所接触到的环境就基本方面来讲是相似的，很多时候并没有质的差异，所以人们常常对自身所受到的来自环境的影响感触不深。可是在生存环境很悬殊的情况下，这种影响效果就显而易见了。

1920年，印度加尔各答附近一个山村的人们打死大狼后，在狼窝里发现了两个由狼抚育的女孩，其中大的约七八岁，被取名为卡玛拉；小的约两岁，被取名为阿玛拉。后来她们被送到一个孤儿院由人抚养。阿玛拉于第二年死去，而卡玛拉活到1929年。孤儿院的主持者辛格依据自己与狼孩接触的经历写出了《狼孩和野人》一书，其中详细记载了狼孩重新被教化为人的经过。狼孩刚被发现时，生活习性与狼一样，用四肢行走，白天睡觉，晚上出来活动，怕火、光和水，只知道饿了找吃的，吃饱了就睡；不吃素食而只吃肉，并且不用手拿，而是放在地上用牙齿撕开吃，更不会讲话，却每到午夜后都像狼似的引颈长嚎。卡玛拉经过七年的教育，才掌握45个词，勉强地能说几句简单的话，开始朝人的生活习性转变。她死时估计已有16岁左右，但其智力却只相当于三四岁的孩子。

狼孩经过狼的抚养，原本是人的身体却与正常的人类产生了如此巨大的差别，而变得与狼非常接近，这说明人的成长在极大的程度上依赖人类社会环境的熏陶。狼孩的情形可以看做是泡菜效应的一种极端表现，即生存环境的普通差异不至于令不同的人之间生成如此显著的差别，但人总是或多或少会受到身边环境影的响，并且对所处环境差异越大的人们之间进行对比，就越会发现其影响力的明显，而由于人们大多情况下都是与生存环境相似的同伴共处，所以对环境的影响力也就习焉不察了。

同样的蔬菜浸泡在不同的水中，吃起来味道是有所不同的；同样的人受到不同环境的濡染，也会养成不同的习性。这说明，环境对人的成长与发展具有重大的影响。

儿童成长的心理障碍

大多数人总是会怀念自己的童年，在形容那段生活时，也总是会用一些诸如“纯真”“无邪”“幸福”等特别美好的词。可见，儿时的生活给人们留下了积极的印象。但并不是每个人的童年都是值得回味的，也并不是童年期的每一段往事都是美好的。人们在自己成长的过程中可能会碰到种种心理障碍，困扰着自己的健康成长。

儿童成长中的心理障碍是普遍存在的问题，大约有五分之一的儿童和青少年有心理上的缺陷。儿童成长过程中最常见的心理障碍有双相障碍、注意缺陷多动障碍等。

双相障碍，是一种常见的心理障碍，多发病于儿童、青少年之中。双相障碍的明显特征就是有两个极端的心理状态：躁狂和抑郁。这两个状态反复交替出现，造成情绪、行为等的转换。有句话说“人类是最善变的动物”，从人类的发展过程来看，儿童又是善变中的典型。人们常常会用“一会哭，一会笑”这样的词来形容儿童的多变。虽然对儿童来说，情绪或行为上的变化是正常的现象，但如果这些转变异常频繁或极端，就可能是心理障碍的征兆了。为了帮助人们区分双相障碍和正常变化，我们列出了以下典型的症状：

躁狂症状：情绪变化剧烈，表现出极度的易被激怒或兴奋；过强的自尊心；

过剩的精力，睡眠时间非常少却没有疲惫感；说话速度快且没有固定的主题，跳跃性大。

抑郁症状：长时间处于忧郁、低迷的状态；对平时自己喜欢的游戏或玩具丧失了兴趣；食欲不振；睡眠问题突出，或者入睡困难，或者睡眠过多；整天无精打采；注意力不集中。

上面列出的一些症状在正常的儿童身上也有体现，也正是如此，儿童青少年的双相障碍经常会被误认为是正常的，得不到家长及其他周围人的关注。为了儿童的健康成长，家长们就需要能非常敏感地区分出正常和障碍了，否则，如果任由儿童发展，可能会带来严重的后果。当发现儿童患有双相障碍时，及时的治疗是十分重要的。一般来说，治疗包括药物治疗和非药物治疗。药物治疗主要是服用适当剂量的情绪稳定剂、非典型抗精神病药物和抗抑郁药物等。非药物处理主要是通过各种形式的引导、干预，帮助儿童解决问题。

小明是小学二年级的学生，见过他的人都说他很聪明。按理说老师应该感到高兴，可是恰恰相反，所有代课老师都拿他没办法。原来，小明无论是上课还是下课，总是会带来各种各样的麻烦，上课时弄出声音，叠纸飞机到处飞，拍前排同学的背，下课时这样的事情就更多了，经常会跟同学争吵、打架。总之，用老师的话说就是“从来没有消停过”。

可以看出，小明的最大特点就是注意力不集中，涣散，多动，同时伴有情绪不稳、学习困难和攻击行为的一组症状群。这些表现都是注意缺陷多动障碍的症状，该障碍较常见，患病率高达3%，通常情况下男孩比女孩更容易患这种障碍。在平时的生活中，人们大多会认为儿童的多动、注意力不集中等表现都是正常的，甚至觉得不动才是不正常的，往往忽视了注意缺陷多动障碍在早期的症状。虽然对于儿童来说，偶尔的易被激怒、冲动、情绪化、涣散等都是正常的，但要把握度。当发现儿童有以下的表现时，人们就该加以重视了。

注意障碍：注意力极其不集中，很容易受周围环境的影响而分心。上课不能专心，很难将注意力维持在课堂上；不能很好地遵守课堂纪律，经常出现捣乱行为。

活动过多：不能保持安静，经常无缘无故地骚扰别人；容易冲动，发生打架等攻击行为。

情绪不稳：情绪波动大，经常因为一点小事就发脾气，并影响到行为。

需要注意的是这类儿童的智力是正常的，甚至有的儿童智商很高，但由于他们注意力涣散，无法专心地听老师讲课，对老师布置的作业也无法用心地完成，所以学习成绩较差。此外，这类儿童容易被激怒、冲动，在与别人交往时经常会出现冲突，可能导致人际关系出现问题。

除了双相障碍和注意缺陷多动障碍外，儿童成长中的心理障碍还有很多，它们都影响了儿童的发展。虽然这一阶段的儿童在心理、行为上出现一些异常是十分常见的，可是一旦超过了一定的程度就会危及其成长。

青春期的“危险性”

不管是从身体特征还是心理特征上看，青春期都是一个发生着巨大变化的时期。在这一阶段中伴随着人们成长的经历有喜有忧，有浪漫有失落。可以毫不夸张地说，青春期时人们所体验到的行为、情感等方面的变化是在一生之中最复杂的。这一阶段中发生的变化会带给人们很多的惊喜，但也正是因为变化之多、之快，让青少年措手不及，由于无法自如地去应对，所以出现了种种问题。

吸食毒品的现象在青少年中并不少见，尤其是在比较开放的发达国家。对于青少年来说，他们渴望新奇、刺激的事物，对约定俗成的东西不屑一顾，总觉得自己长大了，有权利支配自己的任何行为了。毒品对他们而言就是一种具有刺激性的东西，很容易吸引他们的关注。大多数孩子吸食毒品就是为了获得一种快感，不仅包含毒品本身带来的暂时状态，还有叛逆的兴奋，认为自己做了一件大人们阻止的事情是很了不起的。在满足了自己一时的快感之后，由于毒品的成瘾性，青少年对毒品的需求就会形成习惯，并会越来越依赖，直至无法控制。滥用毒品不仅对青春期孩子的身体是种巨大的摧残，还可能引发一些未成年犯罪行为。比如，青少年在对毒品形成很强的依赖之后，由于自己没有能力购买充足的毒品来满足需要，就可能去抢劫、偷窃。

吸烟、酗酒带来的危害是青春期的孩子们都熟知的，但即便他们对这些行为的后果有充足的认识，也还是难以避免烟酒上瘾。青春期的孩子在生理和心理上都有了长足的进步，但他们的思想并没有达到成熟的水平，在很多行为上都具有盲目性。那些对酒精类产品和烟草产品等上瘾的青少年，对这些东西最初都是因模仿而接触。当他们看到成人或其他青少年使用烟、酒时，自己也会学着去模仿这种行为，但和毒品的成瘾性一样，香烟和酒精也是容易上瘾。对于正在经历迅速变化的青少年来说，大量的香烟和酒精对他们身体的发展有很大的危害。而且，成瘾行为还会引发许多其他行为问题。

性病在青少年中也越来越常见，性病的传染大多是通过不理智的性行为实现的。由于身体上的变化，性对青少年的吸引力越来越大，但他们所掌握的知识和经验的有限性导致其无法对自己的行为进行分辨，常常会发生不理智的性行为。这些都是安全的隐患。对青少年来说，早期的性教育不仅不是难以启齿的，反而对他们的成长有利。

可见，青少年青春期的发展并不是一帆风顺的，而是充满了挑战和危险，稍有不慎就可能走上自我摧残和犯罪的道路。正是由于在这一时期中的诱惑和潜在的威胁很多，家长、教师及其他社会成员更应该关注青少年的生理和心理变化，为他们的健康成长保驾护航。

人为什么会渴求知识

知识的重要性是不言而喻的，无论是对整个社会还是对个体，可以说没有知识就不可能进步。随着社会的发展，人们对知识越来越重视，这从各项教育政策的完善和教育资源的丰富上可以很明显地看出。当然，社会为人们提供的良好教育环境并不能从根本上推动人们对知识的追求，教育繁荣发展的动力关键在于人们对知识的渴求。

从古到今，有许多广为传诵的故事都烘托出了同样的一个道理，那就是主人翁在极其恶劣的环境中仍然奋发获取知识。例如，《晋书·车胤传》和《渊鉴类涵》中所提到的两个晋朝人的故事。一个叫车胤，一个叫孙康，他们都生性好学，但由于家庭贫穷，没有钱买油点灯。为了能在晚上看书学习，他们一个是将萤火虫装在白绢袋中照明，另一个则是在下雪天借助雪来照明。这就是人们非常熟悉的“囊萤映雪”的故事。类似的典故还有很多，像“头悬梁锥刺股”“凿壁偷光”等故事。

可以看出，人们很早就意识到了知识的重要性，随着科学技术的发展，现代社会对知识的要求就更高了。为了顺应时代需求，越来越多的人在接受了义务教育阶段的学习后，选择进入高等学府继续深造。如果说人们在义务教育阶段通过各种途径获取知识只是一种被动的接受，与自己的意愿关系不大，那么对大学生来说，他们的选择在很大程度上就是出于对知识的渴求。不过，每个人努力获得知识的动力和目的却是大相径庭的。

对知识本身的热爱是推动一部分人争取高等教育机会的原因，他们希望通过

大学的深造，掌握更多的知识，从中汲取营养。为了攻破一个难关，推动某项技术的进步，他们能不顾外界的一切压力，不谋名利，一心一意扑在学术科研上。对于他们来说，不断地获得知识就是在实现自我的价值。

在现在的大学中，尤其是在研究生阶段，一些学生的年龄偏大是一个很常见的现象。一些人在参加工作后选择再重新回到学校学习。对于这类人来说，可能他们也是由于对知识本身的热爱，但大多数人是因为实际工作中已有的知识无法满足需要了，为了胜任自己的工作必须获得更多的知识。一位心理学家就曾经指出，那些成年人重返校园可能是寻找自身成熟的结果，也可能是力图全面地了解现代社会中的先进技术，还可能是为了对抗工作中的无力而必须为自己充电。

随着就业压力的增大，学历成为人们在面临竞争时的一个武器之一，所以为了获得更好的工作，为生活提供更好的条件，越来越多的人会以获取知识为跳板进而得到自己想要的生活。可能对于他们来说，自己并不是特别热爱知识，但又不得不去获得知识。

所以，人们对知识的渴求与自己的发展轨道有很大的关系，它是自我价值的体现，也是实际工作的需要。

什么决定了男女的职业选择

虽然现代社会一直在大力提倡男女平等，但从某种意义上讲，男人和女人是永远都不可能平等的。

在职业倾向选择上，男人和女人存在着明显的性别差异，某些行业从业者大多都是男性，而还有些行业从业者则大多都是女性。有人曾认为这是性别歧视造成的，其实不然。事实上，是男人女人的主动选择决定了某些行业的这种性别特征。更多时候，是男人自己主动选择了那些倾向于招聘男性的工作，女人自己主动选择了那些倾向于招聘女性的工作。换言之，在某些领域表现出的性别倾向并不是因为这些领域选择了某种性别，而是某种性别选择了某些领域。

为什么男人和女人在职业选择上会存在明显的差异呢？剑桥大学的心理学家赛门·巴龙科汉提出了雄性脑和雌性脑的观念，用以解释男人和女人在职业选择上的不同倾向。科汉的理论认为，人类的大脑主要分为两种类型，即雄性脑和雌性脑。一般来说，男人多是雄性脑，女人多是雌性脑。概括地说，雄性脑的主要功能为组织功能，雌性脑的主要功能为同理功能。雄性脑和雌性脑虽然是两种不同的大脑类型，但两者的功能却并不是互相排斥的。也就是说，雄性脑的人同样具有同理功能，雌性脑的人也会具有组织功能，只是雄性脑的人组织能力更强，雌性脑的人同理能力更强。

具有雄性脑特质的人擅长分析和理解事物，对事物做系统地了解，这将使他们更能胜任科学家、工程师等工作。科汉在对自闭症的研究中发现，自闭症患者在语言表达及人际交往方面存在明显的缺陷，但却具有超乎常人的组织能力。在自闭症患者的家庭成员中，有很多都是科学家或工程师。这就是因为人的脑型有很大的比例是可以遗传的，科学家和工程师都是典型的雄性脑，其后代也大多会遗传他们的雄性脑特征。当一个人的雄性脑特质异常强烈时，其雌性脑功能就可能存在缺陷。

具有雌性脑特质的人擅长体察他人的情绪，并能够对他人的情感作出适当的回应，从而与人产生情感上的连结或共鸣，有利于构筑良好的人际关系。在人际交往中，一个人只有感到自己被理解、被认同时，才会向人敞开心扉，真诚地对人交流，而同理能力就是打开他人心扉的一把钥匙。一个人的同理能力越强，就越容易认同他人的情感，理解他人的感受。较强的同理能力将使人更能胜任幼儿园教师、护士等工作。

如果用性别差异来描述，就可以说男人和女人都具备组织能力和同理能力，但男人的平均组织能力比女人强，而女人的平均同理能力则比男人强。这就决定了男人和女人会作出不同的职业选择。这也就解释了为什么大多数科学家和工程师都是男性，而大多数幼儿园教师和护士都是女性。

雄性脑和雌性脑的存在是男人和女人适应不同生活环境的结果。在进化的过程中，由于男人和女人扮演的社会角色不同，承担的社会责任也不同，因此他们的大脑为了更适应自己的角色，更好地完成自己的职责，就走上了两条不同的进化之路。雄性脑是男性的适应特征，雌性脑是女性的适应特征。在繁衍的过程中，大多数男孩都继承了父亲的雄性脑，而大多数女孩则继承了母亲的雌性脑，因为这样的传承方式更有利于他们的生存。

总而言之，大脑结构的不同使得男人和女人擅长的事物也有所差异，正因为男人和女人各有所长，所以男人女人才会选择不同的职业。但这种情况并不是绝对的，有些男人也可能是雌性脑，有些女人也可能是雄性脑，女人擅长男人的工作和男人擅长女人的工作都是很正常的。

美好的婚姻是否意味着长寿

对于大多数人来说，成年早期所要经历的事情是人生当中最重大的，这之中就包括了工作和婚姻。心理学中一般将成年期分成三个阶段，成年早期、中期和晚期，20 ~ 40 岁为成年早期。从这样的一个划分中可以看出，从这一时期开始，人们就要真正作为一个大人去开始自己的生活了。虽然从法律上看，年满 18 周岁就已经成人，但这个年龄的孩子大多还在学校读书，很少有机会去独立地面对生活。而 20 岁之后，人们就必须选择自己所要继续的路了，选择将要陪伴自己一生。通常人们将婚姻和工作看做是生活中的两个必不可少的部分，但每个人对它们的重视程度不同，可能有的人更在乎婚姻生活的美满，而有的人更重视事业上所取得的成就。无论如何，不可否认的是二者之间并不是孤立存在的，而是相互联系、相互影响的。婚姻生活的美满与否就会直接影响到家庭成员的健康、家庭的和睦、社会的和谐等。

所谓美好的婚姻，也就是婚姻质量高。婚姻质量既是一种主观的概念，表示夫妻双方对婚姻的认知；同时，它也是一种客观的概念，表示夫妻双方在婚姻关系中的相处方式等。可见，高质量的婚姻关系对营造和谐的家庭环境、增加双方的幸福感等有重要作用。至于美好的婚姻和长寿之间的关系，虽然人的寿命受很多方面的影响，所以无法在二者之间建立因果关系，但从经验中可以预料到，美好的婚姻更能保持人的身心健康，从而延长寿命。

美好的婚姻对缓解人们的心理压力有重要作用。很多心理学的研究都表明，婚姻生活的质量与生活中的压力联系紧密。不美满的婚姻更容易让夫妻双方产生消极的情绪，双方经常会互相埋怨、指责等，长此以往，对婚姻本身也会失去信心。在婚姻生活中的压力还会转移、扩散到生活中的其他方面。由于家庭矛盾而引起的工作分心现象就十分常见。所以，失败的婚姻不仅会影响夫妻双方的婚姻生活，还会带来其他方面的压力。而美好的婚姻却能够很好地缓解各种压力。人们常说“家是爱的港湾”，“一个成功的男人背后总是有一个伟大的女人”……这些都说明了家庭在生活中的地位是不可取代的。当人们在工作或在其他场合中遇到麻烦时，回到家中，和谐的家庭氛围能让他们得到放松，从而减轻自己的压力。可以看出，婚姻质量的好坏与人们的心理健康是有密切联系的。而毫无疑问的是心理健康对于人的长寿是十分关键的，在那些高龄的人身上最大的共同点就是都能保持一种健康的心态。从这个层面上看，美好的婚姻的确是有利于长寿的。

婚姻质量除了通过影响心理健康间接影响到人的寿命，还能直接反映在生理指标上。在质量低的婚姻关系中，夫妻双方常常会变得敌对，愤怒，这些情绪的产生能改变某些生理指标，比如血液中的某些激素会增加，降低人的免疫能力，从而使人们的身体更脆弱，更容易生病。

所以，拥有美好的婚姻并不等于能有长的寿命，但不美好的婚姻一定是不利于长寿的。总的来说，不管人们是不是出于延长寿命的目的，大多数人对婚姻生活的质量还是十分重视的。他们努力培养共同的兴趣爱好，时常相互表达爱意，对生活中的角色合理分工等，使自己的婚姻生活保持一个良好的状态。但任何事情都不可能是一帆风顺的，婚姻生活中也不可避免地会出现误会、矛盾。在婚姻初期，人们视对方是完美的，但随着时间的推移，一些小的缺点会慢慢暴露在对方面前，这就可能产生不满的情绪了，从而影响婚姻质量。

总之，好的婚姻是需要双方共同用心去经营和呵护的，对身体健康和心理健康有重要影响，是维持人生完满的必备条件。

工作不只是为了谋生

在前一篇中我们已经提到，对成年早期的人来说，工作和婚姻是他们生活的重点，有学者更将工作的确定视为成年早期发展的标志。

对于职业的选择，人们在进行规划时就会考虑很多的因素，正是这些错综复杂的因素导致了在择业、就业时必须时刻权衡得失。

一名应届毕业生毕业后有多份工作机会，而他必须在这些看上去都不错的差事中选择一种。有一份工作待遇很不错，在别人眼中是可遇不可求的美差，而且工作的性质与他所学的专业是对口的。于情于理，他都应该选择这份工作，并且有理由相信经过他的努力一定能取得很大的成就。但最后他却选择了另一份在各方面都逊色很多的工作。当人们都充满疑惑时，他说："我选择的工作是我从小一直都想要从事的，这么多年来，我感觉自己一直在为别人而活，而现在，我想选择自己真正喜欢、想要的生活，也算是圆自己的梦吧。"

一位和同学一起自主创业的小伙子在公司刚刚有起色时选择了离开，他准备去一家外资的大公司上班。自己创办、经营公司是小伙子一直坚定的理想，毕业之后他也做到了。凭着自己和同学的艰辛打拼，公司慢慢走向了正轨，未来的形势一片大好。由于公司刚刚起步，各方面都需要花销，打开市场也需要时间，所以自己能挣到的钱暂时并不是很多。但他并没有太在意眼前的得失，还是一心一意地想将公司办下去。也许真是“天将降大任于斯人也，必将苦其心志”，亲人的病变让本来不富裕的家庭雪上加霜，而他还有一个正在读书的妹妹。无奈之下，他选择离开公司，而选择一家外企，因为那里的工作虽然不是他最想要的，却能在最短时间内帮他渡过难关。

从这两个例子中，可以看出，在工作面前，他们都作出了不同的让步。前一个为了实现自己的理想，放弃了高薪；而后一个却为了生计，放弃了自己的理想。所以，人们工作的目的不只是为了谋生。一般来说，可以将人们为什么而工作的答案分成两种：内在动机和外在动机。

外在动机就是类似于人们观念中的“为谋生而工作”。当然，那些富裕的人为了获得更多的财富也会受外在动机的驱使选择工作。这些人的共同特点是在选择职业时为了直接的奖赏，包括高的工资、好的福利等。可以看出，他们所追求的基本上都是获得物质层面的满足。对他们来说，好的工作能带来高的收入，而高的收入又能使自己过上富足的生活，那些名贵的衣服、豪华的住所等都是让自己工作的直接动力。

与此相反，另一部分人宁愿过着清贫的生活，也不愿意从事待遇好、自己却不喜欢的工作。他们受内在动机的影响，认为工作不仅是一种生存的手段，更是一种实现自我、获得幸福的媒介。在工作中，他们有清晰的自我认识，对自己是谁、想要什么都十分明了。他们选择自己喜欢的工作去努力，就是为了得到心灵上的满足。所以，对这些人来说，他们更看重的是工作能不能带来精神层面上的满足。

对于选择两种动机中哪一种更明智并没有旗帜鲜明的答案，但从实际生活中来看，在进行职业规划和选择时将二者结合在一起无疑是有利的。如果人们只重视物质的奖赏，而不顾自己内心真实愿望的呐喊，可能在前进的路上会迷失方向。而如果人们对物质无欲无求，只在乎精神上的满足，似乎又有点不切实际。所以，对于成年早期的人来说，如何作出明智的选择并不是一件简单的事情。

第二十五章

儿童心理学：小女孩为什么喜欢抱洋娃娃

小孩子的心理不简单

君君一个人在堆着积木，由于他太小，还不能把握好平衡，积木堆得没多高就倒了，一旁照顾他的爷爷看见了赶忙跑过来帮着宝贝孙子重新把积木堆好。爷爷原本是担心君君看见倒了的积木大哭大闹才帮他堆好的，没想到爷爷的这一举动反而让君君大哭起来，怎么劝都劝不好，这让爷爷手足无措。君君边哭边把爷爷堆好的积木给推翻了，爷爷以为是自己堆得不够好，所以又重新堆了一遍，结果君君哭得更凶了，用脚把刚堆好的积木又踢翻了。爷爷也忍不住了，大声训斥着君君，说他不懂礼貌、刁蛮、任性。家里的其他人知道事情经过后也都一个劲地责怪君君，觉得爷爷很是委屈。

妈妈刚给3岁的嘉嘉买了一辆粉红色的自行车，嘉嘉迫不及待地骑着小车到院子里去“展示”，结果碰到了自己的好朋友虎虎，虎虎也想玩玩，就对嘉嘉说：“嘉嘉，能不能把你的车子借我骑骑？”嘉嘉想了想说：“好吧，谁让咱们是最好的朋友呢！”虎虎可开心了，可是，才过一会嘉嘉就过来了：“虎虎，我要回家了，妈妈说不能在外面玩很久，下次再给你玩吧！”嘉嘉很顺利地把车子要了回来。事实上，嘉嘉妈妈根本就没有说过这样的话。

娜娜已经喝了很多冷饮了，可是还是一个劲地跟爸爸要，又哭又闹的，结果把爸爸惹怒了，甩手就进自己书房了。娜娜还是第一次看见爸爸这么生气，要知道爸爸平时可是最疼自己的啊，她站在门外撒娇地叫着爸爸，可是爸爸还是不理她。娜娜想了想就去找奶奶，奶奶看着自己的宝贝眼睛都哭红了，心疼得不得了，不停地责怪着爸爸，结果娜娜对着书房很大声地说：“奶奶，不能怪爸爸的，是我自己不乖，爸爸平时可好了，我最喜欢我的爸爸了！”这些话让刚刚还在生气的爸爸听得美滋滋的，自个儿坐在书房里乐。

这样的事情在生活中真的是数不胜数，一方面，孩子的举动让大人们诧异，最简单的小孩子有时却比大人还要复杂；另一方面，一些闹剧也常常会让家长们哭笑不得。当自己的孩子出现不好的行为时，家长们常常会担心是不是自己在教育孩子的过程中做得不够好，而使孩子产生了“不良的”倾向。比如，人们会认为例子中的君君太任性了，小小年纪脾气却很大；嘉嘉又太有心计，为了将自己的自行车要回来竟然用妈妈做挡箭牌骗自己的好朋友；娜娜从小就这么圆滑，使小诡计讨得爸爸的喜欢。这些在家长们看来都是恶习，很多家长面对孩子的这种行为时常常都特别不理解，照常理来说，孩子的性格和行为要么是遗传的，要么是受环境影响，可是自己家里没有一个人有这样的特点，加上孩子又小，也没有接触很多外面的人，怎么就会变成这样呢？

其实，小孩子们的这些行为都是正常的，之所以会引起人们、尤其是家长的紧张，并不是孩子真的做错了什么，而是一直以来人们都认为孩子是极其单纯的，孩子们应该变成的模样与现实中真实的表现之间出现的落差让家长们难以接受。当然，相比于成人来说，小孩子还是简单的，即使他们的行为在家长看来很“世俗、圆滑、狡猾”等，他们的出发点也绝对不是家长所想的那样。

孩子的每一种行为都是可以解释的，比如，例子中的君君，他大哭大闹，不珍惜爷爷的劳动成果并不是在使小性子，而是渴望长大。他只是觉得自己能堆好积木，希望自己能独立地完成自己喜欢做的事情，当自己出现暂时的失败时，他们需要的是获得大人的鼓励和信任，而不是马上就把事情做完。嘉嘉和娜娜也并不是圆滑、有心计，他们的动机很单纯，不仅没有恶意，而且还能从中看出他们的小聪明。

小孩子的心理也确实很不简单，他们正处在开始形成自己的性格、培养各种习惯的时期。如果对孩子们的一些行为处理不当，不仅对孩子没有帮助，反而会挫伤他们的积极性，影响他们的健康成长。

何谓幼儿敏感期

意大利著名教育家蒙台梭利指出，幼儿在成长的过程中会在一段时间内只对某些事物感兴趣而拒绝接受其他事物，这个时期就是所谓的幼儿敏感期。如果家长在敏感期时给孩子提供有效的帮助，会收到最佳的效果。

幼儿阶段是众多能力发展的关键时期，会出现很多的敏感期，虽然发展是连续的，很难十分精确地找出具体的时间，但如果认真观察幼儿的行为，就会从细微之处看出端倪。

2 岁的蒙蒙最近总是无缘无故地大发脾气，又是摔东西又是哭闹，爸爸妈妈可真是急坏了。平时又上班又要照顾孩子的父母本来就特别辛苦了，现在孩子又老不听话，真让这对年轻的爸爸妈妈不知如何是好了。为了能尽快解决问题，小两口决定将近来的生活梳理一下，看看究竟是什么导致了孩子的脾气大增。结果，他们发现生活中唯一的变化就是讲故事、洗澡和睡觉的顺序不同了。以前都是爸爸先帮蒙蒙洗完澡之后，妈妈一边陪她睡觉一边给她讲故事，但最近由于爸爸工作比较忙，所有的事情就由妈妈一个人做了，而且为了节约时间，妈妈都是在给蒙蒙洗澡时把故事给讲了，然后跟蒙蒙一起睡觉。会不会是这些生活习惯的改变让蒙蒙一下子无法接受呢？于是，爸爸特意抽出时间帮蒙蒙洗澡，然后像以前一样，妈妈陪她睡觉时给她讲故事。结果让他们两个既喜出望外又大吃一惊，蒙蒙竟然不闹了！他们从来没有想过这么小的孩子会对生活习惯如此在意。

故事中的蒙蒙可能就正处于秩序的敏感期，当自己熟悉的生活节奏和顺序发生变化后，一时无法适应，从而会出现脾气大增的现象。如果这种变化持续的时间再长久一点，可能蒙蒙就会慢慢适应新的生活，用新的秩序代替以前的秩序。

秩序敏感期一般出现在 2 ~ 4 岁，通常的表现与生活习惯有关。比如，芊芊在 1 岁多时还老是把自己的玩具到处乱扔，无论大人们怎么说都不听，可是到 2 岁多时，家人发现她很自觉地将玩具有秩序地放在玩具房里，而且如果别人不小心碰乱了还会特别生气。

除了秩序敏感期外，幼儿阶段还是很多能力发展的敏感时期。蒙台梭利认为，幼儿阶段有九种敏感期：

语言敏感期（0 ~ 6 岁）：从开始对话语产生反应，到注视大人说话时的嘴形，再到自己开始牙牙学语，幼儿对语言的敏感是毋庸置疑的，如果引导适当，孩子在几年之内就能掌握大部分的母语。

秩序敏感期（2 ~ 4 岁）：对顺序、生活习惯、自己的东西等敏感。

感官敏感期（0 ~ 6 岁）：孩子的各种感觉在妈妈肚子里就有所发展。在幼儿时期，这种发展就更加敏感了，一些教具的设计和开发就是专门针对孩子感官能力发展的。

对细微事物感兴趣的敏感期（1.5 ~ 4 岁）：大人和孩子看到的世界是不一样的，有时候小孩子的观察力比大人们的更加细致，从而能发现不被发现的精彩之处。

动作敏感期（0 ~ 6 岁）：从一个小生命开始形成到出生到慢慢长大，他们的动作也慢慢变得精细，复杂，0 ~ 6 岁的孩子经历了躺、坐、站、滚、爬、走、握等一系列的发展变化，对动作相当敏感。

社会规范敏感期（2.5 ~ 6 岁）：这个阶段的孩子往往在家待不住，他们总是吵着嚷着要出去玩，跟一大群小伙伴疯闹，这时家长就要开始慢慢给孩子灌输有关社会规范的知识了，培养孩子的一些礼节，使他们能在与别人的交往中应对自如。

书写敏感期（3.5 ~ 4.5 岁）：识字、写字常常被家长们看做是孩子有没有长大的一个标志，当家长们在一起聊天时，也常常会提到孩子的这些能力。

阅读敏感期（4.5 ~ 5.5 岁）：随着人们对孩子重视的程度越来越高，商家们也抓住机会出版了很多幼儿的读物，比如绘本，这些读物可以陪着孩子一起度过阅读的敏感期。

文化敏感期（6 ~ 9 岁）：通俗地说，就是对文化知识的敏感期，如果家长引导合适，可以激发孩子强烈的学习欲求，为以后的学习提供有力的动机。

敏感期是幼儿本色发展的反应，不仅对幼儿能力的发展有重要作用，还会影响到其性格、品质等的形成。在这个时期，家长的尊重、鼓励、支持、信任等对于孩子的发展起着不可忽视的作用。

0 ~ 1 岁婴儿期：建立基本信任的关键阶段

小宝的出生给全家带来了极大的惊喜，可是，随之而来的“麻烦”也愁坏了所有人。由于小宝的爸爸妈妈希望在自己的经济条件宽裕时再要孩子，所以生小宝时年纪都比较大，精力也不是很充沛。虽然他们早就已经考虑到了这一点，在孩子还没出生时就请了一个保姆，但妈妈还是尽量自己带孩子。原本以为自己付出这么多后，宝宝跟自己会慢慢有默契，谁知道孩子完全不领情。无论白天还是晚上，他总是会“无缘无故”地大哭，而且不管自己怎么劝怎么哄都没有用，奇怪的是，如果孩子跟保姆一起玩却很乖，即使哭了也能马上被保姆哄好。这让妈妈很伤心，每次看到自己的孩子在保姆怀中乐呵呵的样子心里就不是个滋味。

为了弄懂宝宝的生活规律，妈妈决定向保姆“取经”，不过碍于情面，她选择在暗地里观察保姆与孩子之间的交流。当孩子哭时，妈妈想孩子一定是饿了，可是保姆却第一时间看了看尿裤，果然是尿尿了，于是马上给宝宝换上了干净的尿裤；又一会宝宝又哭了，一旁的妈妈猜测这回肯定是饿了吧，结果保姆只是轻轻摸了摸宝宝，跟他说了几句话，宝宝就不闹了；再接下来，宝宝每哭一次，保姆都能很快地找到原因，然后喂奶、陪他玩、哄他睡觉……这让妈妈大为吃惊，在她看来孩子的哭声都是一样的，怎么就能区分出哪一次哭是饿了、哪一次哭是尿湿了，她再也忍不住了，亲自向保姆请教。原来保姆在多年照顾孩子的过程中积累了丰富的经验，对宝宝的每一次哭闹等都十分敏感，知道宝宝的微笑代表什么，大叫又是什么，甚至不同的哭声也代表着不同的需求。宝宝在有新的需要时，发出的信号都能被保姆准确地捕捉到，而妈妈却做不到，这样一来，就不难想象为什么宝宝跟保姆之间的默契要多于跟妈妈了。

例子中的小宝虽然很小，但从他的表现中可以看出，他已经开始懂得信任了，在他看来，保姆就是值得信任的人。根据心理学家埃里克森的观点，0 ~ 1 岁的婴儿正处于人格发展的第一阶段，即基本信任对基本不信任阶段。这个阶段的婴儿非常软弱，他们无法用语言与成人交流，表达出的愿望也得不到成人的理解。如果在这个过程中抚养者够爱抚婴儿，敏感地接收到婴儿发出的各种信号，及时地予以回应，婴儿在满足了自己的基本生理需要的基础上就会渐渐地形成一种信任感，反之，则会在混乱中对外界不信任，没有安全感。

宝宝在这一阶段有没有形成信任感不仅影响着与抚养者之间的关系，还对宝宝今后的性格、行为等有深远影响，比如，在婴儿期的信任危机如果得到积极的解决，成年后的性格就倾向于乐观、自信、开朗、信赖等；如果得不到积极解决，就多倾向于悲观、烦躁、抑郁、多疑、猜忌、嫉妒等。

所以，孩子的每一次看似无理取闹的行为都是有正当理由的，那些都是他们向外界发出的信号，是他们特有的语言。如果父母无法领会，不仅不及时地提供条件满足他们的需要，反而还斥责孩子，对孩子信任感的形成及以后性格的发展就会有负面的作用。

3 ~ 12 岁为何叫“水泥期”

有一定生活常识的人都知道水泥的特性，当往粉末状的水泥中加入水时，人们可以按照自己的需要去任意改变水泥的形状；当水泥渐渐凝固时，改变就不那

么容易了；而当水泥凝固后，再想改变就已经很难很难了。心理学中将 3 ～ 12 岁这个阶段叫做“水泥期”，这与水泥本身的特点相符，而且还根据儿童发展的特点进一步将 3 ～ 6 岁称为“潮湿的水泥期”，7 ～ 12 岁称为“正凝固的水泥期”。

有数据表明，孩子 85% ～ 95% 的性格在 3 ～ 6 岁的阶段形成，由于此时孩子的性格处于起步阶段，可塑性非常强。在这一时期中，父母的引导和外界环境的影响对孩子性格的形成就显得十分关键了。

如果你有一个处于这一阶段的孩子，可能经常会为他们的行为发怒，他们会动不动就大发脾气、哭闹、摔东西等，而你能做的要么是妥协，要么就是用家长的权威制止他们的任性，结果孩子可能由于你的纵容变得更加任性，或者在你的严厉制止下变得胆怯，内向。

此外，这一时期孩子们的害羞也是家长经常担忧的问题，不少家长都反映，自己的孩子在家里时还挺能说的，一直也就认为孩子是一个外向型的性格，没想到只要带他出门孩子就躲在自己的身后，别人跟他打招呼也十分腼腆。这种现象在 3 ～ 6 岁的孩子中十分常见，他们常常会觉得自己没有能力独立完成一些事情，在面对外人时，也无法应对自如，渐渐地就会形成“我做不到”“我不行”等观点。如果这些观点根深蒂固，就会影响孩子今后的性格发展，他们害怕出错，害怕挑战，在面对挫折时可能会一蹶不振，倾向于变得内向，自卑，退缩。所以，家长要关注孩子性格的形成和发展，在平时的生活中要给孩子适当的鼓励，多与他们交流和沟通。比如，当孩子准备开始做一件之前从来没做过的事情时，家长要做的不是害怕孩子会失败而制止他，或者由自己代劳、帮助孩子完成任务，而是用言语鼓励孩子，相信孩子有能力跨出新的一步；当出现问题后，与孩子一起找出解决的办法，并在一旁给孩子打气；完成任务后，要不吝啬自己的夸奖，无论成果完不完美都要予以表扬，毕竟他们是在挑战自己，而且通过夸奖可以鼓励他们以后在类似的任务中再接再厉，做得更好。

随着进入小学阶段的学习，孩子到 7 ～ 12 岁时性格已经形成了大约 85%，各种生活和学习习惯也渐渐塑造起来。虽然孩子没有以前那么任性了，但随之而来的一些恶习却也在慢慢滋生，最常见的就是作业拖拉。他们在写作业时总是不断地磨蹭，边写边玩，很多家长也因此会严厉地责怪孩子。不过，造成孩子不积极完成作业的原因不仅来自孩子本身，还与家长有密切的关系。一些家长可能在陪孩子做作业的过程中自身就没有耐心，或者一味地纵容孩子，助长他们的不良习惯。

不合群是这一阶段的孩子中又一经常出现的问题。进入学校后，孩子与社会中其他人之间的交集越来越多，如何处理与同学、老师等的关系变得十分紧迫。如果孩子没有学会良好的人际交往技巧，无法与人正常的交流，不仅会引起负面的情绪，还会对学习造成消极的影响，更为严重的是会影响性格的发展，使他们变得自我封闭，敌对，攻击。

很多儿童学家都认为性格依赖于后天的培养，虽然在人一生的发展历程中性格都可能发生改变，但“水泥期”孩子性格的发展是最快的、也是最稳定的，而且通过此时他们的一些性格特点还能预测他们未来的发展。所以，无论是家长还是教师，都要密切关注孩子性格的形成和发展，为他们创造良好的环境，引导他们掌握必要的交际技巧和应对挫折的方法，以免在“水泥凝固”时留下遗憾。

孩子在童年需要经历哪些心理体验

提到童年，几乎每一个人都能回忆起几件让自己念念不忘的事情，而且这些回忆大部分都是美好的。

随着社会的发展和生活水平的提高，人们能够享用的资源越来越多，按理说现在的孩子所能体验到的快乐也要比以前的人多，可是每当听到自己的爷爷奶奶或者爸爸妈妈讲起他们小时候的乐事时，后一代人总是会觉得自己在童年期的经历要逊色很多。在他们的生活中，“上课”“补习”“兴趣班”“考试”“过级”等字眼成为出现频率极高的词，优越的环境和资源并没有带给孩子真正的快乐，相反增加了他们很大的负担，让许多人的童年过得“苦不堪言”。很多家长都持有这样的观点：“现在的竞争太激烈了，如果不从小就培养孩子各方面的能力，等他们长大了就会没有立足之地。只有从现在开始吃得苦中苦，才能在日后成为人上人。”殊不知，过度地压抑孩子天性的发展不仅不利于孩子的成长，还可能引起种种心理问题，起到适得其反的作用。

心理学家们发现，童年期的经验对于人一生的发展都具有极其重要的作用，它不仅是人们无法逾越的阶段，也是关键的阶段。人们的大部分性格特点、人生观、价值观、思维方式、兴趣、爱好、情感倾向等都在这一阶段形成，而这些能力和倾向的培养是受周围环境和生活经验影响的。所以，对于童年期的孩子来说，让他们获得各种心理体验，并从中获得成长是重中之重。

爱的体验是任何阶段都需要经历的，心中没有爱的人不仅是可悲的，也是可

怕的。如果在这一时期孩子们能够感受到来自身边人的爱，在他们的影响下也会渐渐学会去爱别人，变得善良，有爱心，容易沟通，乐于助人。相反，如果孩子所体验到的只是冷漠、虚伪、无情等，即使他们本性十分善良也会慢慢不近人情，不仅不会爱别人，对任何人都充满敌意、攻击，甚至会自暴自弃，连自己都不爱。

快乐的体验也是必不可少的。对于儿童来说，最大的快乐莫过于开心地玩，所以游戏在童年期中占有十分重要的地位。似乎在大人眼里，小孩子到处跑、到处玩就是调皮捣蛋，但事实上，从儿童发展需要上看，游戏就是他们的工作。儿童在游戏的过程中能强健自己的身体，在与其他伙伴交流的过程中学会人际交往的技巧，一些开发智力的游戏还能增长儿童的见识，培养他们的想象力、创造力等。如果儿童全身心地投入到了游戏中且获得了快乐，这种积极的情绪体验对孩子保持健康的心态有重要的作用。所以，对于孩子的“贪玩”家长应该慎重对待，有些孩子可能真的是比较调皮，需要家长进行督促和引导，但有的孩子对玩的欲望是正常的，不仅不应该横加干涉，还要创造良好的条件使他们在游戏中获得最大的快乐。

随着孩子们慢慢长大，他们开始有能力独立地从事一些活动，所以独立性和责任感是儿童必须要经历的体验。最开始儿童可能对责任并不了解，当遇到困难或失败后，不会从自己身上找原因，而把责任全都推到其他人身上，这也是他们以自我为中心的体现。当他们在家里时，这种“耍赖”可能往往被家长们纵容，但当与自己同龄的孩子一起时，责任就无法顺利推卸了。在孩子犯下错误时教育他们勇于承担责任不仅不会挫伤他们的积极性，而且还能帮助他们认识到问题的所在，提高自己解决问题的能力。此外，责任感还是一种良好的品质，对于健康人际关系的建立和维持等有推动作用。有一幕场景相信大家都不会陌生：小孩子摔倒在地，家长赶紧上前扶起宝宝，一边狠狠地践踏刚刚摔倒的地方一边说：“宝宝没事，都怪这块地，我已经帮你打过他了。”对于出生一两年的孩子来说，这样的做法可能有利于帮助他们平复情绪，但当孩子长大后依然事事都为孩子找一个替罪羊就有碍于他们的成长了。

除了爱的体验、快乐的体验和责任的体验之外，童年期的孩子需要经历的心理体验还有很多很多，比如成功、自信、宽容、信任等等，而且，让孩子适当地体验一些消极的情感对他们的成长也是有帮助的。

总之，童年期的孩子既是发展迅速的，也是十分敏感和脆弱的，在教育和培养孩子的过程中要尊重他们发展的规律，让他们经历他们应该经历的事情，让他们从中获得新的体验和成长。

孩子的每个第一次都很重要

教育家约翰·洛克说："教育上的错误比别的错误更不可轻犯。教育上的错误正和配错了的药一样，第一次弄错了，绝不能借第二次、第三次去补救，它们的影响是终身洗不掉的。"

从洛克的观点可以看出，孩子的第一次对他们一生的发展都有着不可磨灭的影响。我国教育家陈鹤琴也有类似的观点，他认为："无论什么事，第一次做得好，第二次就容易做得好；第一次做错，第二次就容易做错。儿童种种坏的习惯都是由于开始学时，他们的教师或父母没有留意去指导他们的缘故，以致后来一误再误，成为第二天性；所以要把小孩子教得好，必定要在第一次时教得好。所以，对于第一次的动作，做父母和教师的要格外留意指导，以免错误。"不同国界的教育家提出的观点却是如出一辙，可见孩子的第一次的确值得人们重视。生活经验也告诉着人们要慎对孩子的每一个第一次，否则可能酿成不可挽回的恶果。

沟通从第一次发声开始

从宝宝带着清脆的哭声呱呱落地开始，他们就在不停地摸索着与周围世界沟通的方式，在大人们看来，毫无意义的一个声音也许就是孩子们发出的信号，饿了、渴了、尿湿了、想活动了等等。渐渐地，他们开始能叫爸爸、妈妈了，这种变化无疑让家长万分欣喜。从发出第一声响到第一次叫爸爸、妈妈，孩子们在声音上的众多第一次还承载着更深层次的东西，这是他们努力尝试着与大人们沟通的结果。所以，在这个沟通的过程中，如果家长对孩子们发出的信号不敏感，把孩子的咿呀学语仅仅当做是他们的自言自语，那么久而久之孩子们就会不愿意再去尝试交流了，这对孩子语言的发展及和谐的亲子关系的形成是相当不利的。

认识世界从第一次好奇开始

对于刚出生的孩子来说，纷繁的世界是新鲜的，也许他们从未想过多年后自己会和这个陌生的世界融合在一起，而一个人究竟能与世界多亲近取决于他能否接受新的事物，在这个过程中好奇心就必不可少了。好奇心让人们对世界时刻保持着新鲜感，推动着自己不断地通过努力获取新的知识和信息，但并不是每一次好奇都会带来成长。比如，当孩子第一次对新鲜的事物萌生了一种探求心理时，这种好奇心表现出来后如果没有获得支持，那么他获取新信息的积极性就会大打折扣，甚至从此对外界漠不关心；相反，如果第一次好奇心得到了家长的支持和鼓励，并且通过探索了解了自己从来不知道的东西，这种成就感和满足感就会促使他们去了解更多的东西，取得更大的进步。当然，为了孩子的安全和健康，当孩子对一些具有危险性的东西感兴趣时，家长还是要用合适的方式加以劝导的。

爱的品质可能源于孩子第一次关心、第一次助人

身边人无微不至的关心可能会让孩子体验到爱的品质，从而影响着他们自己的行为，但孩子第一次表现出自己的爱可能就是一次很不起眼的助人行为、一句简简单单的关心的话。2 岁的帆帆一个劲地吵着妈妈睡觉，可妈妈还有很多工作没有完成，于是妈妈就哄着帆帆自己睡，一开始她还能很有耐心地说，但帆帆完全不听，妈妈忍无可忍对着帆帆大发脾气，弄得帆帆不停地哭。这时妈妈也意识到自己的行为有些过激，就停下手头的工作陪帆帆，当了解了儿子的本意后，妈妈懊恼万分。原来，帆帆是担心妈妈太累了，“姥姥说不按时睡觉的孩子不是好孩子，而且还会生病，妈妈也要睡觉”。这个例子中的妈妈将孩子的爱当做是一种无理取闹，给孩子带来了伤害，幸运的是妈妈最终还是发现了问题，将后果降到最低程度。

恶习来自于对第一次犯错的纵容

在教育孩子的过程中，家长对孩子第一次撒谎、第一次偷窃等不良行为的忽视和放纵可能使孩子走上犯罪的道路。很多青少年犯罪都是由于在犯错后得不到家长的引导，或者由于家人的溺爱滋长了自己的不良倾向导致的。“小时候偷针长大了偷金”，讲的就是如果在孩子小时对他们的“小偷”不以为然，等到孩子长大后成为“偷窃犯”再进行教育就来不及了。当孩子出现不良行为或有这种倾向时，家长置之不理或一味纵容是不负责任的表现，家长的暴力制止也是不理智的。对于涉世不深的孩子来说，他们对于外界的各种诱惑不能坚定地抵制，犯错是不可避免的，所以家长要有的放矢地对待孩子的错误，引导他们及时改正。

第一次微笑，第一次独自出门，第一次与别人一起游戏，第一次讲故事……对于宝宝来说，他们的每一天都是新的，有无数个第一次伴随着他们的成长。家长们只有用心去爱、去包容、去引导，才能让孩子们健康成长。

孩子有三个不快乐期

很多家长都纳闷，为什么自己努力为孩子创造好的生活条件却没有带给孩子快乐，甚至换来的是孩子们的不满和反抗。家长常对孩子唠叨：“你看你们现在的条件多好啊，想当初我们因为穷连书都读不起。”没想到，孩子却很快地感叹：

“天啊，什么时候咱们家能再变穷啊！”可见，孩子们想要的生活跟家长们一直以来努力给予的生活是不相符的。对于家长来说，有机会好好学习就是莫大的幸福，但对于孩子来说，这种优越的条件不仅没有带来快乐，还是烦恼的源头。

有儿童学家认为，孩子最可能在6岁、12岁、16岁三个年龄段感觉到不快乐。从这些数字中很容易发现一个规律，它们都与学校环境有关。

6岁是孩子准备从幼儿园进入小学的阶段，他们必须面临一个全新的环境。虽然6岁到7岁看似没有多大的变化，但幼儿园的教育与小学教育是有很大区别的，后者主要强调的是知识的传授，比前者有压力，所以在这一转变中，孩子的角色也会发生很多的变化。有些孩子对于这一时期的到来十分憧憬，而且迫不及待地希望自己也能像大哥哥大姐姐那样领着新书、坐在整齐的教室里学习。对于这些孩子来说，他们无疑是快乐的，环境的转变让他们体验到了快乐而不是压力。但并不是每一个孩子都能如此幸运，面对即将到来的新环境，有些孩子会感到前所未有的恐惧和压力——好不容易适应了幼儿园的生活，现在又不得不改变，而且，这时家长可能也会有意无意地施加很多压力，不停地告诫他们要好好学习，否则就会如何如何。这些在无形之中增加了孩子的恐惧感，让他们变得更加不快乐。

12岁又是即将从一个学习环境过渡到另一个环境的年龄，从熟悉到陌生的焦虑和恐惧无疑也是引起这个年龄段的孩子不快乐的原因之一，但更为重要的应该是学习上的压力。虽然义务教育已经在我国推行多年，但随着知识地位的日益提高，人们对教育的重视程度也在提高，由此带来的是激烈的教育资源的竞争。为了上好初中，家长们可谓费尽心思，创造一切可以创造的条件，这些让本来就处于高压之中的孩子更加紧张。此外，这一时期的孩子身心正在经历着急剧的变化，如果没有足够的准备可能让他们措手不及，甚至会出现很多心理隐患。

16岁也是让孩子很容易体验到不快乐的时期，严重的可能会走向犯罪的道路，这从大量的新闻报道中可以看出。但他们的一些违法犯罪行为并不能说明他们是邪恶的人，而只是因为处于这一特定年龄的人在面对困惑时作出了错误的选择，一时失足酿成了恶果。

快乐或不快乐并不是某一阶段所特有的现象，每一个时期都可能出现不快乐的情绪体验，甚至在同一时期既有快乐也有不快乐，只是对于儿童来说，在6岁、12岁、16岁三个时期更容易滋生这些负面的情绪。

孩子的不快乐自然会牵动家长的心，如何让他们快乐地度过这些情绪上的“危险期”是家长一直以来都在想法设法解决的，但有些家长往往只关注孩子的物质需要，忽视了对孩子精神上的安抚。其实，对于成长中的孩子来说，精神上的支持和鼓励更为重要。所以，当孩子表现出不快乐的迹象时，家长应该及时地与之沟通，和孩子一起顺利渡过难关。

如何应对孩子的第一、第二反抗期

优优今年 4 岁了，她可爱、开朗，十分讨人喜欢。可是最近却让爸爸妈妈很难弄懂，用他们的话说就是很“倔”。以前优优对妈妈选的衣服都会很高兴地穿上，还会跟小朋友炫耀说“这是我妈妈给我买的衣服”，可现在什么东西都得自己选，否则就闹着不穿。有时候即使妈妈看得出优优很喜欢某一件衣服，当妈妈要买下时，优优也会反对。这让妈妈很诧异，“感觉像是我做错了什么，她就非得跟我作对似的”。

阳阳上初二了，最近跟爸爸妈妈闹得很不开心。其实事情很简单，阳阳头发长了，爸爸催着他去理发，但阳阳却很不情愿，一直以各种理由搪塞过去。为此，爸爸妈妈跟他大发脾气，阳阳也来劲了，硬是拖了一个月才把头发剪了。

看过上面的例子，你有何感想？在教育孩子的过程中，你也碰到过类似的事情了吗？不知道你当时是如何处理的，是严厉地责怪孩子，还是不厌其烦地引导呢？孩子对你的态度是置之不理，还是全力反抗？最后的结果又是如何呢？

其实，孩子在成长的过程中出现叛逆、反抗等行为都是正常的，而且在反抗期的这些行为对于孩子的成长是有利的。心理学家经过研究发现，孩子有两次突出的心理发育期，分别为第一反抗期和第二反抗期，处在这两个时期的孩子总是表现得不听话，对别人的干涉十分反感，情绪波动大，容易被激怒。

第一反抗期出现在 3、4 岁左右。这一时期的孩子自主能力渐渐发展，能独立地完成越来越多的事情，无论是在自我意识上，还是知识能力上，都有很大的发展，独立的愿望也越来越强。在生活中，他们会表现得非常“执著”，比如，一定要自己倒水、自己选衣服、自己洗澡等，对于家长不允许做的事情也非要试试。这着实会让很多家长头疼，认为自己的孩子被惯坏了，甚至会怀疑孩子患了多动症。而心理学的经验却表明，在 3、4 岁时表现出反抗倾向的孩子，长大后心理会更加健康，他们能够独立地面对一些事情，在遇到挫折时也能很快调整到正常的状态，不会让消极的情绪影响自己的生活；在反抗期中表现得安安静静、老老实实的孩子，在成人后往往比较脆弱，不愿意接受挑战，受挫能力差，面临选择时表现得犹豫不决，优柔寡断。

第二反抗期出现在 12 岁到 15 岁之间。这个时期是孩子身心发生急剧变化的时期，又叫“心理断乳期”“疾风暴雨的时期”。生理上的成熟让这个阶段的孩子们明显地感觉到了成长，在心理上也认为自己是大人了，但在与爸爸妈妈的交流中却完全看不出这种成长的痕迹，他们始终把自己看做是小孩，什么事情都要为自己做主，强烈的自主愿望无法得到满足，反抗情绪油然而生。

对于反抗期的孩子来说，他们出现种种叛逆心理是在所难免的。身体的发展让他们有能力去扩大自己的活动范围，自我意识的发展也让他们有了更多的想法，这些都使他们独立的愿望越来越强，而家长出于保护的心理生怕孩子受到一丁点的伤害，对孩子自己的选择和决定横加阻挠。面对愿望与现实间的冲突，孩子们出现反抗行为也是合情合理的事情了。

了解了孩子为什么会出现反抗心理和行为之后，再来应对就比较容易了。对于家长来说，要坦然地接受反抗期存在的事实，认识到孩子出现的种种叛逆行为是正常的；其次，在处理与孩子之间的关系时，要掌握沟通的技巧，既尊重孩子独立的愿望又能达到教育孩子的目的，把握好度，毕竟孩子独立自主的愿望是无可厚非的，但由于知识、经验所限，很多事情无法正确认识，需要成人加以引导。对于孩子来说，他们在反抗期与父母的争吵、赌气、埋怨，甚至动手打人等行为并不是内心真正想做的，这些只不过是想要告诉家长自己长大了，有能力去决定自己的事情了。所以，他们的反抗其实是一种宣言，目的就是告诉别人：“我长大了！”

孩子在成长的过程中出现反抗、叛逆的行为是十分常见的。无论是家长还是孩子，都要从容地应对，加强沟通和交流。一味地纵容会助长孩子的不良倾向，一味地阻止又会限制孩子的发展。

孩子为何喜欢扔玩具

不知你是否留心过身边 1 岁左右的小孩子，他们经常往地上乱扔玩具，当父母把玩具捡起来后，没等他们转身，孩子又把玩具扔在地上，甚至扔得比捡得还要快。这么看似“无聊”的动作，小孩子却做得乐此不疲。孩子是扔得开心了，可折腾坏了大人，有的家长捡着捡着就没有了耐心，要么对孩子呵斥，要么把玩具收起来让孩子没有东西可以扔。可是，小孩子又岂是这么容易罢休的，他们用

大哭大闹表达着自己的不满，最终屈服的还是大人。可能很多家长都会思考这个问题，孩子怎么就爱上了扔玩具呢？怎样才能改掉他们的“坏毛病”？

1 岁左右的孩子表现出这些恶作剧行为是很正常的，他们不停地乱扔玩具也是一种游戏方式。最初孩子并不知道玩具可以扔出去，因为他们的肌肉发育还不成熟，没有能力将玩具独立地放下，当自己需要去握住另一个东西时，玩具就会自己滑落，这样一次偶然的动作让他们渐渐掌握了“扔”的动作，并能从中获得乐趣。到后来，孩子们出于种种原因越来越喜欢扔玩具了。

对于这个年龄的孩子来说，自己的一个小小动作竟然能让手中的玩具跑得那么远，而且还能发出响声，无疑是一件新奇的事情，加上孩子对这个还很陌生的世界充满着好奇，所以，他们反反复复地扔玩具也是一种探索世界、认识世界的方式。很多儿童学家就发现，扔东西是宝宝成长过程中的必经阶段。

小孩子借着扔玩具的动作实际上是在向身边的人发出信号，“看，我能把玩具扔出去了，我长大了”。不过似乎他们一次又一次急切的宣言并没有引来大人的表扬，而是制止。

有时孩子不停地扔东西还是一种求助，当他们的需要没有及时地被爸爸妈妈体察到时，就会通过扔玩具来吸引他们的注意，直至自己的需要得到满足。

所以，孩子乱扔玩具是有原因的，他们无意识地乱扔是由于太小、肌肉发育不成熟而导致的；当他们的无意行为发展成有意而为之时，就代表着孩子们慢慢在与周围的世界进行交流了，可能是他们开始发展自己的兴趣了，可能是一种宣言，也可能是一种求助的信号。既然对于 1 岁左右的孩子来说，扔玩具是有依有据的，家长们就应该努力地去配合孩子的这种行为了。

为了使孩子在扔玩具的过程中免受伤害，家长最好提供一些毛绒玩具，这样也能减少家长的担心。另外，由于孩子对爱惜物品、区分易碎物品、贵重物品等没有意识，对于他们来说，扔一部手机跟扔一本书的意义是一样的，所以，为了减少不必要的损失，家长在选择玩具时要尽量挑那些可以让孩子尽情地扔又不至于让自己心疼的东西。

家长在必要时可以陪孩子一起扔。扔东西也是小孩子的一种游戏。当孩子扔东西时，家长可以把不停地捡东西当做是与孩子的配合，和孩子一样将东西扔出去，然后鼓励孩子自己去拿，这样不仅能培养孩子的手眼协调能力，还能在游戏中使亲子关系变得更加和谐。

很多家长厌烦孩子扔东西的原因并不是担心由此带来的物质损失，而是受不了乱糟糟的环境，所以，只要看见有东西被扔出去了，就赶忙物归原处。家长们认为自己做得已经够好了，既没有制止孩子扔东西的行为，又不至于弄得一团乱，可这样做的结果却让孩子很不开心，有时候孩子可能还会大发脾气。

其中的原因不难理解，孩子好不容易把东西扔出去了，还没来得及欣赏自己的劳动成果就被大人整理好了，于是，他们就不高兴了。所以，当孩子沉浸在扔玩具的游戏中时，家长不要立即将玩具收拾好，最好的办法就是等到孩子玩得尽兴之后，带着孩子一起收拾，让孩子体验到游戏的快乐。

淘气鬼背后的秘密

如果只能用一个词来形容小孩子，“淘气”应该是很多人都会不约而同选择的一个。并不是人们对小孩子存在偏见，而是他们的一举一动让人们不得不如此评价，比如，他们会在同学的背后贴上小纸条，把口香糖或者胶水放在同学的凳子上，用糖纸包着石头给同学吃，把床单裹在身上当大侠，穿着妈妈的高跟鞋煞有介事地走路，趁着爷爷睡着时给爷爷画大花脸……当孩子有模有样地实施着这些闹剧时，大人们在惊叹其丰富的想象力之余，往往又会哭笑不得。

对于大多数家长来说，如果家里有一个这样的小淘气，那可真是费神费力——又得担心孩子磕着碰着，又得提防着这些“小坏蛋”是不是又有什么鬼主意。

不知道这样的场景会不会让你想到儿童小说中的马小跳。马小跳是杨红樱创造的儿童系列小说《淘气包马小跳》中的主人翁，以淘气闻名。马小跳非常爱玩，一生下来就会跳，他淘气、活跃、顽皮，是个不折不扣的“淘气鬼”。他还有一个十分有童心的爸爸，有时这对父子能想着法子比赛玩，淘气的马小跳竟然想出要和同样贪玩的爸爸互换角色。淘气包马小跳还有几个“玩味相投”的小伙伴，他们各怀绝技，但共同点都是非常淘气、爱玩。书中描写了很多孩子们淘气的行为，但目的并不是揭露他们的小把戏，帮助家长来对付这些淘气的孩子，相反，小说通过描述孩子们快乐的生活，呼唤张扬孩子爱玩的天性，倡导家长理解孩子，为孩子的发展提供良好的条件。

小孩子的淘气是很正常的行为，这与他们自身发展的特点有关，他们往往精力充沛，好奇心强，敢作敢拼，想象力独特，在他们看来，周围的很多东西都可以变成好玩的游戏。

小孩子旺盛的精力让大人们惊奇，他们可以不停地活动，不断地折腾，似乎永远都不会累。有的家长抱怨说，家里两个大人都看不住一个小小的孩子，可见孩子们的精力是多么旺盛。所以，小孩子的淘气很大程度上是精力过剩的一种表现。随着孩子的慢慢长大，他们能做的事情越来越多，但在家长眼中他们依旧是那个什么都不会的小家伙，什么事情都大包大揽，这让孩子的精力无处消耗，于是，为了发泄自己的精力，孩子们积极寻找着可能的机会，只要有条件就会表现出来，比如，他们会无缘无故地大叫，或者在房子里跑来跑去。

受好奇心的驱使，小孩子对周围的世界充满着新鲜感，什么事情都想自己亲自去尝试，这也是导致小孩子淘气的原因之一。当看到周围的人做某一件事情时，他们也想自己去做，而大多数情况下，这种愿望得不到家长的应许，于是，趁着家长不注意，他们就会自己找机会去做。小云前一天看见爸爸用电剃须刀剃胡子，觉得那个东西实在是太神奇了，虽然她一再要求爸爸给自己玩玩，但都没能如愿，后来，小云趁着家人不注意，也学着爸爸用剃须刀在脸上刮过去刮过来，结果弄得眉毛、头发一团糟。

有时候，小孩子的淘气只是他们吸引人注意的一种方式。每个孩子都不喜欢被人冷落，他们的自我中心倾向让他们觉得周围所有人都要时时刻刻关注自己，当他们发现自己没有获得这样的待遇时，就会制造出一些闹剧将大人的眼球吸引过来。乐乐已经会自己洗澡了，不过平时妈妈还是会在旁边看着。一天妈妈有一个很重要的电话，就离开了会儿，过了不大一会儿，乐乐就发脾气了，她把浴盆里的水撒得满地都是，妈妈回来后严厉地批评了乐乐，没想到乐乐却说："妈妈是你的错，你要跟我道歉，你为什么不陪着我一起洗澡呢？"

一直以来，人们都认为小孩子的心理很简单，也不会有什么事情会让他们情绪大起大落。殊不知，孩子虽小，可他们也有自己的思想，当遇到不开心的事情时，他们也要宣泄，跟大人一样，他们可能会大声吼叫，做一些刺激性的事情等。这是他们的一种情绪调节。

爱玩是孩子的天性，淘气对于孩子来说更多时候应该是一个褒义词。家长在面对孩子的淘气行为时，要能敏感地捕捉到他们淘气背后的秘密，尊重他们的天性发展。当然，对孩子的一些淘气行为家长还是应该加以诱导，以免孩子养成不良的习惯。

第二十六章

教育心理学：为什么某些“傻瓜”倒成了天才

怎样为宝宝取个好名字

“问姓惊初见，称名忆旧容。”从唐代诗人李益的这句诗可以看出，名字对于一个人来说有多么重要。正如俗话所说的，赐子千金，不如教子一艺；教子一艺，不如赐子好名。一个意蕴深远、琅琅上口的名字会给人们留下深刻的印象，让人们过目不忘。

家长在给孩子取名时常常会考虑很多的因素，也会参照不同的标准。有的家长会请风水大师依照孩子的生辰八字为孩子取名，比如，孩子命中缺木，则在孩子的名字中加上“森”字；有的家长则会按照家族的辈分排行给孩子定名字，这时的名字就具有一种传承性，有浓厚的宗族观念；还有的名字中凝聚着家长对孩子的殷切期望，比如，希望孩子长大后能幸福，给孩子取名为“得福”。此外，人的名字还与时代息息相关，社会环境、时代特征等都会在名字中打下深深的烙印，比如，很多孩子的名字都被取为“建国”“国庆”……总之，取名的方式五花八门。不管家长是否迷信，也不管他们是依据什么给孩子取的名字，目的都是为了孩子好。

好的名字的确能给孩子的发展带来积极的作用。1424 年，孙日恭和邢宽同时考中，而且孙日恭排在邢宽的前面，但发榜之时，二人的名次却发生了变化。原来，皇帝认为“日”和“恭”放在一起就是“暴”，听起来不祥；而“邢宽”则隐含“刑政宽和”之意，能俘获人心。寓意祥和的名字为邢宽创造了更多的机会。

通过这个看似不公正的例子可以看出，人们在谈到某个名字时，会不由自主地赋予名字更多的意义，就如同条件反射一样。例如，一个名字里有“静”的人，

人们在没有见到她之前会将她想象成一个安静、优雅的人；一个名字里有“猛”的人，人们自然会将勇猛的形象和他联系在一起。这些先入为主的观念虽然有时与实际并不相符，但在人们心目中似乎已经形成了定势。人们的这种倾向是可以理解的，爱美之心，人皆有之，对于美好名字也是如此。一个好听的、容易念的名字比一个读起来拗口、不优美的名字更能吸引人的注意，取得人们的好感，所以，家长给宝宝取一个好听的名字就不足为奇了。

当然，好的名字带给人们的信息并不都是有利的，比如，一个叫“守诺”的人，当人们听到这个名字时，会依据“人如其名”的逻辑，将他想象成一个遵守诺言的人，对他在诚信上的要求就会在无形中提高。一旦发现他有点违背诺言的倾向，就会对他的印象大打折扣。所以，名字效应让他们生活在放大镜下，在夸大优点的同时也可能将缺点放大。

预测孩子命运的棉花糖

沛辛 4 岁时参加了一个考察延迟满足能力的实验，实验大概流程是这样的：将年龄相仿的孩子依次带到一个安静的房间，然后进来一个大人，在他们面前放了一块诱人的棉花糖。大人并没有立即将棉花糖给孩子吃，而是对他们说自己得离开十几分钟的时间，在他们离开的这段时间内如果孩子们没有将棉花糖吃掉，就能多得到一块棉花糖作为奖赏，否则，就不会有第二块奖赏的棉花糖了。告诉孩子这些后，大人离开，偷偷观察孩子的反应。到了约定的时间后，如果孩子们真的没有吃掉棉花糖则遵守诺言给他们两块。

在我们看来，这个实验的结果是毫无悬念的，等待十几分钟就能得到多一块的棉花糖，在这么高额回报的诱惑下，孩子们自然会为了更多的获得忍一时之欲。沛辛的反应也的确是这样的，不过那十几分钟的等待却让他多年后依然记忆犹新。他虽然知道等待能换来更大的回报，但眼前的棉花糖对一个 4 岁的孩子来说又的确是一个巨大的诱惑力，触手可及的美味却不能及时享用对大人来说都是一种挑战，更何况是自制力尚不成熟的孩子。沛辛至少有 10 次差一点就控制不住自己吃掉了棉花糖，甚至他还舔了一口。不过，一想到之后会有更多好吃的，他就用各种方法来转移自己的注意力，唱歌、跳舞，做一切能分散自己注意力的活动……他终于等到大人回来的时刻，如愿以偿地得到了双份棉花糖。

也许故事听到这并没有讲出棉花糖的实验和题目中所说的预测命运有任何关系，

不过最终另一项结果却揭示了它们之间的联系，那些没有吃掉棉花糖的孩子比大人一离开就将棉花糖吃掉的孩子，在学校里的表现更好。长大后，这些孩子中取得重大成就的人也比较多，沛辛就是其中一个，他成为了出版业举足轻重的领军人物。

可见，一个小小的棉花糖却能预测人们的命运——小时候能不能延迟满足自己的愿望与长大之后会不会取得成功的确没有直接的因果联系，但通过这个实验也可以看出，那些能够控制自己愿望的人具有更强的自制力，在诱惑面前能坚定自己的目标，缓解压力，并且他们能信守诺言，更好地与人相处。这些都是一个人想要取得成功所不可或缺的。

在教育孩子的过程中，适时地培养孩子的延迟满足能力对于他们的健康成长是有积极作用的。但是，很多家长似乎都做不到这一点。毛毛 5 岁了，爸爸妈妈见他对音乐很感兴趣，就给她报了一个钢琴班，毛毛也挺开心的。不过，爸爸妈妈发现她总是不能安安静静地坐下来好好弹，即使有时候用心弹了也最多不会超过 5 分钟，然后就吵着要吃这吃那。为了哄住孩子，妈妈就想了一个办法，买了很多毛毛最爱吃的零食，然后告诉毛毛，只要她每天弹半个小时，就给毛毛吃，如果坚持了一个星期，就会带她去儿童乐园玩。这些对毛毛来说可都是巨大的诱惑啊。一开始，妈妈的这种办法的确是起到了效果，可没过几天就不灵了。毛毛弹几分钟就不弹了，非要吃一点零食再继续，爸爸坚决不同意，说这是纵容，可妈妈受不了毛毛哀求的语气，认为弹钢琴本来就很累，这点小小的要求就满足了孩子吧。结果，一年下来，别的孩子都有了很多的进步，能弹好多首曲子了，毛毛却只会几个简单的音符。

毛毛在弹钢琴上没有进步是很多原因造成的，可能是她本来就没有天赋，但与她不能适当地控制自己的欲望，无法专心练习有很大的关系。她只看到了眼前的诱惑，而对不久后更大的诱惑无动于衷，妈妈的行为又在一定程度上助长了毛毛的这种陋习。

对孩子来说，可以看见的、可以摸到的诱惑是难以抵抗的，有时，就算他们有延迟满足的念头，也会由于在等待的过程中无法克制自己半途而废，这时就需要大人的帮助了。在生活中，父母要有意地培养他们控制自己、缓解压力的能力。有句话说“小不忍则乱大谋”，虽然很多时候都不至于带来“乱大谋”的后果，但适当的忍耐却是大有好处的，就如延迟满足一样，虽然眼前的利益是诱人的，但稍稍忍耐则会带来更大的利益。

什么样的水，养什么样的鱼

当教育孩子出现问题时，为了推卸责任，很多家长将教育的失败归咎于遗传。孩子性格怪癖，脾气暴躁，夫妻双方就会互相责怪，说是遗传了对方的性格，甚至还会牵扯出家里的祖祖辈辈；孩子成绩不好，也是由于遗传，家里就没有好好学习的基因；孩子不孝顺长辈，还是遗传……总之，所有的不好都是遗传导致的。但从古至今的很多例子都立场鲜明地指出了环境对孩子的影响是不能小觑的，孟母三迁就是一个典型的例子。

教育家蒙台梭利也指出，孩子一出生就能积极地从周围的环境中学习，爸爸妈妈的关爱让他们获得了信赖，与陌生人的交往中让他们感受到害羞等等。生活中，人们也越来越认识到环境的重要性，很多家长将孩子送到好的学校学习，也多半是看重了好学校的环境。

丛丛的爸爸妈妈因为感情不和经常吵架，但他们从来不提离婚，两个人在这一点上倒还很有默契，都觉得丛丛太小，无法承受大人离婚带来的打击，所以，就算是苦了自己也不能委屈了孩子。虽然爸爸妈妈从来没有当着丛丛的面大吵过，但孩子还是能明显地感受到他们之间浓浓的火药味。一日，丛丛无意听到了爸爸妈妈又在吵架，原来老师打电话反映丛丛最近上课老不听讲，作业也不按时完成，还经常跟同学发生矛盾。爸爸就一个劲地怪妈妈，说都是遗传了妈妈的坏毛病，妈妈则骂是爸爸遗传的，丛丛再也听不下去了，冲着房间大声说到：“你们别吵了，既然你们都认为是对方的基因不好，当初为什么要生我啊。你们真是可笑，竟然以为这样就对我有好处，看见你们天天仇人一样生活在一间屋子里，倒不如离婚呢！我宁愿别的同学笑话我没有爸爸或者妈妈，也不愿意生活在一个冰冷的家里面。”

很显然，丛丛在学校的异常表现与在家里感受不到爱有很大的关系。不良的家庭环境对父母来说可能只是一时的不顺，但对孩子来说，可能影响他们一生的发展。

在给孩子创造好的环境方面，家长们以为物质上的满足就够了，但其实，孩子更需要的是心灵上的慰藉和关爱。很多家庭贫穷的孩子由于从小得到来自家庭正确的教育和关爱，最终也取得了丰功伟绩，这样的例子数不胜数。

具体来说，有利于孩子成长的环境应该包括：

尽可能富足的物质环境。毫无疑问，在当今的经济时代中，好的物质条件能给孩子创造更加先进和良好的成长环境，比如，各种各样的玩具、游戏设施等，先进的教育环境等等。但要明白的是，物质条件的优越与否并不能决定孩子最终发展的水平，它只是一个外部条件，只要付出努力，没有条件享受物质幸福的孩子一样可以取得好的成绩，实现自己的梦想。

和谐的氛围。相对于大人来说，小孩子更在意的是父母的爱，所以，和谐、民主、自由、宽松的家庭氛围对孩子的成长意义更加重大。在这样的家庭氛围中，孩子能感受到快乐，获得自由的发展，家长的引导和教育也能让他们养成良好的习惯。相反，那些生活在争吵、专权中的孩子，他们所体验到的只有冷漠和失落，久而久之就很容易形成自卑、攻击、蛮横、无情等性格特点。

环境是最好的老师，自己的孩子最终能走多远、登多高，在于他们成长的环境中提供了什么样的条件。什么样的水，养什么样的鱼，孩子的成长也是如此，遗传只能决定鱼是鱼，而不是别的生物，只有水才能决定它们最终会长多大。

什么是“心理性矮小症”

常常听周围人说起有关个子的问题，当议论到高个头时，人们总是不忘在后面加上一句，“他爸爸妈妈都很高”，而当提到矮个子时，也同样会说“这是遗传他爸爸（妈妈）”。

可以看出，一直以来关于身高的问题人们很自然地会归于遗传原因；精神不佳、睡眠不好、营养不良等对身高造成的影响也是人们已经意识到并接受的。

心理原因造成的身材矮小却还没引起人们的重视。其实，这样的现象是存在的，在心理学上被称为“心理性矮小症”。

心理学家将由于缺失爱而长不高的矮小现象叫做“心理性矮小症”或“精神矮小症”。著名精神病学家霍芬博士认为，如果孩子生活的家庭环境不好，心理上总是受到压抑，感受不到父母的关爱，有时还会受到责骂、惩罚等，不仅会使心理上出现一些问题，形成不好的性格特点，还会导致内分泌系统的功能紊乱，影响个体的生理机能，其中就包括减少那些有助于长高的激素的分泌，最终导致长不高或长得很慢。

心理学家将一批诊断为由于受到精神压抑而矮小的孩子，安排到和睦快乐的环境中，让他们得到正常的温暖和关爱，几个月后，绝大多数孩子的身高都有了很明显的变化。虽然从这个实验中无法确定孩子身高的增加是不是由环境的改变引起的，但至少能说明充满关爱的生活环境对孩子的长高是有积极影响的。

在孩子的成长过程中，有两个生理发生急剧变化的时期，0 ~ 3 岁和青春期。

对 0 ~ 3 岁的孩子，人们最常说的一句话就是：“宝宝长得可真快啊，上次看见他（她）时还只有那么一点，只能抱在怀里，现在都能自己走路了，抱着都感觉到吃力了！”这个时期的孩子发展快，身高也在迅速增长。当孩子没有想象中长得快，或者比同龄的孩子都要矮时，家长心中就会焦急了。如果自己也很矮，或者家人中有矮个头的，他们就会怨遗传，显得有些爱莫能助了；如果家中都是高个子，他们就会怀疑是不是营养不良，于是，就会想方设法地给孩子补充营养；如果这些可能都被排除了，家长们也不会丧失信心，因为毕竟孩子还小，以后说不定就能长高了，不是还有青春期的发育嘛。所以，一般来说，在 0 ~ 3 岁这个快速成长期中，家长不会将孩子的矮小与“心理矮小症”结合在一起。

随着孩子慢慢长大，眼见着就要度过青春期了，可是孩子的个头还是那么矮，这就让家长着急了。他们一个劲地给孩子买补品，增高的、补钙的，只要有的产品都尽可能地买给孩子用，可结果还是让人大为失望。在所有的尝试都没有效果之后，他们就只好放弃了。

其实，不管是在快速成长期还是相对缓和期，不管是在哪一个快速成长期，孩子长不高都可能是由心理原因造成的。

在孩子小时，如果基本的生理需要没有得到满足，饿了、渴了、累了、想活动时都得不到家长及时的回应，孩子就会感到压抑、伤心，从而也就压抑了自己成长的节奏。此外，有时候家长情感上的冷漠也可能引起孩子的消极情绪。比如，当孩子感到恐惧、害怕时，他们渴望得到父母的关爱，但家长却忽视了这种感受。其实，一个微笑的眼神，一会温柔的抚摸就能让他们变得开心，使他们心理上不再畏惧，生理上也能自由地成长了。

对于青春期的孩子来说，心理原因对长高的影响就更加明显了。这个时期的孩子不仅生理特征上发生了很大的变化，心理上也是。虽然孩子会表现得像一个大人，并且极力地向家长证明着自己可以独立，但思想和认知上的不成熟性又会让他们碰到很多挫折，稍有不慎就会被打败，最终身心俱疲，影响个子的长高。

“心理肥胖儿”的溺爱综合症

乍一看题目，你可能会第一时间联想到自己身边肥胖的孩子，其实，这里我们要讲的不是生理上的肥胖，而是由溺爱引起的心理上的肥胖。

溺爱，简单地说，就是过多的爱，它的后果同溺水类似，水太多了就会危及人的生命，爱太多了也同样会引起难以想象的后果。这就让家长很为难了，对孩子不爱吧，孩子容易出现心理问题，甚至还可能影响到孩子的身高，所以，就将全部的爱都倾注在孩子身上，以为这样应该安全了，却又出现了另外的问题，例如“溺爱综合症”。

溺爱综合症，是指在孩子成长的过程中给予孩子的爱太多而引起的一系列问题。用心理肥胖来形容孩子的这种状态再贴切不过了。对于孩子来说，家人无微不至的关爱就像是精神营养，输送营养对孩子的成长当然是好事了，可是一旦营养过剩就会出现肥胖，从而导致很多问题。

心理肥胖引起的溺爱综合症主要体现在以下方面：

性格孤僻。也许很多家长对这一点很难理解，一般孩子只有在独自一人时间长了后才会出现性格孤僻的现象，而对于现在的独生子女来说，家里时时刻刻都有人陪着他，有爷爷奶奶陪，还有爸爸妈妈，平时说不定还有几个保姆轮班看着，这样的阵容下出现性格孤僻的确是有些让人难以置信。这种状况下，孩子的孤独来自于缺少和自己年龄相仿的玩伴，他们只有自己玩玩具，搭积木，看电视，这些远远不能满足他们的需要。很显然，无论在生活中他们对小孩有多细心，小孩也同样很难体会到快乐，因为他们缺乏心灵上真正的沟通。由于小孩子的很多观点与大人们不同，表达自己的方式也有差异，与这些没有共同语言的大人在一起时间久了，就容易感到内心孤单。

内心脆弱，经不起挫折。在家长眼中，孩子永远是孩子，所以，只要自己有能力就会尽可能地去保护孩子，不让他们受一丁点的伤害。出于保护孩子的目的而出现的行为，却有可能成为阻碍孩子发展的绊脚石，由于这些孩子从小到大都没有碰到一点挫折，所有的不顺都被家长坚实的身躯挡住了，长大后，一点小小的挫折就可能在他们心里激起巨大波浪。不经历风雨，怎能见彩虹呢?

自私，不尊重人。孩子在家就是霸王，用唯己独尊来形容一点都不为过。这种纵容的氛围很容易滋生孩子的自私心理，而且，在家庭教育中家长的过分敏感也使得孩子根本没有机会去学习尊重别人、体谅别人。记得一位老师在上课时曾经讲过她对自己教育孩子的反思，她说现在的家长包括她自己，对孩子的一些需要过分敏感，表面上看这是亲子关系和谐的一种反应，实际上它断送了很多孩子成长的机会，比如，孩子在看电视时望了妈妈一眼，还没等孩子开口，妈妈就将水递过去了。这种默契在很多人看来是值得称赞的，但仔细想想就会发现其中存

在的问题，小孩子会认为，自己无论有什么需要，妈妈都应该有这样的反应。等到孩子长大后，自然就会变得自私，目中无人。

自理能力差。溺爱孩子会造成孩子的自理能力差，这一点是毋庸置疑的。由于小时候什么事情都是家长包办的，长大后可能连很简单的事情都无法自己完成。由此看来，教育孩子绝不是一件简单的事情，而是一种艺术。

父母的关爱水平影响孩子的智商高低

以前住的楼下是一片很开阔的空地，旁边有一间小房子，是院子里的后勤工人做饭的地方，所以一到吃饭时间就很热闹。自己有事没事时就爱站在窗前看下面的风景，自然的、人文的，最让自己感动的还是其中一家三口的生活场景。父亲是一位维修院子里用水、供暖等设备的员工，母亲是楼道的清洁工，他们有一个刚刚 2 岁的孩子。每天母亲打扫完楼道后就会带着孩子在空地上走，或者让孩子坐在小板凳上讲故事给他听，偶尔也会和孩子玩玩游戏、吹泡泡、打玩具水枪等等，在整个过程中看得出孩子很听话，也很安静。等父亲下班之后，母亲就去做饭了，孩子就跟父亲一起玩。他最享受的就是爸爸把自己抱起往天上抛的游戏，每次都笑得合不拢嘴。父亲还会跟他玩赛跑的游戏，即使有时候摔倒了，孩子也能很快地自己爬起来接着玩。虽然孩子的家里经济条件并不宽裕，没有精美的玩具，也没有昂贵的衣服，但看得出来他很开心，因为他拥有着世界上最伟大的两种爱：父爱和母爱。

一直以来，人们都觉得母爱对孩子的成长是最重要的。这也被科学所证明了。如果一个孩子在生命最初的几年里缺少母爱，他们的生理、心理等方面就会受到影响。而如果孩子和母亲之间建立了安全的依恋关系，孩子就会获得成长的动力，自然就会在发展的过程中走得更高，更远，更健康。

但是，孩子的成长过程中仅仅有母爱是不完整的。都说父爱如山，足见父爱对孩子的影响深远，即使是刚出生的宝宝也对父爱有很强的渴望。他们对父亲说话的声音，一举一动都十分留意，甚至还会去模仿父亲的动作。久而久之，父亲的坚强、勇敢、冒险等性格特点都会影响到孩子的行为习惯，从而影响孩子的智商发展。

试想一下，如果孩子只有母爱，或者只有父爱，那他们的生活又将如何？对于只有母爱的孩子来说，他们可能生活得很安逸，因为细心的母亲会给他们无微不至的关爱，这种爱足以让他们的身体健康成长。但这样的发展并不是健全的，与同时拥有父爱和母爱的孩子来说，他们更容易被挫折打败，在生活中不愿意冒险，独立意识薄弱，依赖性强。对于只有父爱的孩子来说，父亲的坚韧、负责、勇敢、冒险等男子汉的气质会让他们变得更加坚强和独立，但同时也缺乏母爱所带来的很多优良品质。

人的智商高低一部分取决于遗传，一部分取决于环境，而最终决定智商发展水平高低的还是环境因素。作为对孩子影响最早、最大的父亲和母亲，他们的关爱毫无疑问是环境因素中最重要的部分，两种关爱在孩子的健康成长中起着不同的作用，就像是孩子的左右脑，缺少任何一边都会影响其最终的发展。

听话的孩子未必就是好孩子

你是这样长大的吗：妈妈说该上幼儿园了，自己就被带到一个有很多小伙伴的地方，老师说该干什么自己就干什么；幼儿园毕业了，又该上小学了，这时的生活有了目标，不过，是将爸爸妈妈的目标视为自己的目标，这就是考初中；小学终于毕业了，初中也考了，又继续为了爸爸妈妈提出的“考上高中”的目标奋斗；上了高中，还是一如既往地做着听话的孩子，为了考大学埋头学习着；走出大学校门时，爸爸妈妈说，孩子啊，现在你已经长大了，该自己拿主意了，好好找工作吧。可是，这时的自己却束手无策，因为自己已经习惯了那个听爸妈话的角色，习惯了什么事都不用自己拿主意的角色……此时，如果认认真真回想走过的路，我们或许会发现一路走来，自己因为太听话错过了太多的风景，甚至迷失了真正的自己，就像一句广告词说的那样：“你们为我安排的路，常常让我迷路。”

是接受家长选择的道路走下去，还是坚持自己的路；是冒着迷路的风险去做一个听话的孩子，还是为了不迷路而走向叛逆之路，这的确很难选择。同样是路，为什么会让人这么纠结呢？归根到底是人们一直以来的观点在作祟：听话的孩子就是好孩子。

培养听话的孩子是很多家长的目标之一，甚至听话与否也成为衡量教育是否成功的指标之一。那些听话的孩子总是会按照家长的意愿行事，从来不会与父母发生争论，即使有时候自己有不同的观点，也会将它们放在心底，尊重父母的想法。而不听话的孩子总是会给家长带来很多烦恼和麻烦，让家长日夜担心。“不听老

人言，吃亏在眼前”，当不听话的孩子坚持自己的观点一意孤行时，只要碰到挫折，家长们就会用这句话来警示孩子，并且会想方设法让孩子“走向正途”。家长们费尽心思地让自己的孩子变成听话的孩子，以为孩子听话了就代表着一定能走向成功，但很多鲜活的例子又时不时地会给他们当头一棒。

业业今年15岁了，上初中三年级。从小到大他一直是家长、老师公认的“听话的乖孩子”，并被大家十分看好，都认为业业以后一定会很有出息。每次业业的爸爸妈妈听到周围人夸自己的孩子，心里都美滋滋的，甚至很多同事还专门请他们传授教子经验呢。最近，爸爸妈妈发现业业经常放学很晚才回家，而且一回家就把自己关在房间里。因为接近考试了，所以爸爸妈妈以为业业是在备考，就没有多问。直至有一天派出所的民警打电话让他们去领孩子，这才让一直以儿子为傲的爸爸妈妈知道了事情的真相。原来，业业最近一直和社会上的不法青年混在一起，专门在网吧门口勒索偷偷上网的未成年人，或者向巷子里的小孩子收取保护费。这让爸爸妈妈感觉从天堂一下子跌进了地狱，好好的孩子怎么就会变成这样呢。事后，业业不仅丝毫没有反悔之意，还将责任全部推到父母身上，说是因为父母平时管得太多，让他觉得压抑，自己实在受不了了才会找这样的方式发泄，而且，这条道路让自己感觉很自由、很舒服，最重要的是自己终于有权利为自己选择一条路了，不管是不是违法，他都认为值得，至少可以证明自己长大了。

可见，听话的孩子未必就是好孩子，孩子一时的听话也并不意味着永远都会听话。在孩子小时，他们可能迫于家长的压力，对家长的任何要求都会接受，就算心有不甘还是会做一个听话的孩子。可是，当慢慢长大后，他们对家长的控制越来越不满，将多年来一直压抑的情感发泄出来的欲望也越来越强，一旦情绪失控，就可能出现意想不到的行为。

所以，在教育孩子的过程中，家长要为孩子营造宽松、自由、民主的家庭氛围，尊重他们的想法，鼓励孩子表达出自己的意愿。

为孩子煲一锅心灵鸡汤

我们先看几个故事：

昆昆喜欢画画，妈妈就给他报了一个兴趣班，每周六时就去上半天的课。兴趣班为了鼓励亲子之间的互动，每天都有一个小时的开放时间，家长可以陪着孩子一起画画。这一天，妈妈陪着昆昆一起上课，老师布置的任务是让小朋友比赛画出自己在家里吃晚饭时候的场景，看谁画得最快，最好。半小时过去了，很多孩子都画好了，昆昆却还是在磨磨蹭蹭，刚刚开始。看着周围的孩子和家长胜利的笑容，昆昆妈妈觉得自己很丢脸，冲着昆昆骂道："你怎么这么笨呢，别的小朋友都能画好，为什么你就画不好啊？"昆昆委屈地看着妈妈，扔下画笔就跑出了教室。后来才知道，昆昆是想在自己的画中把爸爸也画进去，可是爸爸平时工作很忙，几乎没有在家陪他吃过晚饭，所以他才磨蹭了半天也没有画完。了解真相后，妈妈给昆昆道了歉，可是从此以后，昆昆再也不爱画画了。

妞妞刚刚被爸爸狠狠地揍了一顿，哭得一塌糊涂。妞妞可一直是一个很听话的孩子，爸爸为什么要打她呢？原来，早上起床后，妞妞往床单上倒了一杯水，把刚刚换洗干净的床单又弄湿了，这让爸爸很生气，不分青红皂白就打了妞妞一顿。晚上妈妈回家后，妞妞哭着告诉妈妈事情的经过，原来她睡觉时觉得很口渴，就喝了一大杯水，她觉得床一定也口渴了，所以就把水倒在了床上。

青青有一个很严厉的妈妈，按说在妈妈的管教之下她应该不会特别任性，可是青青却比其他孩子更加蛮横、霸道。每次青青表现出任性、不讲理时，妈妈都会耐心地教育她，而且会铁面无私。但每每在妈妈的教育要奏效时，爸爸就会出现，他可是和青青站在一条战线上的，爸爸会以孩子还小、任性很正常、淘气一点没有什么不好等借口为孩子开脱。所以，每次妈妈和孩子之间的战争最后都成了妈妈和爸爸之间的战争。

凡凡是一个很爱漂亮的孩子，经常会吵着去商场买衣服，但让妈妈感到奇怪的是，每次凡凡都爱跟着爸爸一起逛街，有时候如果爸爸没时间凡凡宁可不逛。为此，妈妈还郁闷了好一阵子，自己平时无微不至地照顾着凡凡，付出的时间和精力都要远远超过爸爸，可到头来孩子还是喜欢爸爸多一点。其实，如果知道凡凡内心的想法，妈妈就不会疑惑不解了。每次凡凡跟着爸爸逛街时，爸爸都会把凡凡抱着，所以，就算商场中的人再多，凡凡还是可以欣赏到那些漂亮的衣服；而妈妈则不会这样，她只是会牵着凡凡的手在商场中穿梭，这样，凡凡在人少时还能自己挑选衣服，人多时就只能看着大人们的腿了。

这些例子在生活中非常常见，当它们发生时，家长可能并不会过多地考虑，而是按照自己的喜好去处理，当给孩子造成了伤害后，才知道向孩子赔礼道歉，但为时已晚。这就像妈妈为孩子煲的鸡汤，本来味道很鲜美，对孩子的成长也有利，但是却在放冷了之后才想起来给孩子喝，这时，孩子不领情就很正常了。

要培养出健康的孩子，家长们就要用爱和智慧为孩子煲出一锅有营养的心灵鸡汤：

在平时自己教育孩子的过程中，家长要注意尊重孩子的权利。他们虽然很小，但是也有自己的想法和主意，有独立的愿望。如果用家长的权威去压抑孩子愿望的表达，时间久了则会阻碍孩子的健康成长。

放低自己的架子，和孩子平等地交流。这也是家长最难做到的，家长以为自己是一个大人，在孩子面前就该有独断的权利，不要说是蹲下来和孩子说话，就是弯一下腰也让他们觉得很没面子。但是，如果家长永远是高高在上的，就永远无法真正走进孩子的心灵深处。

在教育孩子的过程中，家长之间的统一战线十分重要。虽然一个唱黑脸一个唱白脸一直以来都被人们接受，但他们的出发点是一样的，都是为了教育孩子。例子中青青的爸爸妈妈就没有很好地做到这一点，他们一个是教育孩子，一个却是在护着孩子，最终青青变得任性、不讲理也在预料之中了。